PUBLICATION DE LA SOCIÉTÉ DES ARCHIVES HISTORIQUES
DE LA SAINTONGE ET DE L'AUNIS

LES

REGISTRES DE L'ÉCHEVINAGE

DE

SAINT-JEAN D'ANGÉLY

1332-1496

PAR DENYS D'AUSSY

I

PARIS	SAINTES
A. PICARD, LIBRAIRE-ÉDITEUR	Mme Z. MORTREUIL, LIBRAIRE
RUE BONAPARTE, 82	RUE ESCHASSERIAUX, 42

1895

LES REGISTRES DE L'ÉCHEVINAGE

DE SAINT-JEAN D'ANGÉLY

Extrait du tome XXIV des Archives historiques de la Saintonge et de l'Aunis.

PUBLICATION DE LA SOCIÉTÉ DES ARCHIVES HISTORIQUES
DE LA SAINTONGE ET DE L'AUNIS

LES

REGISTRES DE L'ÉCHEVINAGE

DE

SAINT-JEAN D'ANGÉLY

1332-1496

PAR DENYS D'AUSSY

I

PARIS
A. PICARD, LIBRAIRE-ÉDITEUR
RUE BONAPARTE, 82

SAINTES
Mme Z. MORTREUIL, LIBRAIRE
RUE ESCHASSERIAUX, 42

1895

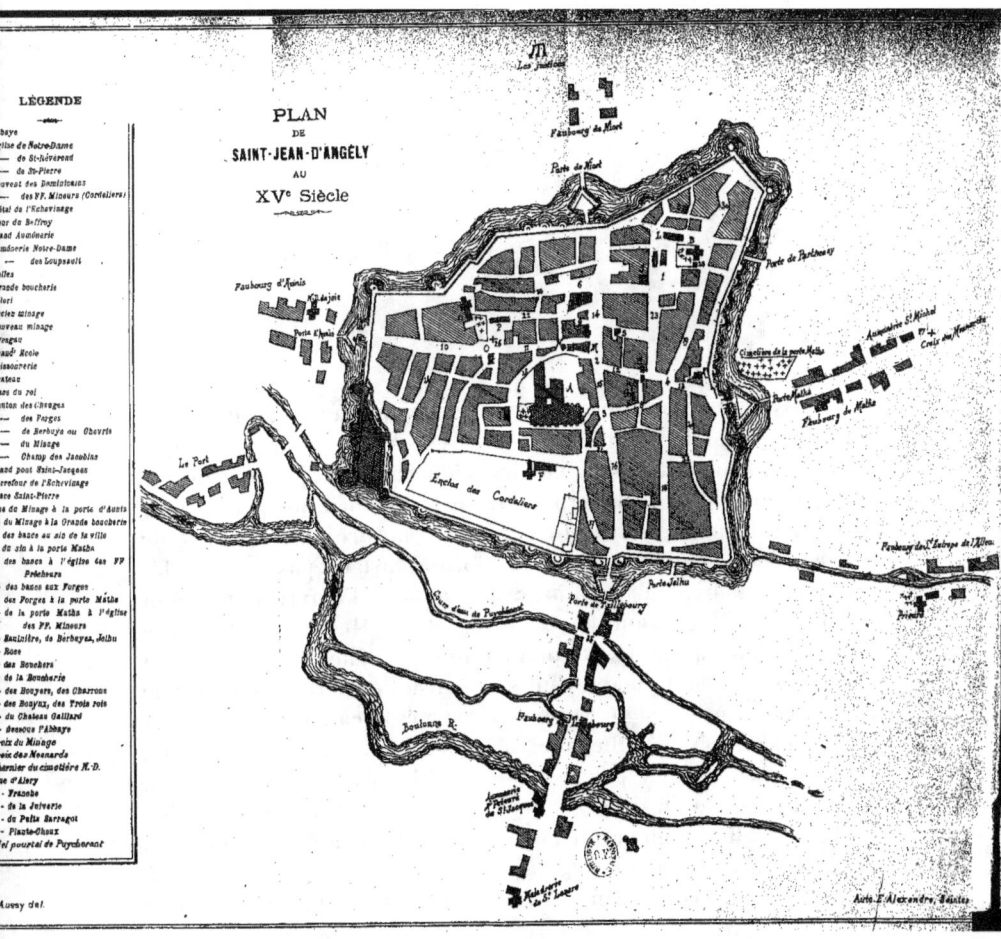

REGISTRES DE L'ÉCHEVINAGE DE SAINT-JEAN D'ANGÉLY

1332-1496

Par M. Denys d'Aussy

PRÉFACE

L'association communale ne s'organisa pas à Saint-Jean d'Angély, comme dans certaines autres villes, en vue de résister au système féodal et de combattre ses abus ; elle fut la conséquence nécessaire de la transformation en place forte du petit bourg soumis depuis le milieu du xi° siècle à la juridiction féodale de l'abbé des bénédictins. Cette transformation n'est pas un fait isolé ; ce n'est pas non plus, comme on l'a supposé, l'œuvre d'un intérêt particulier.[1] Lorsque le roi d'Angleterre Henri II eut épousé Éléonore d'Aquitaine, il comprit que les riches provinces ainsi annexées à ses domaines lui seraient tôt ou tard disputées par son suzerain, le roi de France. Il ne négligea donc aucun des moyens propres à affermir sa domination sur ses nouveaux états. Tandis que, par des mesures libérales, il cherchait à gagner l'affection de ses sujets, il réparait en même temps les places fortes et en créait de nouvelles. C'est ainsi que Poitiers fut entouré de remparts, qu'un donjon formidable s'éleva à Niort et que Saint-Jean d'Angély fut muni d'un mur d'enceinte

---

1. Voir Guillonnet-Merville, *Recherches historiques et topographiques sur Saint-Jean d'Angély*. Saint-Jean d'Angély, Lacurie, 1830 ; *Saint-Jean d'Angély d'après les archives de l'échevinage et les sources directes de son histoire*, par L. C. Saudau. Saint-Jean d'Angély, Ollivier, 1886.

et d'un château-fort. Y eut-il en cette circonstance accord entre l'abbé et le roi d'Angleterre? Ce dernier usa-t-il, au contraire, dans toute sa rigueur de son droit de suzerain? Cette dernière hypothèse nous semble la plus probable : car on voit bien ce qu'on a dû enlever au seigneur abbé, mais non ce qu'on aurait pu lui accorder en compensation. Devenus sujets directs du roi, ses tenanciers furent désormais soumis à la justice royale. En leur qualité de vassaux du roi, les habitants de Saint-Jean d'Angély réclamèrent de son autorité une autonomie aussi complète que possible.

Non contents d'échapper à la justice abbatiale en matière criminelle et de police, ils demandèrent l'abolition de certaines coutumes restrictives de leurs droits civils et, en réminiscence des mals qui existaient sous les deux premières races pour les hommes libres, ils obtinrent le droit d'être jugés par leurs pairs. Les prud'hommes, ou *Scabini*, qui remplissaient précédemment le rôle d'assesseurs dans les tribunaux de l'abbé, devinrent ainsi les arbitres chargés de terminer les différends entre concitoyens. C'est cet ordre de choses que vint confirmer la charte du roi Jean Sans Terre du 14 juillet 1199 [1], et cela nous explique comment, plus tard, lorsque la commune sera complètement organisée, nous verrons les scabini ou échevins figurer comme juges à côté du maire, sans que le statut communal ait eu à réglementer une institution qui fonctionnait déjà depuis longtemps.

Il est supposable que les moines de l'abbaye n'acceptèrent pas de leur plein gré un amoindrissement aussi notable de leur autorité, mais contre le pouvoir royal la lutte était impossible, surtout lorsqu'il invoquait un intérêt qui primait tous les autres, la défense et la sécurité du pays. Plus tard, les bénédictins tentèrent de ressaisir une partie de leurs droits en faisant confirmer par le roi Louis VIII, aussitôt qu'il fut maître de la Saintonge, en 1224, la charte par laquelle Guillaume X d'Aquitaine leur avait abandonné tous ses droits sur le bourg de Saint-Jean

---

1. Johannes, etc... Sciatis nos concessisse et presenti nostra carta confirmasse dilectis et fidelibus nostris burgensibus Sancti Johannis Angeriacensis quod habeant communiam in villa sua... quare volumus et firmiter præcepimus quod ipsi communiam habeant cum omnibus libertatibus et liberis consuetudinibus ad communiam pertinentibus... (*Rotuli chartarum*, p. 16).

d'Angély. Cette confirmation demeura sans effet, non plus que la revendication qu'ils tentèrent de faire prévaloir au sujet de la « place du roi ».

Au mois d'octobre 1204, la nouvelle commune, qui s'était volontairement soumise au roi Philippe-Auguste, reçut de lui non seulement la confirmation des libres coutumes relatives aux mariages, tutelles et testaments qui lui avaient été déjà reconnues par les rois d'Angleterre, mais une organisation administrative calquée sur les institutions communales de Rouen, type de toutes les chartes concédées par les princes anglo-normands aux villes de leurs états du continent.[1] La copie adressée aux bourgeois de Saint-Jean d'Angély par Philippe-Auguste ne comprend pas dans son entier le statut de Rouen, mais seulement les vingt-huit articles transcrits sur le registre de sa chancellerie. Ce sont ces articles, complétés et légèrement modifiés plus tard par le roi Philippe VI. en 1331, qui formèrent la charte communale de Saint-Jean.

Les établissements de Rouen, nous l'avons déjà dit, furent le statut communal de presque toutes les villes normandes. Dans nos contrées, La Rochelle, Saintes, Saint-Jean d'Angély, Niort, Poitiers, Cognac, Angoulême, les îles d'Oleron et de Ré, les adoptèrent. « On serait tenté, dit M. Giry, de faire honneur aux établissements d'avoir étendu à toute une région une certaine unité d'organisation municipale, et il est certain que toutes les villes où l'on retrouve le même collège de magistrats et quelques règles communes, ont toujours, malgré la différence de leurs conditions, comme un air de famille :

... facies non omnibus una,
Nec diversa tamen, qualis decet esse sororum.

Toutefois, cette ressemblance était bien superficielle, et il ne faudrait pas en exagérer la portée : car l'absence de tout lien qui les rattachait les unes aux autres, les modifications apportées dans chacune d'elles à la loi primitive et la non conformité de leurs privilèges leur avaient presque complètement fait perdre le souvenir de leur commune origine. »[2]

---

1. Philippus, etc.. Noveritis quod nos, ad petitionem vestram, vobis mittimus rescriptum communie Rotomagensis in hunc modum, etc... (*Ordonnances des rois de France*, t. v, p. 671).
2. A. Giry, *Les Établissements de Rouen*, t. 1er, p. 437.

Dans toutes les villes où la charte communale de Rouen avait été adoptée, les pouvoirs municipaux émanaient d'un corps unique, le collège des cent pairs. Ces pairs, à l'origine, furent-ils désignés par les officiers du roi, ou bien reçurent-ils de leurs concitoyens une délégation spéciale? C'est une question sur laquelle on ne saurait se prononcer ; la première hypothèse nous semble cependant la plus vraisemblable. Les pairs, nommés à vie, étaient propriétaires de leurs charges qu'ils transmettaient héréditairement ou résignaient en faveur de qui bon leur semblait. Ils élisaient dans leur sein douze conseillers et douze échevins ; ces derniers, plus particulièrement chargés d'aider le maire dans ses fonctions, comptaient généralement dans leurs rangs, à Saint-Jean d'Angély, tous ceux qui avaient exercé la charge de maire. Aussi leur nombre dépasssait-il souvent le chiffre réglementaire. Il en était de même pour les conseillers ; quant aux pairs, le chiffre de soixante-quinze est rarement atteint dans les listes qui nous ont été conservées ; mais il est juste de faire remarquer que ces listes sont incomplètes et qu'elles contiennent seulement les noms de ceux des membres du corps de ville présents à l'installation du nouveau maire.

Chaque année, le dimanche où l'on chante le *Judica me*, dimanche de la passion ou d'avant pâques-fleuries, les échevins, conseillers et pairs, réunis à l'échevinage sous la présidence du maire encore en exercice, nommaient trois candidats parmi lesquels le roi devait désigner celui auquel serait confié la mairie pendant l'année qui allait s'ouvrir.[1] Aussitôt la nomination faite, le corps de ville se rendait en cortège au château pour demander la sanction royale, dans le cas où le roi eût été présent et, à son défaut, celle du sénéchal qui le représentait ; en l'absence du sénéchal, son lieutenant était chargé du choix du maire. Le nouveau maire était alors reconduit à l'échevinage ; il s'asseyait dans la « chaière » destinée au maire et recevait le serment de son prédécesseur en qualité de premier échevin. Puis lui-même prêtait, la main sur l'évangile, serment

---

1. Voir pour les divers modes d'élection à la mairie, scrutin secret par voie de compromis et par la voix du Saint-Esprit, *Saint-Jean d'Angély d'après les archives de l'échevinage*, p. 217 ; l'élection par la voie du Saint-Esprit était empruntée au droit canon qui l'avait établie pour les élections ecclésiastiques. (Decret. Greg., IX, lib. I, t. VI, ch. XLII).

« de garder la ville au mieulx de tout son pouvoir, en l'obéissance du roy nostre sire, et son aisné fils, contre toute personne qui puet vivre et mourir, d'eschiver leur dommage et deshonneur, et, s'il le scet, le faire sçavoir aus gens le roy nostre sire ; de fere et garder justice à touz esgalement, le mieulx qu'il pourra et sçaurra ;

« Les affayres et ordonnances de ladite ville et commune fere le mieulx qu'il pourra, et accomplir tout ce qui est commencé par ses prédécesseurs mayres et ne le deslaisser sans le consentement du commung ; les droits de ladite commune pourchassier tant comme il pourra, les franchises et libertez d'icelle garder, nulle mauvaise coustume ou establiement commencer, et tout le cours de sa vie fere obéissance à ses successeurs, comme homme de commune. »[1]

Dans la première réunion ou « mésée » (c'est ainsi qu'à Saint-Jean d'Angély, La Rochelle, Niort, Cognac et Angoulême, étaient désignées les assemblées du corps de ville), on nommait les officiers chargés d'assister le maire dans son administration. C'était d'abord « le sous-maire » : les attributions de ce personnage ne répondaient pas du tout à celles de nos adjoints actuels ; elles se rapprochaient plutôt de celles d'un secrétaire en chef. Le sous-maire, qui était souvent maintenu en fonctions pendant plusieurs années, n'avait aucune autorité administrative. En cas d'empêchement, le maire déléguait cette autorité à un échevin qui prenait le titre de « lieutenant du maire ». Le sous-maire assistait aux inventaires dressés après décès des jurés de la commune et signait les extraits et copies des délibérations. Puis venaient le clerc, ou scribe de la commune ; les sergents, d'abord au nombre de quatre, plus tard réduits à deux ; le procureur de la commune et les « procureurs aux causes », chargés, devant les diverses juridictions, de la défense des intérêts communaux ; les guetteurs, les inspecteurs du marché, les rechercheurs (resserches), le garde du « sin » de la ville.

Aucune de ces fonctions n'était gratuite. Le maire recevait pour ses « gages » un marc d'or ; mais dans les temps les plus calamiteux ses émoluments furent réduits à cinquante livres. Le sous-maire et le clerc, chacun dix livres ; le procureur, qua-

---

[1]. Archives nationales, JJ 105, p. 418. Giry, *Établissements de Rouen*, t. 1ᵉʳ, p. 52, note.

tre livres : le guetteur, douze livres ; les sergents, chacun cinq livres et une robe « aux livrées de la ville » (bleu et rouge). Les deux « resserches », dont la fonction consistait à veiller à ce que chacun obéit à faire le guet, chacun dix livres ; le gardien du sin, trente sous tournois et une robe de livrée.

Pour apprécier l'importance de ces gages, il conviendrait de tenir compte des variations de la valeur monétaire et de déterminer, pour chaque époque, la puissance ou le pouvoir de l'argent, en les comparant à sa puissance actuelle. La livre tournois qui avait cours dans nos provinces de l'ouest, représentait, à la fin du XIII° siècle, environ 18 francs de notre monnaie ; mais le pouvoir de l'argent étant, aujourd'hui, cinq fois plus faible qu'à cette époque, il faudrait donc multiplier dix-huit par cinq pour avoir, par approximation, la valeur de la livre tournois dans les transactions de ce temps-là. Le sou était invariablement la vingtième partie de la livre et le denier la douzième partie du sou.

Nous avons désigné ci-dessus, sous la dénomination d'inspecteurs du marché, les « visiteurs » qui exerçaient leur surveillance sur la boucherie, la poissonnerie, les diverses denrées exposées en vente sur le marché, les objets fabriqués dans la ville, etc. Bien que, le plus souvent, ils fussent choisis par le corps de ville dans son sein, ils n'exerçaient en réalité leur charge que par délégation du maire, à qui le droit de les désigner était parfois abandonné.

L'administration des finances de la commune fut d'abord des plus simples : les recettes communales étaient versées dans une « arche » ou caisse, dont le maire et trois échevins avaient chacun une clé. Toute somme reçue ou dépensée était, en leur présence, inscrite sur un registre spécial appelé « le papier de l'arche ». A l'expiration de son année de mairie, le maire soumettait sa comptabilité à une commission chargée « d'ouïr ses comptes » et de lui donner décharge. Cette comptabilité n'était pas toujours tenue avec toute la régularité désirable. Le maire avançait souvent de ses deniers les dépenses les plus urgentes, et se payait ensuite par ses propres mains, sans attendre que le conseil l'ait autorisé à se rembourser de ses avances. De là des plaintes et aussi parfois des conflits. Le plus grave est celui qui éclata à propos de la mission confiée à un échevin, Bernard Tronquière. Il avait été chargé, en 1372, année du retour de Saint-Jean d'Angély à la France, d'aller à Paris solliciter du roi une subvention pour la réparation des fortifications, ainsi que la confirmation des privilèges. Après un séjour de plus de sept mois, il n'obtint, en fait de subvention, que deux cent cinquante livres, à peine suffisantes pour couvrir ses déboursés. Poursuivi par le procureur du roi en restitution de ces deux cent cinquante livres, il refusa de les remettre et, conservant comme gage les privilèges dont il était détenteur, il mit de son côté la commune en cause et en appela devant le parlement de Paris. Après de longs débats, qui avaient occasionné entre les habitants de la ville « grants rumeurs et dissensions », on eut recours à l'arbitrage de l'abbé de Saint-Jean d'Angély et du sénéchal de Saintonge. Il fut reconnu que la ville était débitrice à Bernard Tronquière de la somme de trois cents livres, converties d'un commun accord aux réparations des fortifications. Ces longues discussions, sans doute envenimées par des inimitiés personnelles, ne firent cependant rien perdre à Tronquière de l'estime publique ; quoique rayé pour un temps de la liste des échevins, il fut ensuite plusieurs fois appelé à la mairie.

Un autre maire fut aussi accusé de malversations à l'occasion de sa gestion financière, et ne paraît pas s'en être tiré aussi honorablement que Bernard Tronquière. Le 23 février 1413, un échevin, Aymar Mouraut, comparait à la cour du maire et déclare « s'opposer affin que les comptes de monsieur le maire ne soient receuz ne expédiez sans luy, et pour certaines causes qui naguaires sont venues à sa notice ». Le maire en exercice était alors Jean Chauveau, et l'intervention d'Aymar Mouraut était d'autant plus grave, qu'à son titre d'échevin il réunissait les fonctions de lieutenant général du sénéchal, ce qui semblerait établir une poursuite, ou une dénonciation de Jean Chauveau portée devant le sénéchal. En 1416, probablement à la suite d'une première condamnation prononcée contre lui, Jean Chauveau était cité, à la requête du procureur général du roi, devant le parlement de Paris. Un procureur se présente en son nom en la cour du maire et déclare que Chauveau est absent : il produit le témoignage de Pierre Bouquet, écuyer, seigneur de Maumont, près d'Angoulême, lequel affirme « qu'il avoit laissé Jehan Chauveau à Nostre-Dame du Puy en Auvergne, où il l'avoit accompagné en pèlerinage « et se disposant à entreprendre le saint voiage d'oultre mer ». Il n'est plus question, à partir de ce moment, ni de Jean Chauveau, ni de ses comptes.

Le débat soulevé entre la commune et Bernard Tronquière

amena, en 1380, la création d'une charge de « receveur des deniers communs » : à ces fonctions étaient jointes celles de « maistre des œuvres et réparacions », ce qui donnait au titulaire la haute surveillance des travaux publics. Ce fonctionnaire devait, chaque mois, présenter l'état des dépenses acquittées par lui depuis la mésée précédente ; il rédigeait ensuite, à la fin de l'année, un compte récapitulatif qu'une commission, nommée par le corps de ville, vérifiait et approuvait.

Pour nous conformer aux usages de la comptabilité moderne, nous pourrions diviser les dépenses en dépenses obligatoires ou ordinaires et en dépenses extraordinaires. Dans la première catégorie rentreraient les gages du maire et des employés de la commune dont nous avons donné la nomenclature, les frais d'entretien des fortifications ; quant aux dépenses extraordinaires, elles sont tellement variées qu'il serait impossible d'en dresser la nomenclature. Il est à remarquer que les membres du corps de ville étaient indemnisés de tous les frais faits à l'occasion de leurs charges ; aussi la femme du maire avait-elle soin de se faire rembourser le coût des diners officiels donnés par son mari.

En suivant pour les recettes la même division que pour les dépenses, on aurait pu comprendre dans les recettes ordinaires : les diverses locations consenties par la ville d'immeubles lui appartenant, tels que maisons, vergers, tanneries, etc. ; du droit de pêche dans les douves de la ville et dans l'écluse appelée « Bourgeoise », située en aval de Tonnay-Boutonne ; des fermes du « souchet », droit perçu sur la vente des vins au détail et sur l'entrée des vins dans la ville ; du droit de navigation appelé « la coustume de Boutonne », du faymidroit, droit de greffe sur les causes appelées devant la cour du maire ; enfin la ferme des moulins de Tonnay-Boutonne. Sauf cette dernière, qui se traitait à l'amiable, toutes les autres s'adjugeaient annuellement aux enchères. A la fin du xive siècle et au commencement du xve [1], l'ensemble de ces recettes variait de cinq à sept cents

---

1. Deux cents ans plus tard (1615), les revenus de la ville étaient, à peu de chose près, les mêmes :

Produit du souchet et entrée des vins	3.703 l.	»
Coutume de la rivière de Boutonne.	75	»
Pêcherie de Bernouet et de l'écluse Bourgeoise	5	16 s.
Péage.	100	»
Produits du greffe	86	»
Jaugeage.	142	»
Ensemble.	4.111 l,	16 s,

livres tournois. A ces ressources il convient d'ajouter les subventions accordées par le roi sur les aides de guerre pour les réparations des fortifications; ces subventions étaient bien quelquefois en partie détournées de leur destination et servaient à payer des dépenses urgentes; mais il faut reconnaitre que c'était à titre exceptionnel. De même « les patis ou suffrances de guerre » étaient acquittés à l'aide de ressources spéciales, créées au moyen d'une imposition ou taillée levée sur les habitants de la ville et de la banlieue.

.·.

Si l'établissement de la commune à Saint-Jean d'Angély ne modifia pas d'une manière bien sensible la condition civile des bourgeois et jurés qui la composaient, elle eut ce résultat considérable de faire entrer la communauté urbaine dans la monarchie féodale. « La commune, dit M. Luchaire, c'est la seigneurie collective, populaire, incarnée dans la personne de son maire et de ses jurés; cette sorte de seigneurie n'est pas la seule de son genre qui existe au moyen âge. Le corps du clergé possède aussi des seigneuries collectives qui sont les abbayes et chapitres. »[1] Le représentant de la commune, le maire, a donc tous les droits de souveraineté dont le régime féodal a investi le haut baron : comme lui, il prête serment de fidélité au roi son suzerain; comme lui, il commande la force armée et peut être convoqué au ban; comme lui, il rend la justice et établit des taxes. C'est un des personnages considérables de la province, et le plus haut dignitaire, le connétable de France, le traite dans ses lettres de « très chier et grant ami ». Dans sa ville, il commande souverainement; il préside les mésées, les assemblées du corps de ville, et dirige les délibérations. Aussi, tout manque de respect à son égard est-il sévèrement puni. Si le fait se produit en séance à l'hôtel de ville, le coupable est immédiatement arrêté; il doit faire publiquement amende honorable, « le genoil en terre et le chaperon au poing », sans préjudice de l'amende qui peut lui être infligée. Meurt-il en exercice, le maire, comme à La Rochelle, est inhumé aux frais de la commune.[2]

---

1. Achille Luchaire, *La commune française à l'époque des Capétiens directs*, p. 97.
2. Archives de Saint-Jean d'Angély, BB, xviii.

Dans certaines cités importantes, à Bordeaux et à Bayonne par exemple, le maire, comme chef supérieur de la milice, est appelé à jouer le rôle le plus important ; mais à Saint-Jean d'Angély, par suite du privilège exemptant du service du ban, c'est uniquement pour assurer l'ordre et veiller à la sécurité des remparts qu'il exerce cette autorité. Tous les ans, la veille et le jour de la Saint-Jean, il parcourt la ville, escorté de compagnons, armés comme lui de pied en cap, afin d'y maintenir la tranquillité qu'aurait pu troubler l'affluence des pèlerins et des étrangers. C'est lui qui décide de l'heure de l'ouverture et de la fermeture des portes, et chaque soir, les clés de la ville sont déposées à son domicile.

L'autorité du maire, si respectée qu'elle fût, était loin cependant d'être absolue. En fait, l'administration appartenait au conseil, dont il ne faisait qu'assurer les décisions. La composition de ce conseil a souvent varié. Au xiv° siècle (1332), dans la première mésée qui suit l'élection du maire, le corps de ville élit quatre échevins, deux conseillers et deux pairs, « ausquels est donné le povoir par tout le commun que toutes choses qu'ilz verront estre bonnes et prouffitables ou nécessaires et honorables à la commune, ils puissent accorder, ordenner, procurer et ottroier, sans appeler le commun, tout ainsi comme le commun pourroit fere... » En 1374, deux conseillers et un échevin sont nommés procureurs de la commune pour traiter « toutes les affaires qui la concernent ». Cinq ans plus tard, en 1379, on ne nomma plus qu'un procureur pour faire « tout ce qui appartiendra à la commune soubz la direction du corps de ville ». Ce procureur qui, à dater de cette époque, prend rang au nombre des officiers municipaux, vit peu à peu se restreindre son action au rôle d'un simple commissaire chargé de veiller au maintien des droits et privilèges de la commune, et à l'exécution des règlements de police. En 1388, tout en maintenant le procureur ordinaire de la commune, quinze procureurs généraux sont élus « en toutes choses et causes appartenant à la commune ». Ces procureurs formeront un conseil chargé d'assister le maire dans son administration ; mais on ne voit fonctionner régulièrement ce conseil que dans les premières années du xv° siècle. On trouve alors les procès verbaux des séances du « conseil » rédigés concurremment avec ceux des mésées ou des assemblées générales ; enfin, le 23 mai 1412, quatre-vingt-neuf membres du corps de ville réunis en mésée, établissent « que cent hommes notables de la commune de la ville de Saint-Jehan, seront esleuz, lesquels auront povoir d'estre aux mésées et conseils et pourront ordenner et déterminer dores en avant des faiz et négoices de la commune, et tout ce qu'ilz feront et ordenneront vaudra et tendra, et l'ont promis avoir agréable ». Cette mesure semble un retour aux dispositions de la charte communale, qui fixait à cent le nombre des membres du corps de ville. Il est à croire cependant qu'elle n'eut pas pour effet de priver de leurs droits les échevins, conseillers et pairs qui ne figurent pas au nombre des élus, et que ce fut seulement un moyen pour rendre accessible à un plus grand nombre l'entrée du conseil. Dans le même ordre d'idées, pour écarter certaines influences trop prépondérantes qui monopolisaient les charges municipales, un échevin proposa, en 1434, de fixer à quatre ans le délai après lequel le même maire pourra être réélu. Cette proposition ne fut pas adoptée; mais on voit combien l'administration de la commune était désireuse d'apporter à sa propre organisation toutes les modifications exigées par l'esprit nouveau et les besoins du temps. C'est ainsi que s'introduisit l'usage des assemblées générales de tous les habitants appelés à donner leur avis dans les circonstances graves, notamment lorsqu'il s'agissait de l'établissement de taxes et d'impôts nouveaux. Ces assemblées, que n'avait point prévues le statut communal, tempéraient ce qu'aurait pu avoir d'excessif le pouvoir de l'oligarchie bourgeoise. La première de ces réunions que nous ayons pu constater sur les registres est celle du 27 septembre 1390, relative aux « taillées » à établir pour l'acquittement des pâtis. Elle fut tenue en présence de Naudonet Ravel, lieutenant des maréchaux de France, d'Agnelet de Laleu, lieutenant d'Enguerrand de Coucy, et d'Estelin de La Folie, receveur du roi en Saintonge.

Toutes les pièces émanées de la commune étaient authentiquées au moyen de deux sceaux. Le grand scel, confié à l'un des échevins, n'était apposé que sur les documents officiels provenant du corps de ville; le petit scel s'appliquait, moyennant finances, sur les jugements de la cour du maire, et sur les actes ou conventions des particuliers rédigés par les notaires jurés en la cour du scel. Le produit de cette formalité était affermé et faisait partie des revenus ordinaires de la commune. Nous n'avons trouvé aux archives de Saint-Jean d'Angély aucune pièce scellée du grand scel. Du reste, tous les sceaux, sans doute pour faciliter l'enliassement des archives, ont été enlevés. Quelques empreintes, fort rares, du petit sceel existent encore. Elles sont de la largeur d'une pièce de deux francs et n'offrent point de contre-sceau : dans un écu triangulaire, les armes de l'abbaye, qui étaient aussi celles de la ville : *D'azur semé de fleurs de lis d'argent, au franc quartier de gueules chargé d'une tête de saint Jean-Baptiste dans une coupe d'or.* Cet écusson était entouré d'un exergue que nous révèlent quelques fragments de lettres.

Les chartes établissant « les privilèges » de la commune étaient conservées avec un soin jaloux et enfermées dans une « arche » dont un échevin avait la garde. En 1332, on édilia, dans l'échevinage, une tour destinée à recevoir « les letres, les coffres et les biens de la commune ». [1] Achevée au mois de décembre de cette même année, cette tour fut sans doute affectée à un autre usage, puisqu'en 1391 le maire est invité à « pourchasser les veilhs pappiers de la commune vers ceulx qui les ont, et qu'ilz soient mis ensemble en coffres de la commune »; et qu'en 1406 l'« arche » où sont les privilèges, est mise en garde chez l'échevin Bernard Bidaut. [2] Le corps de ville manifeste, à diverses reprises, l'intention de voir rédiger « un livre de la commune » analogue au livre rouge de la Rochelle ; [3] mais rien n'indique que ce désir ait été réalisé ; du moins ce livre ne s'est pas retrouvé aux archives.

On a souvent répété, après Maichin, que le maire et les échevins de Saint-Jean d'Angély jouissaient des privilèges de noblesse en vertu de lettres patentes du roi Charles V, qui avait récompensé par cette faveur leur patriotique conduite lorsqu'ils chassèrent les Anglais de leurs murs en 1372. A la date du 9 novembre de cette année-là, le roi confirma d'une manière générale les privilèges de la ville, qu'il déclarait prendre sous sa protection spéciale ; il autorisa le corps de ville à imposer toutes les taxes nécessaires à l'entretien des fortifications ; mais dans les documents que nous venons de citer, nulle part il n'est question du privilège de noblesse. Beaucoup plus tard, en 1452, le corps de ville sollicita cette faveur, qu'il n'obtint du roi Louis XI qu'au mois de septembre 1481. Il fut alors déclaré « que, bien que le

---

1. Archives de Saint-Jean d'Angély, BB, xii.
2. Archives de Saint-Jean d'Angély, BB, xviii.
3. Archives de Saint-Jean d'Angély, BB, xv.

privilège de noblesse au profit des maires, conseillers et pairs du corps de ville de Saint-Jean d'Angély ne soit pas explicitement indiqué parmi ceux qui ont été accordés par les rois ses prédécesseurs et lui, ils continueront à en jouir de la même façon que les habitants de La Rochelle et d'Abbeville ». Ces lettres avaient été précédées d'une enquête établissant que, de de temps immémorial, les membres du corps de ville de Saint-Jean d'Angély exerçaient le droit de « franc fief », c'est-à-dire pouvaient acquérir des terres nobles sans payer aucune finance au roi, ce qui était un des principaux privilèges de la noblesse. Ces privilèges entraînaient, pour ceux qui en jouissaient, l'exemption de la taille; les officiers de finance firent tous leurs efforts pour en restreindre, autant que possible, les effets. Le nombre des anoblis de l'hôtel de ville, d'abord illimité, fut réduit à vingt-cinq. Cette noblesse était personnelle et viagère et ne devenait héréditaire que si le titulaire mourait revêtu de sa charge de maire, d'échevin ou de conseiller. Le corps de ville comptait au nombre de ses membres quelques gentilshommes de race, comme les Bessé, les Mehe, les Cumont ; de même les Loupsault, dont une fille avait épousé Guillaume de Cherchemont, neveu d'un chancelier de France ; les Saumur, seigneurs de Gourville, en 1429 ; peut-être en existait-il encore d'autres, ce qu'il n'est pas facile d'établir, les échevins, conseillers et pairs étant toujours désignés sous leurs noms patronymiques, sans indication de titres, sauf cependant celui de chevalier, qui est donné à Jean Mehe et à Hélie de Saumur. Au XVIe et au XVIIe siècles, presque tous les fiefs nobles de la banlieue de Saint-Jean d'Angély étaient en la possession de familles sorties de l'échevinage.[1]

Un des principaux avantages conférés aux communes par les chartes d'affranchissement était le droit pour les bourgeois et les jurés d'être soumis à la juridiction de leurs pairs. Il est à

---

1. Nous pouvons citer : Beaufief aux d'Abillon, Orioux aux Ravard, Bessé aux Fradin, La Grange aux Mangou, La Croix La Bergère aux Razin, Saint-Eutrope de La Leu et La Magdeleine aux Gadouin, La Saulzaye aux Mathé, Le Rousseau aux Pallet, La Galernerie, Les Moulines, La Vergne, aux Boisseau, Le Château (Courcelles) aux Barthomé, Le Bellay aux Thibaut, L'Isle aux Prevost, Gratteloup aux Dorin, Monrolland aux Roland, La Fuie de Ternant aux Cardel, etc.

remarquer que, nulle part, dans ces chartes, ce droit ne fait l'objet de dispositions spéciales. Si nous consultons, par exemple, les établissements de Rouen qui, comme nous l'avons dit, ont servi de type et de modèle aux chartes communales accordées par le roi d'Angleterre aux principales villes de leurs possessions continentales et notamment à Saint-Jean d'Angély, nous voyons (art. 2) que les échevins et conseillers sont tenus de juger selon les règles de la justice et d'après leur conscience : « ... Recte judicabunt, et secundum conscienciam suam » ; que certains crimes et délits sont punis de peines déterminées ; mais le texte ne nous apprend rien sur la procédure suivie, sur la compétence et la composition du tribunal chargé de l'application de la peine. C'est que le plus souvent, en effet, comme on le constate à Rouen, ce tribunal existait antérieurement à l'organisation définitive de la commune, et n'était qu'une des conséquences des franchises et libertés déjà accordées. Dans nos provinces d'Aquitaine les libres coutumes concédées par le duc Guillaume X emportaient même la connaissance des cas de haute justice, puisque, tout en confirmant les franchises de la ville naissante de La Rochelle, le roi Henri II se réserve la connaissance des crimes dont la plainte « lui serait directement portée, ou qu'il lui conviendrait d'évoquer ». Lors donc qu'en 1199 le roi Jean Sans Terre confirme les libres coutumes admises à Saint-Jean d'Angély, il laisse supposer que la commune y fonctionnait déjà au moins dans ses conditions essentielles, et que les échevins étaient investis du droit de juger leurs concitoyens, tant au civil qu'au criminel. C'est ainsi que le maire, représentant féodal de la commune, devint haut justicier et exerça ce droit non seulement sur les habitants qui pouvaient être assimilés à des tenanciers, mais sur tout criminel saisi dans le ressort de sa juridiction. Originairement le prévôt du roi était le seul juge criminel ; sa charge ne fut point supprimée ; mais ses fonctions furent restreintes aux attributions financières, jusqu'au moment où la création de la sénéchaussée de Saintonge en 1255, établissant un tribunal d'appel auquel ressortissaient les juridictions prévôtales, inspira aux prévôts du roi le désir de ressaisir en partie leur ancienne autorité judiciaire. De là des conflits fréquents et parfois violents entre les maires et les prévôts du roi. A La Rochelle notamment, la lutte fut longue et obstinée ; les droits de juridiction respectifs du maire et ceux du prévôt ne furent nettement déterminés que vers le milieu du XVe siècle.

A Saint-Jean d'Angély, l'antagonisme fut moins prononcé, peut-être parce que, le plus souvent, la prévôté étant affermée, le titulaire avait plus de souci de ses profits que de ses prérogatives. Toutefois la bonne harmonie entre le prévôt et le maire fut souvent troublée, surtout avant que le roi Philippe de Valois, dans ses lettres patentes du mois de juillet 1331, eût tracé les règles qui furent désormais respectées.

En matière criminelle les jurés de la commune sont exclusivement soumis à la juridiction du maire : seul, ce dernier a le droit de les arrêter et de les détenir. Tout individu arrêté en flagrant délit ou simplement prévenu de crime, doit être présenté au maire qui le réclame, s'il est son juré, ou, s'il est étranger, le remet aux mains du prévôt, après un interrogatoire sommaire. La police de la ville appartient d'une façon absolue au maire et au corps de ville. En toute occasion le corps municipal maintenait avec rigueur ses prérogatives. On sait combien fut brutale l'administration des officiers du duc de Berry, frère de Charles V. Lorsque la Saintonge et le Poitou lui eurent été donnés en apanage, son prévôt à Saint-Jean d'Angély, pour un motif qui ne nous est pas connu, mais très probablement pour obtenir le paiement de quelque taxe, fit arrêter et mettre en la prison du château, le 30 mai 1374, un juré de la commune ; mandé devant le maire, il fut interpellé de la façon suivante : « Vous avez prins et fait prendre un de nos jurez appelé Aimery Barbe et mis on chasteau en prison, que faire ne devez : car vous n'avez nulle cognoissance de luy ; si, avez attempté contre nos privillèges et vous requerrons que ledit nostre juré vous rendiez soult et quite... et nous amanderez l'injure que fait nous avez selon que par nostredite court sera engardé. » Le prévôt se soumit, « cognehut et confessa la prinse dudit juré avoir fait contre raison, et pour ce, ledit prévost nous rendist et amena ledit juré ».[1]

La procédure criminelle suivie contre un des membres de la commune était assez simple : tout juré prévenu de crime, après une détention fort courte dans les prisons de l'échevinage, comparaissait devant le maire. Une ordonnance de saint Louis de l'année 1254, en vigueur dans les états de son frère le comte de Poitiers, autorisait la mise en liberté sous caution. Il suffisait

---

1. Archives de Saint-Jean d'Angély, BB, 1 *bis*.

de présenter caution « bonne et suffisante » pour obtenir la « récréance de son corps ». Le prévenu, ainsi rendu à la liberté, devait se présenter en personne aux mésées ; là, chacun avait le droit de l'incriminer et de le poursuivre ; après un certain nombre de comparutions, non suivies de poursuites, le maire élargissait progressivement les limites que le prévenu ne devait pas franchir, d'abord l'échevinage, puis la ville, la sénéchaussée, la province, et enfin le royaume de France, ce qui équivalait à un acquittement définitif. L'action publique n'étant pas admise par la coutume, il en résultait que presque toujours une composition en argent entre l'accusé et les parents de la victime mettait à néant l'accusation. Nous n'avons trouvé sur les registres de l'échevinage aucune plainte portée contre un juré de la commune, qui, en matière criminelle, ait été suivie de jugement. C'était là véritablement un privilège exorbitant, contre lequel la justice royale protestait avec raison, et qui amena l'abolition à peu près générale de la juridiction de la cour du maire, en matière criminelle, au XVIe siècle.

Lorsque l'accusé n'appartenait pas à la commune, après sa présentation au maire et son interrogatoire sommaire, il était remis entre les mains du prévôt du roi qui remplissait les fonctions de ministère public et était chargé de l'instruction de la cause. Un certain nombre de membres du corps de ville, sous la présidence du maire, formaient une sorte de jury criminel et jugeaient l'accusé. La composition de ce jury rappelait celle de nos jurys actuels, sauf qu'au lieu de se borner à l'appréciation de la question de fait, il jugeait réellement et appliquait la pénalité. Un procès verbal très concis, souvent précédé de la confession volontaire de l'accusé, relate les faits qui ont motivé la condamnation. Aucune distinction n'était faite entre les crimes et les délits, la gravité de la peine établissait seule la différence ; ces peines étaient la mort, le bannissement, l'exposition infamante au pilori et des peines corporelles plus ou moins rigoureuses. Celles de ces peines qui laissaient après elles des traces indélébiles, comme plus tard la marque, tenaient lieu, à cette époque, de casier judiciaire. Le larron ayant perdu successivement ses deux oreilles courait grand risque, à la troisième récidive, de faire connaissance avec la potence. Ainsi l'éprouva Clément Dangers, un coupeur de bourses, qui était venu se faire prendre aux foires de la Saint-Luc. Il excipa vainement de son titre de clerc. Renvoyé à Saintes pour y être examiné par l'évêque, il fut reconnu « ignorant de toutes lètres », mal venu, en pareil cas, à solliciter l'indulgence de la cour du maire; « ... li furent relatées les malfassons qu'il avoit fait... et pour ce qu'il estoit essoreillé, fut jugé à estre penduz ». Les frais d'exécution étaient à la charge de la sénéchaussée; la ville n'avait point de bourreau à ses gages, et si par hasard il était absent ou empêché, on y suppléait comme on pouvait; en 1417, quatre Bretons, détrousseurs de grand chemin, ayant été condamnés à mort, Colas Le Mareschal, un Poitevin âgé de 20 ans, arrêté en même temps qu'eux, est acquitté par cette raison qu'il avait été enrôlé contre son gré; mais on lui impose l'obligation de servir d'exécuteur et de pendre ses compagnons.

Cette peine de l'essoreillement qui fut pratiquée jusqu'au xvie siècle, était surtout appliquée aux larrons étrangers; le simple vol pour les habitants de la ville et de la banlieue n'entrainait que le bannissement soit de la ville, soit de la sénéchaussée, soit même du royaume, suivant la gravité de l'affaire. Au xve siècle, on lui substitua souvent des pèlerinages lointains; la peine de la fustigation à travers les rues était aussi parfois prononcée, même contre les femmes. Le livre coutumier de l'île d'Oleron, transcrit en 1343, nous fait connaitre des peines encore plus rigoureuses; le coupable pouvait être condamné à perdre le poing, le pied, l'oreille ou « estre saigné à la jote ».[1]

Le faux témoignage était puni d'une façon bizarre. Thomas Poupard et Jehan Coyreau, convaincus d'avoir faussement attesté devant l'évêque de Saintes, que Marguerite Thibaut et Jehan Coyreau s'étaient promis le mariage, sont condamnés « à porter les griffes par la langue », c'est-à-dire qu'un instrument de fer les forçait à tenir la langue hors de la bouche, « à estre fouettez par touz les carrefours, et à porter jusques à pasque, cousu au devant et au derrière de leurs vêtements » un écriteau avec cette inscription :

<pre>
POUR PORTER FAUS TESMOINGNAGE
FU JUGÉ EN ESCHAVINAGE
A PORTER CEST SEING SAUVAGE.
</pre>

---

1. « Si la malfaite... est tans que li maufeteur ne la puchet amander, il deit par reson... perdre le poing, ou le pié ou l'oreille, et estre seigné en la jote. » (*Black book of the admiralty*, appendice, part. II. London, 1883, ch. XLII).

Cet écriteau, s'il ne fait pas grand honneur au talent poétique de maitre Joseph Le Vernois, scribe de la commune, offrait cet avantage de graver plus profondément dans la mémoire du peuple le souvenir du méfait et de son châtiment.

Dans aucune de ces sentences il n'est question de recours à la juridiction supérieure ; ce recours existait en droit, depuis saint Louis ; mais il était entouré de formalités qui le rendaient peu facile pour les criminels vulgaires. Nous voyons cependant le sénéchal de Saintonge intervenir pour obtenir la modération de la peine encourue par un criminel. « Janot Byac..., amené par le prévost, confessa on jugement qu'il avoit vuydé en plusieurs lieux et plusieurs journées jusques à xiv bources... pour lesquels larroncins on le vosist juger à pendre. Lors chut délibéracion avecques monsieur le séneschal qui de misericorde vosist qu'on le laissast aler, oustée l'oreille, et li banni perpetuaument de la séneschaussée de Xaintonge... Si le jugea monsieur le maire à perdre l'oreille tenant à la teste, et le banit perpétuaument de la séneschaussée de Xaintorge, à prendre son banissement dedan deux jours. »

Les crimes les plus fréquents, en ces temps-là, étaient : les meurtres à la suite de querelles ou de collisions, les viols, les vols et surtout le brigandage à main armée dans les campagnes. Les détrousseurs de grands chemins n'étaient pas cependant toujours des assassins ; ils se contentaient le plus souvent de dépouiller leurs victimes auxquelles ils enlevaient jusqu'à leurs chausses. Parfois cependant ils y mettaient quelque courtoisie, et s'ils rencontraient de riches marchands, à la bourse bien garnie, ils leur abandonnaient généreusement la somme nécessaire pour achever leur voyage. Les suicides, toujours suivis d'une enquête, étaient assez rares ; c'était, pour la plupart du temps, le fait de pauvres filles qui cherchaient à échapper par la mort aux conséquences de leur inconduite.

Tout ce qui concernait la police locale rentrait absolument dans les attributions du corps de ville, et l'on peut dire que, sous ce rapport, sa vigilance était extrême. La légende nous dépeint les villes du moyen âge comme un amas de constructions d'aspect bizarre, aux ruelles étroites remplies d'immondices, où, passée l'heure du couvre-feu, nul ne se serait aventuré sans danger de se rompre le col. Nous pouvons affirmer qu'au xive et au xve siècles, à Saint-Jean d'Angély, toutes les mesures commandées par l'hygiène avaient été prises afin d'assurer le bon état et la propreté de la voie publique. Même avant l'établissement de la commune, les bénédictins avaient institué un officier chargé de veiller au nettoyage des rues. Sa charge, sous le nom de « prévôté des fumiers » (præpositura fimorum), fut même érigée en fief. Pierre de Feri, clerc, vendit cette prévôté à Laïde Arnaut, qui reçoit en 1225 l'investiture de la prévôté des « balieures (balayures) », et reconnaît que ladite Laïde a fait son hommage.[1] L'autorité conférée à ce prévôt étant devenue incompatible avec les droits du maire, cet office dut cesser d'exister aussitôt que la commune fut complètement organisée.

Nous avons constaté qu'au commencement du XIVe siècle la ville était déjà pavée, et que l'entretien du pavage rentrait dans les dépenses communales. Des règlements de police interdisaient tout dépôt de matériaux dans les rues ; chaque habitant devait faire disparaître ou enlever les bourriers et les détritus provenant de son ménage, et il était défendu de pousser les immondices dans le ruisseau pour les faire entraîner par les eaux pluviales.[2] Défense aux bouchers de déposer dans la ville les déjections des animaux qu'ils abattent, aux poissonniers d'abandonner sous leurs bancs les entrailles des poissons ; poissons et coquillages de fraîcheur douteuse devaient être brûlés soit par les sergents de la mairie, soit, à leur défaut, par des « coquins » habitués à cette peu agréable besogne. Il était aussi défendu de laisser vaguer dans les rues les pourceaux et animaux domestiques ou de les conduire le long des douves, à l'extérieur du rempart.[3] Toute infraction à ces ordonnances était punie d'une amende de vingt-cinq sols, prononcée par la cour du maire, à la requête du procureur de la commune.

La réglementation du marché était des plus minutieuses. Tout achat fait avant l'heure de l'ouverture était puni d'une

---

1. Inventaire des papiers de l'abbaye et office claustraux aux archives de Saint-Jean d'Angély, GG, 120.

2. « Défense de bouter à la rye la boue et fumier qui sera en la rue quand il plevra. »

3. Il nous souvient d'avoir lu, il y a quelque trente ans, affiché dans une petite ville du midi un arrêté du maire interdisant de laisser circuler les porcs « après huit heures du matin ». Avant cette heure, ces aimables commensaux rendaient le même service à la localité que les chiens à Constantinople.

amende. Le maire avait le droit de taxer les comestibles, la viande et le blé ; nul marchand étranger ne pouvait, sans autorisation préalable, étaler et vendre sa marchandise ; des règlements particuliers déterminaient le poids et le prix du pain, proportionnellement au prix courant du blé. Le pain était très fréquemment pesé et le vendeur payait « deux sols d'amende par once que le pain estoit trop court ». Le maire était tellement jaloux de son droit en pareille matière que, sous prétexte qu'il avait seul la surveillance de la boulangerie, il fit saisir des pains destinés à toucher la relique de saint Jean-Baptiste et sur lesquels les bénédictins avaient fait imprimer une marque particulière. Ces pains furent distribués aux pauvres « et aux petits enfants afin d'en perpétuer la mémoire ». (BB, xviii).

Au nombre des privilèges des bourgeois de la commune était le droit exclusif de vendre ou de faire vendre dans les tavernes de la ville le vin provenant de leurs récoltes.[1] Ce privilège, auquel ils tenaient essentiellement, car il était des plus lucratifs, était l'occasion de nombreuses contraventions portées devant la cour du maire comme juge de police, aussi bien que celles concernant les droits de souchet ou souquet et de « paage » ou entrées de ville.

Dans un ordre plus relevé, la police du maire s'étendait aussi sur les mœurs. De temps à autre il renouvelait le « cry » énumérant les peines terribles portées contre les blasphémateurs ; mais ces peines appliquées sous saint Louis, d'après Guillaume de Nangis, et rappelées sous Philippe VI, en 1347, étaient tombées en désuétude. Elles étaient remplacées par l'exposition, l'amende honorable « tout nud en petite chemise et un cierge à la main ».[2] Les femmes de mauvaise vie étaient reléguées dans un quartier de la ville avec défense d'en sortir ; le proxénétisme et la prostitution privée punis de bannissement ; les jeux de cartes et de dés sévèrement prohibés « sur payne d'estre batu

---

1. Cependant, les jours de foires et marchés, le vin était vendu sans distinction d'origine.

2. « ..... Jehan Morin détenu prisonnier pour estre accusé d'avoir batu ung homme soubs sauvegarde et d'avoir renyé et juré, sera fait deffense que dores en avant il ne renye ne blasphème Dieu ne les saints, à paine d'être pillorisé ; et sera dellivré pour ceste fois, considéré qu'il a quatre petits enffans qui n'ont de quoy vivre. » (Archives de Saint-Jean d'Angély, BB, xxxi).

par la ville comme dissippeur de biens, pillorisé, exsoreillé et bany de la ville »; nul ne devait « demorer à taverne après les trois coups de sin sonnez », ni sortir par la ville « sans clarté [1], s'il n'est chief d'houstel ». Une ordonnance de police, assez difficile à observer, exigeait que chaque habitant eût, devant sa porte, un vase rempli d'eau pour arrêter dès le début les incendies; cette ordonnance était assez fréquemment renouvelée, de même que l'interdiction d'allumer à l'intérieur de la ville « rapailles et bourrées ».

Tout ce qui intéresse la santé publique rentrait dans les attributions du maire; mais nous constatons, non sans quelque surprise, son intervention dans un cas tout à fait spécial et fort singulier. Le 4 novembre 1412, Guillaume Tuquaut et Geoffroy Jousserea comparaissent en la cour du maire, sous la prévention de « s'estre embatuz en ceste ville pour ouvrer de leur mestier, sans congié de monsieur le maire ». Or, leur « mestier » consistait à pratiquer certaine opération assez en vogue en Italie, mais que nous avions crue prohibée de tout temps par notre législation et repoussée par nos mœurs. Il paraîtrait cependant, d'après notre texte, qu'au commencement du xve siècle, elle se pratiquait au grand jour et sous les yeux de l'autorité : « ..... le samedy v[e] jour du mois de novembre sont venuz Guillaume Tuquaut et Geoffroy Jousserea, lesquelz ont dit qu'ils ont taillé III enffans, et leur a esté baillé jour à duy en huit jours, eure de relevée, et amèneront entre deux, au clerc (de la commune) les pères et mères des enffans qu'ils ont taillez, pour savoir s'ilz ont bien fait leur ouvrage et s'ilz s'en tiennent contens, lequel fera son raport. » [2]

.˙.

La juridiction civile de la cour du maire avait une importance qui, jusqu'à ce jour, n'a pas été suffisamment établie. « Dans le Poitou et la Saintonge, dit Edgard Boutaric, quelques grandes communes possédaient une juridiction qui s'exerçait surtout en matière volontaire, c'est-à-dire que l'on passait des contrats en présence des magistrats municipaux qui y apposaient le scel de la commune. » On transcrivait en effet sur le

---

1. Sans fallot.
2. Archives de Saint-Jean d'Angély, FF, xiv.

registre de la cour du maire les conventions librement arrêtées entre les parties. Ces actes, rédigés sous la forme de jugements volontaires, étaient généralement précédés de la formule : *Fiat memoria*. Le sceau de la commune, apposé sur leur expédition, leur donnait l'authenticité. Mais dans cette juridiction, la partie contentieuse était de beaucoup la plus importante. Sauf les matières féodales soustraites à sa compétence, toute espèce de de marché, vente de denrées, loyers, arrérages de rentes, réparation de dommages, etc..., étaient portés devant la cour du maire. Quant à la multiplicité des affaires, les chiffres suivants qui s'appliquent à l'année 1332 en justifieront suffisamment. Cette année-là, sans tenir compte des causes portées devant les assises criminelles, le nombre de causes inscrites et ayant pour objet des questions litigieuses est de trois cent quatre-vingt-dix ; cent soixante-dix donnent lieu à des défauts, cinquante-huit à des ajournements, cent cinquante-sept à des condamnations, cinq sont soumises à l'arbitrage. Quand la dette n'était pas reconnue ou établie par témoins, c'était presque toujours le serment déféré à la partie adverse qui décidait.[1] Les demandes en réparation d'injures ou pour coups et blessures sont fréquentes : elles étaient ordinairement réglées, après enquête, par une composition en argent fixée par des arbitres dont les parties s'engageaient à respecter la décision, à peine de cent sous d'amende. S'il s'agissait de personne d'un rang inférieur, le maire fixait lui-même le chiffre de l'indemnité, avec cet avertissement qu'en cas de récidive le délinquant payerait une amende de vingt-cinq sols au profit de la commune.

Une mention que l'on rencontre fréquemment sur les registres de la cour du maire est celle de l'*affiage* ou *asseureté*. La formule en est des plus concises : « Aujourd'huy a donné bon et loial affiage N... à N..., et a juré qu'il ne li mesfera ny fera mesfaire en corps ny en biens par nulle manière, fors que droit fesant et droit prenant selon la coustume du païs. » Cette espèce de mutuelle assurance dont quelques coutumes, celles de La Rochelle, d'Angoumois et de Poitou, notamment, ont conservé

---

[1]. Si la plainte ne avoet en sa demande garantie ne recort, ne de prodeshommes, ne autre prove, li deffender passera à son saigrement de sey ou de son mesager (procureur).

Si la plainte défaut dau saigrement prendre, il pert sa demande. (*Coutumier d'Oleron*, ch. iv).

des traces, était, dit Vigier de La Pile, « un reste du temps malheureux où les guerres privées et les combats de particuliers à particuliers étaient tolérés... Lorsque deux vassaux avaient guerre ensemble, leur seigneur était en droit de les obliger à faire la paix ou la trêve; mais le plus faible, craignant que son ennemi ne l'opprimât, lui donnait un ajournement auquel il était obligé de comparaître en personne ou par procureur spécial; et, après avoir juré son « doubte », comme parle la coutume de Poitou, c'est-à-dire qu'il avait sujet raisonnable de craindre, le juge obligeait l'ajourné à donner assurance qu'il ne lui ferait aucun mal à sa personne et à ses biens par lui ni par personne interposée, ce qui serait mis sur un registre et ensuite publié.[1] Le « brisement d'asseurté » était considéré comme acte criminel et puni de peines sévères, de mort même d'après quelques coutumes.

Le livre « des bons usages et des bonnes coutumes de la commune d'Oleron », rédigé au XIII° siècle, nous donne de précieux renseignements sur la procédure suivie devant la cour du maire. Nous trouvons, au siècle suivant, la plupart des règles qu'il trace, encore en vigueur à la cour du maire de Saint-Jean d'Angély. Ainsi, après un certain nombre de défauts prononcés, le défaillant était condamné à une amende de soixante-dix sous au profit du maire et à une indemnité envers le demandeur, laissée à l'appréciation de la cour. Cette pénalité était assez rarement appliquée au XIV° siècle. En 1332, nous n'en trouvons point d'exemple; mais plus tard, à mesure que la cour du maire perd de son autorité, elle devient plus fréquente. Les registres qui font suite à celui de 1332 sont de 1375, 1379, 1380 et 1383. Il est facile de s'apercevoir que, dans l'espace de quarante à cinquante ans, la juridiction civile de la cour du maire a été loin de s'étendre et de s'affermir. Les causes se font plus rares, les irrégularités dans la tenue des écritures plus fréquentes; on sent que l'intervention des légistes bat en brèche cette justice expéditive, telle que l'avait consacrée la coutume. La cour du maire, qui avait toujours eu le caractère d'un tribunal de conciliation, tend de plus en plus à renvoyer les parties d'ajournement en ajournement, sur « espérance de paix ». De guerre las, les plaideurs se décidaient à passer un accord ou transaction devant le notaire juré de la cour du scel,

---

1. Vigier de La Pile, *Coutumes de l'Angoumois*, p. 29.

où bien à faire appel devant le sénéchal. Cet appel devient l'arme obligée de tout plaideur récalcitrant, et le maire lui-même semble faire bon marché de ses prérogatives judiciaires. En 1383, après trois défauts successifs, la partie en cause refuse de payer l'amende, sous prétexte que le registre de la cour n'étant pas scellé ne fait pas foi. « ... Fut dit et oposé encontre ... que ladite Jehane li demandoit à prover par le registre seulement... et que il n'estoit pas escript ne scellé. De la partie de ladite Jehane fut dit... que il est acostumé en ladite court que le régistre du pappier de la court fait plenière foy, et que il n'est point acostumé de enseigner de procédures par actes escripts et scellés qui ne veult, et que les enregistrements dudit pappier portent plenière foy, et en prend ton autant de prouffit comme si il estoit scellé et escript. Sur ce, lesdites parties se mistrent soubz droitz et leur deismes par jugement que ainxi estoit-il acostumé en nostre dite court. De quoy ladite (Jehane) Guilote se tint agrevée, et en appela par devant monsieur le sénéchal, ou son lieutenant, aus prochaines grans assizes. »

A mesure que se fit sentir l'action du pouvoir royal, la juridiction civile du maire perdit son crédit et les plaideurs s'habituèrent à porter directement leurs causes devant le sénéchal représentant du roi, de qui émanait toute justice. « Dès le commencement du XV° siècle, dit Pardessus, les rois mirent ce principe en avant; et des lettres du mois de décembre 1410 déclarent expressément que les consuls de Lautrec, à qui le roi concédait le droit de justice, seraient tenus de reconnaitre qu'ils le tenaient de lui, comme roi et non comme seigneur féodal, *ut rege non ut domino*. » [1]

La juridiction municipale en matière civile subsista néanmoins jusqu'au XVI° siècle et ne fut définitivement abolie que par les articles 71 et 72 de l'ordonnance de Moulins, en 1566.

En dehors de ses fonctions de juge, le maire était encore investi de plusieurs attributions extrajudiciaires. « Tout les enfans de l'ome de la commune sont en la guarde de la commune », dit le coutumier d'Oleron (ch. XXIV). C'est au maire qu'incombe la charge de nommer un tuteur aux enfants des jurés de la commune, de faire dresser inventaire de leur succession et de présider aux émancipations ; il recevait aussi les oppositions à mariage et les renonciations à succession.

---

1. Pardessus, *Essai historique sur l'organisation judiciaire*, p. 361.

Administrateur, commandant de place, chef de la police, juge civil et criminel, on voit combien étaient lourdes, au moyen âge, les charges qui pesaient sur le maire, et quelle responsabilité entrainait cette magistrature.

La ville de Saint-Jean d'Angély a eu cette heureuse fortune de conserver, à travers bien des vicissitudes, une grande partie de ses anciennes archives. Dès 1332, le corps de ville décidait la construction d'une tour où seraient conservés les chartes et documents formant le trésor de la ville ; mais, malgré cette louable mesure, il ne parait pas que cette tour, ainsi que nous avons eu occasion de le faire remarquer, ait servi régulièrement de lieu de dépôt. Plus tard, les archives communales furent transférées dans la tour du beffroi, dite « Tour de l'horloge ». C'est là qu'en 1568, les bandes huguenotes de De Piles, trompées par la dénomination de « tour du trésor » donnée à cet édifice, en brisèrent les portes et jetèrent au vent les titres et papiers qu'ils y trouvèrent. On put sauver les chartes royales établissant les privilèges de la ville, documents alors considérés comme les plus précieux ; mais combien d'autres, qui nous intéresseraient davantage aujourd'hui, ont disparu dans ce pillage ! A la suite du siège de 1621, les franchises communales de Saint-Jean d'Angély furent abolies et, pour enlever aux habitants jusqu'au souvenir qu'ils en auraient pu conserver, il fut décidé que les archives de l'ancienne commune seraient transférées à Poitiers. Ce transfert eut lieu en 1632, par les soins du trésorier de France Du Lac. En cette occasion, quelques habitants, obéissant à un sentiment fort excusable, détournèrent, pour les conserver, un grand nombre de documents, restitués plus tard lorsqu'en 1692 la mairie fut rétablie. Les habitants réclamèrent leurs anciennes archives ; elles leur furent renvoyées en l'année 1712 par le bureau des finances de Poitiers. Il est à croire que le triage de ces vieux documents ne se fit pas alors avec toute l'attention désirable, puisque cent trente-cinq ans plus tard, en 1847, la ville de Saint-Jean réclamait encore certains registres oubliés dans l'envoi de 1712.[1] Les archives de Poitiers, aujourd'hui

---

1. Voir Alfred Richard, *Notice sur les archives du département de la Vienne*, 1891, p. 121.

dans un ordre si parfait, ont été, comme tant d'autres, absolument négligées pendant de longues années. Un honorable avocat de Poitiers décrivait en ces termes l'état où elles se trouvaient en 1821 : « Vous ne sauriez vous imaginer le désordre qui règne dans nos archives ; toutes les dates, toutes les juridictions sont confondues, beaucoup de liasses pourries par la fraîcheur, d'autres mangées par les rats... »[1] Le séjour prolongé des archives de Saint-Jean d'Angély dans la capitale du Poitou ne leur aura certainement pas été favorable : il explique le mauvais état de conservation des registres communaux, et aussi sans doute les lacunes regrettables que nous constatons.

Le plus ancien de ces registres est celui de l'année 1332. Il contient, par ordre de date et dans un même contexte, les procès verbaux des mésées et les jugements de la cour du maire. Nous avons tenu à lui conserver sa physionomie propre, nous bornant simplement, afin de ne pas répéter des centaines de fois une formule identique, à grouper sous un même titre les défauts, les ajournements et les condamnations qui n'offraient aucun intérêt. Dans la transcription des autres registres, nous avons suivi un ordre à peu près constant : affaires administratives, criminelles, civiles et actes extrajudiciaires.

Le plan que nous avons placé en tête de ce volume, bien que présentant exactement la configuration générale de l'enceinte fortifiée telle qu'elle existait au moyen âge et telle que nous l'ont conservée les plus anciens plans datant du commencement du XVIIe siècle, n'a pas la prétention de donner la topographie exacte de Saint-Jean d'Angély au XVe siècle. Il a surtout pour objet d'indiquer la situation respective des divers édifices publics dont il est question dans les registres de l'échevinage.

---

1. Lettre de Bouru-Beaupré, avocat à Poitiers, à Dujardin, de Saint-Malo, du 8 novembre 1821.

I

990. — Confirmation par Hugues Capet, roi de France, des dons faits à l'abbaye de Saint-Jean d'Angély par le duc d'Aquitaine. — Vidimus sur papier de l'année 1572. [1] *Archives municipales, GG, I.*

In nomine sancte et individue trinitatis. Hugo, gratia Dei Francorum rex. Si loca sancta divino cultui mancipata, ob amorem Dei et sanctorum ejus recte disponimus atque in melius reformamus, a summo remuneratore id nobis recom-

---

1. Il existe aux archives de la ville de Saint-Jean d'Angély plusieurs copies vidimées de chartes extraites du cartulaire de l'abbaye. Nous avons cru devoir transcrire celle ci-dessus qui, bien qu'elle ne soit pas absolument inédite, dom Bouquet et Besly en ayant donné des fragments, contient l'indication d'un grand nombre de localités de la Saintonge, de l'Aunis et du Poitou. Un certain nombre de ces localités sont de nouveau mentionnées dans une autre charte datée de l'an 1079 et qui a été publiée dans le *Gallia* (II, *Inst.*, col. 464). Elles auraient été abandonnées par Guillaume VI d'Aquitaine et son fils, ce qui serait en contradiction avec la donation faite quatre-vingts ans auparavant par Guillaume V et son fils. Ces chartes ne sont pas en effet des actes authentiques, mais des *notices* rédigées par le compilateur du cartulaire au XIe ou au XIIe siècle. Dans ces notices, il introduisait des extraits de plusieurs chartes originales, sans grand souci de respecter la chronologie ; de là des confusions et des répétitions inévitables. Ainsi, dans notre charte, datée de la troisième année du règne de Hugues Capet, il est dit, en parlant de l'abbaye de Saint-Jean d'Angély : « Nunc a pristino honore pene desolatam », phrase empruntée au diplôme de Louis d'Outre-mer de l'an 942 (publié par le *Gallia*, II, *Inst.*, c. 463), mais qui n'est plus ici à sa place, puisqu'en 990 l'abbaye avait été complètement réédifiée ; de même le compilateur ne s'est pas aperçu que la date de cette charte concordait mal avec cette assertion : « Ubi caput precursoris requiescit. » Ce fut en effet vingt ans plus tard, en 1010, que fut retrouvé le chef de saint Jean-Baptiste.

pensari pro certo confidimus. Quapropter omnium sancte Dei ecclesie fidelium, tam presentium quam futurorum, noverit solertia et prudens industria, quia, nostre dignitatis adiens presentiam, Willelmus, gratia Dei dux Aquitanorum, meam humiliter expetivit clementiam quatenus quandam abbatiam in honore sancti Johannis Baptiste constructam, ubi caput ipsius requiescit, necnon corpus sancti Reverentii confessoris, in loco quod dicitur Ingeriacus, nunc a pristino penitus honore desolatam, cuidam servo Dei, nomine Ilduino cum ceteris fratribus in cenobio constitutis, regulariter, Deo auxiliante, ibi servientibus, pro remedio anime mee, seu patris et matris mei, vel genitorum meorum, per preceptum nostrum regulariter conferre dignaremur. Quod et fecimus, unde hoc nostre altitudinis decretum fieri, supra memorato loco, ubi caput sancti Johannis requiescit, seu corpus beati Reverentii confessoris, dari precipimus per quod mereamur vitam eternam percipere, cum omnibus sanctis, quantum hic habere videtur, concedo sancto Johanni Baptiste ut alodum meum indominicatum quod est situm in pago santonico, curtam unam que vocatur Pariniacus, cum pratis, vineis, farinariis, capella una, maynilis, viridariis, terris, pascuis, adjacentiis, cultum et incultum, quesitum vel ad inquirendum habere videtur; et in ipso pago curtam alteram, que vocatur Fontoniacus capellam unam, cum pratis et sylvis, terram arabilem, cultum et incultum, quesitum vel ad inquirendum et quantum ad ipsum curtam pertinet, et in ipso pago curtam alteram que vocatur Niriacus cum capella et maynilis et pratis et vineis et silvis, viridegariis terris, pascuis, adjacentiis, cultum et incultum, quesitum vel ad inquirendum habere videtur; et servos et ancillas et quantum de ipso curta ad me pertinet. Item, et in alio pago Pictavo curtam aliam que vocatur Squipiaco cum pratis et vineis, etc... Et in ipso pago, in castro quod vocatur Metulinse, clausum unum de vineis et sub ipso castro farinarium unum cum mansionibus que ad ipsum pertinent et terra pascualis de duobus juctibus de pratis, et in pago Pictavo, in vicaria Livaninse in villa que nuncupatur Burdiliacus [cum] terris, vineis vel quantum de ipsis rebus ibidem pertinent, et in ipso pago in villa que vocatur Magnalorum, maynile unum cum octo jugera vinearum et in ipsa villa, in alio loco, tria jugera vinearum et dimidium, et in pago ipso, in villa que nuncupatur Cracmartius, capella una cum maynilis, viridigariis, terris, etc..., et in ipso Cracmartio maynile, terre, farinarium vel quantum ad ipsum alodum pertinet. Et in villa que nuncupatur Latiliacus, super fluvium Alsentia, maynile, cum terris, pratis, farinariis, silvam que vocatur Mairalt et servos et ancillas qui vocantur his nominibus : Exbertus cum uxore sua et infantibus eorum; Ledeldus cum infantibus suis ; Lambertus et Constancius, frater ejus, cum uxoribus et infantibus eorum; Oroducio, cum uxore sua et infantibus eorum et alios qui de eorum propagine orti sunt. Et istos alodos quos hic nominavimus quos de eleemosina Fulconis ad predictum locum evenerunt, propter amorem Dei, necnon de sancti Johannis Baptiste et sancti Reverentii, confessoris, et sanctorum reliquias que (in) ipso loco continentur cum omni cetu sanctorum, pro remedio animé mee ad supra memoratum locum almi Johannis Baptiste, precursoris, ceddo, ut mihi pius dominus in judicio tremendo succurrat per suffragia almi Johannis Baptiste, precursoris, et in pago Livanense capella una intus in ipso castro et vineas plus [aut] minus jugera xxx, et in pago Alniense, in villa que vocatur Muronis, capella una cum pratis, terra arabile cum maynilis que ad ipsam villam pertinent, cultum et incultum. Et in ipso pago insulam que appellatur Abla, in ipso pago insulam alteram que appellatur Trisue, et in prope castrum sancti Johannis maynilum unum quod vocatur Cursellas, cum pratis, vineis, terra arabile et farinarium unum, et in alio loco maynilum alterum qui vocatur Antizianus, cum pratis, vineis et farinarium et in prope illo loco maynilum alterum qui vocatur

Maurentianus cum pratiş et farinarium. Item, in alio loco prope castro quod vocatur Gisiaro, in maynile qui vocatur Baziliano, capella, cum tres maynilis pro eleemosina domini Willelmi, ducis Aquitanorum. Item, in alio loco in villa que vocatur Beneonis, capella una cum quatuor juctis vinearum vel quantum ad ipsam eleemosinam pro anima domini Willelmi pernominatum fuit. Hec ecclesia una in ipsa villa Sancti Petri, nec non alia ecclesia beati Reverentii, cum farinariis, silvis et omnibus adjacentiis que ad ipsam villam pertinere videntur, sicut Lepnia putata decurrere videtur in circuitu. Item, alia ecclesia in ipso alodo sancte Marie qui vocatur Arsonia cum maynilibus Fortunato usque Putefontem... Aimericum cum uxore, vel infantibus suis vel quantum ad ipsum pertinet, tam in mari quam in terris, tam alium mancipium nominatum Marcardum cum uxore et filiis et filiabus, vel quantum ad ipsum pertinet, tam in mari quam in terris. Item, placuit michi atque bona decrevit voluntas ut quandam silvam que est sita in pago Arenisse, que appellatur Exulverto, pro remedio anime mee et patris mei, vel omnis progeniei nostre ad cenobium almi precursoris Christi, Johannis Baptiste, quod nos ipsi edificavimus deberem concedere, quod ita et feci. Habet ipsa terra et ipsa silva in circuitu laterationes ex una parte que vocatur Mallevallis, altera parte flumen Vultuna, tertia parte que vulgo fluvium nuncupatur Tresantia.

S. Willelmi et filii sui et uxoris sue qui hanc eleemosinam fecerunt. S. Gisleberti, pontificis. S. Aimerici, vicecomitis. S. Hugonis. S. Goscelini. S. Caledonis, vicecomitis. S. Benedicti. S. Izamberti. S. Manassei. S. Cadelonis. S. Ingellelmi. S. Sanavici, clerici. Data mense julio, regnante Hugone rege, anno tertio.

Les copies cy dessus escriptes ont esté vidimées et collationnées ès originaulx du cartulaire exibé par le sindic de l'abbaye Saint-Jean d'Angély, sans aulcun vice ni rature, en nostre présence et du substitut de monsieur le procureur général en ceste ville, lesquels sont semblables à ycelles, ainsi que le tout est à plain contenu par nostre procès verbal sur ce faict les vingt-huictiesme et dernyer jours de juing mil cinq cens soixante-douze.

BOIZARD. DONAS. PELLETIER.

II

1431. — Abandon fait par Guillaume X à l'abbaye de Saint-Jean d'Angély, du palais que son prédécesseur et lui possédaient dans la ville. — *Copie vidimée du XVIIe siècle conforme au texte, publiée dans le* Gallia christiana, *t.* II, Instrum., c. 469. *A la suite est la confirmation donnée par le roi Louis VIII en 1224. Archives municipales, GG, IIII.*

Nos igitur volentes ut que predicta sunt perpetuam obtineant firmitatem, premissis duximus adjungendum quod nos jura, possessiones, libertates et consuetudines, quas Angeriacensis abbattia habuit et tenuit pacifice, temporibus Henrici et Richardi, quondam reges Anglie, et tempore genitoris nostri, concedimus et precepimus eidem Abbatie firmiter et inviolabiliter observari, quod et perpetue stabilitatis robur obtineat, presentem paginam, sigilli nostri auctoritate et regii nominis caractere infra meo annotato, salvo jure nostro et alieno confirmamur, actum in castra apud Dompetrum, prope Rupellam, anno domini incarnationis millesimo ducentesimo vicesimo quarto, regni vero nostri primo, astantibus in palatio nostro quorum nomina sunt et signa, dapifero nullo. S. Robberti, buticularii. S. Bartholi, camerarii. Marthi, constabularii. Sic signatum in originali.

La coppie cy dessus escripte a esté extraite d'un gros livre escrit à la main en langue latine fort vieil et ancien appelé le cartullaire de l'abbaye de Saint-Jean d'Angély, contenant les fondations et donnations faittes à laditte abbaye, escript en sept vingt trois feuillets de parchemin intitulé : *Fidelle testamentum*, ledit livre à nous représenté par F. Bernard Peyrot, religieux et prévost moyne de ladite abbaye Saint-Jehan, à la requeste duquel en présence de maistres Jehan Prevost, procureur du roy au siège royal dudit Saint-Jean, avons fait extraire ladite coppie, laquelle avons vidimée et collationnée à son original, trouvé au soixante-cinquième feuillet dudit livre sain et entier, sans aulcune rature estant l'intitullation du susdit titre et de tous les aultres contenue audit livre escript d'ancre rouge, auquel extrait vidimé et collation, avons procédé, suivant et en conséquence de l'appoinctement cejourdhuy par nous donné sur la requeste présentée par ledit Peyrot, ès mains duquel ledit livre est demeuré. Faict à Saint-Jean d'Angély par nous Antoine Rolland, escuyer, sieur de Monrolland et de Monmouton, conseiller du roy, lieutenant particulier en la seneschaussée de Xainctonge au siège dudit Saint-Jehan, le vingt-neufviesme jour de mai mil six cent dix. [1]

ROLAND. PREVOST. BERTHOMMÉ, *greffier*.

En marge est écrit: Pièce vidimée par autorité de justice. BIGNON.

III

1272. — Abandon par Aimery Guibert, des Nouillers, au maire et à la commune de Saint-Jean d'Angély, de treize sols quatre deniers de rente qui lui étaient dus, à raison d'un pré qu'il avait cédé pour l'établissement du port d'Orgueillers. — *Original sur parchemin, autrefois scellé de deux sceaux.* DD, I.

Universis presentes litteras inspecturis, Aymericus Guiberti de Nouellariis, salutem et pacem. Noveritis quod, cum major et communia ville Sancti Johannis Angeliacensis deberent michi annuatim tredecim solidos et quatuor denarios rendales de furma cujusdam prati mei, quod ipsi ceperant

---

[1]. Le cartulaire original de l'abbaye de Saint-Jean d'Angély a disparu. Une copie qui avait au xvii° siècle été envoyée à Dupuy, est conservée à la bibliothèque nationale.

olim, ad opus portus d'Orguoillet [1], situm in dicta riberia d'Orguoillet, in dominio Arnaldi Roille, burgensis Sancti Johannis Angeliacensis, supra dictum portum, tandem ego, dictus Aymericus, non seductus, non deceptus, non coactus, non aliquatenus circumventus, sed ex mera et libera voluntate mea ductus, gratis, et quia michi bene complacuit, pro necessitate et utilitate mea, vendidi et concessi pro me et heredibus et successoribus meis, in perpetuum, libere, pure, simpliciter et irrevocabiliter, dictis majori et communie predicte ville Sancti Johannis Angeliacensis, pro se, suisque successoribus in perpetuum, dictos tredecim solidos et quatuor denarios rendales quos michi debebant, ut dictum est, annuatim, racione furme predicti prati, devestiens me de eisdem in manu dicti Arnaldi Roille, racione sui dominii, et de omni jure quod habueram et habebam et habere debebam tam in dicto prato quam per consequens in redditu supra dicto, et de eisdem dictos majorem et communiam per manum ipsius Arnaldi Roille, investivi, ad habendum et tenendum, se, suisque successoribus, perpetuo, precio centum solidorum Turonensium, mihi solutorum ab eisdem integre, in bona pecunia numerata ; de quibus me teneo pro bene paccato ; renuncians in hac parte exceptioni non numerate pecunie, non tradite, non recepte, promittens per sollempnem stipulacionem a me interpositam, dictis majori et communie, et eorum successoribus in perpetuum, supra dicta vendicione... Totius juris quod ibi habebam et habere poteram et debebam contra omnem hominem et quodlibet impedimentum plenum et integrum prestare et facere perpe-

---

[1]. Ce port « d'Orgueillet » qui avait emprunté le nom d'une prairie voisine de la ville, dut être établi en même temps que la Boutonne était rendue navigable au moyen d'écluses. Ces travaux étaient exécutés dans les premières années du xiiie siècle, puisque saint Louis en 1242 eut un instant la pensée d'embarquer son armée à Saint-Jean d'Angély pour lui faire traverser la Charente entre Saint-Savinien et Tonnay-Charente.

tuo garimentum. Obligans eis super hoc specialiter et expresse, me et omnes heredes meos, omnia bona mea et heredorum meorum mobilia et immobilia presencia et futura, renuncians, in hoc facto, omni decepcioni et lesioni, accioni et exceptioni de dolo, et in factum, privilegiis crucis assumpte et assumende, et omni consilio et auxilio juris canonici et civilis. Juravi insuper sponte mea supra sancta Dei evangelia corporaliter a me tacta, premissa omnia et singula firmiter tenere, servare et adimplere, et in contrario non venire. Et in testimonium premissorum, dedi dictis majoribus et communie, presentes litteras sigillo dicti Arnaldi Roille, ad meam instanciam sigillatas, qui dictos majorem et communiam de dicto redditu investivit et sazivit, et presentes litteras sigilillo suo sigillavit ad meam instanciam salvo jure suo et alieno, et eciam supplicavi et feci hiis presentibus litteris apponi sigillum venerabilis viri domini Ademari de Borno, archidiaconi alniciensis. Nos vero, dictus Ademarus, alniciensis archidiaconus, dictum Aymericum Guiberti, presentem et consententem ad premissa adimplenda dictis majori et communie per sentenciam condempnavimus. Actum et datum anno Domini millesimo cc° lxx° secundo.

IV

1292, janvier. — Lettres patentes du roi Philippe le Bel exemptant le maire et les bourgeois de Saint-Jean d'Angély de l'aide d'un denier établie sur toutes les marchandises vendues dans la ville et les fauxbourgs moyennant un prêt de deux mille livres tournois. — *Original sur parchemin en très mauvais état, sceau perdu.* **1** *AA, LI, n° 1.*

Phelippus, Dei gratia Francorum rex, universis presentes litteras inspecturis, salutem. Cum nos ad majorem et burgenses communie ville Sancti Johannis Angeliacensis,

---

1. Voir, *Archives historiques de la Saintonge et de l'Aunis*, t. IV, p. 200, les noms des bourgeois de Saint-Jean d'Angély qui prêtèrent de l'argent à Philippe le Bel de 1293 à 1300.

precaremus, ut nobis darent, usque ad sex annos, de omnibus rebus venalibus venditis et emptis in dicta villa Sancti Johannis Angeliacensis et ejusdem suburbio, unum denarium de qualibet libra, et predicti major et burgenses contradicerent de nobis in premissis non teneri, demum dicti major et burgenses, ex sua mera liberalitate, nobis dederunt et concesserunt duo millia librarum turonensium, nobis solvendarum et reddendarum infra sex annos sequentes, videlicet, quolibet anno trescentas et triginta tres libras et sex solidos et octo denarios, quorum predictorum medietatem in quindena paschali et aliam medietatem in festo omnium sanctorum, cujuslibet anni dictorum sex annorum, prima solucio incipienda in quindena paschali que erit anno Domini M° CC° nonagesimo secundo, pro quibus solucionibus sic faciendis, dicti major et burgenses communie quolibet anno dictorum sex annorum... assedere et assedebunt trescentas et triginta tres libras et sex solidos et octo denarios turonenses super omnes personnas quascumque, cujuscumque condicionis existant, mercaturas ducentes et exeuntes in dicta villa Sancti Johannis... et ne in processu temporis nos vel successores nostri, ad jus nostrum per consequenciam seu alioquocumque modo trahere valeamus... concedimus quod predicti major et burgenses et communia cum suburbio... soluta somma predicta, modo predicto, quieti remaneant liberi et imunes ac omni exactione denariorum supradicta et dono predicto... per concessionem et donum hujusmodi musicata, dictis majori et burgensibus communie et eorum successoribus aut privilegiis vel aliquibus eorum in posterum non videant prejudicium... in cujus rei testimonium presentibus litteris nostrum facimus apponere sigillum. Actum Parisiis anno Domini millesimo ducentesimo nonagesimo primo, mense januario.

V

1309, avril. — Transaction entre Hugues de La Celle, sénéchal de Saintonge ; Pierre de Melet et Pierre Tronquière, anciens receveurs du roi en Poitou et en Saintonge, relativement aux réclamations qu'on avait à leur adresser au sujet de leurs gestion. [1] — *Original sur parchemin, sceau enlevé. CC, IF, n° 3.*

Universis presentes litteras inspecturis, Guillelmus Floridi, clericus, custos sigilli regii apud Sanctum Johannem Angeliacensem pro illustrissimo domino nostro Francie et Navarie rege, constituti, noveritis nos vidisse et diligenter verbo ad verbum perlegisse, quasdam patentes litteras, inelite recordacionis illustrissimi domini nostri Philippi, olim Francorum rege, de suo magno sigillo cum cera viridi et lasso serici sigillatas, tenorem qui sequitur continentes : Philippus etc... nos infra scriptas vidisse litteras formam que sequitur continentes : A touz ceaus qui oront et verront ces présentes letres Hugues de La Celle, chevalier nostre seingneur le roy, salut. Savoir faisons nous avoir receu les letres dudit nostre seingneur le roy, contenans la forma qui sensuit : Philippus, etc... (*Suit la copie des lettres patentes par lesquelles le roi ordonne à Hugues de La Celle de rechercher et punir tous les crimes commis par les personnes nobles et non nobles dans les sénéchaussées du Poitou et de la Saintonge, de réprimer les abus et extorsions des officiers royaux, et de poursuivre tous ceux qui ont usurpé ou abusé les biens appartenant au domaine du roi.* [2])..... Datum Parisiis die sep-

---

1. Pierre Tronquière, le même probablement que celui qui figure dans cette transaction, est inscrit sur la liste des échevins de Saint-Jean d'Angély de l'année 1332. Un membre de sa famille, Giraud Tronquière, était receveur du roi en Poitou et en Saintonge en 1313. (*Archives historiques du Poitou*, t. xi, p. 87 et 89). Pierre de Melet est témoin avec son fils dans un acte de l'an 1316. (*Archives historiques de Saintonge et d'Aunis*, t. xii, p. 171).

2. Les lettres qui contiennent cette commission ont été publiées dans le volume xii des *Archives historiques de la Saintonge et de l'Aunis*, p. 45.

timo julii anno millisimo ccc° nono. Et comme sus aucuns
artigles à nous bailliez, eussions pour souppeçoneux Pierre de
Melet et Pierre Tronquera, de Saint Jehan d'Angeli, jadis receveurs pour nostre seingneur le roy en Poitou et en Xaintonge,
des choses contenues ès dits artigles, nous volens savoir la
vérité des choses contenues ès dits artigles, et punir les met-
faiz et corriger se il y estoient, avons fait faire informacion
sur les choses contenus ès dits artigles, faite ladite informacion et appelés pardavant nous lesdiz Pierres, leur demandasmes se il voloient droit sus ladite informacion, lesquels
disrent et proposèrent que choses contenues ès diz artigles
nous ne les devons suivre en riens, ne ilz nestoient tenu en
riens: car autres fois sus mesmes et de mesme ilz avoient
esté acusé et appellé à droit pardavant religieux homme
l'abbé de Saint-Lorens, et pardavant noble homme monseigneur Arnoy de Aden, chevalier, jadis enquesteurs généraux
envoyez en Xainctonge de par nostre seingneur le roy. Li-
quiex Pierre de Melet et Pierre Tronquera, pour les choses
contenues ès diz artigles, satisfiarent à leurs plaintes et
firent amande au roy, et que lesdiz enquisiteurs, en nom du
roy nostre seingneur, de toutes les choses contenues ès diz
artigles, en tant comme appartant au roy nostre seingneur,
les avoient quittés et absols pour deux cens libres de Paris,
lesquiex ilz avoient paiez ausdis receveurs, si comme
disoient lesdiz Pierres, nous proposons plusieurs raysons ès
causes au contraire de par le roy et que lesdiz inquisiteurs
avoient esté deceu. Lesquiex choses et raysons proposées par
nous en nom du roy nous offrions à faire apparoir à eaus et
prover par bons tesmoinguages. Lesdiz Pierres ne volurent
atendre l'enqueste ne les tesmoings que nous volions amener
à prouver les choses proposées contre eaus. De leur bonne
volunté, et à la requeste de eus et de aucuns de leurs amis,
accordèrent à nous, en nom du roy, que pour estre absols des
chouses contenues ès diz artigles, ilz devoient paier et rendre
au receveur le roy, de par nous establi à Saint Jehan

Dangeli, deux cens livres en forte monnoie, outre les deux cens livres de Paris que ilz avoient donné ou accordées ausdiz inquisiteurs en nom du roy. Nous de toutes les choses contenues ès diz artigles, liquelz sont signé et scellé de nostre scel, avons absolu et absolons à tous jours mais lesdiz Pierre de Melet et Pierre Tronquera, et leurs hoyrs, en tant comme il appartient au roy, nostre seingneur, ou peut appartenir, retenue la volunté dudit nostre seingneur le roy. En tesmoing de vérité nous avons les letres sailées de nostre scel. Donné à Engolesme, le vendredi emprès la feste de sainte Catherine, l'an de grâce mil trois cens et neuf.

Nos autem, omnia et singula superscripta per predictum dominum militem nostrum facta, rata et grata habentes, ea volumus, laudamus et approbamus, et auctoritate nostra regia, honore prescencium confirmamur, salvo in aliis jure nostro, et in omnibus quolibet alieno, quod ut ratum et stabile perpetuo perservet presentibus litteris nostrum fecimus apponi sigillum. Datum Parisiis, anno Domini millesimo trecentesimo nono, mense januarii.

In cujus visionis testimonium, prefatus Guillelmus dictum sigillum regium, quod custodimus, presentibus litteris duximus apponendum. Datum die lune post festum beati Mathie apostoli, anno Domini millesimo trecentesimo vicesimo primo.

VI

1310, avril. — Permission au maire et à la commune de Saint-Jean d'Angély d'imposer un droit de douze deniers par tonneau de vin dont les deux tiers seront applicables aux réparations et à l'entretien du port. — (*Archives nationales, JJ 47, n° 97, f° 64*). [1]

---

[1]. Ce document a été publié dans le xii° volume des *Archives historiques de la Saintonge et de l'Aunis*, p. 58-59; il s'agit du port dénommé *Orgueillet* (portus de Orguylleto) « juxta aut prope villam Sancti Johannis Angeliacensis »; cette imposition devait aussi s'appliquer aux portes de Champdolent... « infra loca supradicta ».

VII

1317, 5 avril. — Confirmation des lettres données à La Rochelle, en 1224, par le roi Louis VIII et qui accordent des privilèges à la ville de Saint-Jean d'Angély et entre autres ceux contenus dans la charte de commune de Rouen. — (*Archives nationales, JJ 53, n° 139, f° 63, vol.*) [1]

VIII

1324, 22 mars. — Lettres patentes du roi Charles IV dit le Bel à la suite desquelles est établi le tarif des taxes à payer à titre de subside de guerre sur toutes les denrées et marchandises vendues dans la châtellenie de Saint-Jean d'Angély. — *Original sur parchemin autrefois scellé de trois sceaux. GG 2, t. 3.*

A touz ceulz qui verront et oyront ces presentes letres, Nicholas Le Blanc, clerc du roy nostre sire, et Guillaume Pouvereau, chevalier d'yceluy seingneur, et son sénéschal en Xaintonge et en Engoulmois, commissaires depputez doudit seingneur ès dites sénéschauciées sus les choses cy dessouz contenues, saluz. Sachent touz que, heue grant diligence et déliberacion, à moins de grief dou peuple, sur la fourme et manière du subside et de layde que les habitans de la ville, chastelainie et ressort de Saint Jehan d'Angeli porront faire et fairont au roy nostre sire pour la cause et nécessité de sa guerre présent et imminent encontre le roy d'Angleterre, et pour les causes contenues en nostre commission à nouz seur ce faite dyceluy seigneur, de laquelle la teneur est incorporée et contenue de mot à mot par la manière qui sensuit :

« Karolus Dei gratia Francie et Navarie rex, etc... »

Par la vertu desquelles letres, en après plusieurs traitiez et délibéracions sus la manière de faire ledit subside à la grace et volunté des subgiez, et à moins de grièvement deulz, et pour la cause de ladite nécessité de guerre, les orden-

---

1. Lettres patentes publiées dans le XII° volume des *Archives historiques de la Saintonge et de l'Aunis*, p. 155.

nances et establis de par le roy monseigneur, et de l'auctorité
et povoir à nous donné de li que pour cause de subside et
de ayde faire audit seingneur et conduire et meetre à fin
bonne, deue et désirée sadite guerre, et pour deffendre et
garder les droiz dou roiaume et de la couronne de France
et les subgiez en pais et tranquillité, que desores en avant
et pour le temps que ladite guerre et nécessité dycelle du-
reront, toutes et chascune des denrées quelles quelles soient
qui seront vendues en ladite ville, chastelainie et ressort de
Saint Jehan d'Angeli... de quelque condicion quelles soient,
pour cause dycelles obligiées et astraintes à paier et rendre
audit seigneur pour la cause et pour le temps dessus dit, et
on cas où elles seront vendues obligiens et chargians de par
ledit seigneur et dou povoir et de l'auctorité à nous donné
seur ce et commis, les sommes de deniers si dessous exprimées et contenues selonc la condicion desdites danrées.
C'est assavoir : un tonel de vin, II sous. La pippe, XII deniers.
Dou sextier de froment à la mesure de Paris qui sont six
boisseaux à la mesure de Saint Jehan, II deniers. Autant de
seille, pois et fèves ; item pour orge et aveyne. Tout autre
menu blé à celle mesme mesure dou sextier de Paris, V deniers. Dou miles de harens... au dessous néant. D'un beuf,
VI d. dune vache, IV d. dun porc vendu X s., I d. au dessous
néant, de celuy qui sera vendu XX s., II d. Mouton : dun
chastri, dune brebis, pour chascun, I d. et de toutes autres
danrées comme sel, draps, cordoan, fer, azcier, bûche, foin
et de toutes autres quelconques de la livre, cest assavoir de
XX s. II d. et ne paiera lors en rien de ce qui sera vendu des
choses sans fraude des XX sous en sus. Et est nostre entencion
que là où il plaira à Dieu que ladite guerre et nécessité
dycelle cesseront des lors en avant ladite imposicion,
subside et exercion dycelle cesseront et devront cesser dutout
en ladite ville, chastel, et ressort de Saint Jehan et que aussi
ladite imposicion et subside fait et ordennez pour ladite
guerre et nécessité dycelle, là où ladite guerre et nécessité

cesseront ne porront ni ne devront, en temps à venir par autel cas ou semblable par le roy nostre sire ni par ses successeurs, encontre lesdiz habitans et subgiez de ladite ville, chastelainie et ressort estre traiz, mis ni amenez à nouvelle conséquence, et que pour ladite imposicion et subside, nul droit nouvel ne sera, nest et ne puyt ni ne doit estre acquis au roy nostre sire ni à ses successeurs encontre lesdiz habitans et leurs... ni que nul préjudice ne soit fait ni ne face par ce en temps à venir à eulx ni à leurs successeurs, franchises ou privillèges... En tesmoing et en... desquelles choses nouz, à la requeste desdiz peuple et habitans à leur instance et pour la confirmacion de leurs franchises, libertez ou privillèges avons scellées ces présentes letres de noz propres scel et avecques ce, à leur instance et requeste nous avons fait mectre le scel du roy nostre sire duquel lon uset à Saint Jehan, et supplians audit seigneur que li plaise de sa bénignité roiale lesdites choses, en tant comme elles sont raisonnables, confirmer.

Donné à Saint Jehan d'Angeli le jeusdi après *Oculi mei* l'an de grace mil ccc vint et quatre.

Sur le repli, d'une écriture du XVe siècle: De certain trehu mis sur plusieurs denrées pour le fait de la guerre CXV.

IX

1328, 3 novembre. — Jugement de la cour du maire de Saint-Jean d'Angély qui met en liberté sous caution Guillaume de Paris, faussement accusé de crimes de viol et de rapt. — *Original sur parchemin, FF, n° 1.*

Au nom de Dieu. Amen. Apparesse à touz par la tenour de cest présent public instrument que, lan de grace mil ccc vint et huit, le troisiesme jour du mois de novembre, c'est assavoir le vendredi emprès la feste saint Martin d'yver, environ hore de tierce, regnant très haut et excellent prince monseigneur Philippes, par la grace de Dieu roi de France, à Saint-Johan d'Angeli, en la maison en quoi l'on tient l'eschavinage de la commune de ladite ville Saint-Johan, personnainment présens illucques Johanne Martine, de Charmignac, d'une part, et Guillaume de Paris, peleter, mansioné de la ville Saint-Johan et juré de ladite commune, si comme l'on disoit, d'autre part, par davant sage home sire Aymar de Loupsaut, lors maire de ladite commune, illucc estant en son siège et tenant son eschavinage, ensemblement avecques plusieurs sages homes bourgeoiz et jurez de ladite commune, lequel maire en la présence de nous notaires, et des tesmoins ci dessous escripts, dist et recorda de sa propre bouche, les chouses qui s'enssuivent : c'est assavoir que, comme ladite Johanne Martine se fust complainte, on temps passé audit maire, encontre ledit Guillaume de Paris, sur ceu que elle disoit que le vendredi en la feste de la nativité saint Johan-Baptiste darrerement passé, nuytamment, et emprès le seing de ladite commune soné, ledit Guillaume de Paris, ensemblement avecques autres personnes desquiex elle ne savoit les noms, si comme elle disoit, avoient, ladite Johanne, ravie de l'église Saint-Johan, et la avoient menée en une maison, et la avoient forcée, et se estoient couché avecque lie et cognehuc charnelement à force et contre sa volonté ; à laquelle Johanne demanda lidiz maire si elle voloit persister en sadite dénunciation et si elle le porroit enformer de ceu : quar, si elle l'en pooit enformer, il estoit touz prez de li en faire raison ; laquelle il li offroit à faire si et en tant comme il devroit ; laquele li répondi que elle len entendoit bien à enformer, voulant persévérer en sadite dénunciation ; lequel maire lors fit prendre ledit Guillaume et arrester et meetre en prison fermée en la maison de ladite commune, non contestant ceu que lidiz Guillaume li offrist pleger, de fere et fornir droit affin d'avoir la recréance de son cors, neyant ledit Guillaume ledit fait, et estant en deffense, et disant soi estre du tout innocent et non coupable. A laquele dénunciacion poursuivre et à en enformer sur ledit fait, ledit mere assigna plusieurs journées à ladite Johanne, ausquiex ele se deffailhi; et emprès ceu, ledit maire fit venir pardavant li ladite Johanne et à termes au vendredi, jour de saint Martin d'yver, derrerement passé, et li assigna jour au vendredi ensuivant, jour duy pardessus escript, à amener ses garens, si nuls en avoit, par davant li, et le enformer sur ceu et prover ceu que elle avoit dénuncié contre ledit Guillaume de Paris, affin de li en faire droit et raison si et tant comme il devroit et seroit de raison. Auquel jour duy ladite Johanne vint et ne amena nuls garens et en la présence de nouz, diz notaires, et des témoins ci dessous escrips, ensemblement aveques les bourgeois et jurez dessus diz, et présent ledit Guillaume neyant ledit fait, et estant en sa deffense comme dit est, ladite Johanne confessa illuec que la complainte, offres, responces et choses davant dites, avoyent esté faites et dites tout en la manère comme ledit maire l'avoit recordé et récité par dessus. Emprès lesquiex chouses ledit mayre demanda à ladite Johanne si elle avoit nuls garens amenés et si elle le voloit de riens enformer dudit fait ; laquelle respondi que non et que elle ne l'en pooit pas enformer ni prover sadite dénunciacion; lors ledit maire a dist: « Feme, par paour, par creinte, ni par nulz autre chouse que ce soit, ne demoret que tu ne persièves tadite dénunciacion, si tu la pues prover ou enformer : quar je t'ay tousiours offert et encore t'en offre à fere droit et raison et bon jugement et loyau. » Laquelle Johanne respondi et dist que elle ne vouloit de riens plus maintenir ne persièvre ladite dénunciacion : quar elle ne la pooit pas prover, et que tout ceu que elle en avoit fait, elle avoit fait par contrainete, par paour, et à la provocacion et instance de Guillaume Sarpaut qui, au temps qu'il tenoit la prevosté de Saint-Johan davant dit, la tramist quère plusieurs foiz par Arnaut de Saumur, clerc, et quant elle fut davant ledit Guillaume Sarpaut, il li dist : « Feme, lon a donné à entendre à monsieur le seneschal et à moy que l'on t'a fait grant injure et grant vitupère et que l'on t'a ravie de l'église et menée en une maison et te ont forcée et couché aveque toy charnelement à force et contre ta volonté; pourquoi il convient que tu en dies la vérité et qui sont les personnes qui te ont ce fait : quar tu en porras avoir mout grant argent. » Laquelle Johanne li respondi, si comme elle disoit : « Sire, je ne say quels gens sont qui l'ont fait : car je ne les cognois point, ni je ne veuil point plaindre ni les ensuire; mes s'il mont fait tort et vilanie, Diex les en paiet : quar je m'en soufferray meffait à présent. » Lors li dist ledit Guillaume Sarpaut, si comme disoit ladite Johanne, que elle s'en plainsist ardiement : quar grant profflet l'en porroit avenir, et que elle en deist la vérité : quar si elle ne la vouloit dire par beau, lors le li feroit dire et cognoistre, voussist ou non. Pourquoi ladite Johanne, si comme elle l'avoit dit et confessé, avoit faite ladite complainte et dénunciacion encontre ledit Guillaume de Paris pour paour, et pour les menasses que li avoit fait et donné ledit Guillaume Sarpaut et à sa instigacion, et si ne fust pas l'instigacion et menasses dudit Guillaume Sarpaut, ladite feme non heust point fait de complainte ne neust riens dénuncié contre ledit Guillaume de Paris si comme elle disoit. Emprès lesquiex chouses eussent esté dites et recordées de ladite Johanne, ledit mayre dist et ouffrit à ladite Johanne que, si elle vouloit persièvre sadite dénunciacion et le pooit enformer du fait, il estoit tout prez de li en faire son droit et raison en tant comme il devroit. Laquele feme respondi que elle ne vouloit plus persièvre ladite dénunciacion, et que elle ne l'en pooit de rien enformer, ayns s'en delessoit de tout en tout, et vouloit que ledit Guillaume de Paris en fust quiptes et absouls quant de part lie. A laquele ledit mayre demanda par son serement si par dons et promesses ou autrement par aucunes feindes elle fasoit ledit deleys. Laquele respondi que non. Duquel deleys ledit maire, ob le conseil et avis desdiz sages, bourgeois et jurez jugea ladite Johanne de son assentiment par jugement de la court de ladite commune, en réservant audit Guillaume ses despens et dommages encontre ladite feme; et par ledit deleys ladite Johanne gagea audit maire, de laquelle ainsi gagée ledit maire la jugea par le jugement de la court de ladite commune pour laquelle amande ladite Johanne donna en plège principau tenu dudit maire Guillaume Ferron, bourgeois de ladite ville Saint-Johan lequel se mist en ladite plégie envers ledit mayre et ladite feme len promist agarder de touz domages; et emprès ces chouses fut requis de par ledit Guillaume de Paris audit mere quil li pleust délivrer et meetre hors de prison ledit Guillaume de Paris et le absoudre des choses dessus dites et dénunciacion que ladite feme avoit fait contre li puisque ladite feme lavoit voulu et consenti. Lequel meyre, heue délibéracion et conseil aveques lesdiz sages bourgeois et jurez de ladite commune, respondi que en tant comme de ladite feme appartenoit il délivroit et absouloit ledit Guillaume de Paris, mais non mie quant aux chouses touchant et appartenanz à son office. De la partie dudit Guillaume de Paris fut requis audit mayre qu'il li adjugast la loy et la coustume du païs, et quil le recreust de ladite prison ob plèges souffizans; lequel mayre li adjuga la loy du païs et le recrehu de ladite prison ob plèges, c'est assavoir Jehan Contour, peleter, et Itier Robert, panetier, et en outre ledit maire assigna septène audit Guillaume de Paris, c'est assavoir le vendredi après la Saint-Clément prochaine venante, pour davant li on dit eschavinage pour respondre et fère ceu que raison pourra demander, et pour obéir, prendre et fournir droit, ledit Guillaume de Paris donna plèges et principaux tenuz audit maire les davant nommez, Jehan Contour et Itier Robert, à la poine de trois cens libres de monnoie courant; lesquieux Jehan et Itier se mistrent en ladite plégie et promistrent à représenter audit vendredi par davant ledit maire pour faire et former droit et en obligent touz leurs biens à ladite poine et ledit maire les en juga de leur assentiment par le jugement de la court de ladite commune. Desquiex chouses davant dites, et de chascune dicelles ledit Guillaume de Paris et autressi ledit maire, en tant comme à chascun deceus touchet et puet appartenir, requistrent à nouz, diz notaires publiques, que leur donesse et feissons public instrument[1] lequel nous leur avons octroyé et à chescun deceus comme il nous appartient de nostre office. Ces chouses furent faites l'an, jour, leu, hore, regnant et céans dessus. Présens : Pierre Tronquière, layné, mestre Huguet Our, Jehan de Sereys, Bernart Barraut, Estène Roylle, Pierre Roylle, sire Pierre Laidet, prestre, Jehan du Four, Jehan de Seyne, Jehan Brisefer et plusieurs autres témoins aus choses davant dites appellez et requis.

Et ge, Guillaume Autier, clerc de la diocèze de Poictiers pour l'auctorité du roy nostre seigneur public notaire, aus chouses davant dites, ensemblement ob Pierre Courtaut, pour l'auctorité royal public notaire ci dessous escripts et tesmoins davant nommez, présens suy ; et icelles chouses oy registray, et de ma propre main les escrips, et en ceste publique forme les meis et mon seing accoustumé ensemblement ob le signe et subscription dudit Pierre Courtaut y appousay, appellé et requis.

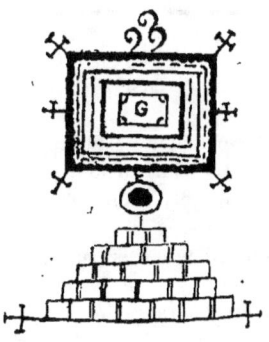

---

[1]. L'ordonnance de 1270 disposait que dans chaque châtellenie où se tenaient les assises, deux notaires ou greffiers permanents seraient chargés de rédiger les jugements et d'en conserver les minutes.

Et ge ledit Pierre Courtaut, clerc de la diocèze de Peregort, demorans à Sainct-Johan d'Angeli, pour l'auctorité du roy publiq notaire, aus chouses davant dites, ensemblement ob le notaire et tesmoints davant escrips, présens suy, et icelles oy et semblable instrument en fis ausdites parties, et mon signe acoustumé ensemblement ob le signe et subscripcion dudit notaire appousay appellé et requis.

X

1331, juillet. — Lettres patentes de Philippe de Valois relatives aux « usages, coustumes, libertez, jurisdicion, privilèges et statuz » de la commune de Saint-Jean d'Angély. Voir *Ordonnances du roi de France*, t. v, p. 675.

Ces lettres patentes ont été publiées par M. Saudau dans *Saint-Jean d'Angély d'après les registres de l'échevinage*, p. 17, et par Guillonnet-Merville, *Recherches topographiques et historiques sur la ville de Saint-Jean d'Angély*, p. 470.

XI

1331, 24-27 août. — Procès verbal d'une réunion de notables commerçants de Saint-Jean d'Angély et des environs pour aviser aux moyens

— 48 —

de faire cesser les entraves apportées par les Flamands au commerce des vins de Saintonge, de la Guienne et de l'Aunis. — *Expédition du temps sur parchemin, IIII, n° 1.* [1]

XII

1332. — Registre BB, n° 1. [2]

Scabini in majoratu Domini Bernardi Barraudi, anno M° CCC° XXXII°.

---

[1]. Cet intéressant document a été publié in extenso par M. Giry (*Établissements de Rouen*, t. ii, p. 138 et suivantes). Il avait été précédemment publié par extrait par M. Saudau (*Saint-Jean d'Angély*, p. 45) ; nous avons cru devoir le noter ici à son ordre chronologique. Nous en profiterons pour rectifier un passage mal lu par M. Giry : quand il s'agit de déterminer la part contributive de chacun dans les frais d'une mission en Flandres, il est dit : « Touz ceux de ladite commune qui feront vins à treuil... paieront et donneront, etc... » Le *treuil* est le bâtiment où se fait le vin et pour faire *vin à treuil* il faut posséder une certaine étendue de vignes. M. Giry a lu : « Touz ceux qui feront uns atreul. » Ce qui n'a aucun sens. Il est aussi question *in fine* d'une communication des résolutions prises, faites en la *ville de Bancs* à Guillaume Grant, bourgeois de *Bancs* ; il faut lire *Bavès* (pour Beauvais-sur-Matha). Au siècle précédent, en 1292, Arnaut et Jehan Grant, de la paroisse de Bavès, très certainement de la même famille que Guillaume Grant, prêtent à Philippe le Bel ii cents livres. Voir *Archives historiques de la Saintonge et de l'Aunis*, t. iv, p. 200). Au xv° siècle, cette riche famille bourgeoise était anoblie et possédait la seigneurie de Massac.

[2]. Ce registre est un petit cahier en papier de 0m15 de largeur sur 0m20 de hauteur ; il est recouvert en parchemin et commencé des deux côtés. Il contient en totalité 69 feuillets : 50 sont consacrés à la rédaction des procès verbaux des 11 mésées tenues du mois de mai 1332 au mois de mars 1333 et aux causes portées devant la cour du maire ; il est tenu jour par jour, mais non cependant avec toute la régularité désirable : il existe un grand nombre de blancs, quelquefois même un feuillet tout entier a été laissé pour recevoir une rédaction qui n'a pas été transcrite. 10 feuillets seulement ont été spécialement consacrés à la relation des procès criminels, encore les deux premiers sont-ils entièrement gâtés par l'humidité.

Le plus ancien registre en papier de chiffon conservé aux archives nationales provient de l'étude d'un notaire de Mazères (Ariège, arrondissement de Pamiers); il contient des actes datés du 19 septembre 1333 au 10 février 1335. (Voir musée des archives nationales. Paris, 1872, n° 344,

Sire P. Boisseau.
— P. Tronquère.
— G. de Loussaut.
— Aymar de Loussaut.
— Joh. de Mastas.
— Estienne Roylle.

Sire Joh. Morin.
— P. Assailly.
— Arn. Charonneau.
— Arn. de Gournay.
— Joh. Roylle.
— Johan Gaillart le jeune [1]

CONSEILS. — Sire... *(quinze noms complètement effacés, sauf ceux de)*
J. de Marteaus.[2]
Thomas de Galerne.
C. du Meslier.
Bernard Tailhandier.[3]

---

p. 198). Viennent ensuite un registre de la justice de Saint-Martin des Champs de 1332 à 1345 (n° 356, p. 203), et un registre de Notre-Dame de Paris pour les années 1356 à 1361, composé de 319 feuillets (n° 374, p. 212 et 213). Le registre de l'échevinage de Saint-Jean d'Angély est de quelques mois antérieur au plus ancien des registres en papier de la bibliothèque nationale.

1. Ces noms sont contemporains, selon toute apparence, de l'établissement même de la commune de Saint-Jean d'Angély, fondée à la fin du XII° siècle. Plusieurs sont communs à La Rochelle et à Saint-Jean : les Loupsault, Lossaut ou Lussaut (de Lupi saltu), les Galerne, les Boiceau, les Matha, les Auffrey (Auffredi). Pierre de Loupsault était maire de La Rochelle en 1207, Raymond de Loupsault en 1248, autre Pierre de Loupsault en 1307 ; de même Guillaume et Adhémar de Loupsault étaient maires de Saint-Jean d'Angély en 1313, 1317 et 1328 ; nous trouvons Jean de Galerne, maire de La Rochelle en 1220, et Thomas de Galerne, maire de Saint-Jean d'Angély en 1292. Il existait entre les deux villes, au XIII° et au XIV° siècle, des relations commerciales très fréquentes. Saint-Jean d'Angély était l'entrepôt des vins de la basse Saintonge qui, dès ce temps-là, avaient une supériorité marquée sur ceux de l'Aunis. La canalisation de la Boutonne et la navigation facilitée par des écluses entretenues avec soin permettaient d'exporter ces vins soit en Flandre, soit en Bretagne, mais ils devaient être transbordés à La Rochelle sur des barques capables de tenir la mer. Voilà comment s'explique l'existence simultanée, dans ces deux centres de commerce, de familles de même nom se prêtant un mutuel appui.

2. Il devait être fils de Bernard de Marteaus qui transigea, en 1310, avec le commissaire du roi Hugues de La Celle. (*Archives historiques de la Saintonge et de l'Aunis*, t. XII, p. 40 et 70).

3. Un « treuil » ou maison de vignes située à mi-chemin de la route de Saint-Jean d'Angély à Courcelles, avait conservé le nom de ce conseiller ; il est mentionné dans d'anciens aveux du XV° et du XVI° siècle.

PARES

Geoffroy Andrieux.
B. de Marteaus.
H. de Thaulon.
G. de Maurs.
Johan Routebeuf.
André Pascaut.[1]
P. de Turet.
J. de Champaignac.
J. Charretier.
Joh. Duvaux.
P. Troupeau.
Helier Chade...
Joh. Caneau.
P. Delabon.
... Vilate.
Symon Le Serb.
Joh. Le Bastier.
Joh. Hubert.
P. Boniface.
Joh. Ferron.
P. Martin.
P. ...
Arn. Chasin.
Guill. Fradin.
Perotin Le Mareschal.
Guill. Langles.
Joh. Lymousin.
Joffre Boillaut.
Itier Robbert.

Joh. Eurart.
P. Ferron.
Johan Boillaut.
Joh. Brieffert.
James Lespicier.
P. de Lygny.
John. de Poitiers.
P. Charretier.
H. de Siex.
P. Pichier.
Arn. Caillaut.
Yvonnet Pastoreau.
P. de La Jarrie.
G. de Chasceutre.
Joh. Huylin.
Joh. Contour.
Ar. de Carnes.
Fouquet de La Cour.
Payrignac.
G. Orry.
Guyot Larnier.
Guillaume Le Bourellier.
Symon Le Moyne.
Guillaume Mesteu.
Pierre Bouyer.
Aymeri de Pouzauges.
P. de Troys.
Poyncet de La Salle.
Joh. de Chartres, doridier.

---

1. Transige avec le commissaire du roi. (*Archives historiques de la Saintonge et de l'Aunis*, t. xii, p. 101).

XIII

Processus in majoratu domini Bern. Barraudi, anno domini M° CCC° XXXII°, in die Mercurii ante ramos palmarum[1] (*8 avril 1332*).

Défauts : G. Sarpaut, Thomas de Galerne. [2]

Condamnation : Joh. Contour, paletier, à payer à M. Jehan Deugrot xxxv souls dus « pour soins donnés de son art de médecin ».[3]

Ajournement : Matiot de Tournay contre Laurent le charpentier.

In die veneris ante ramos palmarum (*10 avril 1332*).

Défaut : Thomas de Galerne (2e fois).

Sur ce que l'on avoit formé à Colin Mutin que il avoit blezcé on braz périlleusement... (*en blanc*) si cum l'on disoit; pour quoy il avoit esté longuement tenu en prison en une tonelle.[4] Aujourd'hui ledit Colin nous a fet requerre la recréance de son corps comme il en fust en deffense et d'abundant disoit que celi qui se disoit blécé estoit sain et en bon point. Par conseil recreusmes ledit Colin qu'il nous dona plege P. Martin, qu'il se obligeat pour le nous représenter à la pro-

---

1. L'élection de Bernard Barraud avait eu lieu le dimanche précédent. Ce maire eut cet insigne honneur de voir le roi d'Angleterre le dépouiller de tous ses biens pour en gratifier le comte de Derby, après la prise de Saint-Jean d'Angély en 1346 ; cette mesure spéciale à l'encontre de B. Barraud, qualifié par le roi « inimicus et rebellis noster », nous fait supposer qu'il était encore maire en cette année 1346, quand Derby enleva la ville d'assaut. (Mandement du 8 octobre 1347. *Collection Bréquigny*, t. XIX, p. 1005).

2. La famille Galerne a donné son nom au lieu noble de « La Galernerie », en la paroisse de Taillant.

3. Ce Deugrot, nom porté au XVIe et au XVIIe siècle par plusieurs générations de notaires, était seul à se qualifier médecin ; tous ses confrères s'intitulaient *barbier* ou *serurgien*.

4. Une des tours de la ville, en sa qualité de juré de la commune ; autrement il eût été détenu au château « ès prisons du roi ».

chaine mesée, à poine de II cens livres, et ledit Colin nous jura qu'il ne se forspayseroit deci là et venra touz jours.

In nona.[1]

Défaut : Claye de Scote.

In die lune ante resurrectionem (*13 avril 1332*).

Défaut : P. Chovea.[2]

Condamnation : Robert Franquet à payer à Guodefroy Lallemand « VIII souls », vente de dras de laine.

Ajournement : Tassin contre Pierre Boniface.

In die martis ante resurrectionem (*14 avril 1332*).

Récitée la demande de Tassin Girart, fete par P. Boniface, Maynard Gayffer, procureur dudit P., en nom de procureur, a nyé la demande estre vraye, disans que riens ne li presta que XX sous, dont ledit Tassin avoit ehu un royal d'or[3] et si requiert, ledit Tassin, ledit procureur, est recondepné à V sous remanans et confessez, nyans ledit royal avoir ehu de la some demandée ; et come ledit Tassin adjoustast en sa demande que ledit P. li avoit lors dit VIII sols IX deniers rendre, et que ledit Tassin avoit baillé ladite some audit P. ou autre pour nom de li ou de son commandement, ledit procureur demanda à parler sur ce avecques son seigneur et faite contestation sur le bail dudit royal et

---

1. A l'heure de none, trois heures après midi.
2. Chauveau. Ce nom est orthographié d'après sa prononciation. On dit encore, en Saintonge, *coutas* pour *couteau*.
3. Le royal d'or frappé sous le règne de Philippe le Bel valait onze sols parisis; mais les indications monétaires de nos registres se rapportent toutes à la livre tournois. A ce sujet nous rappellerons les évaluations données dans la préface du t. XXI des *Historiens de la France*, p. LXXIX. A cette époque, la livre tournois valait . 17 fr. 9375
    Le sou tournois 0   8986
    Le denier tournois. 0   7488
En outre, pour obtenir par approximation la valeur actuelle, il faut tenir compte de la diminution du pouvoir de l'argent. E. Boutaric (*Saint Louis et Alphonse de Poitiers*, p. 277) estime que les chiffres ci-dessus doivent être multipliés par cinq pour avoir la valeur actuelle approximative.

juré (*mot effacé*), avons condepné ledit procureur par nom que dessus à v sous confessés, et jour à demain à procéder.

Ajournement donné à Arnaud de Turet[1] contre Arnaud de Maurs.

In die mercurii ante resurrectionem (*15 avril*).

Condamnations : Thomas de Galerne, viii livres 8 sous, à Pernele Neale pour « final compte »; Thévenot, Vallet, « à rendre à Pierre Brunet un sien cheval qu'il li loua et son salaire de ix jours dudit cheval, à iii sols par jour »; J. Coutantin, boucher, xxxiv sols, à Aleais Ladier (?), d'Asnières, pour compte fait sur vente d'un tonneau de vin.

Défauts : Arnaud de Turet, J. Papin, J. Thomas.

Comme Menart Guayfre, procureur de P. Boniface, se soit recrehuz au serment de Tassin Girart, sur le bail d'un roial dont est fait mention ou procés de mardi, ledit Girart jura que ledit roial n'avoit pas elu, ne autres par nom de li, et pour ce fut ledit procureur condepné en la place de soudit mestre à paier vi sols audit Tassin Girart dedans vii jours; et la demande de la some de lvii s. ix deniers, a nyé ledit procureur et est fête contestation par serment et avons jugé la preuve dudit Tassin au mardi après Quasimodo.

In die mercurii post resurrectionem (*22 avril*).

Condamnation : G. Sarpaut, vii sols tournois dus à Hélie Baluftier, clerc, « pour raison de xiii sols iii deniers de fêble monnoie que ledit G. devoit audit Hel. de vente de vin. »

Défaut : Arn. Caillaut.

In die veneris ante festum B. Marchi (*24 avril*).

Défauts : Colin de Grananchon, Johan Chapele, Henri Le Cousturier, anglois.

---

1. Arnaud de Turet était sans doute fils de P. de Turet, qui figure sur la liste des pairs de la commune. La famille des Tourettes jeta un vif éclat en Saintonge au xve et au xvie siècle, et occupa de hautes situations dans l'église et la magistrature.

In sabbato in F. B. Marchi (*25 avril*).

Condamnation : Arn. Gualant à paier à sire P. de Bonnes « XL sols de final compte fait du louyer de sa méson du temps passé, ducques au jour de pasques prochain passé ».

In die lune sequenti (*27 avril*).

Condamnation : P. Morant, poulailler [1], « en VII livres [à] paier à Arn. Caillaut, de vente de vins, à paier x sols en la semaine prochaine à venir, et x sols en l'autre ensuivante, et x sols en chacune semaine ensuivante, ducques les VII livres soient paiées. »

Défaut : Perotin Darras, poissonnier.

In die martis sequenti (*28 avril*).

Condamnations : G. Chovea, XIV sols dus à Jouot de Guairande, cousturier « de son mestier de cousturerie » ; Colin de Granausson, XI sols dus à Joh. Huylin pour « louyer de chevaux ».

Défaut : Johan Gaillart l'aîné.

In die mercurii sequenti (*29 avril*).

Défauts : Perrotin Darras, poissonnier ; P. Bouiface.

In die jovis in vigilia apostolorum Philipi et Jacobi (*30 avril*).

Défaut : Arn. Garin.

MESÉE [2]

In die veneris primo maii in festo apostolorum beatorum Philipi et Jacobi.

Nous avons assigné mesée au vendredi après la feste saint Urban.

---

1. On dénomme aujourd'hui en Saintonge « coquassier » celui qui trafique sur les œufs et la volaille.

2. Les procès verbaux des *mesées*, ou réunions du corps de ville, sont inscrits à leur date sur le papier de la mairie, dans un seul registre, celui de l'année 1379 ; ils sont rédigés séparément. Ce procès verbal a été publié par Guillonnet-Merville dans ses *Recherches topographiques et historiques sur Saint-Jean d'Angély*, p. 473, et reproduit par M. Giry dans le second volume des *Établissements de Rouen*, p. 136.

Renouvelez comptours à sire Pierre Tronquière, Joh. de Saumur, Joh. Roille, Joh. Berthomé, Joh. Aynnaut, P. de Turet, P. du Meler, electi : ad : negocia : ville.

En plenière mesée, aujourduy, par les pers de nostre commune, du consentement de tous les eschavins et conseils, furent esleues les personnes dessouz escrites à trétier des droiz et des negoices de la commune, auxquieus est donné povoir par tout le commun que toutes chouses que il verront estre bones et proufitables ou nécessaires et honorables à la commune, il puissent acorder, ordener, procurer et ottroier, sanz appeler le commun, tout aussi comme tout le commun porroit fère, et que de ce que il accorderont et ordeneront, ils porront fère passer et seller letres sellées des sçaux de la commune, excepté et ousté de leur povoir que de obligacions, ne de taillées, imposicions, subvencions, ou grousses myses, à quoy la commune porroit ou devroit estre tenue lesdites personnes éleues ne porront riens déterminer ne mètre à fin, ne les ottroier ne fère saeller, sans appeler à ce les cent pairs ou la greigneure partie, c'est assavoir en mesée, ou aussi comme ils doivent venir à mesée. Et est acordez que toutes foiz que aucuns desdiz esleus aura cause nécessaire de soy absenter de la ville, ou, estanz en la ville, aura excusacion résonable et sans fraude par quoy ils ne puisset vaquer avecques les autres élus à trétier desdites chouses au jour et lieu où il s'assembleront au mandement de mons. le maire, celi qui ensi n'y pourra vaquer puisset subroguer et mètre aucun autre bon homme des cent pairs, ô l'assentement et conseil de mons. le mayre et des autres éleuz à ceu. Et ont juré les davant diz esleus sur sains évangiles que bien et loyaument et au plus grand proufit de la commune que il porront il trèteront, ordeneront et determineront lesdites chouses selon leur âme et conscience.

Eschavins : Sire P. Boisseau, sire Aymar de Lossaut, sire Estène Roille, Johan Roille.

Conseils : Johan de Loubat, P. du Meslier.

Pers : André Pascaut [1], Guillaume Fradin.

Défauts : Matiot de Tornai [2], Arn. de Turet, J. Cavéa, J. du Four.

Comparu s'est J. du Sable à sa mesée, et nul n'a dit aucune chose, ne denonciée, ne sollicitée et li avons esgardé par jugement que de sa mesée il avoit fait son dehu. Présens : J. Morin, G. Langles, P. David et autres. [3]

Le compromis jugé entre Bourges et ses frères et suers et Guillaume Langles, le mercredi avant pasques, est continué en mesme forme ducques à vendredi prochain, mis André Pasquaut en lieu de P. Aubin.

Jugé est que de ce que P. du Meler demandoit à Arn. Garnier LX sols pour reson de ce que il avoit un sien cheval maulvaisement conduit et mis à tel estat que il ne valoit riens. Lesdites parties en feront et tendront ce que André Pasquaut en ordenera, à poine de X l. et se tenir ont juré lesdites parties. Ajourné à mardi prochain.

Demande de Guill. Borea contre Juliot Le Ner, ajournée à mercredi prochain.

In die sabbati post dictum festum (*2 mai*).

---

1. Voir sur André Pascaut *Archives historiques de la Saintonge et de l'Aunis*, t. XII, p. 101.

2. Sans doute de la famille de Guillaume de Tournay qui vend à Guillaume et Hélie de Loupsault le fief de Trezena (*Archives historiques de la Saintonge et de l'Aunis*, t. XII, p. 97).

3. L'ordonnance de saint Louis, de l'année 1254, mise en vigueur dans ses états par son frère, Alphonse de Poitiers, autorisait la mise en liberté sous caution. Lorsque les circonstances l'y autorisaient, le maire accordait la liberté sous caution ou, comme l'on disait, la recréance. L'individu soupçonné d'un crime, auquel avait été donné « recréance de son corps », devait se présenter aux mesées ; là, chacun était libre de l'accuser. Après un certain nombre de comparutions, le maire élargissait progressivement les limites que celui qui avait obtenu la recréance ne devait pas franchir : d'abord l'échevinage, puis la ville, la sénéchaussée et enfin le royaume de France, ce qui équivalait à un acquittement définitif.

Condamnation : Guillaume Dodeau, xiii f. xiv sols vi deniers prix de vin dû à Arnaud Caillaut.

Défaut : Jouet Coutantin, boucher.

In die martis post dictum festum (5 mai).

Condamnation : Joh. Vyau xiv l. restant dus sur plus forte somme pour vente de vin à Martin Repousson, de Courcelles.

In die mercurii in festo sancti Johannis in porta latina (6 mai).

Condamnations : Jouet Coutantin, boucher, lii sols restant dus à Geoffrion Le Suyre, d'Asnières, pour vente d'un tonneau de vin ;

Aimery Garnier, xxx sous, dus à P. du Mesler pour vente d'un cheval rouge, et xxvii sous pour vente de drap de laine.

Défauts : Clérice du Marché, G. Sarpaut, Arn. Caillaud, J. Brief.

In die veneris post dictum festum (8 mai).

Emenda : Guillot Le Grant a guagé l'amande à mons. le mère et à la commune pour ce que luy estant sergent de la commune et luy appelé et présent en jugement à la querèle Symon Trésor, peletier, par davant le sozmaire, desmentit ledit Symon, sans révérence ne grâce de la court, ne de juge présens, que il gaia l'amande. Sire Symon de Loussaut, sire Estène Roille, sire J. de Mastaz, J. de Loubat, J. Roille, sire Pierre Assailly, Arnaud de Gornay, André Pasquaut, P. de Turet et Gaubert de... et autres, lesquieux présens fut esgardé par jugement de mons. le maire que pour toute poine et amande il est privé de office de sergent de la commune.

Condamnation : Henri Clerc, anglois, cousturier, xxxiv sols dus à B. Doigne « pour vente de soye ».

Défaut : Clérice du Marché.

Ajournement : « Les Bourges et leur suer d'une part, et P. Langles d'autre, est jour à lundi. »

Le samedi feste saint Nicolas de may (*9 mai, fête de la translation de saint Nicolas à Bari*).

Entre Guillot de La Court, en commune, et pour ceu que il estoit clerc, il nous donna plège Fouquet de La Court, son frère, à fère droit et fournir droit, à peine de II cents livres si ledit Guillot se meffesoit ou meffesoit à la ville, usant ou abusant de son office tant de sergenterie que de garde des portes de Bernoet[1] et de Maupertuis et en quelconque autre manière, tant comme il sera au service de la commune, laquelle peine pourra estre modérée et assignée ou quintée par mons. le maire et les eschavins, selon la qualité du meffait, lequel meffait, toutes fois, avant toute incursion de payne, aura esté prouvé que ledit meffait aura esté comis par la faute, coupe ou négligence dudit Guillot, par deux tesmoins dignes de foy et non soupsonnés, et de ceste plège a promis ledit Guillot garder de domages ledit Fouquet, lequel Fouquet a aplegé ledit son frère en l'amande que dit est et à la peine que dessus dite, pour laquelle payer si advenoit le cas, oblige ledit Fouquet ses biens à ladite commune. Présens tesmoings : sire G. de Loupsaut, Arn. de Gornay, Johan de Champagnac, P. Petit, Maynard Guayffre et Johan du Marché, clercs.

Condamnations : Hélie Doigne, XIV livres V sous X deniers restant dus sur C sous de rente due à dame Jehane, déguerpie[2] de sire Johan Martin, sur une maison sise en la rue Saulnèze.[3]

Pernèle, déguerpie de feu sire Davy Vroyaux, V sous pour prêt, dus à Aymery Arnaut.

Jouacem Foucher, XVIII sous dus à Arnaut de Gournay, pour vente de draps de laine.

---

1. Les écluses de Bernouet existent encore aujourd'hui en aval du port de Saint-Jean d'Angély. Quant à celles de Malpertuis ou Maupertuis, elles furent démolies, comme on le verra plus loin, en l'année 1399.
2. Veuve.
3. Rue aussi appelée « de Berbuya », actuellement rue Jelhu.

Défaut : Joh. de...

Ajournement : Al. Le Charpentier.

In die martis post translationem B. Nicholaï (*12 mai*).

Condamnations : Perotin Darras, L sous dus à Robert des Fragnes pour vente d'un cheval bai; Perot Morant, polailler, XVIII sous dus pour loyer de maison.

Défauts : Joh. Gaillard l'aîné ; la partie de Barbyneau.

In die veneris sequenti (*15 mai*).

Défauts : Arnaut de Turet, à la querèle G. de Maurs oitz P. Gilet, qui racorda l'adjournement, sauve la réson d'un exoine aporté par Naudin, son filz, disant que ledit Arn. estoit alez à l'assize de Hérisson[1] où il avoit jour pour cause de son héritage.

Symon Trésor, peletier, à la querèle Guill. Le Grant, oitz par J. Beuf, sauve la réson d'un exoine aporté par Joh. Chauveau et aplegé par André Pascaut, que aujour duy ledit Symon estoit alez par devant le prieur d'Asnières où il avoit jour pour cause de son héritage.

G. de Chasteltery.

Catarine Furgaude a délessé l'afiage que P. de H... li donna en ceste court et l'acquite de toutes chouses ducques au jour duy payant x sous qu'il li doit par acord fait.

P. Jaguet a donné afiage[2] à Aymar Garin, mareschal, et aus siens et à ses biens, droit fesant et droit prenant.

---

1. Hérisson, châtellenie située dans la paroisse de Chantemerle, canton de Tonnay-Boutonne.

2. L'afiage fut plus tard dénommé *asseurté*. « L'asseurté, dit Vignier de La Pile (*Coutumes de l'Angoumois*, t. 1er, art. IX, p. 29), était un reste du temps malheureux où les guerres privées et les combats de particulier à particulier étaient tolérés. C'était un remède inventé pour en arrêter le cours. Lorsque deux vassaux avaient guerre ensemble, leur seigneur était en droit de les obliger de faire la paix ou la trève ; mais le plus faible, craignant que son ennemi ne l'opprimât, lui donnait un ajournement auquel il était obligé de comparaître en personne ou par procureur spécial, et, « après avoir juré son doubte », comme parle la coutume du Poitou, c'est-à-dire qu'il avait sujet raisonnable de craindre;

In sabbato in octab. B. Nicholaï (*16 mai*).

Condepné est Joffrion, cordier, fils de André Le Cordier, rendre dedans l'ascencion au seigneur de Ternant un càble du poiz de xviii lib., de bonne charbe [1], pour le prix de viii sous, lesquels il dit li estre dehuz encores.

In die lune post dictas octabas (*18 mai*).

Condamnation : J. Rousseau, « xxvi sous demorant de greigneure partie de vente de fen » [2] à sire P. Pureau, comandeur des Yglises d'Argenteuil.

Défauts : Marc Peadasne, Symon Tresor.

Ajournement : Arnaud de Turret contre G. de Maurs.

In die martis ante festum B. Urbani (*19 mai*).

Défauts : Pierre Tronquière, Estène de Launay.

In die mercurii ante dictum festum (*20 mai*).

Condamnations : J. Rousseau, xvi sous iv deniers pour vente de drap de laine, à P. Assez.

Guill. Sarpaut [3], « ... à paier à sire P. Assailly dedans xv jours prochains quatre royaux d'or du louer de coytes et de draps à coucher, et à rendre audit sire P. iv couches garnies de teles cousturées comme eles sont, dedans dimanche.

En la cause mehue davant nostre prédécesseur et venue par davant nous, entre Joh. Faure, d'une part, et Aleaais, ai déguerpie Arn. Le Bast, et Michel Le Bast, son filz, d'autre part, est donnée ausdiz mère et filz l'attende de mestre P. Guarreau, duquel il ont juré leur avoir promis terme et jour à vendredi prochain à entendre leur conseil et à procéder en la cause selon réson.

---

le juge obligeait l'ajourné de donner assurance qu'il ne lui ferait aucun mal à sa personne ni à ses biens, par lui ni par personne interposée, ce qui était écrit sur un registre et ensuite publié. »

1. Pour *chevre*, chanvre.
2. Foin, *fenum*.
3. Ce nom est encore communément porté dans la banlieue de Saint-Jean d'Angély.

Défauts : Joh. Gaillard l'aîné, P. La Noet, Ph. Floret.

Emenda : La Bourdeille a guagé l'amande parce que èle avoit achaté, avant la messe sonnée, cerisses pour revendre.

In die veneris ante festum B. Urbani (*22 mai*).

Condamnations : M. de La Sezine, xxvii sous vi deniers dus pour prêt à P. du Meslier.

P. Morant, « polailler », vii liv. iv sous pour vente de harengs caqués, dus à J. de Laries.

J. Roille, lxx sous « qu'il promist à Poincet Lespicier ».

Défauts : G. de Chasteltery, G. de Loussaut le jeune.

Ad id agendum. — En la cause de Joh. Faure contre la déguerpie de feu Arn. Le Bast et Michel, son filz, à lundi, promet ledit Michel, à peine de xx sous, que sa mère aura agréable et acceptera ceste assignacion.

Sur ce que G. de Maurs conclut maintenir que Joh. de Genèvre estoit son houste et de sa table quant Arn. de Turet le conseilla acheter les vins dont est le débat entre eaus, et sur ce que il dit que, par costume, il doit avoir la moitié du courretage, et sur ce que ledit Arnaud dit que il ne savoit pas que ledit Joh. fust houste dudit Guill., et sur ce que il dit que nul courretier ne doit estre hostelier de marchans, se doit, mons. le mere, informer et aussi à leur rendre droit passé vendredi prochain.

In sabbato ante festum B. Urbani (*23 mai*).

Condamnation : Pernèle « déguerpie de feu Giraut Davy », un sol et quatre deniers dus à J. Morant.

Comme Johane, feme Johanin Le Pasticier, ob l'assentiment de li, proposast contre Bernard Taillandier que èle, du commandement dudit Bernard, acheta de Robbert Raufie galons pour les filles dudit Bernard et que, par faute du paiement que ledit Bernard deust avoir fait, èle a esté endommagée ducques à la some de xx sols disant que ledit Bernard les avoit promis paier audit Robbert, ledit Bernard nya ladite demande estre vraye et ont juré de vérité et la preuve jugée à ladite Johane.

In die lune in festum B. Urbani (*25 mai*).

Condamnation : Johan Morel, xiii s. iii d. dus à Symon Suyreau pour novation.

In die martis ante ascensionem Domini (*26 mai*).

Défauts : Johan Charretier et mestre Johan Langles.

MESÉE

In die veneris post festum B. Urbani (*29 mai*).

Nous avons assigné mesée au vendredi après la nativité saint Johan.

Ordené est du conseil et consentement de tous, emprès le rolle lehu, que si les rentes et dons dehus à la charité (que Dieu sauve la blée)[1] ne suffisent à la [demise ?] que toutes amandes de panetiers, de bouchers, de poissonniers, de regrattiers, et tous défaus et amandes soyent converties en ladite charité.

SABLEY

Au jour duy s'est représentez Johan du Sabley pour recevoir droit sur la souspisson de la mort Johan Polie, et faiz les dehu, nul ne vint et si li esgardasmes. A ce présens, J. Morin, sire Aymard, J. de Saint-Messent, clerc, J. de La Croix, P. de La Croix, Colin Pleaus et autres.

Condamnation : Johan Le Mareschal, du Peyré, xii sous, vente de pain et vin, dus à Thomas Garin.

Défauts : Arnaud de Thuret, B. Tailhandier.

In die lune ante penthecost. (*1er juin*).

Condamnations : Jouet Coutentin, boucher, xl sous dus à André Prousseau, de Saint-Méart, pour vente de « vin cleret »[2].

Guillaume Dodeau, v sous pour son loyer dû à...

---

[1]. Cette pieuse exclamation se trouve sous la plume du clerc toutes les fois qu'il écrit le mot charité.

[2]. Vin vieux.

In die martis ante penthecost.

Condamnation : Mathiot de La Sezine, xviii l. xi s. dus à G. Fradin pour vente de drap.

Défauts : Arn. de Turet, Matiot de La Sezine, C. Morant.

Prover doit Jouet de Vers que Juliot Le Clerc, Jucail Le Claveur, le batirent et li rompirent son chaperon et sa robe et le marquèrent sur leuylh. A demain sous la produccion.

In die jovis in festo B. Barnabé (*11 juin*).

Condamnations : Maciot et P. de Tournay, frères, xxv sous dus à G. Fradin pour vente de drap.

Johan Gabes, devra livrer, à la « mi aost », vi tonneaux de Bayonne et xx sous de loyer de maison à J. Tesser.

La Lambert, v sous iv deniers à Joffron, son vallet.

Défaut : Guyot Le Celier.

In die veneris sancti... (*12 juin*).

Condamnation : Guyot Le Celier, x sous x deniers dus à Henri de Fileux pour loyer d'un cheval.

De la cause Janin Le Pasticier contre Riflart est compromis tout aussi come de cèle de sa mère contenue on procès de mercredi prochain passé. Adjousté P. Boisseau en arbitre avecques Champaignac.

Défauts : Bernart Le Charpentier, Robin Fruaut, J. Chapelle, Th. de Galerne, B. Vilate.

In sabbato ante trinitatem (*13 juin*).

Condamnation : Bernard Tailhandier, xv sous à Tranquart le couturier pour façon de robe.

Défauts : P. Marguerye, Gilet Le Charpentier.

In die lune post trinitatem (*15 juin*).

Défaut : G. Le Barbier, du Minage.

In die martis post trinitatem Domini (*16 juin*).

Come P. Roy, de La Fayole, demandast contre G. Langles li estre satisfet de la fasson de L toneaux à fuer de

---

1. Une des tours de l'enceinte portait le nom de Thébaut Bilhon.

xviii de la pièce, ledit Guill. excepta que par convenances faiz il devoit prendre en paiement desdits tonneaux à fuer de ix t. la pièce, tant que il fut paié de la fasson, laquelle choze nya ledit P. Ci jurèrent de vérité et est la preuve ajugée audit G. et jour à vendredi sous la présente produccion.

In die veneris post trinitatem Domini (*19 juin*).

G. Langles a amené en tesmoignage contre P. Roy, lequel nous avons receu et fait jurer, jour à demain souz la susdite produccion.

Sabbato ante nativitatem B. Johannis Bapt. (*20 juin*).

Défauts : G. Langleis, C. P. Roy de La Facole cité par procez du jour dyer, Johan Vymon.

Die dominica ante nat. B. Johan. (*21 juin*).

Condamnation : Thebaut Bilhon, xii l. vente de porcs, dus à P. Pingaut de Salignac.

Emenda : Johan Ferron a gage lamande pour ce que il défaillit en sa garde de la charité. Que Dieu sauve la blée!

Die lune ante nativ. B. Johan Bapt. (*22 juin*).

Défauts : G. Sarpaut, Johan Symon (seconde fois),[1] Johan de Bourges, Aym. de Pouzauges.

Die martis in vigilia B. Johannis (*23 juin*).

Condamnations : G. Sarpaut, ix sous dus à G. Ailhet « final compte fait sur lyvrage de vins » ; Johan du Sable, L sous à Symon Farsset, vente de pain.

Die jovis post dictum festum (*25 juin*).

Condamnation : Arnaud de Turet, iv l. iv s. dus à G. de Maurs pour la cause contenue on procès. Terme à la Madelaine, faute de quoi ses biens « mis en exécution ».

In die veneris post nativitatem B. Joh. Bapt. (*26 juin*).

---

1. Après trois défauts successivement prononcés dans la coutume d'Oleron, après quatre dans celle de Saint-Jean d'Angély, le défaillant était condamné à une amende de soixante et dix sous au profit du maire et à une indemnité envers le demandeur, laissée à l'appréciation de la cour.

MESÉE

Nous avons assigné mesée à vendredi après la Magdeleine.

A recouvrir les portes de Maupertuis sunt establi de commun assentement, Johan Roille, Johan Barthomé.

Tous sont d'assentement que mons. le marc puisset doner à Guillaume Gratemoyne letres de quitance sans déclairer some de ce que il a receu de Champdolent [1], sauve de revenir à bon compte.

Johan Du Sable s'est représentez à sa mesée, sur la souspission de la mort Johan Polie, et fu di que Creist. Arnaut et Jacques vendront aucune chouse dire ou dénoncier ou accuser, ou solliciter office contre luy, et nul n'y vint. Si li esgardames que de sa mesée duy il avoit fait son dehu. Présens G. Lecorder, Tranquart, le costurier, sire Johan de Saumur et autres.

Emar Johan, des Yglises, ne se vossit charger de prouver sa demande qu'il fesoit contre sire P. Boisseau, c'est assavoir que ledit sire P. li rendist une letres que il avoit de vi l. disant come il les eust paié en xvi solmes de vendange. Laquèle chose nya ledit P. Emprès serment nous absolumes ledit P. de ladite demande par jugement.

Condamnation: Johan Ennon, cent sept sous qu'il « promist paier à Thomas Vinet pour son charretier ».

Défaut : G. Langles, dit Riffart.

Sabbato ante festum apost. Petri et Pauli (*27 juin*).

Défaut : Sire Johan de Mastas.

Die dominica ante festum B. Petri et Pauli, apost. (*28 juin*).

Arnaud de Turet a doné affiage pour soy et les siens à Pernelle, déguerpie de feu Giraut Daux, pour soy et pour les siens, droit fesant et droit prenant, selon coustume et usage de païs.

Die lune in dicto festo apostolorum (*29 juin*).

Condamnation : Henri Langles, xii deniers dus à Florence Baraude, « vente d'un coutel ».

Défauts : Maciot de La Sezine, P. Prignac, Ay. de Pouzauges, Perotin Berengier.

Die Martis post dictum festum (*30 juin*).

Condamnation : Johan Arzent, XLV sous IV deniers à P. Guodet, d'Asnières, pour vente de vin.

Défaut : Arn. de Turet.

Die Veneris post dictum festum (*3 juillet*).

Jugé est que les biens que Arnaud de Turet heut et tient de Pernèle, déguerpie de feu Giraut Daux, exceptez II anaps d'argent, ledit Arnaud li rendra, ol paiant XL sous si come ilfut acordé entre eaux par sire Estène Roille.

Condamnation : Catherine de Grenausson, XXXIII sous IV deniers à Robin Pierre pour vente de vin.

Défaut : Perotin Berengier (*seconde fois*).

Die lune post dictum festum, Silicet in octab. (*6 juillet*).

Condamnation : Johan Le Bernier, roulier, XXV sous dus à Raveau le jeune pour loyer de maison.

Défaut : Johane, femme de Perrot Le Polailler.

In die Martis post dictas octabas (*7 juillet*).

Condamnation : Perrot Coutentin, boucher, cent XXV sous dus à G. Fradin, drapier, pour loyer d'une maison.

Défauts : Arnaud Galant, Estène Marchant, charpentier.

In die Veneris post dictas octabas (*10 juillet*).

Sur le procès fait par davant sire P. Boisseau, l'an XXXI, entre P. Lescot et Johan Fournier, ledit Johan a amené en tesmoignage Johan Le Bastier, Aymery de Melle, P. de La Jarrie; ce doit estre gardé audit Johan que ledit P. confesset que son valet chut bien par nom de les II fessiaux du fen.

In testimonio pro P. Furnerio presenti.

P. de La Jarrie, jurez, dit que les convenances furent tèles come ledit P. Fornier a proposé, mes dit que ledit Johan devoit livrer audit P.; ledit fen, et dit que plusieurs fois il a oy que ledit P. c'en requist de havoir son fen, mes il ne le put onques havoir.

Johan Le Bastier, juré, dépouse mesme chouse et plus dit que convenance fut que ledit Johan porteroit le fen avecques ledit P. et Ay. de Melle qui y avoit le tems, et le li devoit livrer, mes Johan Fornier plusieurs foiz requis ny volut onques entendre que il estoit empeschez tout le quaresme de aler querre poisson tant que il estoit trop poyné en la vile, pour ce croit que ce soit la faute dudit Johan. A duy en VIII jours.

Condamnations : Ithier Bassillac, VII liv. x sous dus à Jouacim Fouchier pour vente de vin ; G. Choveau, XXX sous dus à Janot de Gairande, « pour son service de cousturerie » ; Michel Tailhandier, XLV sous, dus à G. Le Grant pour vente d'un cheval.

Défaut : Ravalin Faure.

Sabbato post dictas octabas (*11 juillet*).

Défauts : Bern. Vilate, Johan Couteau le jeune, G. Le Grant, G. Boilaigue.

Die lune post translationem B. Bern. (*14 juillet*).

Défauts : Geoffroy Boillaut, Michel de Tenos, G. Dodeau.

In die Mercurii ante festum B. M. Magdalene (*15 juillet*).

Condamnations : Joffre Boillaut, x sous et VIII deniers dus à P. Assailly pour arrérages de rentes ; Gautier de Saint-Denis, Héliot Le Barbier, à Johane Potin la jeune, arrérages de rentes ; Arnaud de Carnet, Barbier, VII sous dus à G. David, de Fontané, pour vente de vin.

Défauts : Maciot de La Sezine, Hél. Prep...

In die Juris ante festum B. Marie Magd. (*16 juillet*).

Condamnations : Arnaud de Turet, XIII sous dus à Johan Coutant, *pour vente d'une fourrure d'agneau ;* G. Chauveau, VII l. VIII sous à Henri Charpentier « pour son service de cousturerie » ; Johan Coutant, XVIII sous XX deniers dus à G. Fradin *pour vente de drap.*

Défaut : Johan Boillaut.

In die Veneris ante festum B. Marie Magdalene (*17 juillet*).

Condamnations : Perotin Le Mareschaux, IV l. x sous dus

à Aymar de Loussaut, pour vente de foin ; la femme de Guillaume Huguet, x sous dus à G. Fradin pour vente de drap.

Défauts : Hélie Prep... (*seconde fois*), G. Legrant.

Sabbato ante festum B. Marie Magdalene (*18 juillet*).

Condepné est J. Du Sable, paier à sire P. Couil, dedans vii jours, ii royaux d'or, et dedens viii jours après la saint Michel, ii aigneaux d'or et i marc d'or de pois, de cause de profit, et s'il défaut de paiement ses biens seront de plain venduz sans respit et les escuelles que l'on a pris de li seront vendues pour xx sous, tout avant autres biens.

Condamnation : Maciot de Tournay, xlix sous dus à G. Feynier « vente de courdeaus ».

Défauts : Henriet Le Cousturier, J. Bresset, Jouet Coutentin.

In nona.

Jugé est d'assentement de parties que Michea Faure vendra en jugement mardi prochain à heure de termes et jurera si P. Raou de Maugon li a paié xxxiiii sous que ledit Michea a baillé devers les... (*mot effacé*) en restaz (?) sur ledit P. de vente de courdouan[1] et s'il juret que ledit P. ne li a pas paié, il en sera quittes, et s'il ne jure ou se il défaut, il sera condepnez à aquiter ledit P. desdiz xxiv sous et n'est besoïn que vicigne ledit P., car il a juré qu'il a paié.

Jour à demain entre Perrot le Limosin et Jofre Durant a prétendu que ledit Perrot est de tele condicion que il ne le peut tenir bonement en son poursuite.

Condamnation : Micheau le poissonnier, c sous dus à dame Marie Dexideuil pour prest, et à G. Tessier, pour même cause, xl sous.

Défaut : Johan de Saint-Savinien.

In die Martis ante festum B. Marie Magdalene (*21 juillet*).

Condamnations : G. Choveau, Caufournier, « xlvii sous pour arrêté de compte avec Johan Boussart ; Maciot de La Se-

---

1. Cuir préparé pour les chaussures.

zine, vIII l. II sous pour un drap rayé, dus à Johan Coutant.

In die Mercurii in dicto festo (*22 juillet*).

Condamnations : J. Briefer, xvIII sous dus à Johan Lemaignen, pour vente de vin ; G. Darras, « restituer dedans vII jours en la meson que il a tenu de Fouquet de La Court, tant de gages qui vaillent xxIV sous II deniers ou paier dedans vII jours ».

Défauts : J. Panet, B. Lecharpentier.

In die Veneris post festum B. Marie Magdalene (*24 juillet*).

MESÉE

Nous avons assigné mesée au vendredi après l'assumpcion Nostre-Dame.

Eschavins, conseil et per sunt d'assentement que l'argent qui à présent est, ou doit estre, on l'arche trayé des émolumens des portes de Champdoulent, sest baillez par les mains de ceux qui gardent les clefs de ladite arche, là où mons. le mere commandera, tant pour recouvrir les portes de Malpertuis, comme pour autres nécessitez et proufiz de la commune, et que ceu que il vaudront soit escrit on papier de l'arche et que l'escrit soit tenu, fermz et vray. [1]

Item. Sunt d'assentement que si mestre Bernard de Marteau ne veult exhiber le testament contenant la clause de la collation de la chappelle de l'aumosnerie dont la collation en partie appartient à mons. le mere, que aus despens de la commune, il soit convenu en la court de l'église et mené à fin dehue. [2]

---

1. En 1332, la comptabilité communale n'était pas encore organisée comme nous le verrons plus tard. Le receveur des deniers communaux n'existait pas encore, puisque les clefs de la caisse contenant les fonds de la commune étaient en plusieurs mains. Chaque somme enlevée à cette caisse faisait l'objet d'un procès verbal consigné sur le registre spécial appelé *Papier de l'arche*.

2. Il s'agit sans doute de la chapelle de l'aumônerie de Saint-Michel, dans le faubourg de Matha : car celle de Saint-Jean des Loupsauts n'était pas encore fondée.

Item. En mesme fourme de l'exibition du testament de la Beline, pour la chappelle que èle ordena appartenant à la collation de mons. le mère.

Item. Que sire J. de Mastaz, Arnaud Charoneau, J. de Saumur, J. Roille, puissent establir portier à Champdoulent, et li assigner salère et taxer some convenable pour despens s'il voient que soit à fère.

Aujourduy s'est représenté J. Du Sable, pour cause de la suspisson de la mort Johan Polie, et nul n'a rien dit contre li, si li a esté dit par droit que son deu de cette mesée. Présens: J. Morin, Johan du Marché, Jamet Lespicier et autres.

Condamnations : Johan Panot, XLVII sous dus à Jacques Lespicier pour prêt; Bernard Le Charpentier, VI deniers dus à Laurent Bonnet, prix de pain et vin.

Sabbato sequenti (*25 juillet*).

Condamnation volontaire : J. de La Croix envers Johan de Maur, CX sous.

Die lune post dictum festum (*27 juillet*).

Défaut : P. Tronquière, et ajournement de la cause de P. Autant.

Die Mercurii in octabas festi predicti (*29 juillet*).

Défaut : Arnaud Ferron, ajournement de la cause de J. Morin.

In die Veneris ante festum B. Petri ad vincula (*31 juillet*).

Des demandes que Robin du Mont fait contre sire P. Tronquière, une de XLVII sous, l'autre de VI sous V deniers et l'autre de XX sous, pour cause de trayre et adouber pierres à l'œuvre de la ville, et de descouvertes, est doné à Bernard Tronquière, son procureur de loi, pour soy en accuser jour à mardi [1].

---

1. « Trayre » pour extraire; on dit encore en Saintonge : *tirer de la pierre.* « Adouber », mettre en œuvre; ce mot n'est plus employé que pour les préparations des aliments. « Descouvertes », descouvrir, c'est enlever la couche de terre végétale qui recouvre le banc de pierre à exploiter.

— 71 —

De la demande Gilet de Lonc-Pré en mesme sort.

Prétendoit, Micheau Barré, contre P. Raoul et sa feme, que le gage que il en portois de leur taverne il li avoit baillé et que, nyemains [1], il le suyrent et le batirent à tort et sans causes et li dépiécèrent sa robe. Jour à mard souz la précédente produccion.

P. de Tors et J. Coulonbe, ajournements.

Fiat memoria : Condepnés sont mestre P. Le Mareschal, gendre de feu Alexandre Boutetonneau, et Katerine, sa feme, fille de feu Alexandre dessus dit, à payer à P. de Lahon vi liv. tour-nois à noël, xx sous à chescun quartan ensuyvant; xx sous pour reson de viii liv. ii sous de la monnoie qui couroit l'an m.ccc.xvi, ès queux ledit feu estoit obligé audit Pierre en un memoria de La Court de Ciens, lequel demouret en sa veue. Quant à la partie de ladite obligacion et quant il sera paiez, il leur doit rendre ledit mem. et toutes autres lètres que il a de aus ou dudit Alexandre.

Die sabbato in festo B. Petri ad vincula (*1er août*).

Défauts : Johan Langles et Johan Gaillart l'ayné.

In die lune post festum B. Petri ad vincula (*3 août*).

Sur le débat pendant Ciens, entre P. de Tors, d'une part, et Hélie de Sieix, d'autre, est jugé et acordé et juré à poine de x lib. moité à justice et moité à partie obéissante que les parties tendront ce que P. Charretier et Joffre Argier, apelé Joffre André, en ordeneront.

Condamnations : Jehan Fournier, poissonnier, « rendre dedans vii jours à Aymery de fourbisseur ii sous et ii deniers et une lètre que il doit avoir recouvré de mestre P. Courtaut »; Robin Truaut, xiii sous dus à Perrot Marcadet « pour charréage de mérain [2] »; Maté de Rouffis, xxvii sous vi deniers pour vente d'un cheval; Jofrey Panet, xx deniers

---

1. Néanmoins.
2. Merrain, bois de chêne ou de châtaignier, scié en planchettes étroites pour en confectionner les tonneaux.

dus à mestre Julien Doysse « pour fasson de letres ». J. Le Mareschal, xii sous dus à Julien Doysse, clerc, « de fasson et de seaus de letres sellées du seel le roy ».

Défauts : G. Langles et Denis Noël.

In die Martis post dictum festum (*4 août*).

Condamnation : G. de Chasteauteri, xviii l. vii s. à G. Fradin pour vente de drap.

Défauts : G. Langles et P. Tronquière en sa cause avec Robin du Mont et Gilet de Lonepré.

In die Mercurii post dictum festum (*5 août*).

Au débat sur cause de injures fetes pendant entre Micheau Parre, d'une part, et P. Raol et sa feme d'autre, est compromiz haut et bas sur Johan Huilin et P. de La Valle à peine de c sous.

Condamnations : J. Rousseau, vi sous, vente de pain ; G. Langles, xxiv sous, à Guille Peychecave, charpentier, xxiv sous, « fasson de tonneaux ».

Défauts : Sire Pierre Tronquière (*seconde fois*), Johan de Bourges.

In die Veneris ante festum B. Laurencii (*7 août*).

Prétendoit Johane Dujardin contre Katerine, sa suer, feme de Gautier Langles, mareschal, que ladite Katerine injurieusement dist à ladite Johane que èle li avoit enblé i linceul de son lit, et que èle la batit malicieusement et sans cause. Jour à demain, et ont juré et est acort en jugement à la merie.

Johan de Bourges, ajournement.

In sabbato ante festum B. Laurencii (*8 août*).

Amena contre la feme Gautier Langles, Johane sa suer, en tesmoignage, les persones dessous escrites en la cause de lie et de ladite Katerine.

Katerine Fournier, amenée, interrogée et examinée, dit que le jour de S. Xist, à hore de midy ou envyron, èle qui parlet vit et fu présent que ladite Katerine vint à l'oustel mestre Johan Lemareschal, on quel houstel couzoit ladite

Johane, et dist ladite Katerine à ladite Johane que ele la salue. — Toy ne salue-je point, mauvaise garse, larronnesse, que tu m'as emblé 1 linceul et l'en has emporté mauvaisement; et lors aussa la paume, et la prist à la gorge bien malicieusement; à ce estoient présens le valet P. Morande et la chamberière de cèle qui parle, et Létice, feme dudit mestre Johan.

Létice, feme mestre Johan Le Mareschal, intérogée et examinée, dit que elle oyt que ladite Katerine appela ladite Johane larronnesse provée, et li dist que ele li avoit emblé 1 linceul et la prist à la gorge et l'eust batu si ele ne li eust esté tolue. Requise du lieu, dist que [c'estoit] chès le seigneur de èle qui parlet, où couzoit ladite Johane. Requise du jour, dit que [c'estoit] le jour de saint Xist, à hore de disner. Requise des personnes, dist come la première oye.

Condamnation : G. Giraut, boucher et poissonnier, devra payer xv sous arrérages de rente dus au procureur de la Charité.

In die lune in festum B. Laurencii (*10 août*).

Condamnations : Nicholas de Tours, xxxii sous vi deniers dus pour vente de drap; Perrot Ayraut, polailler, viii l. v s., vente d'un cheval noyr, dus à Alain Le Breton.

Défaut : Aymery Viguer.

In die Martis post dictum festum (*11 août*).

Haut et bas est à l'ordenance de André Pascaut, de l'injure dite à Johane Dujardin par la feme Gautier Langles, mareschal, ce pour de c sous et ont juré les parties, c'est assavoir ladite Johane pour soy et ledit Gautier pour soy et pour sadite feme.

Condamnations : Johane Yvonne, xxii deniers dus à Pierre Barthomé pour labourage de vignes et ii sous « pour le seregnt qui la adiourna »; Aymery Viguer, xvi sous pour vente de pain et vin.

In die Veneris in vigilia assumpcionis B. M. (*14 août*).

Bertin de Bocourt, charpentier, a confessé que tous les

tonnaux que il a pris à adouber de sire Johan de Laries, soient à oilhages, soit veils, soient neufs, il doit deffonser d'un bout et de deus si mester est, et tous ceus qui ne sont pas de moezon [1], il doit retourner à droite moezon, et doit ouster tout aubour [2]. Si a esté jugé de ceste confession et li a esté commandé que la convenance il acomplisse. Tesmoins : Arn. Charonneau, G. de La Court et moy.

Défaut : G. Darras et sa feme, Johanet Coutentin.

In die lune post dictam assumpcionem (*16 août*).

De la demande de Mich. Faure contre Matiot de Tournay, est compromiz haut et bas en Chasteautery et P. de Croix à peine de c sous et jour à mardi après l'octave de l'assumpcion.

Condamnations : P. Bourdau à vendre dedans vii jours à Johan Chandenier une viz a treuilh [3] de xii piedz de lonc et de une espaus de fornète avecques l'escrous dont il a esté paié. Arnaud Le Goulu, ii sous promis à Bodin.

Défauts : P. Trouquière, Matiot de La Sezine.

In die Martis sequentis (*17 août*).

Condamnation : Arn. Caillaud, xxxii sous dus à Micheau Malet pour vente de bois.

Défaut : Jouacem Fouchier à la querelle du prévost moine.

In die Mercurii sequenti (*18 août*).

Condamnation : Jouacem Fouchier en vi l. x sous le paier au prévost moine [4] dedens vii jours prochains de ce que il

---

1. « Moezon », dimension.
2. « Aubour », aubier.
3. Vis de pressoir.
4. Les offices claustraux de l'abbaye de Saint-Jean d'Angély étaient au nombre de cinq : le *pitancier*, le *cellerier*, le *chambrier*, *chambarier* ou *chambellan*, le *prévôt* et l'*aumônier*. Tel est du moins le nombre réglementaire donné par les bénédictins dans une déclaration authentique du 7 janvier 1611 ; mais habituellement on comptait aussi au nombre des officiers de l'abbaye : le *sacristain*, l'*infirmier*, le *chantre* et le *sous-chantre*, ce qui portait à neuf le nombre des officiers claustraux. Les *prévôts* ou *prévôts-moines* étaient chargés de surveiller les intérêts de l'abbaye

a tenu la jurisdiction dudit prévost moine. Réservez les despens du deffaut de yer et les autres qui de droit seront.

Défauts : Maciot de La Sezine (*seconde fois*) et G. de La Court.

In die Jovis sequenti (*19 août*).

Ajournement : Estène Roille.

Condamnation : G. Chovet, barbier, IV sous dus à P. Belet suivant compte.

In die Veneris post assumpcionem.

MESÉE

Nous avons assigné mesée au vendredi après.

Saint Denys (*20 août*).

Propousé fut par le procureur de la commune d'une part, contre G. Alaitedener apparoissant par Johan Martin, son procureur fondé par grâce et procure, que ledit Guillaume avoit dit à persones dignes de foy que touz les conseils et secrez qui estoient dit et fait en la commune, il et autres savoient, si tout comme il avoient esté parlé, et par aucuns de céans, mesmes qui au conseil et du conseil estoient. Si fut requis par le procureur de la commune que ceu confessast ou nyast ledit Guillaume, afin que l'amande et le punyment que la commune doit avoir sur celi qui le conseil de la commune révèle fussient appliquez aus droitz de la commune, et ofroiz ledit procureur de la commune, à prouver contre ledit Guill. que il avoit dit les paroles dessus propou-

---

en dehors du monastère. Ils étaient en outre *prieurs*, c'est-à-dire chargés des soins spirituels dans la localité où ils se trouvaient. L'abbé les rappelait au monastère et leur demandait compte de leur administration quand il le jugeait à propos ; mais cet usage de les rappeler au monastère se perdit insensiblement. A l'exemple des autres officiers claustraux, les prévôts finirent par considérer leurs charges comme de véritables bénéfices. A Saint-Jean d'Angély, c'était le prévôt-moine qui percevait tous les droits féodaux dus à l'abbaye, ce qui explique l'indemnité payée au juge qui avait tenu sa cour.

sées, se il les nyait, et requérant que, si il les confessoit, jurez de la commune fust commiz à nommer celi qui le conseil ly avoit révélé, à la fin que dessus. Ledit Johan Martin, procureur dudit G., demanda dilayment de parler sur ce avecques ledit G.; si li fut donné jour assigné à reviendre à demain. Fait en plénière mesée.

Johan du Sable s'est représenté à sa mesée et fait le cry acostumé; nul ne l'acusa ne dénoncia et si li fut esgardé que son deu a fait de ceste mesée. Présents: H. de Chanyon, Johan de Poitiers, Johan Contentin, Gilet Micheau et autres.

Défaut: G. Sarpaut.

Sabbato ante festum B. Bartholomei (*21 août*).

Ad id agendum. A mercredi de la commune et G. de Alaitedener sont espérances données par J. Martin, son procureur, que ledit Guillaume se deschargera par mons. le mere résonablement.

Ad id agendum. Johan de Sauvin, ajournement à samedi.

Condamnation: Bernard Tailhandier à ouster leur empeschement que il ont fait en treuil J. de La Croix, c'est assavoir une grande quantité de coudre de Bayonne dedens xv jours.

Ajournement à mardi de la cause de Matiot de La Sezine.

In vesperis ipsa die.

Condamné est Juliac Marinala paier à Richart Suchet, de Ouleron, dedans sept jours XLVII sous III deniers de vente de XIII coubles de conils et demorra ledit Richart aus despens dudit Juliat ducques il soit paié. [1]

(*Un feuillet blanc*).

Hac die tenuit magister Hel. de Rupe (*25 août*).

Die Martis in festo B. Ludovici, die crastina B. Bartholomei, damnatus est Mathias de La Sasina solvere infra sep-

---

1. Ce prix véritablement excessif, car il représente 16 à 17 francs de notre monnaie actuelle pour chaque couple de « conils » (lapins), laisse supposer la destruction presque complète de ce gibier, dans les environs de Saint-Jean. L'île d'Oleron était réputée pour la quantité et l'excellence de son menu gibier.

tem dies, Johanni Constantino III l. lignorum mercabilium, debitum recognitum...

Item..... et LIV s. quos decebat sibi ab eo deberi ex vendicione et traditione manuum suarum, videlicet pellium mustelarum[1] ab eo sibis factis.

Emenda : In vesperis curtis Domino majores Perotin Bonisset a guagé l'amande de XXV s. pour ce que il avoit vendu à la feme mestre Johan Le Mareschal char de porc millargouze dedens les barres.

Johan de Saint-Savinien a gagé l'amande à l'establiment de la ville de Sezine brisée, c'est assavoir qun certain nombre de tonneaux qui estoient en sa chapuse[2] arrestez pour souspicion que il ne fussient de loyal moczon, il avoit fait ou lessé estre oustez de ladite chapuise sans licence de mons. le mère.

In die Martis sequenti (*il faut lire sans doute : Mercurii. — 26 août*).

Guillot de Carnet doit une amande de XXV s. pour ce que sans licence il vendit le poisson.

In die Veneris in vigilia decollationis (*28 août*).

Condamnations : Mariot de La Sezine à livrer un cent de « bûches marchande de chaigne » ; Johan Lemareschal à payer XXV s., vente de drap.

Ajournement : B. Marchant.

Défauts : Robin Pierre, Pierre Boisseau.

In die sabbati in festo decollationis B. Johannis (*29 août*).

Condamnation : G. Langles a eu XII tonneaux neufs de mérain de Bayonne dont il a chu le prix à Hugues Lecart de La Faiole.

---

1. Hélie de La Roche, qui remplace ce jour-là le clerc ordinaire, a cru devoir employer le latin de basoche pour constater la dette reconnue par Mathieu de La Sezine. Deux lignes sont complètement effacées. *Mustalarum* pour *mustelarum*, « martres ».

2. Chapuser, travailler le bois avec soin ; chapuse, atelier où on le travaille, « menuiserie ».

Défaut : B. Marchant.

In die lune post decollationem (*31 août*).

Condamnés sont Perrot Moraut et Alcais sa feme à payer et Macé de Rouffis chescun pour le tout paier à Jamet Lespicier checune semaine xviii deniers ducques atant que il soient paiez de la some que il li doivent du terme passé du louer d'une sène maison que il n'ont tenue lesdits Perotin et sa feme dont ledit Macé a fait son propre debte.

Macé de La Sezine xxiii sous, dus à P. André pour « vente d'une ferrure à rouer du chanvre [1] ».

Chevalier, boucher, xlv sous, vente de moutons à « Johan dit bon boucher ».

Ajournements : Johan de Saumur et P. Tronquière.

In die Mercurii sequenti (*2 septembre*).

Défauts : Girart Le Fauconnier, Johan Chandenier, Bernard Marchant, charpentier, P. Tronquière.

Condamnation : Johan Chandenier à payer xx s. à Robin au nom de sa feme « pour reson de la lesse [2] que la mère dudit Johan fit à ladite feme, si come ledit Johan a confessé ».

Die Jovis ante nativitatem B. Marie (*3 septembre*).

Condamnation : P. Jaguot, xl l., vente de vin à Johan de La Croix.

Défaut : Johan Gualois.

In die Veneris ante nativitatem B. M. (*4 septembre*).

Entredit[3] avons l'office de courretier à poine de 4 lib. aus persones qui s'enssuivent : Johan Guillet, Johan Martin en la personne de Johan Chovéa, clerc, son procureur fondé par grâce et procuration, le neveu Johan Martin, Jacques Le Bel, Joffre Ballans, Johan Rousséa, Renaut Rousséa, Johan Papin, G. de Oye...

---

1. Chevalet à briser le chanvre.
2. « Le legs ».
3. « Interdit ». Le maire avait le droit d'établir les courtiers et de les révoquer. (Lettres patentes accordées par Philippe de Valois au mois de juillet 1331, art. 8).

De rechef receu et jurez selon l'établiment: Jacques Le Bel, G. de Maurs, Joffre Boillaut; noumé P. Seignouret.

Pour ce que par la mort de Johan Aynnaud, jadis tuteur doné par nous à Guyon de Marteaus, pupille, fil jadis de feu sire Johan de Marteaus, ledit Guyon estant encores sanz aage, estoit recheuz en nostre tuterie, nous aujourduy appelasmes par davant nous les amis paternaux dudit Guyon, c'est assavoir mestre B. de Marteaus, sire Johan de Marteaus, Bernard de Marteaus et Maran de Marteaus, Johan du Marché, sire Estène Roille et autres, afin de pourveoir de tuteur audit Guyon.[1] Si nous fut dit de par eaus que il escheoit deaus aucuns loyal excusacion pour quoy il ne devoient estre chargez de ladite tutèle. Item, et que il estoit de réson que les parens maternaus dudit Guyon demorans à La Rochelles devoient estre appelez à donner ledit tuteur audit Guyon, et pour ce ne peusmes à présent ordener de ladite tutelle, mais pour cause de la prochement des vendanges, nous eu conseil avecques lesdiz amis et autres sages, avons audit Guyon et à ses biens pourvehu de curateur, c'est assavoir de Arn. Cailhaut, qui nous a fait serment de bien et loyalement administrer les biens dudit Guyon par davant nous à veoir le doner tuteur et ducques à tant que nous ayons pourvehu audit Guyon de tuteur ledit Arnaud tendra ladite cure.

Défauts: Johan Guales, Perotin Berengier, J. de Saint-Sauveur.

In die Veneris ante nativitatem B. Marie (*4 septembre*).

JUDICIUM[2]

Johan Jug, de Dinant, confessa que Gilet Gauvain de Hus-

---

1. « Tuit li enfants de l'ome de la commune sont en la guarde de la commune », dit le coutumier d'Oleron. C'est au maire qu'incombait le soin de nommer un tuteur aux mineurs enfants d'un juré de la commune.

2. On ne s'explique pas pourquoi ce jugement n'a pas été transcrit séparément avec les autres causes criminelles.

séau [1] l'avoit loué ducques après vendenges à vi deniers le jour et despens, ducques vendenges commencées, en en vendanges, chescun jour viii deniers et despens, pour mener chevaus et charrettes et que ledit Gilet li avoit baillé sa charrette avecques iii chevaus pour aler à La Rochelle querre toneaus, et y ala, et les prist et les amena ducques à Saint-Sandre, et quant il fut chez l'ostelier, il li pria que li prestast i bast por aler prendre avecques i des chevaus que il menoit i toneau qui li estoit cheu on chemin ; et l'ostelier li bailla un bast, et lors ledit Johan prist i des chevaus de sadite charrette et li mist ledit bast et s'en ving à Saint-Johan avecques lesdiz cheval et bast et les vendist xxx sous, combien que bien valoient de L à LX sous, et, à Saint-Johan, le trouva ledit Gilet, et le fit prendre, et il confessa le fait come dessus, et fut pour ce jugez à perdre l'oreille après la teste, par conseil de sire Hugues Féron, sire Aymeri de Lussaut, Johan Roille, mestre H. de La Poilhère et autres.

Défaut : G. Sarpaut.

In die dominica ante nativitatem B. Marie.

Condamnation : Johan de Pontoise en xxx s. dus à Joffroy Belet de Saint-Lorens de Quves [2], en l'évesché d'Avranches, de vente de coytions [3] dedens iv jours emprès la foire saint Lucas prochaine.

In die lune in vigilia nativitatis B. Marie (*7 septembre*).

Condamnations : Johan Bertin, xi sous dus à la feme de Perrot Lescot pour vente de vin ; P. Bourdon xxx s., prix d'une « vis à treuilh [4] » dus à Johan Chandenier.

Défauts : Le mari Agnès Cheuvelle, Agnès Cheuvelle, J. de Vènes.

---

1. Un village dénommé Lussaut se trouve dans les environs de Saint-Jean d'Angély en la commune de Landes.
2. Saint-Laurent de Cuves, commune du canton de Saint-Pois, arrondissement de Mortain (Manche).
3. Coytions, petites coytes, peut-être cotillons.
4. Vis de pressoir. Ces vis se faisaient en bois.

In die Martis in festo nat. B. Marie (*8 septembre*).

Condamnations : G. Aillet, xxxiii sous, « fasson de tonaux » dus à Thebault de Cerri ; Johan de Saint-Savinien, xl s., de « fasson de tonaux » et ledit Guill. est tenu audit Johan estancher et rabattre et passer les toneaux que il li a faiz qui sont empliz en la banlieue.

In die Mercurii post festum B. Mathie, apost. (*23 septembre*).

Condamnation : Alenet, le boucher, xxxiv s. compte fait avec Arn. Caillaut; Symon Le Barbier, xxxiv l. dus à Estène Lymousin, vente de vin; Johan Rousseau, iv sous dus à la feme Guillaume Darras, vente de poissons.

Sabbato ante festum B. Michaelis (*26 septembre*).

Défaut : P. Le Charpentier, valet Johan de Laries.

In die lune ante festum B. Michaelis (*28 septembre*).

Condamnation : Symon Le Barbier, à « paier à Renaut Poulein xxv bors de Flandre marcheans, dedens vii jours, pour réson d'une claveure [1] que ledit R. le a baillé ».

In die Martis in festo B. Mich. (*29 septembre*).

Condamnation : Johan de Poitiers, xliii sous promis à J. du Pont.

In die Mercurii post festum B. Michaelis (*30 septembre*).

Condamnation : Gilet Micheau, xxxii s. dus à Arn. Le Barbier pour final compte.

In die Jovis sequenti (*1er octobre*).

Condamnation : Johan Bertin, à paier à Ozine Pinèle dedens vii jours xx s. pour cause de aucunes robes que ladite Ozine li demandoit, et pour toutes autres chouses en quoy ledit Johan et Johan Gaillart l'ayné pouvet ducques au jour duy estre tenuz à ladite Ozine.

Défaut : Matiot de La Sezine.

In vesperis ipsa die.

Condamnation : Arn. Benert, en vi l. x s. à paier à Johan

---

1. Serrure.

de Champignac dedens la sainte Catherine, de vente d'un cheval de poil bay, que il a pris dudit Johan ob touz vices.

In die Veneris subsequenti (2 *octobre*).

Ajournement : Johan Morin contre Micheau Malet.

In die lune ante festum B. Dyonisii (5 *octobre*).

Défaut : Arn. Potail.

In die Martis ante festum B. Dyonisii (6 *octobre*).

Défaut : G. Sarpaut.

In die Mercurii ante festum B. Dyonisii (7 *octobre*).

De ceu dont G. Fourner se doloit, que Arn. de Carnet li avoit dit injures, ledit Arn. li a gagé l'amande, et ledit G. la li a quitté, et est jugé que si désores en avant ledit Arn. dit injure audit Guill., ledit Arn. paiera à la commune xxv s.

Emenda. Guillaume Le Rous, cordouanier, a guagé l'amande pour ce que il, et son neveu et sa feme, avoient batu Jacquet et Janot Chopin, et est ledit G. condepnez à leur paier dedens vii jours xlv sous et celi de tous ceus qui premier dira vilenie à l'autre, que il puisset prouver convenablement paiera, à la commune, pour nom de poine xxv sou, et de ceu ont esté jugez et a ceu condepnez.

Condamnations : Johan Boillaut, xlii sous, pour vente de drap à mestre P. Courraut; P. des Essars, xxx s. à Robbert Pierre, pour prêt.

Défaut : P. de Nantes.

Ajournement : Guill. Bernard contre Nodin, son vallet.

In die Jovis ante festum B. Dyonisii (8 *octobre*).

Défauts : Johan de Saint-Savinien, Thomas de Galerne.

Die Veneris in festum B. Dyonisii (9 *octobre*).

Prouver doit Arnaud Gardrat que Matiot de La Sezine li promist vendre demy mil de busches de chaigne marchandes pour xx s. que il avoit vendu à Johan d'Orliens qui l'avoit achaté et le laissa audit Arnaud et a, ledit Arnaud, amené en tesmoignage Perrot Le Breton, lequel nous avons receu, interrogé, présent ledit Matiot, et jour sous la présente produccion à mardi.

Prouver doit ledit Pierrot Le Breton que ledit Matiot li promist rendre l'autre demy mil de busches; jour à mercredi sous la présente produccion.

Condamnations : Denys Le Prépointier [1], ix sous, dus à Jouacem Foucher pour novation; G. Sarpaut, vi sous dus à Hugues Boilaigue « pour une journée de son cheval ».

In sabbato post festum B. Dyonisii (*10 octobre*).

A mardi prochain, doit amener la déguerpie Malat ses tesmoins que ele forclussit les paelles de leur oustel de la vente que ele fit à son gendre des oustilhemens de leur houstel, laquelle chouse sondit gendre li a nyé.

Condamnation : Johan Arsent, à payer le prix du foin qu'il confesse avoir reçu de Aymé Martin de Bloue, et de Johan Mousnier de Lozay.

Ajournement : Au lundi après la toussaint de la cause entre Hervé Chen. et P. de Nantes.

In die dominica ante festum B. Luce (*11 octobre*).

Condamnation : Symon Le Barbier, lx sous promis à G. Gonter de Pouzou.

Défauts : Perot Couteau, Symon Le Barbier.

In dicta die in vesperis.

Défaut : Perrot Coutaut.

In die Martis ante festum B. Luce (*13 octobre*).

Condamnations : Alenet, le boucher, xiv sous dus à Aymery Bacle, de Saint-Meyme, pour vente de porcs; Guyot Larnier, xxii s. à Capellan le masson « pour lasson d'une huisserie ».

Défaut : G. Langles.

In die Mercurii ante dictum festum (*14 octobre*).

Défaut : Alenet, le boucher.

MÉSÉE

In die Veneris post festum B. Dyonisii (*16 octobre*).

---

1. « Le prépointier », le faiseur de pourpoints.

Nous avons assigné mésée au vendredi après la feste saint Martin d'yver.

L'on a volu et ottroié que sire B. Barraut puisset prendre de l'argent de la ville la moitié de ce que la ville doit à frère André pour l'échevinage ; ob solvemunt [1], et si tout il pouvet le tout donneroit que il paiet les autres debtes.

Sedenti domino Ademaro [2], absenti domino majore.

Présens eschavins : sire G. de Loussaut, sire Est. Roille, P. Assailli, Arnaud de Gornay, Johan Roille, Johan de Saumur et la greigneure partie des pers.

Johan du Sable requist que comme... (*Le reste du feuillet est en blanc*).

Défaut : Thomas de Galerne.

In vigilia B. Luce (*17 octobre*).

Condamnation : Guillaume Perer à payer à J. Meschin de Gourville LIV sous pour « vente d'un tonneau de vin vieil ».

In die lune post festum B. Luce (*19 octobre*).

Condamnation : Denis, le prépointier, III sous dus à P. Jouceaume pour appareillement de tonneaux.

In die Martis post festum B. Luce (*20 octobre*).

Condepné est Raoulet Benoist à fere fermaux à l'huys d'une méson que il a loué à Micheau Faure, si bien que les chouses estant en ladite méson y puissent estre sauvement ; et avons absous ledit Micheau de l'excepcion que avoit contre li ledit Raoulet proposé, c'est assavoir que il avoit esté convenancé que ledit Raol en auroit une clef et ledit Micheau une autre pour ce que emprès premièrement il ne la vossit pas exécuter.

Pierre Bordon condamné en XX sous pour vente de pain.

Prouver doit le prieur de la confrérie des clercs [3] que

---

1. Pour *payement*.
2. Adhémar de Loupsault.
3. Il s'agit sans doute de la « confrairie des clercs-Dieu-servant-l'assomption-Nostre-Dame », dont il est fait mention dans plusieurs documents du XVe siècle.

emprès que les clefs de la méson aus clercs eurent esté bailhées à.....

(*Le feuillet suivant manque*).

In die Sabbati post festum B. Luce (*23 octobre*).

Défauts : G. Langles, G. de Chastelterry, Johan Rouséa, B. Vilate.

In die dominica ante festum omnium sanctorum (**24 octobre**).

Condamnation : P. Pannier, fenestrer [1], iv l. iv s. vi d. à Guillaume, valet de la Gautière d'Engolesme, à sa revenue de La Rochelle et c sous pour vente d'huile.

In die lune ante festum omnium sanctorum (**25 octobre**).

Prover doit sire Johan Tesser que il, ou autres par nom de li, vendit à Hélie de Bourdeilhe v saumes [2] et les li bailha en vendenges prochaines passées pour le priz de v sous checune saume, laquelle chouse li a nyé quant à une saume et les iv ledit Hélie a confessé et par ce est condepné en xx sous li paier dedens sept jours et requis dudit sire Johan de l'autre v^e saume, est jour assigné à mardi sous la produccion précédente, sauve de jurer.

Condamnation : Alenet, le boucher, xviii sous vi deniers dus à Raoulet le boucher pour xxxviii livres de cief. [3]

Défaut : B. de Vilate.

In die Martis ante festum omnium sanct. (*26 octobre*).

Défauts : Johan Contour, G. de Maurs, J. Brieffer.

In die Veneris ante festum omn. sanct. (*29 octobre*).

Prover doit Estène Girart, contre Johan, feme Aymé Dordes, qui li a confessé que èle li a promis paier ceu que Johan Fradin, son feu seigneur, li devoit, que il fut acuylhit à ledit Johan Fradin xxxiii jourdées et pour le priz de vi sols à fère

---

1. Vitrier.
2. « Saume, solme, some, » charge portée à dos de cheval ou de mulet ; terme fréquemment usité dans le coutumier d'Oleron.
3. Suif.

touceans dont il a ehu solement L sols. Laquèle chose ladite Johane li a nyé et ont juré les parties et persister et fait à prover sous ladite produccion à duy en VIII jours.

In die Martis post festum omnium sanctorum (*2 novembre*).

Condamnation : P. de Monberon dit Cheblant, LXX sous dus à Reymond Ayraud pour vente de porcs.

Défauts : Deniset, Le Prepointier, le celier de chez Johan Dufour, sire Johan de Maistaz.

(Le feuillet 34 en blanc).

In ipsa die Jovis (*4 novembre*).

Condepné est G. Langles paier à Dommengou Baudoin XLVI lib. que il li doit de vente de mérain en lettres scellées du scel le roy et de l'arcidiacre, laquèle demouret en sa veue quant à la partie de l'obligacion, duques il soit paiez, dont il est condepné pour à présent XL réaus pour XXXII l. et les XIV l. dedens VIII jours avant noël prochain. Item est d'assentement ledit Dommengou que il soit crehu au serment Johanin de Loffice, son vallet, savoir : s'il vend audit G. Le Miler du mérain au fuer que il l'avoit achaté à La Rochelle.

In die Veneris post festum omnium sanctorum (*5 novembre*).

Aujourduy a amené en tesmoings à prouver sa demande propousée le vendredi avant la saint Luc le prieur de la confrairie des clercs, contre Nicholas Tailhaudier, c'est assavoir Johan Boutaut, et Berthomé Enjambaut, lesqueux sont requis et jurés et jour sur ladite produccion au vendredi après la saint Martin d'yver.

Défauts : Johane Berthomé, feme Aimery Bordes; Johan de Saint-Savinien; Johan Bertrand; Johan Charretier.

De ce que Perrot Le Breton proposoit contre Matiot Peadasne. Condepné est Matiot Peadasne rendre dedens VII jours à Perrot Le Breton I cent de busches et quatre cens au terme que avisera Guill. Orric, et ledit Perrot li doit rendre XX sous pour la vende de ladite busche si comme ledit Matiot li amènera la busche.

In Sabbato ante festum B. Martini yemis (*6 novembre*).

Condamnations: Bernard Colombe, vi sous dus à P. Bouyer « de œuvre de charpenterie »; G. Lorens, deux réaus de poids, prix de deux tonneaux neufs.

Deffaut: G. Assez.

In die lune ante festum B. Martini (*8 novembre*).

Condamnation: Arnaud Beneist, xx sous dus à Guillaume Broussart et à sa femme de Borneuf, pour vente de vin.

Défauts: G. de Mantes, David le boutetonneau.

In die Martis ante festum B. Martini (*9 novembre*).

Défaut: Johan Fenier, changeur de Johan de Laries.

MÉSÉE

In die Veneris post yemale festum B. Martini.

Nous avons assigné mésée au vendredi après la concepcion Nostre-Dame de avent (*12 novembre*).

Eschavins, conseils et pers sunt d'assentement que soit faite en eschavinage une bonne tour et haute de quarreaus taillez pour garder les lêtres, les cofres et les biens de la commune [1].

Item. Sunt d'assentement que le plet que mons. Arnaud Bernart, chanoine de Xainctes [2], a esmeu ou entent esmouvoir contre les portiers de Thonay et de Champdoulent pour réson de ce que il ont pris pour xii tonnaus de vin que il

---

1. Cette tour a été confondue à tort par Guillonnet-Merville avec celle qu'on appelle aujourd'hui tour de l'horloge; cette dernière existait dès le xiii° siècle, puisque le *sin* de la ville, avant sa refonte en 1731, portait la date de 1277; elle a été reconstruite sur le même emplacement, comme nous le verrons plus loin, de 1406 à 1408. — La tour en « quarreaus taillés », c'est-à-dire bâtie en pierre de grand appareil, devait servir à conserver le trésor de la commune; elle n'avait plus cette destination au xvi° siècle, puisqu'en 1568 les protestants qui mirent à sac les archives de la ville les avaient trouvées dans la tour du beffroi municipal.

2. Ce chanoine est sans doute le même que l'archidiacre Bernard, qui en cette qualité scelle en 1340 un aveu rendu par Bertrand d'Archiac à Bernard de Comborn, seigneur de Jonzac. (*Archives historiques de Saintonge et d'Aunis*, t. xx, p. 205).

fesoit passer par les portes desdits lieux, soit menez bien et vigoureusement aus despens de la commune.

Item. Sunt d'assentement que P. de Charcoigne[1] soit retenuz au conseil de la ville à xx réaus d'or de pension checun an en la foire de saint Lucas, et ont fermy et gréable ce que le maire li a paié xx réaus pour ceu que il a fait pour la commune au temps passé.

Défaut en sa querelle le prieur de la confrérie des clercs contre Michel Tailhandier, sauve la réson de l'exoine pour maladie de son cors à li sorvenue luy estant en la espérance de venir à son jour. Doné pleige J. Morin sauve audit Micheau à dire contre et que n'est recevable et sauve audit prieur de le soustenir.

Défauts : Johan Rousseau, Juliote, Mathé Roy et Johan Cheblanc.

In Sabbato post festum B. Martini yem. (*13 novembre*).

Johan de La Croix donne afiage à Johan Lorens le rouer; Johan Lorens le rouer donne afiage à Johan de La Crois.

Ajournement : Aymeri Garnier contre Johan Leclerc.

Condamnation : Matiot Peaudasne, « un mil de busches, c'est assavoir : vi cens dedens sept jours et un cent dedens la saint Andrieu pour le prix de xx sous conduit à sa méson ».

Le même, « viii cens de busches à rendre à la méson de Hélie de Siex ».

Prover doit P. Ovide contre Denis Noveu le lundi emprès saint Martin que il leu louast à tant de véages comme il pourroit fère, checun voyage x sous.

In vesperis.

Ajournements : Jouacem Foucher, Johan du Marché.

In die lune après saint Martin d'yver (*15 novembre*).

Condamnations : Colin Le Floteur, xx s. dus à Michel du Tems « pour xviii soudées de hayes que à li vendit »; Ale-

---

1. C'est à titre de conseil judiciaire de la commune que P. de Charcoigne recevait un traitement.

net, le boucher, xx sous dus à Johan Huylin; Bernart, mercier, xx sous pour un fust de tonneau; Denis Noël, v sous dus à P. Ovide pour travail de son état.

Défauts : G. Bouquart, boucher; Meriot Garin; Johan Panet.

Ajournement : Héliot Fradin contre Colin Le Floteur.

In die Martis post festum B. Martini yemis (*16 novembre*).

Condamnation : Johan Boillaut, « à paier à Fouquet de La Court xii l. que il li promist paier du commandement de sire Johan Chaigneau qui les li devoit pour le chambarier ».

Ajournement : Estienne Girard contre Johane, femme d'Ay. Dordes.

Défaut : Hél. de Bourdeille.

In die Mercurii in octav. B. Martini (*17 novembre*).

Condamnations : Johan de Poitiers, iv liv. dus à Hélie de Crusale pour vente de tonneaux; Guillaume Assez, vii livres dus à Lucas de Garges pour vente de drap.

Défauts : Hélie Fradin et Thebault Bilhom.

In die Jovis ante festum B. Katharine (*18 novembre*).

Condamnations : Alenet le boucher, xx s. à Johan Chandenier que il li promist paier pour Naudin de Basset de Barbezil; P. des Essarz, xx s. pour compte arresté avec J. Foucher.

Défaut : G. Langles.

In die Veneris ante festum B. Katharine (*19 novembre*).

Jugé est que de xi l. v s. que sire Johan de Saumur demandoit à G. Langles, la feme dudit G. fera le gré audit sire Johan de xxxix sous dedens vii jours, et ix l. et vi sous dedens huytène de noël, si ledit G. estoit venuz, et si Dieux ordenoit de li [1], li paiera ladite feme audit sire Johan ce que il en métra en vérité et en mesme formes de vii cens de fonsaille et des autres chouses que il métra en vérité.

Condamnation : Thiebault Bilhoir, le boucher, xx sous dus à Johan Renast « pour autant payé pour li ».

---

1. Si Dieux ordenoit de lui, c'est-à-dire s'il venait à décéder.

Défauts : Matiot de La Sezine, Hélie de Bourdeilles, Robin Pierre.

Ajournement : Estienne Guyart contre la femme d'A. Dordes.

In die Sabbati ante dictum festum (*20 novembre*).

Défaut : G. Le Piqueur.

In die lune ante festum B. Katharine (*22 novembre*).

Défauts : Johan Limosin, Hélie de Bordeilles.

In die Veneris ante festum B. Andree (*26 novembre*).

Condamnation : P. André, à paier à P. Boisseau le jeune c sous pour cause de charréage de vins que il li disoit « avoir charreié ducques audit pris ».

Défauts : Hélie de Bourdeilles, G. Le Bastier.

In die Sabbati ante festum B. Andree, apost. (*27 novembre*).

Défaut : Matiot de La Sazine.

In die Mercurii post festum B. Andree, ap. (*1er décembre*).

Aujourduy est absoulte Johane, déguerpie de feu Johan Fradin, de la demande de Estène Girart, pour ce que il n'a riens prové de sa énonciacion, laquelle cause fut commencée en nostre court le vendredi avant la feste de toussaint prochaine passée.

In die Veneris ante conceptionem B. Marie (*4 décembre*).

Jugée est la monstrée entre Denis, le prepointier, demandeur, d'une part, contre G. Choveau, cousturier, à fère dimanche prochain, baillé sergent à ce Gilet Micheau et jour à mardi prochain, à procéder en la cause, dehuement requis ledit defendeur que li fust sauve à dire contre la demande après monstrée, aussi comme davant l'autre partie contredisant.

Condamnation : G. Le Cordier à paier à G. Lorens v sous ii d. « pour réson de demi solme de vendange et de despens de cuillir et aporter une solme de vendange ».

Défauts : Johan Rousséa, les héritiers de H. Orry.

In die lune in vigilia concep. B. Marie (*7 décembre*).

Condamnation : Arnaud Le Barbier à « paier à P. Braidon, de La Folatière [1], xvi l. de vente de vin ehuz ».

Défaut : Johan Le Mareschal, du Peyré.

In die Mercurii post dictam concept. (*9 décembre*).

Condamnation : J. Langles, mareschal, lii sous dus à Masticz, le poulailler, pour vente de pain et vin.

Défauts : Frances de Acris, J. Brieffer, G. Legrant.

MÉSÉE

In die Veneris post conceptionem B. Marie.

Nous avons assigné mésée au vendredi après la épiphanie (*11 décembre*).

A fère la tour recouvrir sunt eleu : J. Gaillart et G. Fradin,[2] et à oyr les comptes à la maletouste : sire G. de Loussaut, Johan Roille, Gaubert deu Johenin, Hel. de Crasals.

Condamnations : G. Sarpaut à paier à La Clavèle xxx sous pour arrérages de rentes ; le même, iv s. vi deniers à paier à P. Le Polailler pour vente de polailles.

Défaut : D. Caillaut.

Sabbato post conceptionem (*12 décembre*).

Condamnation : G. Sarpaut, lxvi s. viii deniers dus pour prêt à Hel. de Crasals.

Ajournement : Denisot contre Choveau.

In die dominica sequenti (*13 décembre*).

Matiot de La Sezine condepné en xxxi s. à paier à I. Recoquilh pour plégerie que il avoit fet, si cum il a confessé et paier despens jurés et taxés d'assentement des parties.

In die Martis post festum B. Lucie (*15 décembre*).

Condamnations : Perotin Moreau, gendre de Johan Le Garçon, vii sous dus à Hugues Le Polailler pour « louyer

---

1. Village de la commune d'Antezan, canton de Saint-Jean d'Angély.
2. La tour du trésor, dont la construction avait été décidée à la mésée précédente.

d'un cheval... » ; Macé de Roussin et sa femme, x sous pour vente de harengs à paier « karesme prenant ».

In die Jovis post festum B. Lucie (*17 décembre*).

Aubin, tuteur des enfans sire H. Orri, le doit conseiller si il prendra [1]   que M⁰ P. Cortaut fit à instance de G. de La Roche et sire Hélie Orry, prestre, ou se il le délaissera, et jour à venir aviser sur ce au mardi après noël.

Jugée est la monstrée entre Thomas Dors d'une part, et Johan Rousseau d'autre part, à dimanche. Baillé, sergent, Gilet Micheau, et jour à mardi après noël à procéder.

Condepné est J. Gaillart paier dedens vii jours vii sous au celer du quarefour des Forges pour i celle.

Ajournement : Denisot Le Prépointier contre G. Chovel.

Défaut : Thomas de Galerne.

In die Martis ante nativitatem Domini (*22 décembre*).

Défaut : J. Brieffer.

In die Jovis ante vigiliam nativ. Dom. (*24 décembre*).

Condamnation : Aignès de Pont, iv l. (loyer de maison dû à Nodin Seguin).

In die Mercurii post nativitatem Domini (*30 décembre*).

Présens Denis Le Prépointier, en sa querèle contre G. Choveau, le costurier, qui riens ne vossit, propouser in statu [2] de P. Cortaut et de P. Aubin duques à la mésée.

Défauts : J. Guales, Huguenin de Toussé.

In die Martis post nativitatem (*5 janvier 1333*).

Condepné est Colin de Granausson paier à Hiléret Maignon vi sous vi d. dedens vii jours, du loage d'un cheval.

Défaut : J. Guales.

MÉSÉE

Die Veneris post epiphaniam (*8 janvier*).

Nous avons assigné mésée au vendredi après la chandelour.

---

1. Mot effacé. Sans doute, le procès.
2. En présence. Le clerc mêle des mots latins à sa rédaction.

(*Le procès verbal de cette mésée n'a pas été transcrit*).

In Sabbato post epiphaniam Dom. (*9 janvier*).

Condamnation : Matiot de La Sezine, xxiii sous dus à Micheau de Rousset pour « vente de peaux de chastry [1] ».

Défaut : Michau le boucher.

In die lune ante festum B. Ylarii (*11 janvier*).

Condamnation : Arn. Benest, viii sous dus à Mornet le pèletier, « pour vendission de peaus de conils ».

In die Martis sequenti (*12 janvier*).

Défaut : Thomas de Galerne.

In die Veneris post festum B. Ylarii (*15 janvier*).

Condamnation : Aymery Garnier, cxviii sous dus à P. André pour prix d'un cheval.

Défaut : Agnès Bodine.

In Sabbato (*16 janvier*).

Condepné est Colin de Granauson restituer et rendre dedens vii jours à Hel. de Bordeille, iv coutes [1] et un coussin et ledit Hel. est convenu rendre audit Colin dedens vii jours xxx sous de final compte.

Défaut : J. du Sable.

In die Veneris in festum B. Vincencii (*22 janvier*).

Condamnations : J. Gaillart l'ainé, iv l. viii sous de façons de robes dus à Guillaume Chauveau, couturier ; J. Bertin, x sous x deniers dus à Thomas Pessonneau ; Aymery de Melle, xxii sous, « demorant de greignuire some » pour vente de bas ; Johan Marceau, poissonnier, xiv l. dus à Pérotin Bouquart pour vente de vin.

Défaut : Jean de Saumur.

In die Mercurii post purificacionem B. Marie (*3 février*).

Condamnation : J. Boillaut à livrer xii tonneaux de mérain de Bayonne neufs pour le prix de cxv sous.

Ajournement : Denis Pinea contre J. de Saumur.

---

1. Peaux de moutons.

MÉSÉE

Die Veneris post purificacionem.

Nous avons assigné mésée au vendredi avant la feste saint Grégoire (5 *février*).

A oyr le compte des chouses receues des vi deniers pour pièce tant par sire P. Boisseau comme par mons. le mère sunt député : J. de Sammur, Hélie de Crasals, J. Roille.

Présens : eschavins, conseils et pers, exceptez les deffaillanz. C'est assavoir : J. Morin, V. P. Roille, S. J. de Marteaus, Johan de Champaignac, Johan Caveau, J. Ferron, J. Gemon et J. de Poitiers. Furent tous d'assentement que si les deniers du pavage ne suffisent pas à parachever le pont de l'aumosnerie [1], il le face parachever des deniers de la commune.

Condampnations : Renaut Poulein, xiv l. xi s. à Johan de Chandenier, pour vente de pain ; Hélie Le Barbier, lxxix deniers pour vente de vin.

Défauts : G. Sarpaut, Arn. de Gornai, Th. de Galerne.

In Sabbato post purificacionem (*6 février*).

Condampnation : Ithier Galant, xxx sous dus à J. Lemorin, boucher, sur prix de vente de vaches.

Ajournement : S. J. de Matha.

In die Martis in vigilia octav. purif. (*9 février*).

Défaut : Symon Le Barbier.

In die Martis in dictas octav. (?).

Condampnations : Henri Lengles, lvi sous dus à Thomas de La Roche sur Yon pour travaux de couture ; J. Euvrair, xviii sous promis Robert Rouffié.

Défaut : J. Brieffer.

Ajournement : G. Forest contre Bernart Mathieu.

---

1. Grand pont du faubourg Taillebourg, à Saint-Jean d'Angély ; il était aussi appelé pont Saint-Jacques, à cause du prieuré qui y était contigu (emplacement actuel de l'usine à gaz), lequel avait été précédemment une aumônerie.

In die Martis ante festum B. Valentini (?).

Les débaz pendant entre G. de Guenon et J. de Maurs est haut et bas sur B. Hafre et Hel. de Crasals méanent mons. le maire et jour à samedi nous entendons ledit J. par sa présence révoquer sa procureuse.

Défauts : J. Husseau, Simon de La Grelle.

In die Veneris ante festum B. Valentini (?).

Défaut : P. Boisseau le jeune.

In die Martis ante cathedram S. Petri (*11 février*).

Condamnation : Thébaut Billon, boucher, xlv sous pour compte arrestés avec Johan Renart, boucher.

In die Jovis ante cath. S. Petri (*18 février*).

Condamnation : Simon Le Barbier, x sous dus à P. Mourier pour vente d'un tonneau de vin.

In die Veneris ante cathedram (*19 février*).

Condamnation : G. Sarpaut, viii liv., vente de vin, dus à J. Mareschaux.

In die dominica ante cathedram (*21 février*).

Condamnation : J. Morin, xl sous dus « à Guill. Tuefa de La Rochefouquaut de vente d'un verrat ».

In die lune in eodem festo (*22 février*).

Condamnation : J. du Sable, lxxv sous à B. de Marteau le jeune pour prêt.

In die Martis post cathedram S. Petri (*23 février*).

Condamnations : Simon Le Barbier, vi l. dues à Thesene Lemosine pour vente de vin; Thomas Le Boucher, xviii sous dus à P. Pingou, de Saleignes, pour vente de porcs; Chefblanc, le boucher, lx sous dus à Estène Belet pour vente de porc.

Défaut : Marie Chevalier.

In die Martis in festo B. Mathie, apost. (*24 février*).

Condamnation : Matiot de Tornay, l s. dus à J. Faure pour compte arrêté.

In die Veneris post festum B. Mathie (*27 février*).

Condamnations : Johan Limosin, iv l. v s. pour vente de

drap, dus à Robert Chauvel, drapier; Symon Le Barbier, vii sous pour vente de cire, dus à la femme Sariac.

In Sabbato sequenti (*28 février*).

Condamnation : Micheau Faure, xxxviii sous iv deniers de final compte, dus à J. Foucher, de Mazeray[1], sur la vente de deux tonneaux de « vin cléret ».

Deffauts : J. Caveau, J. Brieffer.

In die Martis sequenti (*3 mars*).

De la demande D. Le Breton contre J. de La Croix sur la fasson d'un puys; ledit D. a creheu ledit J. par serment; après que ledit Joh. s'est deschargez par son serment que il ne li a pas fait les chouses que il demandoit, ledit J. est par jugement absouls de ladite demande.

Condamnation : P. Oudry, xv sous à paier à Hugues de Chanion « pour louer de sa charrue que il a chu iii jours ».

In die Martis in octav. B. Mathie, ap. (*3 mars*).

Condamnations : P. Oudri, viii l. x s. dus à Guil. Périers pour « vente de vins clarez »;

Coutelin le jeune, vii sous dus à P. Pingou pour vente de porcs.

Défaut : J. Brieffer (*seconde fois*).

Ajournement : Aymery de Pouzauges.

MÉSÉE

Die Veneris ante festum B. Gregorii.

Scilicet ante Oculi mei (*6 mars*).

Présens eschavins, conseils et pers, exceptez les défaillanz, c'est assavoir : sire P. Tronquière, S. J. Morin, S. Aymar de Lussaut, S. P. Boisseau, S. Joh. de Marteaus, le jeune, que autres qui s'ensuivent et exceptez sire P. Roille, B. Taillandier, B. de Marteaus, H. de Chanion, P. de Turet, H. Chardetrie[2], Symon Le Barbier, Joffre Boillaut, Johan Boillaut,

---

1. Commune du canton de Saint-Jean d'Angély.
2. Dans d'autres titres *Chardetruye*.

J. Brieffer, J. de Chartres. Tous esté eut d'assentement que la finance feit avecques le roy à III, c. l. ou autre quelconque l'on face en la meilleur manère que l'on pourra pour abatre les IV deniers pour livre et x sous par tonnnau de vin. [1]

In sabbato post festum B. Gregorii (*15 mars*).

Condamnations : P. Bourdon « à payer dedens VII jours, ce qu'il doit à Perrot le Lemosin pour vente de bois; Guillaume Lorens, ce qu'il doit à Rollant, archer, pour vente de vin; P. Audri, XIII s. dus à Aymery Armant de Puymoreau pour louage de charrues et VI deniers pour le rolle.

In die Mercurii ante Judica me (*17 mars*).

Condamnation : E. Choveau, couturier, XII sous dus à Johan de Pontoise pour vente « de soye et de sendal ».

In die Veneris ante Judica me (*19 mars*).

Pour ce que par le compte de Bernard Marchant, charpentier, jadis tuteur de Perrin, fils feu J. Poulailler, rendu à sire G. Roille et à sire J. de Mastaz, nous a aparu que il s'est mal portez en la tutelle, et que il n'a pas proufitablement gouverné les choses du pupille, nous li avons osté la tutelle et celi avons commis et baillé à P. David, oncle maternau dudit pupille, receu de li le serment accoustumé en tiex chouses, et pour la éducacion et pension de vesture et chauceure dudit pupille, nous avons décerné que ledit P. aura par an C sous; présens tesmoins: C. Roille, Hélie de Crasals et autres.

In sabbato ante Judica me (*20 mars*).

Condamnations : Marie, feme Macé de Rousseau à paier à Johan Le Peletier VII s. de vente de congres salez; Johan

---

1. L'imposition de IV deniers pour livre des marchandises exportées hors du royaume et de x sous sur chaque tonneau de vin avait été créée par Charles-le-Bel. Amos Barbot prétend (*Histoire de La Rochelle*, t. 1er, p. 138, que le roi Philippe de Valois « leva ladite imposition généralement sur tout le royaume », mais on voit que ce ne fut pas un abandon gratuit et que les villes durent payer pour « rabattre » une certaine finance.

Rousseau, xii sous d'arrérages de rente dus à Thomas Doys.

Ce jour est le dernier de la mairie de P. Barraud, l'élection du nouveau maire se faisant le dimanche de la Passion (celui auquel on chante à l'introït : Judica me, Deus, *etc...) Le registre contient encore un certain nombre de causes postérieures à cette date, mais elles sont fort irrégulièrement inscrites ; il est possible qu'un grand nombre des feuillets de ce registre aient disparu, mais cela n'expliquerait pas comment, sur la même feuille, se trouvent des causes inscrites à plusieurs mois de date.*

In die lune post Judica me, festum annonciationis, Domini incarnacionis [1] (*22 mars*).

Prouver doit Johan du Breuilh contre Robin Pierre que entre eaus deus, de commun assentement, se sozmistrent à l'arbitrage et ordenance de mons. le maire à poine de x l. sur les débaz esmeus entre eaus pour célerage de vins et autres chouses fète contestation, et afin de avoir la poine fit ledit Johan sa péticion disant que durant ce temps du compromis davant dit R. a fait adjorné ledit J. à La Rochelle et n'a donné demande desdites chouses et jour a pris sur la présente produccion, est jour assigné à vendredi prochain.

P. Savari confesset avoir eu de Johan Charretier xxvii sous de final compte fait sur toutes chouses ducques au jour duy et le quittet de tout perpétuelment. Acc. présens : J. Chovel et P. Boisseau le jeune ledit jour. Fiat memor.

Défauts : Mestre J. Deugrot, J. de Saint-Savenien, J. Mouton dit Mastaz.

---

1. La première inscription faite sur le registre de l'année 1332 a été faite le mardi avant le dimanche des rameaux ; la dernière, se rapportant à la mairie de P. Barraud, le lundi avant ce même dimanche. On doit en inférer qu'à Saint-Jean d'Angély à cette époque, l'année légale datait du 25 mars et non de la fête de pâques, ou du jour où le nouveau maire, après avoir prêté serment au roi, entrait en fonctions, comme à La Rochelle.

In sabbato ante festum B. Michaelis ¹ (*25 septembre 1333*).

Condepnez est Guyot Lorin payer à Joffre André xv L que li devoient en lètres scellée du scel le roy, Johan Le Sauf et Johan Labbe et Lucas Le Sauf, bourgeois de Dieppe, dedens le mardi-gras prochain et obliger soy et ses biens. Et fiat memoria. S. P. du marché et P. Jacques.

In die Mercurii in festo B. Michaelis (*29 septembre 1333*).

Condepnez est... (*en blanc*).

Aujourduy a amené en tesmoins Johane Michèle contre Johan Rotebeuf, Thesanne la brète, et Huguet Blanchart, sur la excepcion fête de J. Mansseau de prover que estoit son une baust ² de farine.

Défauts: Guillaume Perer, Riflart le Pastuer.

In die Jovis post nativitatem Domini (*30 décembre 1333*).

Condepnez est Guiot Larnier paier à Johan Le Grant, barbier, pour la feme Denisot Leprepointier ce que David Le Barbier dira que povet appressier pour la cure d'une plaie que ele at en la teste.

Défauts: Johan de Rennes, Aleais La Ferière.

Ajournement au jeudi suivant de la cause de Michel Faure contre Arnaud de Carnet. –

ANNÉE MCCCXXXIV

In majoratu domini B. Jacobi. ³

In die Martis ante festum B. Martini yemi (*8 novembre 1334*).

---

1. Nous n'avons pu nous expliquer ces inscriptions faites à plusieurs mois de distance sur un registre qui après la mairie de P. Barraud aurait dû être hors d'usage.

2. « Baust », balle de farine.

3. L'inscription mise en tête de ce feuillet nous révèle le nom d'un maire qui ne figure pas à la matricule donnée par M. Saudau (*Saint-Jean d'Angély d'après les registres de l'échevinage*, p. 224). La date du mardi avant la fête de saint Martin d'hiver appartient à l'année 1334, puisque celle qui précède est du jeudi avant noël de l'année antérieure.

Défauts : Joh. Marceau, Johan Boilleau et les enfans de G. de Vouet.

Presentibus testibus, domino majore, domino Ademaro de Lupisaltu, Petro Assailli, et aliis dominis, P. Tronquere confessus est habuisse a domino Stephano Roilhea, II^c l. de IIII^c l. in quibus sibi tenebatur ex vendicione vinorum, dictus dominus Stephanus et Johannes Roilhea, de quibus II^c lib. quittat ipsum dominum Stephanum et suos. Die quo supra.

ANNÉE MCCCXXXV (N. S.)

Sabbato ante festum B. Vincensii. [1]
Défauts : André Baguenon, Joffre Boillaut.

PROCÈS CRIMINELS [2]

Ad rogacionem regine Navarie relatum p. d. sen. [3]

Thomassin de Soissons et G. Le Cord, mestre des quilles, pris et poursuivis pour souspesson de jouer de fauz dez et de asseoir de fauz dez et de barater gens en jeu, furent délivrés par mons. le mere, présens et accordant Jofre Bernard, lieutenant du prévost, ò ce que il ont juré que jamais ne joeront de mauvais dez ni de faus dez ni ne induyront

---

1. La saint Vincent étant fêtée le 22 janvier, cette inscription isolée a été faite en l'année 1335 (nouveau style).
2. Comme nous l'avons déjà dit, les procès criminels portés devant la cour du maire en l'année 1332 ont été inscrits par ordre de date sur le côté du registre opposé à celui que nous avons transcrit. Les deux premières pages sont gâtées par l'humidité et illisibles.
3. Cette note doit s'entendre sans doute en ce sens que la copie de la sentence rendue contre les chevaliers d'industrie aurait été transmise, sur sa demande, à la reine de Navarre. Cette reine de Navarre était Jeanne, fille de Louis X, mariée à Philippe d'Évreux, cousin du roi Philippe VI, qui en 1328 lui avait abandonné le royaume de Navarre, le comté d'Angoulême avec les seigneuries de Bouteville, Cognac et Merpins. Elle mourut le 6 octobre 1349.

P. d. sen.: per dictum senescali ?

homes simples ne autres à jouer, oncques eaus ne useront de assiette de dez, et que dedans vi jours ils vuyderont la sénéchaussée se il n'ont relàchement de M. le sénéchal. S. P. de Loussaut, S. E. Roille, S. J. de Mastas, P. Assailly et autres.

Die Mercurii post trinitatem Domini (*17 juin*).

Présens : sire Aymar de Loussaut, sire Estène Roille, Johan Roille, Hélie Doigne, Johan du Marché, sire H. Dexideuil, Arnaud de Gournay, Johan du Four et autres et Jofre Bernard, lieutenant du prévost. Confessa en jugement Guyot Le Beau que à Pasques prochaines passées il aloit à Paris et trouva un fauconnier du roy de Portugal [1] et Henri de Glocestre, angles, à La Celle [2] et ala en leur compagnie ducques à La Raellerie [3] où il alèrent à coucher et à La Celle dist ledit Henri audit Guyot ces paroles : Si tu ne fusses, je eusse tout l'argent que cet home portet. Et ledit Guyot li demanda comment, et il dist que il li donneroit à manger tèle moustarde que il l'endormyroit. Lors dist ledit Guyot audit Henri : Pour moy ne lesse riens à fère quand je ay aussi grant bezoin de gaigner comme tu has; et quant il furent à la taberne pour souper, il eurent prys à manger et ledit Henri mist en l'escuèle où devoit menger ledit fauconnier de une poudre que il portoit et le dist audit Guyot et dit que de toute la nuit ledit fauconnier ne peut dormir tant frémissoit sa char, et le lendemain matin bien avent jour se alèrent tous troys ensemble près Tours. Et quant il furent bien demi lieue loing, ledit fauconnier vossit tant dormir que il cheut de son cheval à terre, et lors ledit Henri li corut sus, présent et veant ledit Guyot, et férit d'un bordon que il portoit, par les espalles II cops ou III ledit fauconnier, afin que

---

1. Le roi de Portugal était alors Alfonse IV.
2. La Celle-sur-Braye en Blaisois.
3. La Raclerie se trouve sur la Braye, à dix kilomètres environ au nord de La Celle.

il fut plus seur que il dormist, et emprès ceu il le peschaà la boursse et li ousta tout l'or et l'argent que li avoit et aussi lesdiz Henri et Guyot lessèrent endormy ledit fauconnier, atachèrent son cheval près de là à un buisson et se destournèrent du droit chemin et s'en alèrent par les champs vers Bloys; et quant il furent à un bourg ledit Henri li dist : Voyous ce nous avons gaigné, et compta ce que il avoit tolu audit fauconnier, et y trouva xxxvi livres d'or royaus desqueux il bailla audit Guyot les xvi et les xx il retint et s'en alèrent ducques à Bloys ensemble et ilec se départirent et revint ledit Henri vers cest païs et ledit Guyot s'en ala vers France, pour lequel méfait fut jugé ledit Guyot à estre pendu. [1]

In die (date effacée).

Hilaire Renardèle fut jugée à fruyter [2] pour ce que èle avoit amassé, recouvré et mis en son sein xxxiii sous et mailhe que èle fit chéoir de la bourse... Langles avec fil qui chevoit et pendoit desdites bourses, et fut fruytée présens du conseil : sire G. de Loupsaut, sire Pierre Boisseau, sire Estène Roille, Johan de Saumur, Johan Roille et Jofre Bernart, lieutenant du prévost.

Perrot Bourcier fut pris à délivre pour ce que il fut trouvé par opinion des dessus nommez que la pénitence que il avoit fait on chastel et on fers li suffisoit pour poine de ceu que Osane Pernèle avoit contre li demandé que il, là maintenant [3], li avoit enblé une paèle [4]; et puis èle avoit délessé sa demande et dist en jugement que èle voloit bien et avoit volu que il la prist, que il li avoit baillé plus des du sien.

In die Veneris post festum Petri et Pauli, beatorum apost. (3 juin).

---

1. Ce procès verbal n'explique point comment avait été découvert le crime des deux compagnons, ni comment Guyot Le Beau se trouvait justiciable du maire de Saint-Jean d'Angély.
2. Fouetter.
3. Que il là maintenant, « que lui comparaissaient actuellement. »
4. Chaudron.

Pour ce que contré Gilette, déguerpie de feu Ravet, l'on ne trouve riens sur ce que l'on disoit que David Larb. s'estoit complaint que ele li avoit enblé argent ducques à la some de xxv sols et fut prise en jugement et ledit D. dist que il ne s'en fesoit ne fit onques partie contre lie ne par information ne autrement. Non trouva l'on riens contre lui. Nous meismes ladite Gilette au délivre par jugement. Présens: Joh. Bernard, lieutenant du prévost; sire H. Ferron; mestre P. Johan; sire, G. et sire Aymar de Lossaut et autres.

In die dominica ante festum beati Michaelis.

Johan Jacob, de Nyort, présens pour ce que il avoit enblé à diverses journées II pains et II fromages et une pièce de chastri [1], chue sur ce sa confession, fut jugez à estre batuz tout nuz ès changes et diles ducques au quarefour des forges. [2] Présens: le prévost, S. P. Assailly, S. Aymar de Lussaut, André Pascaut et autres.

Die lune ante festum B. Martini (*9 novembre*).

Johan dit Deport, vigneron, fut baniz ducques à I an ensuivant le endemain de S. Martin d'yver prochain à venir, pour ce que ès foire saint Lucas [3] prochaine passée il embla en I jour et en plusieurs lieux, cire duques à la montance de I lib. et de beure (?) duques près de I lib. et un coutelet de x à xII (deners?) et II fromages et anap de boys. Présens: sire Aymar de Loussaut, S. Estène Roille, Joh.

---

1. « Chastri », mouton.
2. Sur toute la longueur de la rue des Bancs, le carrefour des forges étant à l'extrémité méridionale et le carrefour des changes à l'extrémité opposée.
3. Les foires de la saint Luc étaient les plus anciennes foires de Saint-Jean ; elles se tenaient dans le quartier dit le *Fief-Franc* et furent conservées par les seigneurs de ce fief alors que les foires municipales s'établirent aux jours de la nativité de saint Jean-Baptiste (24 juin), de la décollation (11 novembre), de la fête de saint Jean l'évangéliste (9 décembre), de celle de saint Jean Climaque (25 mars), et de celle de saint Jean de la porte latine (6 mai). Voir *Archives historiques de la Saintonge et de l'Aunis*, t. x, p. 127.

Morin, P. Aubin, P. Bloys, prévost et greffier de l'abbaie.
In die Martis post...

P. Jolein et P. de Bor, de Fontané, confessent en jugement que le dimanche après la trinité l'an xxxi, eaus deus et un vallet de P. Oger et Martin Vat, P. Oger et Arnaud Gualetas, demorant en La Rochelle, firent conspiration comment il alissent batre messire G. Renaut prestre, de Nentillez [1], qui s'en aloit vers Chavaignes. Si que il en furent touz dacort. Et seguyrent ledit prestre bien plus de demilieue loing oustre Fontané [2], et quant ils l'eurent aproché ledit P. Jolein, qui ledit jour au matin le avoit convié à boire avecques soy, férit tous puis ledit prestre d'un baston par la jambe, si grant coup, que ledit prestre cheut à terre du cul. Après les autres dessus nommez férirent et batirent tant ledit prestre que il mourut, et s'en alèrent vers Fontané. ledit P. de Bor et II des autres disoient que par aventure le prestre n'estoit pas mort de tout et eurent conseil entre eaus que il retourneroient arrière au lieu où il avoient lessé le prestre, et le trouvèrent mort, et li oustèrent la scinture et l'enportèrent aus autres dessus nommez et leur disrent que il estoit mort, et les autres disrent que ce estoit bien fait, et s'en alèrent toz ensemble boire à la taverne et dit ledit P. de Bor que ce qu'il fit il fit à la requeste de Johan Tropestbeau [3], qui les avoit prié de batre ledit prestre et leur avoit promis xx sous. Pour ce, fut lesdiz P. Jolein et P. de Bor jugez à estre penduz et trahynez. Présens: S. P. Tronquière, S. Aymar, Joh. de Mastaz, Est. Roille, J. Morin, J. Roille, J. de Saumur, Hél. Doigne, J. du Marché, Guillaume Orri et le prévost et autres.

---

1. Nantillé, commune du canton de Saint-Hilaire de Villefranche, arrondissement de Saint-Jean d'Angély.
2. Fontenet, commune du canton de Saint-Jean d'Angély.
3. Ce Tropestbeau, contre lequel aucune information n'a été faite et dont le domicile n'est pas indiqué, était peut-être un personnage imaginaire.

Die Martis post conceptionem beat. Marie virginis (*15 décembre*).

Symonet Le Charpentier confessa que dimanche prochain passé, il embla à Tassin, duquel il ne set le surnom, un surcot de vair [1] qui ne valoit pas plus de xii deniers, et la nuit après, il entra en une méson où avoit charretierz qui estoient on liz, et enbla à Johan Bivert sache que il avoit à son chevel et sa seinture où il avoit une boursse en laquelle avoit un aignel d'or [2] et un couteau et iii petites vierges d'argent [3] et ii fermails d'argent, item avoit à ladite seinture un gilbecier et deux pareils de tables [4] et unes matines de Nostre-Dame, et après ce il embla cele nuit mesmes, audit Tassin, une cote de drap jaune et un chaperon de Montpuisson et une cote de Montpuisson et uns estrivaus [5] et pour ce fut jugé à estre pendu. Présens: tous come dedens et le prévost.

P. Aymar qui autrefoy embla une pièce de Char et li fut pardoné, a confessé que depuis il a enblé à Nyort une houce de gros drap qui ne valoit pas plus de xii deniers, et puis a emblé ii pains et une langue de porc et une quantité de froment que il prist on minage de S. Johan d'Angéli et l'enporta ducques à la méson P. André, mes il l'enseigna [6] sitoust come il en oyt complainte et pour ce fut jugé à estre banniz de la banlieue duques à i an. Présens: touz comme dedens [7] et le prévost.

Die Martis in...

---

1. « Vair »; se disait de toute fourrure blanche ou grise. Le véritable vair était celle que nous appelons *petit-gris*.
2. Agnel d'or.
3. « Vierges d'argent »; il faudrait peut-être lire *verge*. On appelait ainsi une agrafe en forme de bâtonnet.
4. Deux paires de tablettes. Ces tablettes et ce livre d'heures indiquent chez ce charretier une certaine culture intellectuelle.
5. Étrier.
6. « Il l'enseigna », c'est-à-dire P. André le dénonça si tost...
7. Comme ci-dessus.

Janhot Byac, fils Estène Byac..., amené par le prévost, confessa en jugement qu'il avoit vuydé en plusieurs lieux et à plusieurs journées ducques à xiv boursses, C'est une à une feme en la court de la prévosté de Saint-Johan, de trois mailhes blanches, deux doubles et I denier, autre entre les bancs [1], v deniers, ob autre ou marché de III mailhes blanches et II deniers, autre de v deniers, autre ès foires saint Lucas de v sous vi deniers, autre de iv sous vi deniers, autre de troys fausses mailhes blanches, autre de I aignea d'or, autre de xix deniers, autre de xii deniers, autre de vi deniers, autre de III mailhes blanches, autre de xiv deniers, pour les quieux larroncins l'on le vosist juger à pendre. L'on éhut délibéracion avecques mons. le séneschal, qui de miséricorde, vossit que l'on le lessast aler, oustée l'oreilhe, et li bani perpétuèlement de la sénéchaussée de Xaintonge. Furent rapporteurs sire Estène Roille, J. Roille et J. du Marché, qui rapportèrent que le séneschal avoit enssi volu. Présens : Arnaud de Saumur, clerc du prévost; Johan Mansea, sergent du prévost, et Girart Le Fauconnier; si le jugea mons. le mere à perdre l'oreilhe tenant à la teste et li banit perpétuellement de la sénéchaussée de Xaintonge à prendre son baniement dedens II jours. Présent à ce et consentant le prévost, et présens : S. P. Tronquière, sire Aymar, sire J. Roille, J. Morin, Ithier Charon, J. du Marché et autres.

Dicta die.

J. de Pontcroix, breton qui confessa que d'un coutel il avoit féru J. de Paris, savatier, et que dudit cop, ledit Johan estoit tantost mort. Pour ce murtre fut jugez d'estre penduz, mes par ce que ce fut en chaude mêlée, et que l'avoit li féru avant du poing plusieurs fois, ne fu pas trahyné. Présens : le prévost et les dessus nommez.

In die Mercurii...

---

1. Entre les bancs du carrefour des changes; la rue qui conduisait à ce carrefour s'appelle encore « rue des Bancs ».

Présens : Sire Aymar de Lossaut, S. G. Roille, J. Morin, Joffre Bernard, P. Blois, prévost, et consent à ce tant par la confession que fit Guyon Le Breton, portefiais, contenue en un public instrument dont la teneur s'enssuit : Au nom de Dieu, amen. Apparoisse à tous qui cest présent instrument orront que en l'an de grâce mil ccc xxxii.

Emprès la office de primes, régnant très excellent prince monseigneur Philippe, par la grâce de Dieu, roy de France, en la présence de moy notaire public, et des tesmoings sos escrits, fut présent en sa propre persone Guyot Le Breton, estant au chastel de Saint Johan d'Angéli, lequel sans force, sans contrainte et sans nul torment que l'on li feist, mes de sa bone volonté, dist et confessa que il estoit en une taverne où il bevoit en laquelle taverne il avoit deux brètes [1] qui s'entrebattoient et s'entretournoient ensemble et que il dona à l'une des brètes, qui maintenant est morte, d'un coutel, mes il ne cuida pas férir du trenchant, mes du plat, et que ladite feme chéi dessus le coutel de dessus une table et si dist que il n'avoit pas coté à nule des elles.

Item. On dit jour et heure et lieu dessus diz, Johan Davy et sa feme dirent par leur serment que il vindrent bien au cri de haro, come l'on doit au murtre, si come ledit prévost se départit du lieu, mais ils ne virent pas férir le cop.

Item. Hélie Le Barbier dit par son serment que il vit bien la plaie du coutel qui ce fit.

Desquelles chouses dites et confessées en la manière que dessus est dit honorable home et sage P. Bleau, prévost de Saint Johan d'Angéli, requist à moy, notaire public, si doner et ottroier public instrument. Fait ou chastel de Saint-Johan d'Angéli l'an et le jour et heure dessus dits. Présent à ce sage et discret home Jofre de Labaïe et Johan Le Grant à ce appelez et requis.

---

1. Filles bretonnes. On appelle encore en Saintonge « brette » une vache de race bretonne.

Et Joseph Le Vernois [1], ab., clerc de la diocez de Bayox, de l'autorité du roy public notaire.

Aus chouses dessus dites avecques les tesmoins dessus escris fu présent et les oy et cest présent instrument en forme publique ouis et de ma propre main l'escris et de mon seyn duquel je use signay requis.

Quant pour le tesmoignage de Héliot Le Barbier, qui regarda la plaie de ladite brète, qui par son serment nous tesmoigna que il cuidoit que si ladite feme eust esté bien gardée et bien nourrie ele ne fust ja morte pour cele plaie, mes dist que ele n'avoit de quoy vivre, et si estoit mal couverte et venoit grant vent et froid sur lie par une fenestre, et il aussi n'est pas bons sirurgien, et le dist bien au prévost au commencement, et obstant ce, vesquit ladite feme bien ix semaines. Quant aussi pour les tesmoignages desdiz J. Davy et sa feme qui ont tesmoigné come est contenu endit instrument; quant aussi pour la misère et fatuité dudit Guyot éhue sur ce délibéracion avecques P. de Charcoignes et autres sages (persones), fut par jugement ledit Guyot baniz du royaume de France perpétuellement à rappel du prince, à mouvoir dedans viii jours prochains et hors ce continuellement de jour en jour.

Dicta die.

Présens les dessuz nomez, excepté Arnaud Charon, et présens : J. Ithier, Thomas Mehe, Jouacein Forest; come Clément Dangiers eust esté pris ès foires de saint Lucas prochaines passées pour ce que il enbla ii vierges d'argent et le confessa et en fut jugé et en la prison et après en jugement eust confessé que il avoit copé ii boursses et en avoit

---

1. Ce Joseph Le Vernois était aussi clerc de la ville, et toutes les écritures contenues au registre de l'année 1332 sont de sa main. On remarquera la façon toute particulière dont ce procès verbal a été rédigé. La mention des témoignages entendus, le rapport du chirurgien, le concours d'un notaire public, etc... C'est le seul que nous ayons rencontré dans cette forme.

— 109 —

vuydé de xx à xxv, eust esté amené pour prendre son jugement, il dist que il estoit clerc et avoit tonsure de clerc et pour ce nous ne devons estre son juge, si fut remis en prison, et nous fut requis par les gens de l'évêque et emprès monsieur le séneschal le transmist à Xainctes à l'évesque et ses lètres contenant que il avoit esté examiné et que il ne connoissoit lètres ne... et que si il le connoissoit estre clerc que il le punist, et si lay le renvoiast. Si le reçut l'évesque et le fit examiner et le trouva ignorant de toutes lètres et ne peut penser que de évesque il eust onques éhu couronne. Pour ce l'évesque le remist aujourdhuy come home lay, si vint en jugement et li furent récitées les malefaçons que il avoit fet et confessa ce dont il avoit esté jugé. Si confessa l'une des deux vierges d'argent, et le demorant dist que il avoit dist par force de geyne, mais pour ce que il estoit essoreillé [1], et que lesdiz meffaiz il avoit confessé sans geyne et en jugement, sur ce il fut prové en sa présence par sire J. Roille, G. Roy, Guillaume Gabet, Jouacein Fourest. Ehue conseil et délibéracion fut ledit Thomas jugé à estre penduz.

Le jeudi après la épiphanie.

Johan Viau de Saleipgnes [2], qui avoit enblé une cote de sarge noyre en une chaire au port, et de nuyz, qui bien valoit x sous, fut baniz de la vile et de la banlieue duques à i an compté. Présens : le prévost, S. Johan de Lussaut, sire P. Boisseau, J. de Mastaz, P. Assailly et autres.

Le mardi...

Estène Cornillau, de Montfort en Chartrain, a esté baniz perpetuèlement de toute la séneschaussée de Xaintonge à mouvoir dedans vendredi prochain pour ce que il embla en l'églize monsieur saint Johan, à cinq jours, II sierges devant l'autel monsieur saint Johan. Présens :

---

1. C'est-à-dire qu'il avait eu déjà les oreilles coupées.
2. Saleignes, commune du canton d'Aunay.

mestre B. Jacques [1], sire F. de Mastaz, Jofre Chauvau et autres.

Le mardi après S. Valentin.

Thomase Lucaze, de Saint-Brieul des Vaus, prise par souspesson d'avoir esté consente de la mort de Sauvestre de Varèze [2], sur quoi l'on n'a riens trouvé contre lie, a esté délivrée et a juré que ne se forspaysera. [3] Présens : sire de Tronquière, S. Aymar, J. Marin et Jofre de Labaie.

Falsi testes. — Le mardi avant la feste S. Grégoire.

Thomas Poupart et Johan Coyrau de Frontenai Labatu, acusez de avoir porté faus tesmoignage, confesserent que à la requeste de Jofre Thébaut ils portèrent et dépousèrent après leur serment faus tesmoignage devant l'évesque de Xainctes ou ses vicaires, c'est assavoir : que il avoient oy et esté présens que Johan Coyquaut et Marguerite, fille dudit Jeffre, s'estoient donné l'un à l'autre en mariage par parole de présent. Laquèle chouse il n'avoient onques vehu ne oy, et pour ce furent jugez et condepnez à porter les grifes par la lengue [4], et à estre fruytez par tous les quarrefours de ceste ville, et à porter escriteaus duques à pasques consuz sur leur robes davant et darrière contenant que c'est pour faus tesmoignage et fut escrit èsdit escriteau en ceste manière :

> Pour porter faus tesmoignage
> Fut jugé en eschavinage
> A porter cest saing sauvage. [5]

Ces chouses furent fètes présent à ceu : sire P. Tronquière, sire G. et sire Aymar de Loussaut, sire Guil. Ferron, S. P.

---

1. B. Jacques présent à ce jugement est le maire qui succéda à Pierre Barraud en l'année 1333-1334.
2. Varaize, commune du canton de Saint-Jean d'Angély.
3. Qu'elle ne quitterait pas le pays.
4. Instrument de torture qui maintenait la langue hors de la bouche.
5. Cet écriteau rimé avait pour but de graver plus facilement dans la mémoire le souvenir du fait et de son châtiment.

Roille, S. Estène Roille, J. du Marché, J. Morin, Joh. de Mastaz et plusieurs autres.

Le jeudi avant...

Guillet le jeune, de Rennes en Bretaigne, pris pour larroncin de v pains de iv deniers chacun, et aiant argent en boursse, et estoit essoreillé pour autres cas pour ceu que il avoit de l'avant meffait; sur ce sa pénitence fut jugez estre essorcillez. Présens: S. Aymar, S. Johan de Mastaz, J. du Marché, Joh. Roille et autres.

Ceu sont les noms de ceaus qui furent offissiers en la merie sire Aymar de Marteas qui fut derrèrement mere de la commune de Saint-Johan d'Angély l'an M.CCC.LVII.

PREMIÈREMENT ESCHEVINS [1]

Sire Thomas de Gualerne.
Sire Johan Roylle.
Bernart de Marteas.
Mestre Johan de Mastas.
Pierres de Exsideuil.
Ambroys de Mastas.

Mestre Johan Durant.
Guillaume Fradin.
Guillaume Roylle.
Phelippot Ferron.
Pierre Roylle.

CONSEILS FURENT PREMIÈREMENT

Guillaume Tronquière.
Johan Boyssea l'ayné.
Johan Boyssea le jove.
Bernard de Marteas le jove.
Hél. Pasquaut.
Johan Fradin, fils de Johan Fradin.

Guillaume de Marguerite.
Guillaume de La Porte.
André Coutelier.
Lorens Guérin.
Johan Johan.
Hélie Doygne.

---

1. Parmi les échevins de 1357 on ne trouve que deux noms de la liste de 1332, Jehan de Masta et Jehan Roilhe. Aymar de Marteaux ne figure pas sur la liste des maires de Saint-Jean d'Angély.
Cette liste ne précède point comme dans les autres registres les actes de la mairie d'Aymar de Marteaux; elle a plutôt l'air d'un mémorandum fait après l'an de mairie expiré. Cela nous confirme dans l'opinion que les registres de la mairie ne furent régulièrement tenus que vers la fin du xiv⁰ siècle.

NOMS DES PERS PREMIÈREMENT

Johan Dieulefit.
Johan Huilin.
Johan de Saint-Sauveur.
De Guardeles.
Pierres Pécheloche.
Guill. Gratemoyne.
Pierre de Furet, fils de Arnaud.
Jaymet Paugade.
Micheau Faure.
Johan Bedous.
Renoul de Peuscrits.
Guill. Avril.
Pierres Bonnières.
Pierres Courtaut.
Guill. Mareschal.
Guiot Le Berton.
Johan de Bussac.
Robert Pierre.
Pierre Porteaux.
Perret Le Fournier.
Guill. Leugit, dit Barber.
Pierre Giraut, boucher.
Guill. de Guingamp.
Pierre de Furet, fils de Pierre de Furtet.
Johan de Bodan, caufourner.

H. de Saint-Oroys.
Johan de Bains ou de Rams.
Héliot Guionet.
Joseph Bachelier.
Pierre Aymar dit du Moulin.
Johan...
Cornille Géraut.
Robert Le Apre.
Robin Bauby.
Mestre Johan Lemoussin.
Guill. Boucher.
Pierre de La Sales.
Mestre Pierre Le Berton, mareschal.
Cornille Le Clavereur.
Johan Boyssin.
Mestre Johan Le Mareschal.
Johan.
Pierre Brissea.
Guillot Roylle.
Colinet.
Mestre Guillaume Le...
Guillaume Boutaut.
Pierre Celer.
Michel de Tournay.

XIV

1343, juillet. — Présentation au maire de Saint-Jean d'Angély par le prévôt du roi, de Anne Querque, femme de Jehan de Saint-Just, détenue sous la prévention d'émission de fausse monnaie. — *Original sur parchemin, quelques lignes sont effacées. FF, n° II.*

Au nom de Dieu, amen. Apparoisse à touz par la teneur de cest publiq instrument, que l'an de grâce mil ccc quarante et trois, régnant très excellent prince monseigneur Phelipes, par la grâce de Dieu, roy de France, à Saint-Johan Dangeli, en la maison de la commune appelée l'eschevinage, c'est assavoir le mardi avant la feste de la Magdeleine, environ hore de tierce, personnellement présent a esté, discret home mestre Johan Aynaut, sage en droit, maistre Johan de Saint-Just, mari de Anne Querque, sa feme, ausquielx mariez fut exhibé et baillé audit mestre Johan Aynaut un mandement à li adressé du cappitaine de Xainctonge Savari de Vivonne, sire de Torz, chevalier du roy nostre sire, cappitaine et gouverneur en Xainctonge, à nostre amé mestre Johan Aynaut, sage en droit, salut. Maistre Johan de Saint-Just nous a signifié, en complaignant, comme mari de Anne Querque, sa feme, détenue en arrest on chastel de Saint-Johan Dangeli, sur ce que l'on li trouva en sa bource six souls six deniers ou environ... lesquielx on disoit estre faux, lesquielx elle disoit avoir recehu à ses danrées, en cuydant que ils fussent bons, si comme elle disoit... si en est que deuheuement vous appert estre ainsi, vous ledit... la ville de Saint-Johan Dangeli, dedens les quatre portes, jugiez à la prochaine assise d'yllec, en ceu que elle... à la poine de cent livres à appliquer au roy nostre sire, et de estre attainte du fait et de tenir ledit arrest jusques à ladite assise, et que elle vous donge pleige de soy y représenter si avoir les puet, ou sinon en pleige dudit mestre Johan, son seigneur, et establisse à ladite poine et de estre attaint du fait et à ceu oblige ses biens, sauve que pour la récréence que vous li ferez elle ne puisse traire à conséquence et que l'on ne la puisse reprendre comme paravant à toutes houres et de la meetre ondit arrest toutesfois qu'il nous plaira. Mandons à touz nos subgiez que à ceu faire touz hobéissent. Donné le IXe jour, de jeuilhet l'an mil ccc quarante et trois.

Lequel mandement recehu dudit commissaire et lehu yllec par moy, notaire publiq, en la présence des tesmoings cy dessous escrips, fu requis yllec pour honourable home sire Thomas de Galerne, mere de ladite ville Saint-Johan [1], à Martin Moine, prévost le roy de ladite ville, présent yllec, qu'il li feist présentacion de ladite feme, car le mere et les jurés de ladite ville estoient en possession et saisine par tant de temps qu'il leur souffisoit, et avoient bons privilèges du roy nostre sire, sur toute personne qui fust prinse ou arrestée pour cas de crisme en ladite ville par ledit prévost ou ses sergens ou autres, la présentacion devoit estre faite par ledit prévost ou ses sergens, audit mere ou à son lieutenant, si ce n'estoit tant seulement en trois cas : premièrement là où la royal majesté seroit bléciée, ou des officiers le roy, ou délit fait on chasteau le roy ou clousures, dont le cas pour quoy ladite feme est arrestée n'est mie des trois cas. Lequel prévost respondit qu'il auroit avis sur ce en délibéracion ob sages homes et discrets mestres Hugues de Saumur, Jehan Aynaut, Johan Joscelin, sages en droit, mestre Arnaut Malet, jadis procureur le roy de ladite séneschaussée de Xainctonge, et ob plusieurs autres séens yllec. Vehu, regardé et lehu la teneur desdiz privilèges desdiz mere et juréz, tenu a, par avis, ledit prévost, que, en tel cas, la présentacion de ladite feme devoit estre faite par ledit prévost et... lequel prévost emprès ceu présenta audit mere yllec présent ladite feme ; lequel mere ressut ladite présentacion, et procéda en outre ledit mere, en demandant à ladite feme, et par serment, comment elle avoit eu telle monnoie ; laquelle feme respondit que il naguères, elle estoit à Limotges, et yllec estoit en arrest un home que elle avoit vehu jadis demorant ob un vaillhant home, qui estoit soy connoissant, lequel prisonnier estoit molt mésaise ; et elle, meheue de pitié, li bailha et fit avoir pain, vin et autres vivres, et après ceu ledit prisonnier eust sa dellivrance et vint à elle qui parlet, et li dit cez motz : « Dame, je vous soys moltz tenuz

---

[1]. Ce maire ne figure pas dans la matricule des maires de Saint-Jean d'Angély.

pour les biens et courtoisies que vous m'avez fait de moy avoir ayssé de bons danrées », et li bailha lors, comme elle dit, celuy argent, lequel en conscience et on péril de son âme elle cuydet et créet estre bon; ne pour ce avoir mis sinon certaine cantité que elle en avoit donné à Ponces Chesous pour une mialhe [1], ny en cest pays ne l'avoit aporté pour donner... et pour ceu que ladite feme ne avoit dénunciatour, promotour, acusatour ne autre qui se fist partie contre lie, ne estoit acusée, ne eust movaise fame, ne ladite monnoie n'estoit mie fausse et selon le cort de monnoie, bien puet valoir chescune pièce, une mialhe, et emprès ces choses requist ledit mere audit prévost s'il voloit plus détenir ladite feme pour miex soy enfourmer et enquérir du fait; lequel respondit que non, qu'il hen avoit enquis tant comme il avoit pehu et riens ne tenet contre lie. Emprès lesquelles choses ledit mere, veu et regardé et eu délibéracion plénière et avis sur ce, regardé ledit mere, qu'il n'avoit nulle juste cause de la détenir, licencia ladite feme, ob l'assentement dudit prévost; desquiex choses et de chescune, les davant diz mere et prévost et ladite feme en tant comme à chescun touchet, requestrent à moy dit notaire que lesdites choses je meysse en publiq fourme, et leur en donnasse et à chescun deaus un publiq instrument, lequel je leur autreay et à chescun en tant comme il m'appartient de mon office. Ces choses furent faites l'an, jour, leu, régnant et céans dessuz diz, présens sages homes et discretz mestres Hugues de Saumur, mestre Johan Aynaut, mestre Johan Joscelin, sages en droit; sire Aymar de Lopsault, sire Estène Roilhe [2], mestre Arnaut Malet, Pierre Odonea, mestre Jehan Constans, bourgeois et mansionnez de ladite ville de Saint-Johan d'Angeli, et plusieurs autres tesmoings ausdites choses appellez et requis.

---

1. « Pour une maille ».
2. Aymar de Loupsault et Etienne Roilhe sont dénommés parmi les échevins de l'année 1332.

Et je Pierre Cortaut, clerc, mansionné en ladite ville Saint-Johan, de l'autorité royal publiq notayre, aus chouses davant dites ensemblement ob lesdiz tesmoings, présens fus et oy, en ceste publiq fourme le mis, de ma propre main le escris et mon signe acoustumé y apposay. [1]

XV

1311, avril. — Ratification des conventions passées entre Hugues de La Celle, commissaire du roi, et Guillaume Maingot, sire de Surgères, touchant leurs droits respectifs sur le port qui devait être créé au Gué-Charreau. — (*Archives nationales*, JJ 46, n° 82, f° 61, V°).

Ces lettres patentes ont été publiées dans le XIIe volume des *Archives historiques de la Saintonge et de l'Aunis*, p. 64.

XVI

1341, mai. — Lettres patentes du roi Philippe VI déclarant qu'à l'avenir la ville de Saint-Jean d'Angély ne serait jamais séparée du domaine de la couronne. Voir *Ordonnances*, t. IV, p. 149.

XVII

1345, avril. — Lettres patentes du roi Philippe VI ordonnant la suppression du port précédemment établi au Gué-Charreau, près Surgères. Ces lettres sont précédées de celles qui confirment, en 1341, l'établissement de ce port et de partie de l'enquête, faite en 1331, avant le commencement des travaux. — *Rouleau de parchemin auquel manque la partie supérieure, fortement endommagé dans la partie inférieure. Trois sceaux en cire verte, complètement frustes, pendent sur lacs de soie verte et rouge. FF, n° 4.* [2]

..... Item. De la paroisse de Puyraveyas [3], le prévost dudit lieu, Thièphe Mazeon, David Ymbert et Gentiz Marsse, la

---

1. Ce seing est le même que celui que nous avons donné page 47.
2. Ce rouleau de parchemin, d'une longueur de 1m15 sur 0m30 de largeur, contenait, dans sa partie supérieure, les lettres de concession du port du Gué-Charreau et le commencement de l'enquête de *commodo et incommodo* faite par le sénéchal de Saintonge.
3. Puyravault, commune du canton de Surgères.

Puy Ravaul ne contredisirent pas que ledit port ne tust fait, mais si ilz doivent contribuer ou non, se doivent aviser et parler ò leur preslat. Item. De la paroisse de Voé, Bertram procureur du curé, si comme il le disoit, le prieur de Saint-Ancoulin, P. Garçonnaulx, clerc, Guillaume de Vouler, vaslet, Guillaume Autent, Guillaume Acote, charpentier, Jehan Le Chat, Guillaume Papinot, Hugues Lambergen, P. Maymet, Jouffroy Mestiver, P. Morisson, Guillaume Blanc, Aymery Maublanc, P. Moter, Aymery Par..., Guillaume Mercer, P. Roux, Guillaume Renaud, Jehan Le Mosner, P. Guillonnaux, Hugues Gaschet, Hugues Arnouf, Laurens Lourdes, Hugues Chompeaul, J. Charreter, P. Garciaut, Guillaume Quantin, Hélie Maublanc, Jehan Quantin et Jehan Blanc, la greigneure et la plus saine partie de la paroisse dessus dite, par le tesmoing dudit curé et de plusieurs dignes de foy, voussirent et accordèrent ledit port estre fait par la manière dessus dite. Item. De la paroisse de Saint-Georges Pierre Bertheau, Jehan Lambert, P. Ayraut, Guillaume Manseau, Baudet Le Flamens, André Merdi, Renaut Martin, Jehan Prevost, Jehan Feirel, Jehan Engibaut, Aimery Blanchot, P. Mabreau, Guillaume David, Guillaume Merdi, Micheau Gibert, P. Gaschet, Hugues Dujaut, André Neiron, Pinaut, Bertrand La Serve, P. Bertram, P. Guillot et Lambert Olivea, la greigneure et la plus saine partie de ladite paroisse, par le tesmoing du prieur de Saint-Père de Surgères et de Thomas du Bois et de plusieurs dignes de foy, voussirent et accordèrent ledit port estre fait de la manière dessus dite. Item. De Marenssenne, Germain Garin, Guillaume Lespoin, Guillaume Alart, P. Alardin, Jehan Goronora, Germain Manipea, P. Baril, Michel Sarrion, Hugues Alars, P. Courton, Huc Le Breton, P. Alars, Estène Sarmeilleure et la plus saine partie de ladite paroisse pour le tesmoignage de leur prieur et de leur curé et de plusieurs dignes de foy, voussirent et accordèrent ledit port estre fait par la manière dessuz dite. Item. Le curé et le prieur de

— 118 —

Rion, Guillaume Vilier, Jehan Coillon, Jourdain Barbotin, Aimery Mestivet, Guil. Aliaume, Guillaume Brochet, clerc, Jehan Auboin, Jouffrion Gibert, Guillaume Guibert, Hugues Piloys, Jehan Ayrant, Le Maistre de Brètes, Thifaine Rivalente, Adam Guibert, Guillaume Averti, P. Loytaigne, Hugues Gibert, Jehan Barbin, Jehan Joenne, Estène Aimery, Hélie Alardin, P. Micheau, Alain Le Berton, Thibaut Le Lombalais, Jehanne Maynée, Jehan Benest, Guillaume Bernard, Guillaume Michel, Guillaume Bignay, Jehan Gribaut, Hugues Chaboz, Jehan Gambert, Jehan Bienourat, Jehan Mascaut, Michel Goisart, Aimery Barbin, P. Jolet, Aymor Barbin. P. Barbin, Jehan Guibert, Jehan Baart, P. Jourdain et Jehan Alart, clerc, la greigneure et la plus saine partie de la dessus dite ville, par le tesmoingnage du prieur de Saint-Père de Surgières, de Thomas du Bois, clerc, et de plusieurs dignes de foy, voussirent et accordèrent ledit port estre fait de la manière dessus dite. Item. De la paroisse de Saint-Mars [1], de La Poulpello, de Boyssuyl, de Mezeron et de L'Abbaye [2], autrement appelée La Petite Chauciée, Jehan Orinea, Jehan Desnadet, P. Louer, Guillaume Poleau, Jehan Aimery, Jehan Barangier, le jeune et l'aîné, P. Perrochea, Hugues Berthomé, Jehan Morin, Gauter Poitevin, Jehan Fouscher, Jehan Girart du Cimetère, Aymery Garin, Hugues Petit, Guillaume Martin, Ocart Paner, Guillaume Bouet, Robin Pourcher, Geoffroy Cavaillon, Gauter Baudoin, Estène Martin, Pierre Desnay, Guillaume Grignebien, Estène Paner, Michel Dertreiz, Jehan Guaynet, Seguin Gollart, Jehan Aymicile, Joenne, Guillaume Blancher, Hugues Bernart, P. Dorny, Jehan Milon, Colin Goillart, Jehan Février, Guillaume Girart, Pierre Pourcher, Tiphaine Pourcher, Jehan Cavaillon, Jehan Perrocheu, Jehan Pain, P. Gen-

---

1. Saint-Mard (Saint-Médard), commune du canton de Surgères.
2. Boisseuil, Mezeron et L'Abbaye, hameaux de la commune de Saint-Mard. Poulpello est peut-être Couplay dans la même commune.

dron, Florence Desnance, P. Ayraut, Thiphaine Goillardo, Arnaud Perrochea, Arnaud Martin, P. Poitevin, Guillaume Desnay, Jehan Girart l'ayné, P. Girart, Jehan Bareteau, Guillebert, P. Pepin, P. Pepin le jeune, Jehan Bonnaul, Aymery Martin, Hugues Poitevin, P. Morin, P. Laurens, Barthomé Blanch, Jehan Desnay, Hugues Milon l'ayné, Jehan Martin, P. Bareteau le jeune, Denys Garner, André Symonea, P. Blanchon, Aimery Blanchon, Hugues Baratea, Martin Symonea, P. Branger, Guillaume Symonea, Johanne Basseigue, Jehan Girart, Thièphe Alarde, Jehan Paner, la greigneure et la plus saine partie de ladite parroisse par le tesmoingnage de sire Martin Selebrese, vicaire du curé dudit lieu, du seigneur du Peyré [1], et du prévost de Saint-Mars et de plusieurs dignes de foy, voussirent et accordèrent ledit port estre fait par la manière dessus dite. Lesquelles choses faites par la manière que dessus dite, ledit monsieur le sénéschal se retirast et ala au dîner à la maison Dieu de Saint-Giles de Surgières. [2] Ledit jour, on dit lieu de Saint-Giles de Surgières, devant et joignant la porte appelée la porte du Roussigneau, environ soleil couchant, l'an dessus dit et régnant comme dessus, veu et regardé par monsieur le sénéschal et par ledit maistre Hugues, son accesseur, les letres et mandements du roi nostre sire, faisant mencion dudit port du Guay-Chaireau et les procez qui s'en estoient ensuivis, prononcia par jugement ledit monsieur le sénéschal li avoir trouvé la greigneur et la plus saine partie desdiz relligieux et curés, nobles et parroisses et autres contenus èsdites letres de acord et de assentement à faire ledit port de Guay-Charreau, et pour son jugement et pour sa sentance décerna et déclaira ledit port du Guay-Charreau devoir estre fait pour l'auctorité et pour le mandement et letres dessus dites

---

1. Péré, commune du canton de Surgères.
2. Les Minimes, à l'entrée de la ville de Surgères, sur la route de Saint-Jean d'Angély.

du roy nostre sire, et en outre comme ledit monsieur le sénéschal deist li estre empesché à plusieurs négoces du roy nostre sire, et ne peut à ce vaguer, il establit et mist au nom de li à faire faire ledit port du Guay-Charreau [1], le prieur de Saint-Père de Surgières, le prieur de Peiré, Le Maistre des Granges de Landray, P. de Peiré, dit de Charcoigne, Jourdain de Peiré, valet, et maistre Raymond Micheau; aux quieulx il commist des faiz et leur donnant pleiniers povoirs et espécial commandement de faire faire ledit port et de faire et ordonner sur touz ceulz à qui il povoit appartenir, et sur leurs biens, telles imposicions comme leur semblera de raison, et de lever et faire lever et paier lesdites imposicions sur ceulz qui les devront, pour mestre et convertir en l'œuvre dudit port du Guay-Charreau, liquels commissaires jurèrent aux sains évangiles nostre Seigneur, corporellement touchiez le livre, faire et accomplir à leur povoir, loyalement et léalement, sans traverse et sans déport, les choses dessus dites et chascune par soy à eulx commise, desquelles choses dessus dites faites au chastel de Surgières, P. de Peiré, dit de Charcoigne, et Jourdain de Peiré, valet, en nom de monsieur de Surgières et de ceuls à qui il peut appartenir, requistrent à moi, ledit notaire, que je leur donasse public instrument, laquelle chose je leur ottroiai pour le deu de mon office; garens présens appelez et priez aux choses dessus dites faites on chastel de Surgières: le prieur de Saint-Père de Surgières, P. de Peiré, dit de Charcoigne, et Jourdain de Peiré, valet, maistre Si-

---

1. Le Gué-Charrau, hameau de la commune de Saint-Germain de Marencennes. La Gère, petite rivière qui prend sa source dans la commune de Saint-Mard, a été canalisée jusqu'au Vergeroux (canton sud de l'arrondissement de Rochefort). Le canal de Charrau porte aujourd'hui le nom de canal de Charras et n'a plus d'utilité que pour le dessèchement du marais. Nos documents nous font connaitre la date exacte de son établissement.

mon Ridet, maistre Raymond Auchier, Ancelot Polain, prévost de Rochefort, Thomas du Bois, clerc, P. Augot, sergent du roy, et Renoul Gourraut, son allié. Item, garens présens aux choses dites et faites à Saint-Gille de Surgières, Jacques du Bois, Lambert Bourreaul, prévost de Benaon, ledit prévost de Rochefort, sire Hélie Vezin, prestre, P. Marteaul et Bernart Poinon, clercs. Fait l'an, jour, hore, lieu et renant comme dessus; Nous, ledit séneschal faisons savoir à touz que nous avons fait les choses dessus dites et chascune par soy, si comme elles sont dessuz escriptes et déclairées, par vertu dudit mandement et letres du roy nostre sire, et en tesmoing de vérité à cest public instrument signé du saing de Pierre Vion, notaire public du roy nostre sire, avons apposé le scel de la séneschaussée de Xainctonge. Fait et donné l'an et jour comme dessus, et je, Pierre Vion, notaire public, de l'autorité du roy nostre sire, à toutes ces choses dessus dites et à chascune fus présens, ensemblement ô les dessus diz garens, et ycelles ay fait escripre en ma présence par la main de Guillaume Antier, notaire public et en ceste publique forme les ay mis, et de mon saign à ce acoustumé, requis et prié, les ay signé, ensemblement ô le scel dessuz diz de la séneschaussée.

Item. Avons veu une letre patente de nostre dit séneschal de Xainctonge, envoiez à nos amez et féaulx les gens de nos comptes, ô par sous le scel de ladite séneschaussée, contenant la fourme qui sensuit : A vous révérens et honestes seigneurs, nosseigneurs des comptes à Paris, pour nostre sire le roy de France, Guichart, seigneur de Montigny, chevalier nostre sire le roy de France, et son séneschal en Xainctonge, honeur et révérence avec toute obéissance ; mes très chiers et révérens seigneurs, plaise à vous savoir que par la vertu des letres, mandemens et commissions du roy nostre sire, à moy envoiées sur le fait du port du Guay-Charreau, je ay procédé tant avant que l'on y charroioit et passoit vin et autres marchandises, c'est assavoir de un lieu que l'on appelle Chalon [1], en la paroisse d'Arzillère, jusques au Vergeroux, au bor de nef en aiolles [2] et chairrières portans de xii à xiii tonneaux de vin et dès lequel Charreau tout de bout jusques au Vergeroulz à bord de nef en aiolles, charrières portant de vi ou viii tonneaux de vin et déjà y a l'on passé et chargié et espéroit l'on et dit l'on communément que de ceste année on y passera trois mil tonneaux et plus [3], jasoit ce que l'acheneau n'est mie du tout achevé pour ce que l'on y peut ouvrir se n'est pas temps d'esté et la chose parfaite de pons et de portes sera grant prouffit au roy nostre sire et à ses subgiez, si comme il me semble, et comme je aie receu toutes ces choses par la relacion des commissaires députez à faire faire ledit port, si comme l'on dit, par fame commune, et ce, messeigneurs, vous certifie je par les letres scellées du scel de la séneschaussée de Xaintonge. Donné à Saint-Jehan d'Angéli, le samedi avant la feste chaiere saint Père, l'an de grâce mil ccc trente et deux.

Nous adcertes lesdites letres en cire verte, jugement, sentence, déclaracion, décret, commission, et toutes les autres choses contenues esdites letres ou instrument public, si comme elles sont dessus exprimées de mot à mot, aians fermes et agréables ycelles, voulons, louons et approvons et de nostre autorité roiale de certaine science confirmons par la teneur de ces présentes letres, voulons que ledit port soit hastivement parfait et achevé en la manière comme dessus [est con] tenue et quil affine au Vergeroul, si comme en ladite rescription dudit séneschal est mencion faite, et que ce soit chose ferme et estable au temps avenir avons [fait mestre] nostre scel à ces présentes letres, sauf en toutes

---

1. Chalons, dans la commune d'Ardillères, est le point où se sont arrêtés les travaux de canalisation.
2. Yoles, petites embarcations manœuvrées à la rame.
3. Le tonneau contenait quatre pipes de 210 litres ; la quantité de vin exportée par le port du Guay-Charreau était donc de plus de 24,000 hectolitres.

choses nostre droit et l'autrui. Ce fu fait à Paris, l'an de grâce mil ccc trente et trois, à pasques on mois d'avril.

Et depuis, pour aucune opposition des bourgeois de Saint-Jehan d'Angéli et autres, leurs adhérens et complices volans faire et procurer, détruire et adnuller par aucunes voies et subgestions ledit port, la greigneure et la plus saine partie desdiz nobles et religieux qui paravant ladite opposicion ne paioient aucun trehu de leurs vins menés par ledit port, aient devant aucuns de nos gens envoiés ès parties de Xainctonge, promis de nouvel à paier dores en avant à nous et à noz successeurs, deux sols tournois de trehu pour chascun tonneau de vin qui seront passez par ledit port, en la manière et par telle condicion que les personnes non nobles les paioient, selon l'ordennance contenue en la construcion dudit port, et par la manière qu'ilz le faisoient devant ladite opposicion, ainsi toutesvois que nous ratifiassions et conservissions ledit fait et ordennance dudit port et adnullissions les opposicions desdiz bourgeois et autres, si comme est plus à plain contenu en une letre obligatoire scellée du scel royal de ladite prévostée de Xainctonge dont la teneur est telle :

A tous ceuls qui ces présentes letres verront et orront, le prieur de Saint-Giles de Surgières, Le Maistre des Granges de Landray, Guillaume Daunay, prestre, pour nom du prieur de Saint-Père de Surgières, P. Larquier, prestre, maistre de Saint-Gilles de Ciré, Jourdain de Peiré, dit de Charcoigne, escuier, seigneur de Ciré et de Chabans, P. Jombart, seigneur Darzillères, ò son parsonnier, Raymond Micheau, Guillaume de Peiré, seigneur de Landray, Jehan de La Croix, seigneur de Charcoigne, Aimery Chourel, Jehan Jourdain des Bigaudières, Hugues Marches, Bertrand de Varèze, seigneur de Lileau, salut : sachent touz que comme nous dessus nommez, tant nobles et religieux, suffisamment frans et quites de paier deux sols de treu pour chascun tonneau de vin que nous puissions passer et conduire par la chanal et port du Guay-Charreau qui fiert et descend au Vergeroulx, en la goule ou à l'entrée de la Charante, si comme il est dit en un privilège à nous ottroié par le roy nostre sire, outre les autres non nobles qui passoient vins par ladite chanal et port, nous, lesdiz nobles et religieux, tant par nom de nous que par nom de touz autres nobles et religieux à qui cest présent négoce puet apppartenir, avons volu, consenti et ottroié, encore volons, consentons et ottroions et promettons, par nous et au nom que dessus et par nos successeurs, à honorable homme et sage Renaut Crolebois, receveur du roy nostre sire ès séneschaussées de Poictou et de Xainctonge, on nom du roy nostre sire dessus dit, et comme commissaire quant à ce, de noble et puissant messire Jehan Rohier, chevalier du roi nostre sire et maistre des requestes de son hostel et commissaire député en ces parties par ledit seigneur, nous estre tenuz des ores en avant à paier lesdiz deux sols, pour raison dudit treu, pour chascun tonneau de vin que nous passerons ou ferons conduire par ladite chanal et port sans nulle opposicion faire au contraire, si et par la forme et manière que les non nobles qui passent ou ont fait passer vins par ladite chanal ont paié et sont tenuz au roy nostre sire soubs telle condicion que le roy nostre sire nous donne et ottroie letre de son grant seel en lay de soie et en cère vert que non contestant toutes opposicions ledit port demeure perpétuellement, et que opposans ne soient oys, et on cas que le roy nostre sire ne le voldroit ainsi faire et ottroier que nous fussions quites dudit treu comme paravant les convenances dessus dites. En tesmoing de ce les dessus nommez tant par nom de nous que par nom dessuz, avons donné et ottroié ces présentes letres du scel dudit roy nostre sire en la séneschaussée de Xainctonge, en la terre acquise establi, et par Jehan Charpenter, garde, à nostre requeste scellées. Fait et donné tesmoins présens à ce appelez : Laurens Polin, sergent d'armes, P. Buffet, Jehan de

Roufit, Honoré Signart, le jeeudi après Nostre Dame, en mars, l'an de grâce mil ccc quarante et un.

Nous adcertes, considérans les choses dessus dites, faites et ordennées sur la confecion dudit port estre faites au prouffit commun, et que plus prouffitable chose est et seroit que ledit port, fait et composé comme dit est, demourast et demoure en estat, pour les vins croissans on dit païs estre mieulx vendu au prouffit de ceulx à qui ils sont, seroient ou pourroient estre, et pour ledit païs estre plein et rempli de biens qui par ledit port y pourroient venir, en regart aussi que ledit port fu ordenné par grant déliberacion et meur conseil, et que la promesse de nouvel à nous faite et à nos successeurs, nous et noz successeurs auront grant prouffiz toutes lesdites letres et convenances, les choses qui contenues y sont et chascune d'ycelles ayant ferme et agréables approvons de certaine science et de nostre autorité royal et puissance, confirmons par la teneur de ces présentes letres et donnons en mandement et deffendons à touz nos séneschaulx, baillis, commissaires et autres nos justiciers ou à leurs lieux tenans, que contre nostre présente grâce et vray entendement d'icelle ne facent ou attemptent ni ne sueffrent faire ou attempter en aucune manière, mais ycelle tiegnent et facent tenir sans enfraindre et que ce soit chose ferme et perdurable à tousiours nous avons fait metre notre scel à ces présentes letres, sauf nostre droit et l'autruy en toutes choses. Ce fu donné l'an de grâce mil ccc quarante et un, au mois de juillet.

Et comme depuis ce que ledit port fut fait et construit, plusieurs clameurs et complaintes aient [esté faites par] les gens du païs et d'icelles parties, tant prélaz, religieux et autres gens d'église et nobles comme des bonnes villes de nostre demainne [1]... et autres du... peuple, sur les griefs, périlz et do-

---

1. Le commerce rochelais n'était pas moins intéressé que celui de Saint-Jean d'Angély à la destruction du port du Guay-Charreau. Ce fut le corps de ville de La Rochelle qui fut chargé de sa démolition. (Voir Amos Barbot, *Histoire de La Rochelle*, t. 1er, p. 147).

mages que ycelui port povoit porter et portoit de jour en jour à nous et à nostre royaume et audit païs, et mesmement furent faites et exposées lesdites clameurs et complaintes à nostre ami et féal conseiller Jehan, évesque de Biauvais [1], on temps qu'il estoit naguères èsdites parties nostre lieutenant, et de nostre très chier aismé filz Jehan, duc de Normandie, conte de Poictou, d'Anjou et du Maine et seigneur des conquestes de la langue d'oc et de Xainctonge, sur lesdiz griefs, périlz et domages, c'est assavoir que ledit port est assis au dessoubs de toutes villes et de toutes habitacions peuplées, et puet on d'illec, par ledit fleuve de Charente, entrer dedans la grant mer sans empeschement et sans contradicion, et par ainsi plusieurs murtres, roberies, acesines et autres meffaiz que les gens des nefs venus cargier audit port ont fait et commis on temps passé, deue punicion ne vengeance de justice n'a pu estre faite, et les meffaiz que l'on y feroit on temps à venir pourroient aussi demourer sans estre puniz. Item, que avant que ledit port feust fait, nulle armée ne navire de mer ne peust arriver ne prendre terre on lieu où ledit port est assiz, ne environs pour la grant foison de vase et d'autre empeschement de l'yaue qui y estoit en tous temps, et lors estoit tout maré, et ce présent la terre y est toute séchiée por ce que les yaues sont escolées et descendues par l'ouverture du cours de l'eaue descendant à ycelui port de plusieurs chanaux, fossez et conduiz qui ont esté faiz pour icelle eaue descendre du Guay-Charrau et pour ledit port faire : pour quoy le païs est en péril, car de la mer puet l'on avancer et prendre terre audit port et d'illuec meffaire à nostre royaume grandement, et que on cas que ledit port seroit osté et lesdiz cours, chanaux et fossez reclos et empliz, les marés et les vases seroient comme paravant, et ny pourroit l'on prendre terre ; si en seroit plus asseuré le païs et nostre royaume de celle partie. Item, que le lest des nefs qui

---

[1]. Jean de Marigny, évêque de Beauvais de 1313 à 1347.

arrivent audit port, c'est assavoir la charge des chaillous, gravois, sablon et autres choses que l'en y met pour elles soustenir en mer, quant elles n'aportent marchandises, empeschent et empirent le cours dudit fluve de Charente, car les gens desdites nefs les y getent tout, par quoy il pourroit avenir que nefs chargiées en perdroient leur passage en ladite rivière de Charente, de quoy grande partie du païs de Xainctonge et de Poictou et des marches au dessus seroient... gasté et perdu. Item, que les nefs qui viennent communément chargier audit port sont toutes, ou la greigneure partie, d'Allemaigne, d'Espaigne ou d'ailleurs hors du royaume, et de Flandre et de Bayonne et communément plusieurs malfaiteurs sont èsdites nefs et fréquentent ledit port, lesquels l'on ne puet avoir bonnement et sans [grant] difficulté et péril pour faire justice et ne veulent obéir à nos genz ne à nos commandemens à cry et à deffence que l'on leur face, ne ne se veulent soumettre à obéissance, à raison ne à justice par devers nos gens. Item, que les gens desdites nefs ont damagé grossement, damagent et gastent de jour en jour nostre forest de Rochefort [1], si qu'à présent elle est aussi comme gastée en grant partie. Sur lesquelles choses et sur plusieurs autres qui furent dites et exposées à nostre lieutenant, à fin dudit port, avec le cours, chanaux, fossez et conduiz faire deffaire et oster, yceluy nostre dit lieutenant, oy l'avis des conseillers et officiers tant du séneschal et du procureur de Xainctonge comme des autres gens que nous et nostre dit filz avons èsdites parties, et envoia sur ledit port pour le visiter et veoir à l'œil, et en oultre la renommée qui en estoit en fist faire d'abundant informacion solepnelles, si comme il nous rapporta, lesquelles infor-

---

1. La forêt de Rochefort, dont le bouquet de bois qui orne le jardin public actuel est un dernier vestige, s'étendait encore au xviie siècle depuis l'emplacement occupé par l'hôpital de la marine jusqu'au delà du village de Marseille, et, au nord, jusqu'au Breuil-Magné. Elle ne fut coupée qu'en 1689.

macions, nous feismes raporter par devers nous, oyes les grandes clameurs et complaintes dessus dites, lesquelles nous ont esté faites maintes fois déjà par les gens dessus diz, en suppliant humblement que, pour eschiver les grands périlz, griefs et damages dessus diz, pour l'évident prouffit et seurté de nostre dit royaume et dudit païs, voussissions faire deffaire et oster du tout yceux port, cours, chanaux, fossez et conduiz.

Nous, adcertes, oy et considéré le raport de nostre dit lieutenant et autres nos conseillers, des barons et autres nobles nos féaulx, de nos officiers du païs et desdites parties, de plusieurs autres sages et notables personnes qui savoient l'estat et les condicions dudit port, les profiz et les damages que il portoit et povoit porter à nous et autres avec ce qui a esté trouvé par ladite informacion, laquelle nous avons fait veoir et examiner diligemment et enfourmez à plain de la valeur de tout l'émolument et prouffit que ledit port rendoit et povoit rendre et par espécial de deux sols tournois que l'on y prenoit de chascun tonneau de vin qui estoit chargé en ycelui port, esdiz chanaux, fossez et conduiz, esquels deux sols tournois nous prenons vingt deniers, les autres deux deniers devoient estre convertiz ès réparacions dudit port et que quant aux autres denrées et marchandises qui passoient audit port nous prenions la moitié des esmolumens et prouffiz et l'autre moitié devoit estre convertie èsdites réparacions et pour ledit port tenir en estat, si comme plus à plain est contenu èsdites letres dessuz transcriptes; considéré aussi la forme et la manière de la concession et ottroy et des informacions par icelles letres faites sur les..... port, l'inspection qui en a esté faite à l'œil et plusieurs autres choses qui à ce meuvent et ont meu nostre conscience, avons ottroié et ottroions de grâce espécial et de nostre..... délibéracion de nostre conseil, ausdiz supplians pour euls, leurs successeurs, pour les prélaz, religieux et autres gens d'église, pour les nobles et tous.....

peuvént profiter, appartenir ou toucher, que ledit port, le cours, tous les chanaux, fossez ou conduiz[1] dessus diz seront et soient..... sans ce que ils puissent estre refaiz ne que, au lieu où ledit port estoit ne environs sur ladite rivière de Charente puisse estre fait..... rappelant et mectant au nient du tout, lesdites letres, concessions ou ottrois, confirmacions et toutes les autres choses contenues en ycelles..... [Donnons en] mandement par la teneur de ces letres au séneschal de Xainctonge et à touz noz autres justiciers et de nostre dit filz ou à leur lieutenans qui ores sont..... que de nostre présent ottroy et de nostre grâce laissent et facent joyr les supplians et autres dessus diz paisiblement et ne sueffrent aucune chose estre faite comment que ce soit au contraire, lesquelles si faites estoient par aventure en aucun temps, nous voulons, ordenons et décernons dès maintenant pour nous et pour nos successeurs roys de France que elles soient tantôt, et sans attendre aucun autre mandement, déclaracion ou jugement, remise et retournée en son estat premier non contrestant opposicions ne contradicions de qui que ce soit, lesquels nous ne voulons estres receues à empescher nostre pure grâce, ains volons que elle soit et demeure de point en point selonc sa teneur, valable, ferme et establc à tousiours sans ce que nulz soit receu à la empescher, débattre et impugner en jugement ou dehors ne aucuns contre ycelle en tout ou en partie, par supplicacion, impétracion, allégacion, de subrepcion par deffaut de sollempnité non gardée ou en aucune autre manière et suppléons tout deffaut qui faut en nostre dite présente grâce ou en ces présentes letres de choses nécessaires ou convenables à y estre mis, de droit, usage ou coutume et pour ce que ce de-

---

1. Cette destruction du port, des canaux et conduits, ordonnée par le roi, n'a pas été mise complètement à exécution, puisque le canal de Charras existe encore ; seulement il ne fut plus entretenu que comme canal de dessèchement et demeura inachevé dans sa partie supérieure, à partir de Chalons.

meure en..... perpétuel nous avons faict mectre à ces letres nostre scel, sauf en autres choses nostre droit et l'autruy. Donné à Saint-Germain en Laye l'an de grâce mil ccc quarante et cinq..... d'avril.

(*Sur le repli*). Par le roy, à la relacion de son conseil, onquel monsieur de Beauvais et vous estiez, le seigneur Daufemont, le seigneur de C..., P. des Essarts [1] et aucuns autres des gens des comptes.

ADAM.

XVIII

1351, 5 août. — Traité concernant la reddition de Saint-Jean d'Angély par les Anglais au connétable Charles d'Espagne. — *Original sur parchemin fortement endommagé. Au bas se voient les six entailles où passaient les attaches des sceaux. EE, n° 1.* [2]

A touz ceulz qui ces présentes letres verront, Charles d'Espaigne, comte d'Angolesme, connestable de France, lieutenant du roy monseigneur ès païs d'entre les rivières de Loire et de la Dourdonne, et Raymond Guilhen, seigneur de Copanne, Giraud de Saint-Aon, Gailhart Durant, Pierre de Castelnuef et Johan de Montignac, escuiers de la part du roy Dangleterre et de l'establie de Saint-Johan d'Angeli, salut et cognoissance de vérité : savoir faisons que à donner le respit et les astinences entre nous, connestable davant dit pour le roy de France monseigneur, et ceulz de nostre présent host et de nostre partie, et nous, sire de Copanne, Gi-

---

1. Pierre des Essarts, grand trésorier de France, fut poursuivi en 1347 pour ses malversations.
2. Ce document n'est pas inédit. Il a été publié dans le recueil de la société des antiquaires de Londres, *Archæologia*, vol. xxxi, p. 504 à 510, sur une copie adressée par l'abbé Lacurie au docteur W. Bromet, et par M. Saudau, dans son *Histoire de Saint-Jean d'Angély d'après les registres de l'échevinage*. Nous avons cru devoir le reproduire ici en corrigeant quelques légères erreurs de lecture, à cause de son importance.

raut de Saint-Aon, Gailhart Durant, Pierre de Castelnuef et Johan de Montignac, davant dits, tant en nos noms et pour nous comme ès noms et pour touz ceulz de nostredite establie et de la ville et chastel de Saint-Johan, octroiées, convenanciées et jurées sur sainctes évangiles, de chascune partie, du jour duy jusques au derrenier jour du présent mois d'aost à soleil couchant, a esté traictié, octroié, convenancié, accordé, fiancé et juré en la fourme et manière qui s'ensuit :

Premièrement. Nous, sire de Copanne, Giraut de Saint-Aon, et autres dessus nommez de ladite ville et establie de Saint-Johan, rendrons ladite ville et le chastel de Saint-Johan au connestable dessus dit, réalment et de fait, ou à celi qui, de par le roy de France, ou de par ledit connestable y sera député le derrenier jour de ce présent mois d'aost dedans soleil couchant, si à celi jour ou vi jours devant plus prochains, c'est assavoir, du xxve jour dudit mois d'aost, jusques au derrenier jour d'iceli mois, nous ne sommes secourus par homme de nostre part qui soit si fort sur les champs en l'un desdits vi jours, qu'il puisse lever par bataille ledit connestable, et déconfire li et ses genz ou celi et ses genz qui, de par le roy de France, ou de par ledit connestable y seroit député, auquel cas seront pris de chascune part deux chevaliers pour faire plainier et unir la place d'entre les deux batailles.[1] Et sont et seront les choses entendues en bonne foy sans nul mal engin, et on cas que nous serions si forts que nous ne puissions combattre et feussions desconfiz, rendrons nous la ville et le chastel ledit jour dedens

---

1. La mission de ces chevaliers consistait à choisir le lieu du combat de telle sorte qu'il ne présentât aucun avantage de part ni d'autre. C'est bien à tort que le docteur Bromet, dans une note explicative du texte, suppose qu'ils étaient chargés de vider la querelle dans un combat de deux contre deux, « in the same manner as in the very same year, 1351, thirty Breton knights fought thirty others on the part of England ».

l'eure dessus dite. Item : est accordé que nous, de la dite establie, par nulle autre voie quelconque que par celle dessus dite, ne nous poons ne devons tenir pour secourus. Item ; est accordé par nous connestable que celi jour, si secours venoit à ladite establie, les gentilz hommes qui y sont porront issir pour estre et combattre avecques leurdit secours, et aussi les hostages ciaprès nommez et bailliez de leur part, se porront combattre avecques leurs genz, se il leur plait, par si que du capitaine qui vendra de leur part ilz bailleront bonne seureté par la foi dudit capitaine, et par ses letres sy ouvertes scellées de son seel, de rendre la ville et le chastel de Saint-Johan, ou cas qu'ilz ne soient secouruz par la manière que dessus. Item : est accordé par nous, de ladite establie, que les autres non nobles, servens et gens de pié ne partiront de ladite ville ni du chastel, ne ne secourrons, conforterons, ne aiderons, ne entrerons dedens ladite ville ne le chastel nulz de ceulz qui venroient pour nous, si comme ne aussi ne prenrons, ne recevrons aide ne confort de eulz. Item : est accordé par nous, de ladite establie, que nous ne chevaucherons, ne pillerons au païs du roy de France, de ses aidans, ne de nulz de ses subgetz durant ce temps. Item : avons accordé que ledit temps durant nous ne partirons de ladite ville, ne nous avitaillerons, ne croistrons de vivres quelz qu'il soient, ne croistrons de genz ne de capitaines, ne laisserons entrer en la ville autres genz ne autres vivres que il..... ne ne conforterons la ville de nulz ouvrages ne de nulle artillerie. Item : avons accordé que pour quelconques treuves, astinances ou souffrances de guerre qui se puissent prendre entre les ıı roys nous ne laissons que nous ne rendions la ville et chastel à ladite journée..... les convenances si nous n'estions secouruz par la voie dessus dite. Item : avons accordé que si nous savons aucuns de nos genz qui chevauchent et pillent au païs du roy de France nous les en destourberons à nostre péril ; et si il vient à nostre cognoissance, nous les en punirons ; et néantmoins si les genz du roi de France en trouvoieut aucuns il les en porront punir senz..... Item : avons accordé que du jour duy en avant nous ne empirerons la ville ne le chastel de Saint-Johan, mais le rendrons au jour dessus dit en l'estat et en point que il est maintenant. Item : est accordé que ledit présent traittié fait et juré d'une part et d'autre, ii des chevaliers de nous connestable entrerons dedens la ville et le chastel à seurté et avec ii gentilz hommes de ladite ville..... et leur devront montrer par leur serment senz nul en celer, et ce fait lesdiz ii chevaliers et ii gentilz hommes... qui à ce.... leurs sermens, selon la quantité de vivres que ilz trouverons et la quantité de genz délivrans yceulz vivres..... en feront..... administrer de dehors par leur argent durant chascun jour pour vivre convenablement eux et leurs chevaux jusques..... Item : est accordé par nous connestable davant dit que nous en nostre personne conduirons ceulz de ladite establie de Saint-Johan à Tours..... conduire par le mareschal de France, ou par le comte de Lille, en sa compaignie Clermont et Bouciquaut et en porront emporter avecques eulx... la vendre ou aliéner ainsi comme bon leur semblera. Item : leur avons accordé que ceulz de la ville de Saint-Johan qui s'en voudront aler avecques eulx puissent aler et emporter ce qu'ilz voudront emporter de leurs biens ; et que ceulz qui voudront demourer auront leurs corps et leurs membres..... Item : est accordé de nous, de l'establie dessus dite, que les biens des dessus dits qui voudront demourer en la ville seront et demoureront..... du connestable. Et à tenir toutes les choses davant dites et chascune d'icelles fermes et accomplir en bonne foi sous peine..... accordées, convenanciées et jurées par la manière que dessus est dit, nous, sire de Copanne, Giraut de Saint-Aon, Gailhart Durant, Pierre de Castelnuef et Jehan de Montignac, escuiers davant diz pour nous et les dessus nommez de ladite ville et establie de Saint-Johan, avons baillié et baillions audit connestable les hostages ci après nommez, c'est assavoir : messire Pierre Gombaut, Guillaume Naple, Marestain de Santon[1], Richart du Temple, Raymond Durant, Bertrand de La Duz, Loys de Somput, Gauthier Meos[2], Arnaut de Copanne et Bernart de Castelnuef. En tesmoing des choses dessus dites, nous connestable de France davant dit, et nous Guilhen Raymond, sire de Copanne, Giraut de Saint-Aon, Gailhart Durant, Pierre de Castelnuef et Johan de Montignac, escuiers, dessus diz, avons scellé les lêtres présentes de nos sceaulx. Toutes accordées et données devant Saint-Johan Dangeli, le cinquiesme jour dudit mois d'aoust, l'an de grâce mil ccc cinquante et un.

XIX

1351, août. — Lettres patentes de rémission accordées par le roi Jean aux habitants de Saint-Jean d'Angély après la prise de la ville sur les Anglais. — *Original sur parchemin, sceau enlevé. A.1, n° 4.*

Johannes, Dei gracia Francorum rex. Notum facimus universis tam presentibus quam futuris, cum olim villa nostra Sancti Johannis Angeliacensis, per inimicos nostros occupata fuerit et detenta, in qua quidem quamplurimi habitantes, non attendentes, sicut debebant, quanta nobis et regno nostro Francie fidelitate tenebantur, regi Anglie adherentes contra nos, et inclite acordacionis dominum et genitorem nostrum, et regnum ipsum dudum in guerris presentibus se reddiderunt inimicos publicos et rebelles pro parte dicti regis Anglie, notoriam facientes guerram, villas, castra et subditos nostros in obediencia et fidelitate nostris persistentes, invadendo, necnon in perpetracione homicidiorum, mutila-

---

1. Dans la copie de l'abbé Lacurie on lit : « Pierre Gombaud, Guille Naple (marescaux de Santon). » Il s'agit bien d'un personnage dénommé Marestain ou Morestain de Santon. Il existait en Aunis une famille de Santon ou de Xanton qui a même donné des maires à la ville de La Rochelle.

2. Ce nom est omis dans la copie de M. Saudau.

cionum, incendiorum, furtorum et raubariorum, quisque personaliter agendo et quisque consenciando in nostrum opprobrium plures insistendo, dictamque villam Sancti Johannis contra nos et gentes nostras vi armata tenendo, et mulla alia mala sic facta guerras paciuntur comictendo; insuper et similia facientibus opem et concilium multipliciter prebendo in nostram dictique regni et subditorum nostrorum jacturam, ac regis ipsius Anglie ad opus et favorem; quare, quibus proculdubio crimen lese magestatis et penam capitalem noscuntur plures incurisse, et ad presens dicta villa Sancti Johannis dicioni nostre, auxiliante Deo, sit submissa, nos, ad instantem et humilem supplicacionem dictorum habitancium, pietate compulsi, advertentes paupertates, calamitates et miserias quamplurimis quas predicti habitantes, cum dictis inimicis nostris plures habuerunt, volentes propter hoc misericorditer agere cum eisdem predictos habitantes, ad nostri reconsiliacionis graciam favorabiliter admitimus, et omnia crimina, delicta, offensas, et culpas que et quas contra excellenciam regie magestatis et subditos nostros verbo et opere commiserunt; omnesque penas civiles et criminales quas propter premissa incurrerunt, seu incurrisse potuerunt, aut pati deberent, eisdem auctoritate nostra regia, ex certa sciencia et gracia speciali, remictimus; et quictamus per presentes ipsos habitantes et eorum quibuscunque ad omnia bona sua hereditagia, redditus, mansiones et alia quecumque tam mobilia quam immobilia, et bonam famam quibus privari dedebant aut poterant, occasione premissorum, relacientes ad plenum; insuper habitatoribus dicte ville concedimus ut possint inter se majorem eligere, communitatem habere, cum omnibus et singulis bonis, possessionibus, juribus et pertinensiis universis dicte communitati pertinentibus, ac privilegiis, suis usibus, costumis, franchisiis, libertatibus, juriscionibus, statutis, proficiis et emolumentis quibuscunque que et quas major et communia dicte ville Sancti Johannis habebant aut habere solebaut, poterant, vel debebant ante tempus capcionis predicte. Nolumus tamen quam per hujusmodi gratiam jus nostrum et dominium regium in aliquo minuantur, nec eis per hec tribuatur jus novum propter solitum et antiquum. Non obstantibus aliis graciis aut donis per nos aut dictum genitorem, aliàs sibi factis. Hinc est quam omnibus senescalis et baillivis ceterisque justiciariis regni nostri et corum loca tenentibus, commissariis quoque deputatis et deputandis, et corum omnibus, presencium tenore mandamus, habitantes predictos et quascunque corum, nostra presenti gratia, uti et gaudere pacifice faciant et permittant nec ipsos in corpore, sive bonis, contra ejus tenorem, impediant aut molestent, seu impediri aut molestari quomodolibet permittant. Quinimo, ipsos tanquam fideles nostros et dicti regni nostri de cetero et in omnibus cons..... indemnes bona sua propter hoc impedita, restituantur ad plenum, prout ad quemcunque corum pertinebit. Inhibentes nichillominus ne quis sit qui illos aut alterum corumdem in fidelitate predicta constanter aliquatenus in persona. Suis bonis contra tenorem dicte presentis gracie, molestari persumat quod ut stabilitatis perpetue robur obtineat in futurum, nostrum presentibus litteris fecimus apponi sigillum. Datum in tentis nostris, ante Sanctum Johannem Angeliacensem, anno Domini millesimo trecentesimo et quinquagesimo primo, mense augusti.

(*Sur le repli*). Per regem in consilio suo in quo erat do minus constabularius.

SERIS.

XX

1351, 6 septembre. — Mandement du connétable Charles d'Espagne. — *Original sur parchemin, sceau enlevé. EE, n° 2.*

Charles Despaigne, conte Dangolesme, connestable de France, lieutenant du roy monseigneur, ès païs d'entre les rivières de Loire et de la Dourdonne, à touz ceulz qui ces présentés lètres verront, salut. Savoir faisons que nous heü consideracion aux grans pertes et domages que les habitans de la ville de Saint Jean Dangéli ont heus et soustenus tant en la prise de ladite ville faite pieça par les anemis de monseigneur le roy comme despuis par les roberies et pillaiges que lesdiz anemis ont fait en icelle ville et au païs, et que ladite ville est assise en frontière et a mestier de grans reparacions et garde, confians de la loiauté et diligence des maire et jurés de ladite ville, leur avons ottroié de grâce espécial et ottroions par la teneur de ces lètres que lesdiz habitans il puissent contraindre dehument à faire gait en ladite ville et contribuer ausdites réparacions chescun selon son estat. Si, donnons en mandement au séneschal de Xaintonge ou à son lieutenant que lesdiz maire et jurez laissent et facent jouir et user paisiblement de nostredite grâce et contre la teneur d'icelle ne les empeschent ne souffrent estre empeschez en quelque manière que ce soit. Mandons ensement à touz les habitans de ladite ville que ausdiz maire et jurez en faisant les choses dessus dites obéissent en entendent diligemment les présentes après un an de la date d'icelles non valables. En tesmoing de ce avons fait mectre nostre scel à ces lètres. Donné à Saint Jehan Dangéli le vi⁰ jour de septembre l'an de grâce mil ccc li.

(*Signé sur le repli*).   Par monsieur le lieutenant,
                                SERIS.

XXI

1354, 15 mai. — Lettres patentes du roi Jean accordant aux habitants de Saint-Jean d'Angély une allocation pour assurer le service du guet et leur permettre de réparer leurs murailles. — *Original sur parchemin ; le sceau pendant sur double queue a été enlevé. EE, nº 3.*

Johannes, Dei gratia Francorum rex, universis has litteras inspecturis, salutem. Notum facimus, nos infrascriptas vidisse litteras dilecti et fidelis nostri Arnuhodi domini de

Audenchan, militis, marescali Francie et nostri locum tenentis in partibus inter riparias seu aquas Ligeris et Dordoignie, formam que sequitur continentes : Arnoul, sire Daudenchan, mareschal de France, lieutenant du roy nostre seigneur ès païs d'entre les rivières de Loire et de la Dordoigne, à touz ceulz qui ces présentes lètres verront et orront, salut. Pour ce qu'il nous est évidentement apparu que les murs et barbacanes de la cloyson de la ville Saint-Jehan Dangéli sont si desrompus et desgatés et tournés à grant ruine et dèche et pour ce que les bourgeois et habitans de ladite ville ont esté si gastés et pillés de leurs biens par les anemis de nostredit seigneur, qu'ilz sont tournés à si grant mendiance que lesdiz murs ne pourroient faire amender ne redrecier et tout aussi que ladite ville par suite ne pourroit à l'oneur du roy nostre sire et au prouffit du païs gaitter ne garder, monsieur le connestable de France eue bonne délibéracion sur ce en nostre présence avec plusieurs barons du Poitou et de Xaintonge ait voulu, commande et ordenne que soixante gaites aux gaiges de deux sols tournois soient mis et ordenez à veiller pour chascune nuit et gaiter sur les murs de ladite ville, nous eue consideracion aus choses dessus dites avons donné et ottroié, et encore donnons et ottroions de grâce espécial audit maire, bourgeois et habitans de ladite ville Saint-Jehan, soixante gaites pour chascune nuit pour veiller et gaitier sur les murs de ladite ville à gaiges de deux sols tournois, tant comme il plaira au roy nostre sire et tout aussi avons donné et ottroié et encores donnons et ottroions auxdiz maire, bourgeois et habitans de ladite ville, trente livres tournois pour chascun mois jusques à un an à compter de la date de ces présentes, pour convertir ès réparacion de la cloyson de ladite ville en rendant compte d'ycelle au capitaine dudit lieu de Saint-Jehan, qui à présent est, ou qui pour le temps à venir sera. Si donnons en mandement aux trésoriers des guerres de nostredit seigneur ou à leurs lieustenans qui à présent sont ou qui, pour le temps qui est à venir seront, que les gaiges desdites devant dit gaites, c'est assavoir pour chascune gaite deux sols tournois pour chascune nuit, avec lesdites trente livres tournois durant ledit temps, pour chascun moys, paient et délivrent au maire de ladite ville ou à celi qui pour ce sera, en prenant de li letre de recognoissance de ce qu'il prendra et paié l'aura esté pour ceste cause. Parmy lesquelles raportons avec la copie de ces présentes sous seel autentique par devers les gens des comptes de nostredit seigneur à Paris, nous voulons qu'il soit alloué en leurs comptes et rabattu de leur recepte sans contredit. Donné à Saint-Jean d'Angéli sous nostre petit seignet en l'absence de nostre grant seel, et tout aussi avons donné auxdiz maire et bourgeois une gaite pour demourer au seing de ladite ville aus gaiges de deux souls tournois pour chascune nuit, le xviie jour de janvier mil ccc cinquante deux. Donné soubz nostre petit seignet l'an et le jour dessus dis.

Nos autem predictas litteras, donacionem et graciam in eis litteris contentas ratas habentes et gratas eas volumus, laudamus et approbamus et de nostra speciali gracia confirmamus, mandamus dilectis et fidelibus nostris thesaurariis guerrarum nostrarum aut ejus locatenentibus, vadia prout in dictis litteris continetur persolvent absoluta alterius expectatione mandati, quia sic nostre placuit voluntati. Verum prout dicti major, burgenses et habitatores nobis asseruerunt dicte triginta libre per mensem. Secundum quod superscriptis litteris continetur sibi non fuerunt exsolute, mandamus eciam dictis thesaurariis nostris dictas triginta libras per mensem, usque ad unum annum, a dicta presente computandum, persolvant, aut persolvi faciant, quem annum, loco anni elapsi, per presentes subrogamus. Que quidem vadia necnon dictas triginta libras per mensem, cum eisdem majori, burgensibus et habitatoribus fuerint persolutas per dictas et fideles gentes nostras compotorum nostrorum per presentes litteras, aut copiam ipsarum sub sigillo autentiquo sigillatas, cum ipsorum quittacione eisdem reportando in compotis illius seu illorum ad quos pertinebit allocari volumus et jubemus. In cujus rei testimonium nos presentibus litteris fecimus apponi sigillum. Datum Parisiis xv° die maii anno Domini millesimo ccc quinquagesimo quarto.

XXII

1354, 4 août. — Mandement d'Arnoul d'Audeneham, maréchal de France, relatif au guet de la ville de Saint-Jean d'Angély et à la réparation de ses remparts. — *Original sur parchemin, sceau entier. EE, n° 4.*

Jehan de Clermont, sire de Chantilly, mareschal de France et lieutenant de par le roy monseigneur ès païs de Poitou, Xaintonge et Angoumois, à touz ceulz qui ces présentes lètres verront et orront, salut. Savoir faisons nous avoir receu unes lètres du roy nostre sire en double queue, sauves et entières, contenant celle fourme: Johannes Dei gratia, etc... (*Suit la transcription des lettres patentes ci-dessus*).

Si donnons en mandement aux thrésoriers des guerres de nostredit seigneur ou à leurs lieutenants qui à présent sont ou qui pour le temps à venir seront, de par ledit seigneur et de par nous, par vertu du povoir à nous donné d'icelui seigneur dont la teneur s'ensuit : Jehan, par la grâce de Dieu, etc... Savoir faisons que nous, confiens à plain du seuz, loyauté et diligence de nostre amé et féal chevalier et conseillier Jehan de Clermont, seigneur de Chantilly, mareschal de France, ycellui avons fait et establi faisons et establissons par la teneur de ces lètres nostre lieutenant pour la guerre, général et souverain par dessus touz autres capitaines en touz les païs de Poitou, Xaintonge et d'Angoumois et lui avons donné plein pouvoir et mandement espécial de retenir gens d'armes et de pié tant et à tel nombre comme il verra que il appartiendra de faire establir de gens d'armes et de pié ès chasteaux et forteresses dudiz païs, et d'en croistre et admenuiser le nombre, et de y mectre de nouvel et de oster ceulz que il y trouvera, si comme il verra que mestier sera à faire pour nostre honneur et proffit ; de faire assemblée de gens d'armes et de pié toutes fois que il verra que mestier en sera ; de ramener et faire venir en nostre obéissance les villes, chasteaux, forteresses et autres lieux occupez èsdiz pays par nos ennemiz, par force d'armes, par composicion ou transaction, et en toutes autres manières quelconques que faire le pourra ; de donner du nostre à ceulz à qui il verra que il sera bien employé, de instituer et destituer toutes manières d'officiers, de ramener nos ennemiz à nostre obéissance et grâce et de leur commuter, remettre et pardonner touz crimes, malefaçons et autres déliz quelconques par eulz commis contre nous et nos subgiez et aussi de pardonner à touz autres touz crimes et meffaiz comme dessus est dit si comme il verra qu'il appartiendra sellon la quallité de leurs meffaiz ; de faire tenir èsdiz pays de nostre partie et en tant comme il nous touche les treuves prinses et accordées derrenièrement entre nos gens pour nous d'une part, et les gens de nostre ennemi d'Angleterre pour lui d'autre part, on cas que nos ennemis èsdiz pays le vouldroient semblablement tenir, et généralement de faire toutes autres choses que il verra bonnes et convenables pour nous et à nostre proffit, et que à office de bon et vrai lieutenant souverain et général peuvent et doivent appartenir et de donner lètres soubz son seel des establissemens, collacions, dons, traittiez, ottrois, rémissions ou autres choses quelconques que il fera èsdiz pays, luy estant nostre lieutenant comme dit est, lesquelles lètres et tout ce qui par lui sera fait ès choses dessus dites et chascune d'ycelles nous promectons à avoir et tenir ferme et estable et les confirmer par les nostres, si mestier en est, et nous en sommes requis ; en tesmoing de ce nous avons mis nostre seel à ces lètres données à Saint-Oyn le IIIe jour de juillet l'an de grâce mil et trois cent cinquante et quatre. Que les gages desdiz soixante et uns gaite, c'est assavoir pour chascune gaite deux sols tournois pour chascune nuit et trente livres pour chascun mois pour la repparacion de ladite ville dedens le temps contenu ès lètres dudit seigneur ci dessus incorporées, paient et délivrent ausdiz maire et jurez ou à leur certain commandement prestement et sanz délay, toutes excusactions et délacions cessans, si et par tèle manière que aucuns dommages ne s'en puissent ensuire en prenant desdiz maire et jurez lètres de recognoissance des sommes que paiées leur auront, par lesquelles raportant avec la copie de ces présentes soubs le scel autentique par devers les gens des comptes du roy nostredit seigneur à Paris. Tout ce que paié leur auront pour les causes dessus dites sera alloé en leurs comptes ou de cellui d'eux à qui il appartiendra, nonobstant que desdites gaites ils facent point de monstre ne ne baillent noms et seurnoms, ne quelconques ordenances, mandemens ou deffences à ce contraire, car ainsi le voulons nous estre fait, et ausdiz maire et jurez l'avons ottroié de grâce espécial ; en tesmoing desquelles choses nous avons mis nostre scel à ces lètres données à Saint-Jehan d'Angély, le quart jour d'aoust l'an de grâce mil trois cenz cinquante et quatre.

XXIII

1360, 8 octobre. — Remise à Jean Chandos, commissaire du roi d'Angleterre, par Louis de Harcourt et Guichard d'Angles, commissaires du roi de France, de la ville de Saint-Jean d'Angély, en exécution des clauses du traité de Brétigny. — *Expédition sur parchemin.*

[Cette pièce a été publiée en son entier par M. Saudau dans son *Histoire de Saint-Jean d'Angély d'après les registres de l'échevinage* (p. 63 et suivantes), d'après la copie qui se trouve aux archives de Saint-Jean d'Angély (AA. n° 3), et par Abel Bardonnet dans le *Procès verbal de délivrance à Jean Chandos, commissaire du roi d'Angleterre, des places françaises abandonnées par le traité de Brétigny,* d'après le manuscrit conservé au British museum et la copie de la collection Brequigny].

XXIV

1367, 12 avril. — Mandement de Baudouin de Freville, sénéchal de Saintonge pour le roi d'Angleterre, obligeant les tenanciers de l'abbé de Saint-Jean d'Angély à contribuer aux réparations de la ville. — *Original sur parchemin ; sceaux enlevés.*

Baudouin de Freville, chevalier de monseigneur le prince d'Aquitaine [1], et son séneschal en Xaintonge, à touz ceulz qui ces letres verront, salut. Comme le chastelain de la ville Saint-Johan nous requeist et feist demande que nous vossissons commander et compeller les homes et subgiez de révérent père en Dieu l'abbé du moustier Saint-Johan [2], et des membres appartenant à yceluy, du ressort et chastelainie dudit chastel, à contribuer aus réparacions d'icelluy, pour la seurté du païs, et que ad ce il estoient tenuz, si comme ledit chastelain maintenoit, et autressi le mayre et bourgeois de ladite ville nous requeissent d'autre part que lesdiz homes desdiz religieux estoient tenuz à contribuer aus réparacions de ladite ville et non ailheurs, si comme ils dient ; emprès plusieurs débaz eu sur ce, d'une partie et d'autre, avons ordonné, du consentement et volunté desdiz religieux, chastelain et mayre, pour la manière qui s'enssuit : c'est assavoir que les homes dudit révérent père et du chambelain de La Faiolle [3], de Muron, de Fontané, de Varèze, de Charbonnières, de L'Aumousne, de Mazeray, de Champdolent, de Blouec,

---

1. Edouard, prince de Galles, fils d'Edouard III d'Angleterre, surnommé le prince noir.
2. L'abbé de Saint-Jean d'Angély était alors Pierre Tizon d'Argence (*Gall. christ*, II, p. 1105).
3. La châtellenie d'Essouvert (Exulvertum) dont le siège était à La Fayolle, dans la commune de Saint-Denys du Pin, canton de Saint-Jean d'Angély, avait été abandonnée à l'abbaye par Aymery, seigneur de La Malvaud, et Sénégonde, sa mère, en l'année 1057. Le moine chargé de l'administration de cette terre portait le titre de chamblain, chambarier ou chambrier de La Fayolle.

— 144 —

de Louzay, contribueront à présent aus réparacions de la ville par ainssi que a esté ordenancé et ne puisse tourner à préjudice ne conséquence ausdiz religieux ne homes en aucune manière qu'il ne s'en puissent sauver si de raison sauver s'en peuent et autressi que il ne dérogues en riens par le temps à venir ausdiz mayre et chastelain aus droiz que il y ons, ou peuent avoir de les y faire contraindre si tenuz y estoient. Pour tesmoignage de laquelle chouse, nous, à la requeste desdites parties avons ces présentes fait doubler, appouser le scel de ladite séneschaussée ensemblement ob le scel dudit révérent père le xiie jour d'avrilh l'an mil cccLx et sept.

Par monsieur le lieutenant en général.

(*Signature et sceau enlevés*).

XXV

1362, 19 juin. — Ordonnance de Richard de Totesham, sénéchal de Saintonge pour le roi d'Angleterre, autorisant la perception d'un droit sur le vin vendu en détail à Saint-Jean d'Angély, lequel droit sera applicable à la réparation des fortifications de la ville. — *Original sur parchemin ; sceau enlevé. CC, III. t. 3.*

Richart Toutesham, chevalier de nostre seigneur le roy d'Angleterre, et son séneschal en Xaintonge et Engolmois et gouvernement de la ville de La Rochelle et du pays environ, au prévost de Saint-Jehan d'Angeli, salut. Venuz sont par-devers nous le maire, eschevins et bourgois de ladite ville Saint-Jehan, disans que nul n'a droit et ne peut ny ne doit vendre vins à taverne au détail en ladite ville Saint-Jehan, sinon tant seulement des vins qui sont faiz et foulez en la banlieue de ladite ville, et que par poine de leurs privillèges desquieulx ils sont en possession par tant de temps qu'il n'est mémoire du contraire, ils povent espandre le vin qu'ilz trouveroient dehors ladite banlieue estre mis vendans à taverne et détail en ladite ville et que aucuns contre les poinz de leursdiz privillèges, par leur fraude et malice, et par leurs faux et fainx sermens, ont mis vins en ladite ville qui estoient dehors ladite banlieue, en feignant que ce estoit pour leur boire et despence, les autres que il métoient lesdiz vins en garde en ladite ville, et les autres en affirmant qu'ilz estoient de la banlieue et iceulx vins ont venduz à taverne et détail en ladite ville, et encore s'efforcent de jour en jour de le faire, laquelle chose est en grant grief, préjudice et domage desdiz maire, eschevins et bourgois, de leurs privillèges, franchises et libertez, si comme ils dient, et nous ont supplié que sur ce leur veuilhons pourveoir de remède convenable.

Pour ce est-il que nous, en regart aus choses dessus dites et à ce que noble seigneur, monsieur Jehan Chandos, lieutenant du roy nostre sire, et nous, avons promis et juré ausdiz maire, eschevins et bourgois les maintenir et garder en leurs privilèges, franchises et libertez et aussi en regart à ce que si lesdiz maire, eschevins et bourgois usoient de leursdiz privilèges en espandant le vin qu'ilz trouveroient vendant en la ville qui soit dehors ladite banlieue, il pourroit avoir faute de vin en ladite ville, si le roy nostre seigneur ou monseigneur le prince son fil venoient au pays et visiter ladite ville Saint-Jehan, avons ordenné et ordennons que les vins dehors la banlieue de ladite ville puissent estre mis et recueilhiz en ladite ville et yceulx venduz à taverne et à détail pour les causes dessus dites jusques à la feste de toussains prochaine venant seulement, sans ce qu'il face ny porte en riens nul préjudice ausdiz maire, eschevins et bourgois ny à leurs franchises et libertez, et pour ce que lesdiz maire, eschevins et bourgois ont le droit d'espandre le vin qu'ilz trouveroient dehors ladite banlieue vendant à taverne et détail en ladite ville, avons ordenné et ordennons que ils puissent prendre et lever sur chescun tonneau de vin dehors ladite banlieue qui a esté vendu en ladite ville à taverne et à détail despuis le premier jour de karesme dernier passé en cza et qui sera vendu jusques à ladite feste de toussains dix souls monnoie courante et sur chascune pippe cinq souls et des autres vaisseaux à la venant, pour mectre et convertir ès réparacions des pons ressecans sur la Voultonne ès environs de ladite ville, et que passé ladite feste de toussains, lesdiz maire, eschevins et bourgois usent de leursditz privilèges, et franchises et libertez ainsi comme par avant. Si vous mandons, et si mestier est, commandons que s'il y a aulcuns contredisant de paier ausdiz maire, eschevins et bourgois lesdiz dix souls pour tonnel de vin et cinq souls pour pipe et d'autres vaisseaux à la venant, vous, yceulx y contraigniez vigoureusement par toute compulsion deheue, de ce faire vous donnons pouvoir jusques à ladite feste de toussains tant seulement, mandons et commandons à touz les subgiez et soumis du roy nostre sire, que, en ce faisant, vous obéissent et entendent diligemment. Donné à Saint-Jehan d'Angeli souz le scel de nostredit gouvernement le lundi avant la nativité de saint Jehan Baptiste, l'an mil ccc soixante et deux.

Par monseigneur le séneschal : POPULUS.

XXVI

1372, 1er octobre. — Lettres de confirmation de leurs privilèges et de rémission accordées aux habitants de Saint-Jean d'Angély par Jean, duc de Berry. — *Original sur parchemin ; sceau enlevé (mauvais état). AA, n°s 1 et 3.*

Jehan, filz de roy de France, duc de Berry et d'Auvergne, conte de Poitiers, de Xaintonge et d'Angoulesme, lieutenant de monseigneur le roy ès diz païs et plusieurs autres, savoir faisons à touz présans et avenir que, pour considéracion de plusieurs granz et aggréables services que nos bien amez les bourgois et habitanz de nostre ville de Saint-Jehan d'Angeli ont fait audit monseigneur et à nous on temps passé, et espérons qu'ilz feront on temps avenir, nous ayans aggréables les privilèges, franchises et libertez à eulx octroiez par ledit monseigneur, les prédécesseurs roys de France et autres qui avoient puissance à ce ; yceulx privilèges, franchises et libertez dont il appert par lettres ou instrument souffisant si et en tant comme ilz en ont usé on temps passé, louons, approvons et par la teneur de ces lètres confirmons de certaine science, autorité royal, la nostre et de grâce espécial. Item, toute poine, amende corporelle et civille que iceux bourgeois et habitanz ou aucuns d'eulz povent avoir encoru envers ledit monseigneur ou nous, en quelque manière que ce soit, pour cause et occasion de aucuns homicides, larrecins, injures, violences, sauvegardes enfraintes ou autres déliz et crimes quelconques par eulz ou aucun d'eulz commiz jusques au jour de la date de ces présentes, nous, de la science, autorité, grâce dessus dite leur avons pardonné, quitté et remis, pardonnons, quittons et remettons par la teneur de ces lètres, en rappelant iceulz à leur païs et restituant à leur bonne fame et biens si mestier est. Et au procureur de mondit seigneur et au nostre..... de partie à poursuir civillement tant seulement. Vuillans et octroians ausdiz bourgois et habitanz que tout home qui d'aucun vilain caz..... absolucion pour lui seulement ou pour plusieurs la puissent avoir par la main du secrétaire qui a signé ces présentes senz autre commandement..... que dessus. Avons volu et octroié, volons et octroions ausdiz bourgois et habitanz que tous leurs biens meubles et immeubles, terres, possessions, rentes, droiz, debtes et accions qui pour cause de désobéissance ou rébellion seroient confisquez ou acquiz à mondit seigneur ou à nous ou par iceli monseigneur ou nous auroient esté donez à quelconques personnes que ce soit, leur soient renduz et délivrez tantost veues ces lètres, en caz qu'ilz soient retenuz ou vuillons tantost retenir non obstans dons faiz d'iceux biens à quelques personnes que ce soit et par quelconques causes. Lesquels dons et les lètres sur ce faites nous rappelons par la teneur de ces lètres. Item, de la science, autorité, et grâce que dessuz avons octroié et octroions par ces présentes ausdiz bourgois et habitans, ilz leurs biens et famille soient en la sauve et espéciale garde perpétuèlement de monseigneur et de nouz senz ce toutes voies que l'un s'en puisse aider contre l'autre et que toutes sentences, pièces, obligacions, lètres, instrumens faiz et octroiés soubz le sceaulx du roy Dengleterre, son filz, ses justiciers ou officiers, avant que lesdiz bourgois et habitans fussent retournez à l'obéissance de monseigneur et de nous, soient dautelle efficace ou valeur comment s'ilz fussent donez, faiz et octroiez par ledit monseigneur, nous, ou ses justiciers... leurs juges compétens en ceste partie. Si donnons en mandement par les mesmes lètres au séneschal de Xaintonge et à touz autres justiciers et officiers de mondit seigneur présens ou avenir à chacun d'eulz si comme à lui appartiendra, ou à leurs lieutenans que lesdiz bourgois et habitanz et chascun d'eulx ils facent et laissent joir et user de par nostre présente grâce ou graces paisiblement, senz les molester ou empescher ou aulcun d'eulz en aucune manière au contraire... si les mettent ou facent mettre tantost veu ces lètres au premier estat et deu. En tesmoing de laquelle chose nous avons fait mectre petit seau à ces présentes en l'absence du grant. Sauf le droit de monseigneur et le nostre en autres choses et l'autruy en toutes.

Donné à Saint-Jehan d'Angely, le premier jour d'octobre l'an de grâce mil ccc soixante et douze.

(*Sur le repli*): Par monseigneur le duc et lieutenant : Bordes.

XXVII

1372, 9 novembre. — Lettres de rémission accordées par le roi Charles V aux habitants de Saint-Jean d'Angély qui se sont volontairement soumis à son autorité. — *Original sur parchemin, sceau enlevé.* AA, n° 4.

Charles par la grâce de Dieu roy de France, savoir faisons à tous, présens et advenir, que nous, pour considéracion de la grant loyautté, amour et féaulté que ont monstré et monstrent par expérience de fait les bourgoiz et jurez de la commune de nostre ville de Saint-Jehan d'Angeli euls avoir envers nous et nostre couronne, car en recognoissant nostre droit que nous avons en la duché de Guyenne ilz se sont soubmiz promptement à nous et à nostre obéissance, à iceulz bourgoiz, jurez de ladite commune, et a chascun d'euls, désirans pour cause de ce leur impartir et extendre libéralement nostre grâce, avons quitté, remis et pardonné, quittons, remettons et pardonnons perpétuélement de nostre plaine poissance, auctorité royal, certaine science et grace espéciale par ces présentes, touz cas de crimes quelconques que eulz ou aucuns deulz pourroient avoir encouru ou avoir faiz ou perpétrez en nostre royaulme ou ailleurs, soit par fait de guerre, cas d'accident, rumeur, noise ou autrement, en quelque manière que ce puist estre pour le temps passé jusqu'au jour que derrairement et naguaires ilz nous ont recongnu leur naturel et souverain seigneur, et se sont soubmiz entièrement à nostredicte obéissance avecques toute paine et amande corporelle, criminelle et civile en quoy ilz ou aucun d'eulz pourront estre encourus envers nous ; et par ces mesmes présentes les restituons et chascun d'eulz à leur bonne fame, renommée et biens, où qu'ilz soient. Et avecque ce avons rappelé et rappelons touz bans feiz contre eulz ou aucun deulz, et touz procez meus pour ceste cause mettons du tout au néant. Ordonnons et mandons au sénéschal de Xainctonge et à touz nos autres séneschaulx, bailliz, prévoz, justiciers, officiers et subgiez et à leurs lieux tenans et à chascun d'eulz présens et advenir, que lesdiz bourgois, jurez et chascun d'eulz ilz facent, laissent et souffrent joir et user paisiblement de nostre présente remission et grâce et, contre la teneur de ces presentes, ne les empeschent ou molestent ou aucun d'eulz ou souffrent estre empeschez et molestez ores ne pour le temps advenir comment qu'il soit, et si aucune chose avoit esté faite au contraire si la remettent ou facent remettre au premier estat et deci tantost et sans délay ou contredit aucun. Et d'abundant en leur ampliant nostredite grâce, voulons et desclarons que au vidimus de ces présentes fait et collationné soulz le scel royal soit adjoustée aussi plaine foy que au prepre original d'icelles, et pour ce que les choses dessus dites et chascunes d'icelles soient fermes et stables à tous jours nous avons feit mettre nostre scel à ces présentes lettres, sauf en autres choses nostre droit, et l'autruy en toutes.

Donné à Paris, en nostre chastel du Louvre, le neufviesme jour du mois de novembre, l'an de grâce mil trois cent soixante et douze et de nostre règne le neufviesme.

(Sur le repli) : Par le roy en son conseil : TABARIN.

XXVIII

1372, 9 novembre. — Lettres patentes du roi Charles V confirmant les privilèges de la commune de Saint-Jean d'Angély. — *Ordonnances*, t. v, p. 677.

XXIX

1372, 9 novembre. — Concession au corps de ville du droit d'imposer des tailles sur tous les habitants pour la réparation des fortifications. — *Ordonnances*, t. v, p. 535.

XXX

1372, 9 novembre. — Autorisation de faire contribuer aux tailles pour l'entretien et réparation des fortifications les gens d'église. — *Ordonnances*, t. v, p. 536.

XXXI

1372, 9 novembre. —Déclaration du roi qu'il prend la ville sous sa garde et protection spéciale. — *Ordonnances*, t. v, p. 533.

XXXII

BB, 1 bis.

Le dimanche xix⁰ jour du moys de mars, l'an de grâce mil ccc sexante et trèze, fut ordené et establi pour maire de la ville et commune de Saint-Jehan d'Angéli sire Jehan Rouylhe l'ayné.

ESCHEVINS

Sire Jehan de Marteas.   Sire Guillaume Rouylhe l'ayné.
— Jehan de Saumur.   — Jehan Ysle.
— Bernart de Marteaux.   M. André Coutelier.
— Guillaume Mehe l'ayné.   Hélie Auffroy.
— Bernart Tronquière.   Bernart de Saumur.
— Guillaume Rouylhe le j^{ne}   Bernart Courtaut.

CONSSEILHS

Pierre Tronquière.   Guillaume Gratemoyne.
Pierre Seignouret.   Guillaume Mehe le jeune.
Aymery Seignouret.   Guillaume Giraut le jeune.
Aymery Villate.   Rempnoul de Pieruf.
Pierre Ridet.   Johan Guarin.
Johan Coutetin.   Johan Boueron l'ayné.
Hugues Bidaut.   Guill. Bouteville.
Robbert Le Maire.   Guill. Grant.
Johan Péronea l'ayné.   Gieffroy Bidaut.
Bertram de Fages.   Robbert Jourdain.
Yvon Guilhem.   Jehan Pascaut.

PERS

Johan Baudoux.   Gieffroy de Guajat.
Guill. Coulombéa.   Pierre Bagnenon.
Pierre du Moulin.   Hélie Barbarin.
Pierre Pécheloche.   Thomas Maslait.
Michea Faure.   Jehan Chovea le jène.

Michea Bouquart.
Guill. Daguenaut.
Pierre du Meslier le jène.
Pierre Achart.
Johan Roussea.
Tierry de Couloigne.
Robert Morant.
Bernart Gratemoyne.
Johan Poinet.
Johan David.
Jacques de Baudon.
Ithiérot Lemousin.
Ouilhot Roy.
Pierre Aubespin.
Jehan de Bourg.
Clémens de Cray.
Pierre Babaut le grant.
Guill. Bruylhac.
Contreffait.
Jehan Plumagier.
Jehan Bertram.
Robert Le Tondour.
Mercot Le Masson.
Bertram Mesnard.
Jehan Guillebault.
Guill. Le Camus.
Perrin de Coignac.
Giraut Bordes.
Johan Guadiot.
Perrotin de La Barrière.
Le Maistre de Parthenay.
Guill. Le Roussea de Bavois.
Johan Biraut.
Pierre Oulier.
Tubaut.

Thévenot Roux.
Pierre Babaut le petit.
Johan Lorens.
Johan Tibaut dit Bilhon.
M. Jehan de Carnet.
Michea Holiver.
Guill. de Redon masson.
Hélie de La Font.
Guill. Ayronnet.
Martin Coubaut.
Johan Audouyn, terrier.
Johan Bassot.
Johan Beliart.
Iterot Aymery.
Pierre Lorin, fourner.
Johan Chovea dit Lèvre l'ayné.
Pierre Branthosme.
Johan de B...
Joffroy Laventure.
Johan de Gauders.
Johan Gauvert.
Johan Guiart, cousturier.
Johan du...
Aymery Seignouret.
Johan Doré.
Pierre Bonifasse.
Guillaume Fremin.
Johan Guyot.
Johan Martin.
Pierre Bertaud.
Joffroy Michea.
Johan de Saumur.
Cornille Bernart.
Pierre de Turet, fils de Arn.

Mézée tenue par monsieur le maire le vendredy xxiiii⁰ jour de mars, et est l'autre assignée au vendredi xxi⁰ jour d'avrilh, l'an mil ccc lxxiiii.

Tous sont d'assentement que mestre André Coutelier guardet ceste année l'un des grans sceaux de la commune, lequel a juré que rien n'en sera scellé sanz l'assentement de touz, ou quelque soit, des quatre qui lient le commun; que Guillaume Coulonbea, Michea Faure, Pierre Pécheloche, Johan Baudoux puissent lier et passer tout ce que les autres pairs pourroient faire si ils estoient présens lesquieulx l'ont promis et juré faire bien et loialement, et que nulh n'entrera jamais en commune si n'est en plénière mésée et de l'assentement de touz; que Rogier Grolea et Johan Colin soient sergens ceste année et Bernart Fradin soit souzmaire; lesquieulx ont fait serment de le faire bien et loialement; que Bernart Courtault et Robbert Le Maire fassent la resserche par la ville de ceulx qui font guez et reguez et gardes portes, et en leur compaignie yront ceulx qui commandent les guaix par les v quartiers de la ville; que Jehan Coutelin et Jehan Boueron l'ayné ayent le regart sur toutes les malvaises chars milhargouses et autres et sur tous malvais poissons; lesquieulx ont juré de le faire bien et loialement; que Michea Faure et Le Maistre de Parthenay ayent reguart sur toutes fausses marchandises de souliers et de cuers tannez, et ont juré; que Guillaume Roy et Guillaume Brulhat ayent regart sur toutes fausses danrées de marrain, de tonneaux de pipes, et si ils sont de loial moison, et sur la frète et sur l'oisilh [1]; et ont juré que Robbert Le Maire et Jehan Pasquaut aient regart sur toutes fausses marchandises de drap de layne, et ont juré.

---

1. « Oisilh », osier propre à lier les cercles de tonneaux.

Mézée tenue par monsieur le maire le vendredi xxie jour d'avrilh et est assignée l'autre mézée au vendredy xixe jour de may l'an m ccc lxxiv.

Tous sont d'assentement que Hugues Bidaud et Aymery Seignouret soient procureurs de la ville pour demander, deffendre, requerre recours, bailher, apparoistre en cours et faire toutes et chascunes les chouses que bons procureurs pouhent faire et appeler et donner letres à Bernart Courtaut en leur compaignie qui ayet aussi grant pouhoir comme eulx et verront que la procuracion soit faite en la meilleure ordenance que l'on pourra ; que Bernart de Marteas l'ayné, Hugues Bidaut, Guillaume Coulonbea, Jehan Baudoux oyent le compte que doit rendre sire Jehan de Saumur de l'année précédente qu'il fut maire, de sa recepte et mise et que il aient povoir de le recèvre autant comme si touz y estoient, lesquieulx ont promis et juré de rapporter bien et loialement tout ce qu'ilz trouveront par ledit compte ; que touz ceulx qui deffaudront aux guaiz, aux reguez et aux gardes portes soient paiez et priz les guages des deffaux aussi tout comme ils auroient deffaultié c'est assavoir : par le deffaux du guaix, deux souls six deniers, et autant du reguait et autant des guardes portes ; que doze maders de mait de treuilh [1], lesquieulx ont esté priz de Yvon Guilhem pour la nécessité de la ville que ilz ly soient rescouz autres doze maders aux despens de la ville aussi bons comme estoient ceulx qui furent priz du sien et du mesme lonc ; que l'original des privilèges octroiez par le roy nostre sire aux bourgeois, qu'il soient frans de tous sussides, soient portez à La Rochelle pour monstrer au guoverneur et au maire de La Rochelle pour le fait des merchans.

Mézée tenue par monsieur le maire le vendredi xixe jour

---

1. On appelle *treuil*, en Saintonge, le local où se fait le vin. La *mait* est le récipient placé au-dessous du pressoir pour recevoir le vin qui en découle.

de may et est assignée l'autre mésée au vendredi xvie jour de juyn l'an mil ccc lx et quatorze.

Tous sont d'assentement que l'on fasset aprocher Hélie Aufiroy pour avoir le compte de la recette qu'il fit l'an lx et doze [1] pour paier les gens d'armes qui furent aux guages de la ville, et s'il y a reste, qu'il soit baillé à Bernart de Saumur de ce qui ly est dehu et s'il n'y a de quoy qu'il soit paié d'ailleurs ; que l'on fasset le biain pour adouber et réparer les douhes et que de chascun hostel l'on y metet un home de xv jours en xv jours, et que nulh ny trametet petit enffant ny chambrier, mes bon laboareur, et non autre home.

Sire Bernart de Marteaux confesset en plénière mesée par davant touz avoir éhu et receu, par nom de monsieur Guillaume Desséris [2], de l'argent que ledit monsieur Guillaume presta à sire Jehan de Saumur et à Bernart de Saumur, par nom de la ville, c'est assavoir de Guillaume Bouteville cent et quinze soulz et de Guillaume Mehe, sexante et dix soulz desquelles sommes ledit sire Bernart Marteaux promet à tenir quipte perpétuellement les dessuz nommez envers ledit monsieur Guillaume, et vers tous autres qui question ne demande leur en pourroient faire et a promiz en donner bonnes lètres de quiptance soubz son seel.

*
* *

Le mardi, xxxe jour de may, l'an mil ccc sexante et quatorze, hors de mézée, conbien que le sain sonnast, furent assemblez en l'eschavinage sire Jehan Rouylhe, maire de la ville et commune de Saint-Jehan d'Angeli, et le plus des eschevins, consseilz et pers, ledit jour au matin avant heure

---

1. C'est le 18 septembre 1372 que Saint-Jean d'Angély ouvre ses portes au duc de Berry et au connétable Duguesclin.
2. Voir sur Guillaume de Séris, chevalier, Amos Barbot, *Histoire de La Rochelle*, t. 1er, p. 174 et 180.

de prime, sur certaine collacions appartenant à ladite commune pour cause des privilèges d'icelle.

Tous sont d'assentement que les privilèges soient monstrez et leus à Berthelot Jehan, lieutenant de monsieur le sénéschal, et au procureur de monseigneur de Berry et desquiex ledit procureur et mestre Renaut de Féletot, sergent de mondit seigneur, firent inventaire, sans appeler ny faire assavoir à monsieur le maire ny à ses sergens, et aussi la délivrance de son corps qu'ilz tiennent empesché et en arrest par le mandement dudit lieutenant.

Que l'on requerret à Hélie Auffroy, prévost de ladite ville, la délivrance de Aymery Berbe, lequel il a priz et fait mètre on chastel et on caz qu'il ne le délivrera tantost de en appeler en France.

Que on caz dessusdiz l'on appellet desdiz lieutenant procureur, prévost et sergent et de touz les griez qu'ilz et chascun d'eulx ont fait en enffraignant lesdiz privilèges, par davant le roy nostre souverain seigneur, et que l'on les poursuivit bien et rigoureusement aux despens de chascun de ladite commune; et que l'on fasset taillée sur chescun d'icelle selon sa faculté pour pourcèvre lesdies appellacions.[1]

Memoria est que, le semadi tiers jour de juyn, l'an mil ccc sexante et quatorze, se comparut en la présence de monsieur le maire et des tesmoyns ci dessouz nommez, Hélies Auffroy, prévost de Saint-Jehan d'Angeli, et fut dit et prepousé contre ledit prévost : vous avez priz et fait prendre un de nosjurez appelé Aymery Berbe et mis on chastea en prison, que faire ne devez quar vous n'aviez nulle cognoissance sus luy, si avez attenté contre nos privilèges, et vous requerrons

---

1. Cette mésée extraordinaire avait évidemment pour but de s'opposer à quelques exactions des officiers du duc de Berry qui avaient fait arrêter le maire comme répondant pour sa commune. L'arrestation d'Aimery Barbe, juré de la commune, dont le prévôt fait plus loin amende honorable, se rattachait sans doute aux mêmes faits.

que ledit nostre juré vous rendiez soult et quipte de tout empeschement et amande et domages que pour cause de ladite prize, il pourroit avoir éhu et soustenu et nous amandiez l'enjure que fait nous avez selon ce que par nostredite court sera esgardé. « Lors ledit prévost, présent en court, cognehut et confessa la prize dudit juré avoir fait contre raison, et pour ce ledit prévost nous rendit et amena ledit juré audit monsieur le maire soult et quipte de tout empeschement et amande, et promist iceluy tenir quipte de toutes et chescune les chouses et domages que ledit juré pourroit avoir éhu et soustenu pour cause de ladite prize et guaga l'amande audit monsieur le maire, eschevins et jurez, à l'ordenance d'iceulx. Présens tesmoings : sire Bernart de Marteas l'ayné, sire Jehan de Saumur, sire Guillaume Rouylhe le jène, Pierre Tronquière, Aymery Seignouret, Hugues Bidaut, Jehan Péronea l'ayné, Jehan Boueron l'ayné, Jehan Péronea le jène, Jehan de Maison, Guillaume Roy, Pierre Aubespin, Guillaume Thomas et plusieurs autres.

Mézée tenue par monsieur le maire le vendredi xvie jour de juyn et est assignée l'autre mézée au vendredi xiiie jour de juilhet l'an de grâce mil ccc sexante et quatorze.

Tous sont d'assentement que on caz que ceulx de La Rochelle ne vaudront donner bonne responce des faiz des privilèges, comme les jurez de la commune de siens, soient quiptes et francs de paier imposicion à La Rochelle, que l'on fasset une tailhée pour persègre contre ceulx de La Rochelle, telle comme monsieur le maire et son conseilh esgarderont qu'il sera à faire, et que chascun selon soy y soit tailhé pour contrybuer.

Que monsieur le maire soit enformé des enjures que les fourestiers ly ont fait ou dit, et que li enfformé, que selon le privilège de la commune l'on se guovernet et que l'on en mettait en effait selon le contenu dudit privilège et que l'on requerret le prévost pour aconplir ledit contenu.

Mézée tenue par monsieur le maire le vendredi xiiiie jour de juilhet et est assignée l'autre mézée au vendredi xxve jour d'aoust l'an mil ccc sexante et quatorze.

Tous sont d'assentement que l'on donnet quiptance à Guillaume Lendormy, afferneur du pavage des portes, de troys quarterons du temps de la mairie de sire Jehan de Saumur l'an mil ccc sexante et trèze, pour chascun quarteron neuf livres cinq soulz, et sont du quarteron de pasques, et de celli de la saint Jehan et de celli de la saint Michel dudit an, et montent les troys quarterons vint sept livres et quinze soulz.

Sont d'assentement que Jehan de Saumur soit paié de la somme de dix livres cinq soulz qui li sont dehuez, si comme il appert, pour le reste de son compte, et en doit estre paié dedans la feste de noël prochain venant, lesquelles x livres v soulz li sont dehuez du temps de sa mairie l'an mil ccc sexante et trèze, mis hors son salaire qui li est encore dehu de toute l'année, et aux autres officiers de siens.

Que monsieur le maire, les sergens et le souz-maire soient paiez sus les revenuz de la ville et par quarterons deus en avant.

Mézée tenue par monsieur le maire le vendredi xxve jour d'aoust l'an mil ccc lx et quatorze et est assignée l'autre mézée au vendredi xxiie jour du moys de septembre prochain.

Tous sont d'assentement que sire Bernart Tronquière soit créhu par sa conscience de despensse et mise qu'il a fait on voyage de France de ceste derrère poursuite, et de li estre à ses domages, et du premier voiage que sire Jehan de Marteaux et li firent en France. Contera ledit sire Bernart de ce qu'il a éhu de la recepte de la ville.

Mézée tenue par monsieur le maire le xxiie jour de septembre et est ordenée l'autre mézée au vendredi xxe d'octembre l'an de grâce mil ccc sexante et quatorze.

Tous sont d'assentement que pour cause que tous les eschevins, conseilhers et pers ne sont aujourduy ensemble en la mézée pour ce que le sain de la commune n'a pas sonné par la manière acoustumée à faire, pour cause de la maladie Hélie Auffrey [1], que l'on attendet jucques à la mézée prochaine à parler de ce qu'on devoit aujourduy parler.

Mézée tenue le vendredi xxe jour d'octobre, et est ordennée l'autre mézée au vendredi premier jour de décembre l'an de grâce mil ccc sexante et quatorze.

Tous sont d'assentement que l'on supercédet de faire ordenner la tailhée pour les guages de sire Jehan de Saumur et des sergents de l'an précédent, qu'il fut maire, jusques à la prochaine mézée et ad celle il sera ordenné gens pour la faire.

Que toutes manières de gens feront les reguez en leurs personnes et qui y deffaudra à la poine de xxv soulz.

Que on cas qu'il deffaudroit le guet sur le pourtau d'Aunys que l'on li mectet et que il soit paié des revenues de la ville la nuyt que le guet de celli quarter ne pourra souffire.

Que nulh ne louhet home à faire guait ne reguait qui ne soit bon et souffisant et personne bien coguehu à la mesme poyne.

Mézée tenue par monsieur le maire le vendredi premier jour de décembre et est assignée l'autre mézée au vendredi v^e jour de janvier l'an mil trois cens sexante et quatorze.

Tous sont d'assentement que Thomas Maslart et Giraut de Saint-Martin lèvent et recèvent l'argent qui sera ordenné à faire la palisse, laquelle est ordennée à faire dès le chastea jusques à la porte de Nyort.

Que on cas que chescun n'y vodroit donner pour la-

---

1. Hélie Auffroy, comme on l'a vu plus haut, était prévôt du roi.

dite palisse faire selon sa faculté, que l'on fasset taillhée sur chescun et que l'on les y puisset taxer au plus près de ce que les autres qui ont comenssé à donner ont fait.

* * *

MÉZÉE tenue par monsieur le maire le vendredi v^e jour de janvier et est assignée l'autre mézée au vendredi ixe jour de février.

Tous sont d'assentement que monsieur le maire allet par devers monsieur le séneschal et que il ly monstret les privilèges qui nous sont nécessaires à présent.

Que l'on trametlet par devers le roy un messager et lètres pour ly sunifier la povreté et misère du pouvre païs.

MÉZÉE tenue par monsieur le maire, le vendredi ixe jour de février l'an mil ccc sexante et quatorze et est assignée l'autre mézée au vendredi xvie jour de mars prochain.

Touz sont d'assentement que monsieur le maire, appellé les quatre qui pouhent lier la commune, et de ses eschevins, puissent bailher à aucun pour le melheur pris qu'ilz verront que à faire sera, la somme de deniers que le roy a donné à la ville.

Que sur la revenue du souchet et des entréez soit paié sire Bernard Tronquière et sire Jehan de Saumur, c'est assavoir ledit sire Bernart Tronquière la somme de cent livres, protestation faite par ledit sire Bernart que par ce il fasset innovation ne préjudice à son obligacion qu'il ne puisse demander et requerre ce qui sera en reste du contenu de son obligacion et seront paiéez sexante livres audit sire Jehan de Saumur sur les revenuez susdites, et commenssera le paiement dudit sire Bernart et dudit sire Jehan à pasques, prochain venant, pour chescune semayne de qui en avant, quatre livres, jucques à tant que lesdiz sire Bernart et sire Jehan soient entièrement paiez dez sommes des huyt vins livres susdites.

Que d'une pipe de froment qui fut empruntée de monsieur l'abbé, laquelle fut donnée à monsieur le mareschal de France, avec plusieurs autres chouses, estans au siège de Fontanet[1], laquelle pipe de froment fut estimée à XIII frans, lesquels paieront les héritiers de fehu Jehan Peronea audit monsieur l'abbé, parmi ce que audiz héritiers seront desduys lesdiz XIII frans sur ce en quoy ils pouhent estre tenuz à la ville du souchet de l'an LXIII et de l'an LXIV;

Que toute la reste qui apparoistra estre dehue dudit souchet desdites deux années par les héritiers dudit Peronea et Bernart de Saumur sera bailhé en paiement audit Bernart de Saumur, en déducion de ce en quoy la ville li puet estre tenue.

MÉZÉE tenue par monsieur le maire, le vendredi XVIe jour de mars et est assignée l'autre mézée au vendredi... jour d'avrilh l'an LX et XV.

Touz sont d'assentement que des vins que Hélie de Talay et Reynaut Pourtchau nont fait venir en ceste ville et vendu, que le souchet et les entréez de ville qu'il en povoient devoir leur soit donné et qu'il soit rebattu aux fermeurs la somme en quoy lesdiz Hélie et Regnaut y pourroient estre tenuz;

Que le pois à poiser les blés et farines à la porte d'Aunys soit fait;

Que quiconque poisera blez audit poiz paiera mailhe pour quartier, un dener pour mine et du plus à la valeur et du moins aussi, et si aucun ne poise que un boissel ou deux ou trois, il paiera mailhe, mes il pourra poiser jucques à quatre boisseaux sans paier que celle mailhe;

---

1. Fontenay-le-Comte fut assiégé par Du Guesclin le 9 octobre 1372. (Froissart, édition Siméon Luce, t. VIII, p. 88). Mais il s'agit ici de Fontenet, petite localité à 4 kilomètres au sud de Saint-Jean d'Angély, où les Anglais de la garnison de Cognac eurent un poste avancé. Ce qui le prouve, c'est qu'il est question, non du *connétable*, mais du maréchal de France, Louis de Champagne, comte de Sancerre.

Que tout home qui metra vin à taverne sans congié des fermeurs du souchet, paiera de payne pour pipe cinq soulz, et pour tonneau dix soulz;

Que de quinze livres dix soulz qui estoient deus aux fermeurs du souchet des vins que Arnaut Pourssea avoit vendu, et entrez de ville, leur seront rebatus de leur ferme pour chescune semaine sexante sols jucques à tant que ladite somme soit entièrement rebatue, et désia en ont rebatu les procureurs de la ville ausdiz fermeurs quarante soulz de la semaine passée, et reste que l'on doit audiz fermeurs trèze livres et demie qui leur sera rebatue en la manière dessuzdite;

Que les procureurs et receveurs par nous establys avoient mis aucunement argent du leur en l'ouvrage et besoigne de ladite ville et au prouffit de ladite ville, qui oy le compte des mises et receptes qu'il auront fait, que ce qu'il diront en leur serment qu'il auront mis du leur, oultre ladite recepte, que de la première revenue que ladite ville aura, et recevra emprez leur compte fait, qu'il soient paiez et satisffaiz entièrement en monstrant et ensseignant en quoy il l'auront mis.

Mézée tenue par monsieur le maire le vi^e jour d'avrilh l'an mil ccclx et quinze.

Tous sont d'assentement que Jehan Boueron, l'ayné, et Robert Jourdain soient, ceste présente année à venir, procureurs de la ville et commune, lesquieulx ont promis et juré de garder le prouffit de la ville et de tout ce qu'ilz recevront les mestre ob le commandement du maire qui par le temps sera, bien et loialment, et rendre bon compte et loial;

Que l'on donnet à Pierre Gimel et à sa plège quiptance de la somme de quatre vins livres qu'ilz ont paiez aux receveurs qui ont esté par le temps passé de la ferme du souchet et entréez;

Que l'on donnet un mandement qui se adroissera aux procureur et receveur, pour faire paier sire Jehan de Saumur et sire Bernart Tronquière de l'assignacion qui leur a esté faite sur la recepte du souchet et entréez ;

Que sire Jehan de Saumur, sire Guillaume Rouylhe le jène, Pierre Gimel et Jehan Garin, pour ouïr le compte d'Aymery Seignouret et de Huguet Bidaut, de l'année passée qu'ilz ont esté procureurs et receveurs de la ville ;

Que Aimery et Pierre Seignouret, dit Piet, aient et preignent toute la revenue du pois des portes de la ville à poiser blez, jucques à quatre ans prochain venant à compter dès le jour duy en et par nom de salaire de feu sire Pierre Seignouret, leur père, de l'an qu'il fut maire de ceste ville et des autres chouses qu'on leur puet devoir de pierres et d'autres chouses.

Le samedi xxxi° jour de décembre.

Aujourduy avons affermé à Guillaume Lendormy, le pavage de toutes les portes de ceste ville, du premier jour de l'an jucques à un an acompli, pour le priz de cinquante livres monnoie courante, lesquelles ledit Guillaume paiera par moys, c'est assavoir en chascun moys quatre livres troys soulz quatre deniers, et commenscera le premier paiement en cestuy moys de janvier. Ce fut fait présens : sire Bernart de Marteas, sire Guillaume Rouilhe le jène, Bernart Courtaut, Aymery Seignouret, Robert Le Maire, Robert Jourdain, Jehan Guarin, Huguet Bidaut, Pierre Lorin, Ambroise de Saumur, Jehan Audouin et plusieurs autres, le dernier jour de décembre l'an mil ccc sexante et quatorze.

*
* *

Le dimanche xxi° jour de janvier.

Aujourduy a esté mis la ferme du suchet, c'est assavoir de maille pour chescune pinte de touz les vins venduz à détailh en la ville Saint-Jehan d'Angély, et suburbes, et les cinq soulz par tonneau de vin qui y enterront ou passeront par ladite ville et suburbes, qui ne soient de l'héritage des habitans d'icelle, ou des bourgeois et jurez de ladite commune, en vente dès le xxvie jour de janvier prochain venant jucques à un an prochain venant, sans intervale ne moyen. Par ainssi que par nulh vimence quiexconque ne sera riens destruit ne rebatu de ladite ferme à celuy qui l'affermera et paiera par chascune semayne telle quantité qu'il y appartiendra et donra bons plèges et soulfisans à paier.

  Sire Bernart de Marteaux l'ayné, iiiᶜ l.
  — Jehan de Saumur, iiiᶜ xx l.
  — Bernart de Saumur, iiiᶜ xl l.
  — B. de Marteaux l'ayné, iiiᶜ l.
  — Pierre Gimel, iiiᶜ xx l.

Et a esté remise ceste ferme à bailher jucques à jeudi prochain venant auquel jour seront bailhées précisément au dernier et plus offrant bien applegé comme dessus est dit.

(*Ce second procès verbal n'est pas transcrit*).

*
* *

Le samedi premier jour de décembre.

Commanda monsieur Guillaume des Bordes comme lieutenant du roy nostre sire en Xaintonge et Engolmois et par manère d'aiournement, à Jehan Courtaut, demourant à Soubize, que, du jour duy en un mois prochain venant, soit à Saint-Jean d'Angely, par davant monsieur le sénéschal de Xaintonge, ou son lieutenant, pour aporter et exiber la grâce ou les grâces par lesquelles li ou autres ont levé, par le temps passé, le vintiesme des danréez que les habitans de ceste ville ont fait passer et repasser par davant Soubize et pour fournir et estre adroit à restitucion, si tenuz y est, de ce qui en a esté receçhu en enffraignant les grâces et privilèges à nous octroiez par le roy ; et pour procéder et aler avant en oultre, par la manère que raison sera, et ad ce furent présens : sire Jehan Rouilhe, maire de Saint-Jean d'Angeli, sire Bernart Tronquière, sire Guillaume Mehe, l'ayné, bourgeois, et Le Bastard Alemant, escuier, monsieur André de La Croix, prestre, Pierre Tronquière, Pierre de La Sale le jêne, Huguet Bidaut, Bernart Fradin et plusieurs autres.

Le dimanche viiie jour d'avrilh. [1]

Aujourduy sont éleuz pour les gens de la commune de siens, les troys ci dessouz nomez bons et souffizans pour que monsieur le   choisisset lequel qu'il ly plaira des trois et les

(*Le procès verbal n'a pas été rédigé*).

Ceu sont ceux qui ont paié leur entréez de commune en la mairie sire Pierre Roilhe l'ayné bailhez au procureur.

1º Robin Chovea, dit Lèvre, a paié 1 franc d'or d'entrée de commune, le xiiie jour de may, à Aimery Seignouret.

Hugues Bidaut a recehu de Pierre Pouls un franc d'entrée de commune des...

Aimery Seignouret a recehu un franc de Aimery Berbe, d'entrée de commune; de Guillaume Jousset, xx soulz; de Jehane Cordère, xx soulz; de Nollet Champan, boucher, xx soulz; de Guillaume Boisart, xx soulz; de Jehan Giraut, de La Vergne, xx soulz; de Pierre de Blois, xx soulz; de Toussains du Mesnilh, xx soulz; de Pierre Brantosme, xx soulz.

Alen de Belle-Ysle, suire, doit un franc à la commune.

Hellie de Fourner,   id.

Michea Le Bourssier,   id.

La feme Pierre de La Broie est de commune sans rien paier de l'assentement de touz.

Pierre de Blaies, charpentier, doit un franc à la commune.

Guillaume de La Cour, cousturier,   id.

Jehane Vesiate, déguerpie de Pierre Boniface, est de commune sans rien paier.

Guillaume Quentin qui entra en commune le xviiie jour

---

1. Pâques en l'année 1375 ayant été célébré le 22 avril, le dimanche 8 correspond bien au dimanche de la passion, jour où l'on chante : *Judica me*, qui était le jour de l'élection du maire. Mais on remarquera que la mésée tenue le 6 avril porte la date de l'an 1375, d'où l'on doit inférer que le commencement de l'année était alors fixé au 25 mars.

de septembre, doit paier à la commune un franc dedens noël prochain.

Brisset du Refuge doit un franc à la commune.

Pierre du Chastagnéc qui entra en commune le IXe jour d'octembre doit paier à la commune un franc dedens noël.

Arnaut Chemilhac, coutelier, entra en commune le XXVIIe jour de décembre, et doit paier à la commune un franc dedens la mikaresme.

Jehan de La Magdeleine entra en commune le XIIIe jour de février l'an IX quatorze, et doit paier à la commune un franc dedens la feste de toussains et paiera chascun an à la feste de noël dix soulz de rente cheschun an, durant le cours de sa vie à paier le jour de noël.

Le jeudi VIe jour d'avrilh.

Condepné est par jugement et de son assentement Jehan David paier et rendre dedans la feste de la panthecouste prochaine venant, à sire Jehan de Saumur, un franc pour cause du pâti qui fut pris ob les Franssois.[1]

Le vendredi VIIe jour d'avrilh.

De la demande que fasoit Jehan Gervais, cousturier, contre Bernart Courtaut, un franc et quart, pour cause du pâti pris ob les Franssois, a demandé ledit Bernart jour lequel li avons avenancé à duy en huyt jours, auquel jour, etc...

Le XIXe jour d'avrilh.

Condepné est par jugement et de son assentement Thomas Mastart, paier et rendre à Aimery Seignouret, par nom de la ville, un quart de franc pour cause du pâti, en cas que Guillaume Grattemoyne dira en sa consscience qu'il le doit.

Le semadi Xe jour de juyn.

---

1. On appelait « pâti » ou « appati » la convention par laquelle on payait une redevance fixe pour tenir lieu des réquisitions de guerre. Le pâti qui fut pris « ob les Français » doit s'entendre des conventions arrêtées soit avec Du Guesclin en l'année 1372, soit depuis avec ses lieutenants qui occupaient le pays.

Condepné est, etc..., Aimery Berbe, paier et rendre à Aymery Seignouret, cinq soulz, pour cause du pâti qui fut pris ob les Franssois, dedens sept jours prochains venant.

Le jeudi xvᵉ jour de juyn.

Condepné est André Eschet, orfèvre, paier et rendre dedens sept jour prochains venant, à Pierre Redet, dix soulz monnoie courante, pour cause du pâti pris ob les Franssois, sauve audit Pierre de demander encore cinq soulz.

Le xxııᵉ jour de juyn.

Condamnation, pour mesme cause, de Pierre de Blois « en sèze soulz à paier à Aimery Seignouret » et auxi avons condepné Repnoul Espissier, pour rendre audit Pierre le guaige qu'il en chut.

Le xıxᵉ jour de jullıet.

Condamnation, pour même cause, de Guillaume Grant en un franc d'or, pour cause de la tailhée du pâti qui fut pris ob les Franssois, dedens la feste de toussains, à Pierre Redet.

Le mardi ıııᵉ jour d'avrilh.

Aujourduy, en la présence de Jean Berthelot, lieutenant de monsieur séneschal de Xaintonge, Hélie Auffray, prévost de la ville Saint-Jean, sire Guillaume Roilhe le jène, sire Guillaume Mehe l'ayné, mestre André Coutelier, Aymery Seignouret, Pierre de La Sale le jène, mestre Renaut le Platier, Jehan Plumager et plusieurs autres, nous fut amené Jehanot Le Comte, qui fut vallet naguères de Hélie Barbarin, lequel estoit accusé de cas de crime, duquel acusement l'on n'a pehu trouver par nulle manère que ledit Comte soit coupable, si comme nous a raporté ledit lieutenant et ledit prévost, lesquieux en ont fait informacion au mieulx de leur povoir, lequel Comte n'a esté trouvé coupable en aucune manère de ce qu'il avoit esté acusé; de l'assentement, conseilh et advis des dessuz nommez, avons délivré ledit Comte et délivrons comme bon, vray et inocent de la suspesson en quoy il estoit.

Le lundi xᵉ jour d'avrilh.

Nous avons recrehu Johan Roussea de l'arrest en quoy la court de siens le tenoit, à la dénunciacion de Thomas Patissier, pour cause de fausse mesure de vin que ledit Jehan tenoit, si comme ledit Thomas nous a raporté, avons recrehu ledit Jehan Roussea, jusques à xv jours prochains venant, et espassé d'aler parmy la ville et venir et la banlieue jusques à une heure et non plus, parmy ce qu'il a juré et promis de obéir et fournir, et estre à droit à la payne de cinquante mars d'argent et d'estre attaint du cas en quoy il est ensschuz et par le plège que sur ce en a donné, c'est assavoir sire Jehan de Saumur, lequel si est obligé et mis plège de son assentement et l'en avons jugé. Et ledit Jehan Roussea en a promis à garder de dommage ledit sire Jehan de Saumur et si est obligé, sauve de répondre toutes les foiz que nous plaira et que requis en serions.

Le mercredi xiie jour d'avrilh.

De la demande que fasoit Hugues Bidaut, en nom et comme procureur de la ville et commune, et contre Guillaume de Redon, masson, pour cause de ce que ledit Guillaume disoit qu'il avoit achaté une pipe de vin de Jehan de Landes, pour le pris de lxv soulz, lequel achat ledit Hugues disoit que ce estoit en décevance de ladite ville et commune, et que ce estoit fraude. Ledit Guillaume a juré et dit qu'il a bien achaté ledit vin pour ledit pris, mais que, si il y chust perde ondit vin, que il n'y perdist riens, et de la confécion dudit Guillaume nous a requis ledit Hugues que nous le jugissions. Desquelles chouses nous sommes retenuz à conseilher, et pour rendre nostre jugement si bonement se peut faire, avons assigné jour auxdites parties à *(en blanc)* et en outre avons arresté ledit Guillaume en court, et bailhé la maison de l'eschavinage pour prison.

Guagea l'amande de Guillaume de Redon, masson, des chouses cy dessuz escriptes, laquelle amande nous avons retenu à tasser quant nous plaira, et l'avons délivré de l'arrest auquel nous l'avions mis pour ceste cause.

Du xve jour d'avrilh.

Prouver doit que li suffira Guillaume Le Roussea, de Bavois, que Bernart Langlois, suyre, l'a batu et pris à la gorge malissieuzement et enjurieuzement et qu'il ne vossit l'enjure pour dix livres, sauve la loiale amodération de la court, non soy astraint à prouver tout, mes en tant que li suffira, affin d'enjures et li avons donné la première producion de amener ses jurieurs à demain.

(Renvoyée le 16 et le 17 avril).

Du xviiie jour d'avrilh.

Guaga l'amande Guillaume Le Roussea de Bavois, de dalay de sa demande qu'il fasoit contre Bernart Langlois, sur ce tassée à (*en blanc*).

L'an mil ccc sexante et quatorze, le xxiiiie jour du mois de may, Hellies Auffroy, prévost de la ville Saint-Jehan d'Angeli, par davant nous Jehan Rouylhe l'ayné, maire de la ville de Saint-Jean d'Angeli, fit présentacion de Jehan de Villeneuve et de   , priz par souspessons, de roberies avoir faites par lesdiz maulzfaicteurs, laquèle présentacion nous recehusmes le jour dessus dit à l'eure de vespres, et les teinmes pour présentez par tant comme nous devoions, et pour ce que lesdiz maulzfaicteurs ont estés puniz pour la court de noble et puissant seigneur monseigneur le mareschal de Sanceure, ehu avis sur ce avecques sire Bernart de Marteaux, sire Jehan de Saumur, sire Guillaume Mehe, mestre André Coutelier, Bernart de Saumur, Pierre Tronquière, Jehan Peronea, Robbert Jourdain, et Aymeri Seignouret et Hugues Bidaut, procureurs de ladite ville Saint-Jehan, avons trouvé par l'avis d'iceulx que l'on supercédra de ce, en tant comme il puit toucher la commune, jusques à tant qu'il sera mestier de le poursuyre envers le prévost de ladite ville qui fut à faire faire la justice desdiz malfaicteurs.

L'an mil trois cens sexante et quatorze et le vie jour du mois de juyn, Hellies Auffroy, prévost de la ville Saint-Jehan d'Angeli, bailha la présentacion à Bernart Courtaut, eschevin, par nom de monsieur le maire d'un (*en blanc*), lequel a esté priz par souspesson de larronssin faict par ledit malfaicteur, laquelle présentacion ledit Bernart Courtaut recehut par nom de monsieur le maire, qui la teint pour recehue ledit jour, à l'eure de termes, par tant comme il devoit. Présens ad ce : Johan Guonbaut, sergent du prévost, et Poulète, claver du chastel de Saint-Jehan.

Le jeudi viiie jour de juyn, l'an mil ccc lxiiiie, Hellies Auffroy, prévost... amena une feme appellée Pernelle Archembaude, de la paroisse de Saint-Laurent de Ligueuilh [1], par davant l'eschavinage pour en faire présentacion à monsieur le maire, et la présenta à Bernart Courtaut, comme eschevin, lequel la receut par nom de monsieur le maire, et en bailha la garde audit prévost, laquelle feme avoit esté pris par souspesson de larronssin ; ce fut fait en présence de Guillaume Girart, de Perotin Aleart et de plusieurs autres.

Le jeudi xve jour du mois de juyn l'an mil ccc sexante et quartorze, Hellies Auffroy, prévost de la ville Saint-Jehan d'Angeli, amena et présenta un homme appellé Janyn Avart, de la ville de Saint-Lô en Normandie, et en fit la présentacion à Bernart de Saumur, eschevin, par nom de monsieur le maire, lequel malfaicteur ledit Bernart en bailha la garde audit prévost, lequel a esté pris par souspesson de larronssin ; présens ad ce : les sergents dudit prévost.

Le mercredi xxie jour de juyn.

Aujourduy avons recrehu Janyn Avart, de la ville de Saint-Lô en Normandie, de l'arrest en quoy il estoit ob le consentement de Hellies Auffroy, prévost de Saint-Jehan, dès le jour duy à trois semaynes prochaines venant, parmi ce que ledit

---

[1]. La paroisse Saint-Laurent de Ligucil, dans l'arrondissement de Saint-Jean d'Angély, est aujourd'hui annexée à celle de Courant.

Janyn avoit juré aux sains Dieu évangiles nostre Seigneur, de soy retourner et présenter siens à ycelle mesme journée, en mesme arrest, sus la payne d'estre attaint du cas dont il est souzpessonnez et nous a donné plèges Jehan Lambert, arbalestrier, lequel Jehan Lambert a promis et juré à la payne de xxv mares d'argent appliquez à nous, de rendre ledit Janyn avant à ladite journée, et pour ce tenir et aconplir a obligé ledit Johan Lambert touz ses biens à nous rendre ledit Janyn dedans ledit jour ou les xxv mares d'argent pour payne et à nostre juridicion s'est souymis et establiz et l'en avons jugé et sera appellé (*blanc*) par cry ou autrement pour venir veoir la délivrance dudit Janyn ou l'enpescher par la manère que raison pourra donner. Ce fut fait en la présence de sire Bernart de Marteaux l'ayné, sire Guillaume Mehe l'ayné, sire Guillaume Rouylhe le jène, mestre André Contelier, Hellie Auffroy, prévost de Saint-Jean, Bernart Courtaut, Pierre Tronquière, Aimery Seignouret, Hugaet Bidaut, Jehan Péronea l'ayné et plusieurs autres, le mercredi xxie jour de juyn l'an mil ccc sexante et quatorze.

Le samedi xxiiiie jour de juyn.

Sur ce que Pernelle Archambaude, de la paroisse de Saint-Lorent de Liguilh, avoit esté prise et mise on chastea de Saint-Jehan par Hellie Auffré, prévost dudit lieu, à la dénunciacion de Jehan Mesner, lequel ne s'est fait nullement partie opposée contre ladite Pernelle, et aujourduy, en la présence dudit prévost et des tesmoings cy dessouz escripts, avons licenssié ladite Pernelle et de l'assentement dudit prévost, lequel nous a rapporté qu'il a fait ordenance et enqueste de droit contre ladite Pernelle, qu'il ne la trouve coupable en riens de ce en quoy ledit Jehan avoit dénuncié contre lie et pour ce l'avons lissenssié et lissenssions. Présens: sire Jehan de Marteas, sire Jehan de Saumur, sire Guillaume Rouylhe le jène, sire Guillaume Mehe l'ayné, Guillaume Mehe le jène, Aimery Seignouret, Pierre Tronquière, Jehan Péronea l'ayné, Giraud de Fages et plusieurs autres.

Le samedi 11e jour de septembre.

Aujourduy avons recehu la présentacion de Guilhemette Grenère, d'Aunay, laquelle est accusée sur cas de larronssin et la nous a présenté Hellies Offroy, prévost de Saint-Jehan, par la manère que il deut et en avons bailhé la garde audit prévost. Présens ad ce...

Le mercredi xxiie jour de novembre.

Aujourduy, en la présence de sire Guillaume Mehe l'ayné, Pierre de La Sale l'ayné, Renaut de Feletot, sergent général, et Aimery des Barres, nous fut amené par Hellies Auffré, prévost de Saint-Jehan pour monseigneur de Berry, Pierre de Poitiers, suire, lequel a esté priz pour l'acusacion d'avoir féru un home d'une espée, et avons fait protestacion audit prévost qu'il n'est nostre entente de révoquer aucune enjure, dont ledit Pierre a esté mené on chastel en prizon pour ladite souspesson, avant qu'il nous ait fait la présentacion dudit acusé.

Du xxiiie jour de novembre.

Aujourdhuy avons recrehu ob l'assentement de Hellies Auffroy, prévost, Pierre Laurenssea, suyre, lequel avoit esté priz pour la souspesson de avoir féru un home apellé Le Berton; ob le conseilh et avis de sire Guillaume Mehe, de sire Bernart Tronquière, Pierre Jumel, Guillaume Grant et plusieurs autres jucques à demain en xv jours et ob la relacion de mestre Guillaume Legit, barber, qui avoit ledit blécé en cure, qui nous a fait présente foy que ledit blessé n'a garde de mort et qu'il s'en est alez sans service dudit mestre Guillaume.

Le samedi ixe jour de décembre.

Licenssié avons Pierre Lorenssea, suyre, ob l'assentement de Hellies Auffré, prévost, de l'arrest onquel avoit esté mis pour cause et occasion de ce qu'il avoit playé en cousté un homme appellé Le Breton et ob l'avis et conseilh de sire Guillaume Mehe l'ayné, sire Bernart Tronquière, mestre Repnoul Jobert, sage en droit, Pierre Gimel et plusieurs autres séans en la court et pour ce que nulh ne se fait partie ne poursuite contre ledit Pierre et que nous avons ehu la relacion de mestre Guillaume Legit, barber, lequel avoit la cure dudit blessé qui nous a fait présente foy qu'il n'a garde de mort par ladite plaie.

*
* *

Le mercredi xxie jour de février.

Guaga l'amande Perotin de Coulonges, du délay de sa dénunciacion que fait avoit contre Jehan Guaudeffroy, de ce que ledit Perotin avoit dénuncié que un jour duquel il ne se recordoit, naguères de temps, qu'il venoit son chemin entre Mesle et Rouffet, obbestes chargéez de froment, et pour ce qu'il vit gens de cheval sur le païs, avoit désemparé[1] ses bestes; pour ce que ledit Jehan passoit le chemin, selon qu'il ly sembloit, cuida que ledit Jehan chust ehu les bestes et le blé, lesquelles bestes et blé ledit Perotin trouva que autres l'avoient ehu. Sur ce requist ledit Jehan la délivrance de son corps et de ses biens qui en arrest estoient par la dénunciacion susdite. Ehu avis sur ce ob plusieurs sages en la court, l'avons recréhu jucques à sept jours entre les quatre portes de la ville Saint-Jehan d'Angeli, puy ce que il nous jura que ledit arrest il tendra bien et loialement et vendroit duy en huyt jours se comparestre à la court pardavant nous pour estre à droit et faire tout ce que raison douvroit, li deffendant de tout malvais fait et ad ce nom donna plèges, Pierre de Mirande pour tenir ledit arrest à faire, qui si mist et establit à sa requeste et à la payne de cinquantes livres et de ce le jugasmes. Auquel jour doit venir ledit Jehan en la manère susdite pour faire, procéder et recevoir ce que raison pourra donner, le mercredi susdit; présens ad ce : sire Jehan de Saumur, sire Bernart Tronquière, sire Bernart de Marteas l'ayné, sire Guillaume Rouilhe le jène, Bernart de Saumur, Pierre Tronquière,

---

1. Avait abandonné.

Hugues Bidaut, Hellic Auffroy, prévost de Saint-Jehan, et plusieurs autres.

Le xixe jour d'avrilh.

Guaga l'amende Sansson, le boucher, de ceu qu'il n'avoit vollu départir demi-quartier de chastrif à Hugues Bidaut ni le détailher. Tassés à...

Guaga l'amande Rempnoul Champau, boucher, pour mesme cause.

Le vendredi xve jour de juyn.

Guaga l'amande Petite Fourestière, feme de Megnon des Beguaudères, de ce que, en la court, elle appela Bernart Courtaut très hort vilain, faux et malvoix.

Le vendredi xiiiie jour de julhet.

De la demande que fasoit le procureur de la ville contre Jehan Birault sur certains motifs (?) plaidoiez et contreplaidoiez d'une part, et d'autre est continué d'office à lundi prochain et en outre de certaines chouses que ledit procureur avoit maintenu contre ledit Jehan Biraut qu'il avoit aujourduy confessé en jugement, ledit Jehan Biraut emprès ce l'a nyé, et emprès la néance fut aproché ledit Jehan Biraut à sèrement, auquel sèrement faisant, ledit Jehan Girault dist que il l'avoit confessé en jugement et de ce a gagé l'amande ledit Bernart à la court; laquelle a esté tassée à sexante soulz.

Le xvie jour de septembre.

Guaga l'amande Margarite Lescardeuse, de ce qu'elle avoit vendu à Amoins, fendeur d'oysilh, drap de layne mauvaix, lequel n'estoit mie faux, mes n'estoit pas bon et marchant, esclerssi à xv soulz, laquelle amande li avons donnée par pitié et homosne par le conseilh de siens.

*
* *

Le vendredi xxie jour de février.

Guaga l'amande Naudin Aymar, de Xainctes, de ce qu'il avoit porté poisson hors la ville pour vendre avant heure [1] et ne le voloit mètre sur les bans par le comandement des procureurs de la ville. Item, guaga l'amande de ce qu'il a brisé un arrest fait par les porters de la ville, du poisson qu'il en fasoit mener dehors.

Guaga l'amande Hellie de Jay, sire à La Couconssate, des paroles qu'il avoit dit à sire Jehan de Saumur, lequel les a tenues en injures.

Le samadi xviie jour de février.

Guaga l'amande Jehan Arnaut de ce qu'il avoit esté au davant des marchans pour achanter blez dehors la ville en préjudice, et emprez le cri; item, a guagé l'amande de ce qu'il a tenu minagé [2] chez soi en préjudice et emprès le cri.

Le samadi xxviiie jour d'octobre.

Aujourduy avons bailhé à Johan Paronnea la tuterrie et bailh de Marion et Jehanne Paronnelles, filles de feu Jehan Peronnea comme au plus prochain parent et souffisant, et de tous les biens desdites filles meneurs de eage, et avons bailhé la garde audit Jehan Peronnea la garde et aministracion desdites filles et de touz les biens, lequel a promis et juré aux sains Dieu évangiles nostre Seigneur, de le faire bien et loialment au prouffit desdites filhes. Toutes foys, nous a fait protestacion ledit Jehan Peronea, que pour ce que ledit fehu li estoit tenuz en plusieurs chouses et que il

---

1. Toutes les chartes communales qui, comme celle de Saint-Jean d'Angély, reproduisaient le type des chartes normandes, avaient établi à peu près la même réglementation pour leurs marchés. D'après le *Domesday of gippeswich* (*Black book of the admiralty*, t. II, appendix. London, 1872), le temps ordonné pour l'ouverture du marché au poisson était : « My veye prime », c'est-à-dire entre six et sept heures. De même à Londres : « ... Piscatores debent vendere piscem recentem post missam et piscem salsatum post primam. » (*Liber albus*, I, p. 373).

2. Le droit de minage (de *mine*, mesure contenant un demi setier) se payait le plus généralement au roi sur le blé vendu publiquement au marché ; ce marché lui-même était et est encore dénommé à Saint-Jean d'Angély minage. Tenir minage chez soi était organiser une sorte de marché clandestin qui pouvait avoir un effet fâcheux sur la variation des prix.

est son entende de demander son droit, que toutes foys qu'il vorra commensser de demander son droit, que l'on li pourveera de curateur afin que son droit ne périsset. Présens ad ce : sire Bernart Tronquière, sire Guillaume Rouilhe le jène, Pierre Gimel, Guillaume Gratemoyur, Bernart Conetaut, Jehan Boueron l'ayné, Aymar Vilate, Jehan Raoul et plusieurs autres.

Le mardi xixe jour de décembre.

Comme assignacion pendest aujourduy pardavant nous à Jehan Pastourea, Guillaume Giraut l'ayné, Guillaume Giraut le jène, André Eschet, Jehan Boueron l'ayné, Jehan Boueron le jène, pour venir veoir bailher la tuterrie du filh Bernart Barthomé, pour ce que ledit Jehan Pastourea est plus proche de lignage, deffaut de venir est la chose retairzée, et leur avons assigné jour au mercredi prochain sur les choses susdites, et leur avons commandé à aiourner sur deffaut ledit Jehan Pastourea au jour susdit la personne de ceulx qui demourent en sa maison pour ce qu'il s'est assentiz et commandé à sceller sa maison, comme en tel cas appartient à faire, et par le procès retarzé en deffaut de li avons réservé aux procureur susdiz les dommages que de droit.

Le vendredi xxixe jour de décembre, l'an mil ccc sexante et quatorze, en la présence de sire Bernart de Marteaux l'ayné, sire Guillaume Mehe l'ayné, sire Bernart Tronquière, sire Guillaume Rouilhe le jène, Hellies Auffroy, prévost de Saint-Jehan, Bernart de Marteas le jène, Aimery Seignouret, Aymar Vilate, monsieur André de La Croix, prestre, et plusieurs autres, nous avons fait aprocher pardavant nous les parens, amis et affins de feu Bernart Berthomé pour pourvoier de tuteur à la garde et gouvernement de Périn Berthomé, meneur d'eage, filh dudit feu Bernart Berthomé, et de ses biens, les parens, amis et affins et pupille présens, et davant nous en jugement enquis diligement ob plusieurs séans en la court. Sur ceulx dudit lignage et affins, de la suffisance d'iceulx trouvasmes par l'avis d'eulx et du consentement et avis des lignagers et affins dudit feu, que André Eschet, orfèvre, affin dudit feu, estoit souffisans pour estre tuteur et avoir la garde et gouvernement dudit pupille et de ses biens et pour ce pour l'avis susdit avons décerné par jugement estre tuteur ledit André Eschet du pupille susdit et de ses biens, et li avons bailhé la tuterrie dudit pupille, garde et gouvernement de iceluy et ses biens et avons donné audit André pouhoir à faire toutes et chescunes les chouses que à bon tuteur puet et doit apartenir à faire, garder, demander, deffendre, les droits, noms, raison, actions, propriétés et domaynes dudit pupille contre toute personne qui au contraire feroit autrement, parmi ce que ledit André a juré aux sains Dieu évangiles nostre Seigneur, que toutes et chescunes les chouses appartenant audit pupille, il gouvernera, demandera, deffendera, bien et loialement, comme bon et loial tuteur doit faire et nous a donné ledit André pleges ad ce Jehan Pastourea qui si est mis et establi à la paine de vint livres et lui avons jugé de son assentement par le jugement de nostre court, et avons commandé audit André qu'il fasset son inventaire dedens quarante jours prochains, appellé ad ce le clerc de la commune le jour et an que dessus.

*
* *

Le samadi XVIIe jour de février.

Aujourduy est venuz par davant nous en jugement Guillaume du Four, lequel de son propre esmouvement et vray consentement à la requestre et prière de Gillet du Four, son filh, et de feue Marion Chastelagne, loialment procréé de leurs char, lequel Guillaume a émancipé ledit Gillet, son filh, et à ly donné povoir de traicter ses drois dores en avant comme personne délivrée, li présens et assentant, sans autre mandement ne commandement de li sus ce attendre, de laquèle chouse nous l'avons jugé par le jugement de nostre court. Présens: sire Bernart Tronquière, sire Guillaume Rouilhe le jène, Pierre Faudon, Bertram de Fages, Hugues Bidault,

Hugues Mesnart et plusieurs autres séans en la court.

Le samadi vIII^e jour de may.

Condepné est par jugement et de son assentement Janyn de Yenville, merssier, paier et rendre à Guillaume de La Tour, cousturier, cinquante soulz, monnoie courante, pour la vendission d'un Jacques dedans vII j. p. v.

Le xIII^e jour de may.

Sur ce que Thomas Pastissier avoit promehu et dénuncié à la court de siens contre Jehan Roussea que ledit Jehan Roussea avoit usé chez ly assa taverne de fausse mesure et requerroit ledit Thomas Pastissier que l'on ly feist réson. Ledit Jehan Roussea aproché en jugement deffandant de tout maulvais faiz et disoit ledit Jehan que ce que disoit ledit Pastissier n'estoit mie vray, et que la mesure de sa taverne estoit bonne et loiale, ne oncques autre ne fut trouvée. Emprès ce fut aproché ledit Thomas Pastissier pour venir pourssuyre sa promocion ou dénunciacion ou délaisser ; ledit Jehan Roussea et ledit Thomas Pastissier présens en jugement, requérant ledit Roussea contre ledit Pastissier que il alast avant en sadite promocion ou dénunciacion que il avoit promehu contre li, touzjours estant ledit Jehan en sa deffense et que il estoit tout prest d'ester à droit et de faire ce que raison vorroit. Lors fut dit par nous audit Thomas Pastissier qu'il alast avant en sadite promocion ou dénunciacion, et que nous li offrions à faire raison. Lors ledit Thomas Pastissier dist en jugement que il ly desplaisoit de ce qu'il en avoit fait, quar en vérité la mesure de chez ledit Jehan Roussea estoit bonne et loial, et que ce qu'il avoit dit, promehu ny pronuncié, avoit esté par malvolance et pour courroux, pour ce que ledit Jehan avoit pris dudit Thomas un chapperon en guage pour deux deniers et pour l'amosnement d'autres compaignons qui ad ce l'amonestèrent qui avoient despit de ce et que il avoit mis le vin en un plus petit pot que la mesure afin qu'il fut cognehu que ledit Jehan n'usoit pas de bonne mesure et dist ledit Thomas que pour certain

— 179 —

il deslaissoit sa promocion dénunciacion que fait avoit contre ledit Jehan Roussea, en disant qu'il estoit un bon homme et qu'il n'avoit cause de ce avoir dénuncié ny promehu contre li. Si dismes audit Thomas par jugement que deslaissé avoit sadite promocion dénunciation susdite que fait avoit contre ledit Jehan Roussea et qu'il devoit guager l'amande. Lors ledit Thomas en jugement guaga l'amande davant nous des délais dessus dit et li deismes par jugement que gagée l'avoit et l'escusasmes ledit Jehan de ladite promocion dénunciacion faite par ledit Thomas en la cause dessus dite, par jugement, et li réservasmes les despens et enjures à demander contre ledit Thomas, toutes les fois que mestier li sera fait. Donné ledit jour présens ad ce: sire Jehan de Saumur, sire Guillaume Roilhe le jène, sire Guillaume Mèhe l'ayné, Me André Coutelier.

Le mercredi xvııe jour de may.

De la demande que fasoit Tierry de Couloigne, celier, contre Jehan Arnaut et sa feme, de la somme d'un franc que li doit mestre James, phisissien [1], disant que ledit Jehan et sa feme ont en garde chez eulz et que ledit James li a bailhé en garde, six hussioux, deux couètes, un trepé, une cube pour baigner femes [2] et que ledit James a mandé par unes lètres clouses audit Jehan et à sa feme qu'il bailhissent audit Tierry jusques à la somme de l'argent que ledit James doit audit Tierry, est acordé de leur assentement que lesdiz Jehan et sa feme bailheront audit Tierry de celles chouses tant que ledit Tierry sera paié de ladite somme audit et ordenance de deux bons hommes, et ledit Tierry a promis en donner lètres soubs l'obligacion de ses biens de les garder de dommages.

---

1. « Médecin ».
2. Hussioux ou hussiaux désignaient les draps de lit ; les coites, des lits de plume ; un trépied, une cuve... Le mot *cube* est resté dans le langage saintongeais : cuve en l'espèce, baignoire.

Le semadi x° jour de juyn.

De la demande que fasoit mestre Lorens, charpenter, contre mestre Guillaume, le mareschal, pour cause d'une maison que ledit mestre Lorens a louhé dudit mestre Guillaume et dit que ledit mestre Guillaume la devoit tenir cuverte et endret et que par faute dudit mestre Guillaume il est endommagé jusques à la valeur de LX souls, lesquels dommages ledit mestre Guillaume ly a nié et a priz à prouves ledit mestre Lorens et li avons donné la première producion à heure de relevée.

A relevée : de la demande que fasoit Laurens Frèces contre M° Guillaume Blanchart, mareschal, est en estat et sur espérance de paix, à mardi prochain, et sont audit et ordenance de sire Guillaume Mehé et de M° André Coutelier, et venront audit jour pour aporter paix on playt.

Le dimanche xı° jour de juyn à relevée.

Condepné est par jugement et de son assentement, Thomas Piron, païer et rendre, dedens sept jours prochains venant, à Penote Huylhe deux trousses de fain nouveau[1] et ladite Penote li doit paier l'amenage.

Du mesme jour.

Condepné est, etc..., Jehan Roilhe, mareschal, paier et rendre... à Pierre Biguot dix soulz monnoie courante et une charrue de quatre bœufs une journée, et icelle journée ledit Pierre Biguot doit sègre lesdits bœufs.

Le jeudi xv° jour de juyn.

De la demande que faisoit Estène Tuhaut contre Jehan Roilhe, mareschal, de dix soulz pour cause de vendission d'un cheval, lesquels dix soulz ledit Jehan li a confessé et l'en avons jugé, mes il dit que ledit Estène li a donné terme jusques à noël prochain et doit prouver ledit Jehan ledit terme, et a amené Bertram Mesnart premier tesmoin, lequel a juré et esté examiné en jugement et a requis ledit Jehan

---

1. Fain pour foin (fenum).

la corte délacion de avoir ses gariers a duy en sept jours, auquel jour vendront lesdites parties.

Bertram, premier tesmoin, de l'aage de XLV ans ou environ, juré et diligemment examiné sur le faiz dessus dit en son sèrement que ledit Estène li donna bien terme des dix soulz jusques à noël, mes le terme est passé dès la feste de noël derrer passé.

Le vendredi XVIe jour de juyn.

Aujourduy avons fait delfense à Bernart Courtaut que il ne soit tant ardi de atenter à la personne de Petite Foures, tière, ny à ses biens, fors que droit faisant et droit prenant selon la coustume du pays et que pour ce ledit Bernart estoit clerc, li avons commandé que, aux despens de ladite Fourestière, il ly aiet apporté dedens huyt jours bonne suhuyte de son juge à la payne que droit y met.

De la demande ou requestez que fasoit Petite Fourestière contre la feme Bernart Courtaut et sa seur, en cas d'affiage, lesdites seurs ob l'autorisation dudit Bernard disant plusieurs raisons au contrayre et que ad ce n'estoient tenuz de faire, nous sommes retenuz à conseilher et pour rendre nostre jugement si bonement se puet faire, à duy en huyt jours, auquel jour vendredi les parties tout adjournées pour procéder et aler avant tant comme raison pourra donner et en outre avons deffendu auxdites seurs qu'elles ne soient si ardies de atenter contre ladite Petite en nulle manière fors que en droit fasant et en droit prenant, selon la costume du païs dedens ledit temps à la payne de XXV marcs d'argent ou que il doit estre de raison.

Du mercredi XXIe jour de juyn.

Sur ce que Janyn Le Mersier avoit fait adjorner par davant nous sire Jehan de Saumur sur cas d'affiage et en autre demande, s'est délaissé du tout ledit Janyn dudit adiournement et demandes, et l'avons condepné paier les despens faiz en court par ledit sire Jehan à nostre ordenance et a gagé l'amande ledit Jehan dudit délay.

Aujourduy, à la requeste de sire Jehan de Saumur, avons deffendu à Janyn de Yenville, merssier, sur la payne de tout quant qu'il se puit meffaire qu'il ne soit tant ardiz ni ausez d'aler ny venir, entrer ny issir chez ledit sire Jehan de Saumur, ny en riens du sien pour ce que ledit sire Jehan se doubtet de li. Présens ad ce : Guillaume Mehé l'ayné, mestre André Coutelier, Guillaume Bouteville, monsieur André de La Croix, prestre, et plusieurs autres.

Le jeudi xxixe jour de juyn.

Condepné est par jugement et de son assentement par le jugement de nostre court, Janyn de Yenville, merssier, paier et rendre dedens dimanche prochain venant à sire Jehan de Saumur doze soulz dix deniers pour cause de coux et mises faiz en plait.

Le dimanche segond jour de juilhet.

Condepné est par jugement et de son assentement Janyn de Yenville, merssier, à paier à Guillaume Bret, demourant à Taunay-Charente vint et huyt livres monnoie courante, franc d'or pour vint soulz la pièce, pour vendission de trois tonneaux de vin blant.

Le mercredi v^e jour de juilhet.

Condepnés sont par jugement et de leur assentement, sire Jehan de Saumur, bourgeois, eu quatre homes et Robert Alen, dit Contreffait, eu quatre homes et Michea Bouquart eu un home, paier et rendre à Guillaume Grant ou les journées desdiz homes toutes les fois que ledit Guillaume fera curer la place où jadis fut maison de fehu Garin Le Merssier pour cause des fumiers et ordures qu'ils y ont mis et fait mettre. Et en outre en ont guagé l'amande, chacun d'eux pour cause dudit exploit.

Du vi^e jour de juilhet.

Condepné est, etc., Aignès Pouvielle paier et rendre une bonne dague ou dix soulz à Héliot Pasquaut, pour cause d'une autre dague qu'elle avoit éhu dudit Héliot Pasquaut.

Du xe jour de juilhet.

De la demande que fasoit monsieur Lucas Périguoit, prestre, contre Janyn de Yenville, merssier, de quinze soulz pour cause de apprendre les anffans dudit Janyn, lequel Janyn autreffoys a elu dilacion de avoir son garieur Tévenot Pierre; aujourduy lesdites parties présentes en jugement, nous fut requis dudit Janyn pressisement à avoir son dit garieur à duy en huyt jours auquel jour vendront, etc...

Le viie jour d'aoust.

Condepné est par jugement et de son assentement, Janyn de Yenville, merssier, paier et rendre dedans le premier jour de septembre prochain venant à monsieur Lucas Périguoit, prestre, quinze soulz monnoie courante pour cause d'avoir après son enffant à l'escole.[1]

Guagea l'amande ledit Janyn, deschoite de querèle, envers ledit monsieur Lucas.

Le xiie jour de juillet.

Condepné est, etc., Pénote Huylle, paier et rendre... à Iterot Aimery, trente soulz, monnoie courante, pour cause de la vendission de demi millier de bûches.

Le xve jour de juillet.

Condepné est, etc., Robert de La Touche paier et rendre dedens quatre jours prochain venant à sire Guillaume Rouylhe le jène, quatorze francs d'or pour cause de compte fait entre eulx de la somme de vint francs que ledit sire Guillaume avoit baillé en compagnie et personnerie audit Robert.

Le xviie jour de juillet à relevée.

Condepné est, etc., Pénote Huylle paier et rendre dedens la feste de la nativité Nostre-Dame prochaine venante à Jehan Rousseau six livres sept soulz, pour cause de la vendission d'une pipe de vin, pour laquelle somme ledit Jehan a un Jaques de Veluya de ladite Penote, lequel

---

1. Ce jugement constate l'existence d'une école tenue à Saint-Jean d'Angély en 1374 par Lucas Périgoit, prêtre.

Jaques, ledit Jehan rendra à ladite Pénote non enpisré.

Le lundi dernier jour de juilhet.

De la demande ou demandes que entendoit à faire en la court de siens Pierre Gimel contre Pierre du Moulin, les parties présentes en jugement de leur assentement ont mis ondit et ordenance fin portant de frère Lorens Auffré, prieur de Saint-Eutrope de La Leu [1], Jehan Coutetin, Jehan du Four et de Bernart Fradin, et pour tenir leur dit et ordenance ont promis lesdites parties à la payne de dix livres appliquéez moitié à partie obéissante et moité à la court, de la partie non hobéissante.

Le vendredi xixe jour d'aoust.

Condepné est, etc..., Gieffroy, sire à la Gueude, paier et rendre dedens la feste de N.-D. de septembre à monsieur André de La Croix dix soulz, monnaie courante, pour la vendission d'un porc.

Le samedi xxe jour d'aoust.

Condepné est, etc..., Jehan Roilhe, mareschal, paier et rendre... à Jehan David trente soulz, monnoie courante, pour la vendission d'une pareilh de roues de charrettes.

Le lundi xviiie jour de septembre.

Condepné est, etc..., Thomas Piron paier et rendre... à Gieffroy Michea trente soulz arrérages de deux quarterons derrers passez de sexante de rente que li devoit, c'est assavoir du quarteron de pasques et de la feste de saint Jehan derrers passez et parmi ce ledit Thomas a délaissé audit Gieffroy une maison ob son fons sol, assise à Saint-Julien, en la seigneurie de madame l'abaesse de Xainctes, laquelle il prit à sexante soulz de rente dudit Gieffroy et ledit Gieffroy en a pris le délay et les en avons jugez de leur assentement

---

1. Saint-Eutrope de l'Alleu était un prieuré dépendant de celui de Saint-Eutrope de Saintes. La chapelle, qui s'élevait au faubourg actuel de Saint-Eutrope, a été détruite pendant les guerres de religion ; mais le cimetière a subsisté jusqu'à la révolution.

par le jugement de nostre court; présens ad ce : sire Bernart de Marteus l'ayné, sire Jehan de Saumur, Hugues Bouffart et Jehan Coutelier, ledit jour.

Le samedi xve jour d'avrilh.

Nous sommes retenuz à conseilher sur le fait de sire Guillaume Roilhe le jène, demandeur d'une part, contre Jehan Bertram, mousner, de ce que ledit Guillaume requerroit le prouffit d'un deffaux fait par ledit Jehan en la court de siens, sauve la raison de son exoine, si exoine puyt estre dit, aporté par la feme dudit Jehan, lequel fut aplegé par Pierre Gimel disans : « Sire, je suis essy venue pour exoiner monseigneur de ce qu'il est alez à Nostre-Dame de Lileaa. » Et fut sauve audit sire Guillaume de dire contre l'exoine et sauve audit Jehan de soustenir et pour rendre nostre jugement si bonement se peut faire suz les choses dessuz dites à duy en xv jours.

Le xviiie jour d'avrilh.

Condepné est par jugement et de son assentement, Naudin Julien, boucher, paier et rendre à Pierre Luchas, cousturier, vint et quatre soulz monnoie courante, pour cause des deux coustez de chars salées, dedens vii jours prochains venant.

Le xxe jour d'avrilh.

Condepné est par jugement et de son assentement Jehan Briant paier et rendre à Huguet Bidaut deux francs et demi d'or, dedans sept jours prochain venant pour cause de l'amande d'une jument que ledit Hugues avoit bailhé audit Jehan à aler querre poisson à moitié de prouffit, laquelle jument mourut.

Du xxiie jour d'avrilh.

Condepné est par jugement et de son assentement Naudin Julien, boucher, paier et rendre à Jehan Bourcier, de La Chapelle, un franc d'or pour cause de vendicion d'un beuf, dedens la feste de pantecoste prochaine venant.

Le vendredi v^e jour de may.

Condepné est, etc., Jehan Chevalier, mareschal, paier et

rendre à Pierre Guinement, escuier, dix francs d'or dedens la feste de saint can-Baptiste prochaine venant, pour cause de vendission d'un cheval, lequel cheval il a ehu et recehu dudit escuier.

Le mardi xxvi⁶ jour de septembre.

De la demande d'enjure ou enjures que a fait à la court de siens sire Jehan de Saumur contre Jehane Cordère à Huguète, feme de mestre Guillaume Legit, barber, de laquelle injure il se tenoit pour injurié pour ce qu'elle estoit sa parente. Si avons donné jour à ladite Cordère à duy en huyt jours, pour venir voir tasser l'amande et les despens, réserve que de droit auquel jour, etc...

Le mardi tiers jour d'octembre.

Deffaut Jehane Cordère envers sire Jehan de Saumur, et est donné en commandement de adiourner ladite Cordère pour venir veoir ajuger le prouffit dudit deffaut selon procez et errement demenez en la court.

Le mercredi xi⁶ jour d'octembre.

Prouver doit que li souffira mestre Guillaume Legit, barber, contre Jehane la Cordère, que puys au et jour enssa ladite Jehane l'a appellé en enjure de li qu'il estoit faux, vilein, deget, non soy astreignant à prouver mes en tant que li souffira et jour à duy en huyt jours, auquel jour, etc...

Le mercredi xviii⁶ jour d'octembre.

Comme contempcion on débat fust esmehu entre mestre Legit, barber, et Jehane La Cordère, aujourduy lesdites parties en jugement sont venuez à tel accort que ilz seront dessi en avant bons amis et que le premier qui commenssera de enjurier ne dire vilaynie de l'un à l'autre, ilz vollent estre et courre en l'amande de c soulz monnoie courante, moitié à la court et moitié à l'autre partie, et doit gager l'amande ladite Cordère audit mestre Guillaume et sa feme des enjures que leur a dit.

Gagea l'amande Jehane Cordère descheste de querèle envers

mestre Guillaume Legit, barber, d'enjures qu'elle li avoit dit à li et à sa feme, de ce qu'elle les appela très hort puhent, punez, mezeau[1], pourri ; tassée à...

XXXIII
ANNÉE MCCCLXXV

Première mésée (*le titre et la date sont complètement effacés*).

Tous sont d'assentement que l'on fasset la resserche par les cinq quartiers de la ville pour a..... nance aux guaix et regaix.

Sont d'assentement que touz les blez qui seront menez aux moulins qu'ils soient poisez et les farines au rectour et si le mosnier est contredisanz qu'il passet la porte alant et venant sanz le fère poiser, qu'il soit puniz à xxv sous d'amande et que il soit rebatu le sezen des farines pour le droit des moulins.

Ils sont d'assentement que Repnoul Espissier, Girart Lorder, Guillaume Fortet et M⁰ Guillaume Blanchart, mareschal, aient povoir de lier pour le commun et que ils puissent autant fère pour le commun comme si ilz estoient touz présens.

Mésée tenue par mons. le maire le vendredi viiie jour de juing, l'an mil ccc lx et quinze et est assignée l'autre mésée au vendredi xiv iour de julliet.

Tous sont d'assentement que sire Jehan de Saumur guardet ceste année l'uis.

Les cinq capitaines des cinq quartiers : sire Johan de Saumur, sire Johan Rouilhe, sire Guillaume Rouilhe le jène, sire Bernart de Marteax, Les Seignourez.

Sont d'assentement que l'on metet guayte sur la tour

---

1. « Lépreux ».

ronde aux despens de chescun, et que chescun paiera à sa journée.

Guagea l'amande Lorelle, pour ce qu'elle avoit achapté serizes avant heure dehue.

Mésée du vendredi XIV juillet, et est assignée l'autre mésée au   jour d'aoust l'an mil CCC LX et quinze.

Tous sont d'assentement que l'ordenance qui autreffoys a esté faite de paier monsieur le maire, le sous-maire et les sergents par quarterons soit exécutée.

Ils sont d'assentement qu'il soit enquis ob Huguet Vidaut d'une chaisne qui estoit en l'ayve du port, laquelle fut commenssée de destourner aus despens de la ville, et laquelle ledit H. Vidaut l'a pris et levé et chu à son prouffit si comme l'on dit.

Sire Jehan de Saumur, sire Guillaume Rouilhe avet esté chargez de oyr le compte de Aymery Seignouret et de Huguet Vidau, de l'année précédent que sire Johan Roilhe estoit maire, qu'ils estoient pairs de la commune. Lesdits sire Johan et sire Guill. nous ont rapporté que Aymery Seignouret a rendu bon compte et loial en tant que touche son fait, ob ce que ledit Aymery est tenu de rendre plus, courves, cloux et ferrasses qui ont esté teneues de certains chariots et ce doit bailher ledit Aymery par serment et par inventaire au procureur et receveur de la ville.

Ils sont d'assentement que Pierre Gimel et Aymery Seignouret oyent le compte des mises que sire Ambrois de Mastaz a fait ou fait fère par Johan Dufour, et ce ont juré fère bien et loïalement.

Mésée du X aoust. Est assignée l'autre mésée au vendredi   jour de septembre.

Tous sont d'assentement que soit mise en mesme estat jusques à l'autre mésée la cause de Jehan Poinet et de la commune.

Que on cas que mons. le séneschal sera reffusans de

donner exéqucion des privilèges, que l'on appelle de ly.

Mésée du xxviii septembre; est assignée l'autre mésée au jour d'octembre.

Tous sont d'assentement que Bernart Fradin et Roger Grolea purgent les prouffiz des deffaus des garde-porte et de regaix et gaix pour les exéquter et les commandans des cinq quartiers leur sauront à dire, chescun soir, lesdiz deffauz.

De l'enjure que Joh. Poinet avoit dit à monsieur le maire, ledit mons. le maire ly a esclersi ladite amande par la manière qui s'enssuit : c'est assavoir que, on cas que ledit Poinet dira ou fera plus que dessuz en autre enjure ne vilaynie audit mons. le maire, ne à son successeur, en celi cas il sera tenu de paier sexante souls pour ceste amande et non autrement.

La mésée du mois d'octobre n'a pas été tenue.

Mésée du xvii novembre; est assignée l'autre mésée au vendredi   jour de décembre.

Tous sont d'assentement que l'on facet l'estiguet[1] par ordenance de la ville et en oustre que l'on met chescune nuyt deux homes, un de soir et l'autre devers le matin aux despens de la ville;

Que Aymery Seignouret et Bernart Gratemoyne fassent la resserche par toute la ville des habitans d'icelle ;

Que l'on ayet guaite le jour on clocher de Saint-Johan jusques à noël.

Mésée du xvii décembre; est assignée l'autre mésée au xi janvier prochain venant.

Tous sont d'assentement que sire Bernart de Marteaux, Pierre Gimel et Jehan Guarin, affermeurs du souchet et des entrées de ville, leur soit donné quiptance pour trente et

---

1. « Estiguet, estierguet », guet fait à l'extérieur des remparts.

sept semaynes passées dès le xv⁰ jour d'avrilh dernier passé, jusques au xxii⁰ jour de décembre prochain, qui se monte chescune semayne huyt l., montant lesdites trente-sept semaines quatorze vins et sèze livres que Robert Jourdain, procureur de la commune, a recehu d'eulx si comme il a raporté en mésée ;

Que l'on donnet quiptance à Guillaume Lendormy, affermeur du paage [1] de la ville, de la somme de quarante l. de l'an que l'on disoit mil trois cent sexante et quatorze que ledit Guillaume les paya à Aymery Piet et à Huguet Vidaut, lors procureurs de la ville et commune, qui l'ont rapporté en la mésée.

De ce que devoit aujourduy enflourmer Bernart Gratemoyne vers mons. le maire et la commune est continué en mesme estat jusques à la prochaine mésée.

Tous sont d'assentement que l'on donet quiptance à Hugues Vidaut de ce que il a recehu de l'an LXXIV que il fut procureur et receveur de la ville.

Mésée du xi janvier. Est assignée l'autre mésée au vendredi xv⁰ jour de février.

Tous sont d'assentement qu'il soit fourni justificacion à la prochaine mésée [sur] la cause ou demande que faisoit la court contre Bernart Gratemoyne pour le fait des tailhées que feu Guil. Gratemoyne, son père, avoit recehues et sont d'assentement que il aiet quiptance générale tant que montet la tailhée du patis pris ob les Franssois, et est délaissé ledit Bernard de la demande de l'ausmonerie.

Est sauvé aux obligez dudit pati de avoir recourt sur la ville, et en sont d'assentement.

Tous sont d'assentement que sire Ambrois de Mastaz

---

1. Le « paage », pour péage, plus tard appelé *pavage*. On trouve ce droit avec la même dénomination dans le *Coutumier d'Oleron*, ch. LXXV : « Chascun jué ou juève non estant en Oleron, par chascune foi qu'ils vènent en Oleron, doivent de lor chef IV deners de *paage* au rey. »

aillet à Paris pour la ville, devers le roy nostre sire, signiffier les maux et inconvéniens que les Anglois font au païs dessi et que on li fasset pour ladite allée cent francs, et non plus, tant de la tailhée de la ville que des aides que l'on pourra avoir de mons l'abbé et de ses membres, que des autres païs on ressort de Saint-Johan.

Mésée du xv février. Est assignée l'autre mésée au vendredi viie jour de mars.

Tous sont d'assentement que on cas que le chambelain de La Faiole [1] fera faire pardavant le chastel, au coins de l'ayve, une bonne excluse ne si bonne que la douhe demouret touziours aussi playne d'ayve comme elle est à présent, et fère tenir ladite ayve aussi haute comme elle est à présent, qu'il le facet par ainsi que si il estoit guerre, et l'on trouvoit qu'il fut dommage à la ville ou péril en aucune manière, qu'il le facet tantost mettre en bon estat et radouber, et que l'on prenget lètres dudit chamblain.

Sont d'assentement que sire Bernart Tronquière aiet et prenget chescune semayne sus les revenuz du souchet et des autres revenues de la ville, quarante soulz jusques à un an, en rabattement de ce que l'on li doit à commencer du jour de la ferme du souchet jusques à un an;

Que sire Johan de Saumur aiet et prenget sus ladite revenue par chescune semaine dix sous jusques à un an, en rebattement des xxxvi liv. que l'on li doit à commencer et finir comme dessuz.

---

1. Le chamblain, chambarier ou chambrier était l'un des cinq officiers claustraux de l'abbaye ; il jouissait privativement des revenus de la terre de La Fayolle (dans la paroisse de Saint-Denys du Pin), dépendance de la baronnie d'Essouvert, anciennement abandonnée à l'abbaye de Saint-Jean d'Angély.

L'écluse dont il s'agit avait sans doute pour objet de faciliter l'exploitation des moulins construits sur le canal servant de déversoir aux douves de la ville.

Mésée du vii mars ; est assignée l'autre mésée au vendredi xxviii° jour de mars.

Tous sont d'assentement que Bernart de Marteaux le jenne, Pierre Tronquière, Johan Pasquaut, Guillaume Bouteville, Repnol Espissier, Géraut Bordes, mestre Guillaume Blanchard, maréchal, et Guillaume Fortet oyent le compte de Johan Boueron l'ayné et de Robert Jourdain, procureur et receveur de la ville, et ont juré le fère bien et loialement.

MCCCLXXVI

Mésée du xxviii mars (*dernière de la mairie de B. Tronquière*).

Tous sont d'assentement que Aymery Seignouret aiet quiptance de l'année précédente que il fut procureur et receveur de la ville en la compagnie de Huguet Vidaut, pour ce que il a rendu bon compte et loial, si comme ont raporté sire Johan de Saumur, S. Guil. Roilhe le jène, et les autres ordenez à oyr ledit compte ;

Que Bernard Gratemoyne aiet quiptance de la tailhée qui fut ordenée en la mairie feu sire Jehan Roilhe l'ayné, pour le pàtis ob le seigneur de Copennes [1] qui lors estoit seigneur de Tailhebourg, pour le roy d'Angleterre, et à laquelle tailhée estoit ordené à lever Guillaume Gratemoyne, père dudit Bernard Gratemoyne ;

Que Aymery Seignouret et Huguet Vidaut acheptent, des biens de la commune, une bonne mait de treuilh, pour bailher à sire Johan de Saumur, pour ce que l'an précédent, qu'ils

---

1. Raymond Guilhem, sire de Caupène, était un des lieutenants de Chandos et commandait à Taillebourg lorsque la ville de Saint-Jean d'Angély, en exécution du traité de Brétigny, fut remise aux Anglais le 9 octobre 1360. (Voir A. Bardonnet, *Procès verbal de la remise des villes françaises*). C'est sans doute ce même sire de Caupène qui à la bataille de Poitiers avait fait prisonnier Jean de Melun, comte de Tancarville (Cf. Rymer, t. vi, p. 113), et qui, en 1351, avec cinq autres chevaliers, défendit Saint-Jean d'Angély contre le connétable Charles d'Espagne.

furent procureur et receveur de ladite commune, ils churent dudit sire Johan de Saumur une autre bonne mait pour mètre et convertir au palenc de la ville, et tantost qu'il la trouveront à vendre le procureur et receveur de ladite ville seront tenuz de leur bailher et pour l'argent qu'elle coustera;

Que Aymon Seignouret et Pierre Ridet soient procureur et receveur des biens de la commune [par]my ce qu'ils ont promis et juré à le fére bien et loialment.

Le lundi xxviie jour de novembre.

De la demande du procureur de la ville contre Bernart Gratemoyne à cause d'une homosnerie, laquelle ordena fehu Micheau Julien [1], et en laissa le guovernement au maire de la ville, de plusieurs biens comme couches et autres dras, que fehu Guillaume Gratemoyne avoit.

Item, et comme ledit Guillaume Gratemoyne, son père, aict recehu, en temps passé, une taillée, du temps que sire Johan Roilhe estoit maire de la commune, il n'en rendist oncques compte, et est ladite ville en arrère bien à la valeur de ii^c frans.

Item, et comme ledit Guillaume, son père, recehut une taillée qui fut faite pour le pàti qui fut pris ob mons. le connestable, de quoy l'on est en arrère jusques à la valeur du v^c frans, est continué en mesme estat d'assentement des parties jusques à duy en xv jours, auquel jour vendront.

Du dimanche v^e jour d'aoust.

De la demande Pierrre Gimel contre sire Guillaume Rouilhe, le jène, à cause du souchet de certain vin qu'il a fait vendre à taverne, ledit Guillaume a bien confessé qu'il l'a fait vendre par ses gens, mes que c'est au prouffit de monsieur le séneschal, et est continué instance à duy en huit jours pour ce que ledit sire Guillaume en doit parler à monsieur le séneschal.

---

1. Cette aumônerie, fondée par Michel Julien, était l'aumônerie de Saint-Michel. Elle était située hors des murs, très probablement dans le faubourg Matha.

*
* *

Le mardi premier jour de janvier.

Aujourduy avons affermé à Guillaume Lendormy le pavage de toutes les portes de ceste ville, dès le jour duy jusques à un an accompli, pour le pris de cinquante et six livres, monnoie courante. C'est assavoir : pour la porte d'Aunis xxiv l., et pour la porte de Bor[1] xxii l., et pour la porte Mastaz dix livres, lesquelles lvi l. ledit Guillaume paiera par mois, c'est assavoir pour chascun mois (*en blanc*) et commenssera le premier paiement en la fin de cestuy mois de janvier. Ce fut fait présens : sire Bernart de Marteaux l'ayné, sire Guillaume Roilhe le jêne, sire Johan Roilhe l'ayné, Johan Garin, Robert Le Maire, Johan Pasquaut, Bernart Gratemoyne, Colin Chenau et plusieurs autres, lesdits jour et l'an que dessus.

Le vendredi premier jour de février.

Aujourduy en la présence de sire Bernart de Marteaux l'ayné, sire Guillaume Roilhe le jeune, Pierre Ridet et Joseph Garnier, Hélie Auffroy, bourgeois, s'est obligé paier et rendre au maire de la ville et commune, et au procureur d'icelle, quatre cens et dix livres, bonne monnoie, pour cas des fermes du souchet, de mailhe pour chescune pinte de vin qui se vendront à détailh en ladite ville, et cinq souls par chescun tonnel de vin qui entrera et passera en ladite ville et ès-suburbes, et paiera pour chescune semayne huyt livres, excepté les deux dernières semaynes qu'il paiera en chescune cent souls. C'est assavoir, dès le xxv⁰ jour de janvier prochain passé jusques au xxv⁰ jour dudit mois de janvier, yceluy encloux, l'an prochain venant, que l'on dira mil ccc lxxv, et ledit Hélie Auffroy excusé par nulle manière du paicment de ladite somme par vismance de guerre, de prison,

---

1. Porte de *Bor*, pour *Tailborg*, *Taillebourg*. On trouve encore, dans Rabelais, *Taillebory*, pour *Taillebourg*.

par feu ne pour aucun autre assident qui li pouroit venir, que lediz mons. le maire, procureur, et autres aiant povoir d'eulx ne le puissent compeller à paier la susdite somme par lesdiz termes, tout ainssi et par la manère qu'il est acostumé à fère pour les propres debtes du roy nostre sire. Parlé est que si aucuns par leur puissance se vouloient excepter de paier lediz souquet ou lesdiz cinq soulz des entrées ou passées, yceulx souffisamment somez et requis par ledit Hélie Auffroy ou par autre de son commandement et signifie et facet assavoir audit maire et procureur de ladite commune que, on cas que ledit Hélie Auffroy n'en pourroit riens avoir, celle somme ou ce qu'elle pourroit monter dudit souquet ou entréez et passéez desdits vins soient déduites et rebatues de ladite some audit Hélie et autrement non. Et si, par aucune aventure, oblige ledit Hélie Auffroy touz ses biens et son propre corps à tenir prison on chastel comme pour les propres debtes du roi, et lesdiz maire et procureur tous les biens de ladite commune et pour tenir, fère et accomplir les chouses susdites ledit Hélie Auffroy a donné plèges et présentement paieur, sire Johan Roilhe l'ayné, bourgeois, lequel se est après establi et de son assentement, et en a fait sa propre debte, et si sont obligés à chescun pour le tout sans bénéfice de division ne sans compagnon ou garieur avouher pour rendre ladite somme par la manère que dist est et par la manère qu'il est acoustumé à fère pour les propres debtes du seigneur [roy] et obligacions. Requis tesmoings que dessus le vendredi premier jour de février l'an mil ccc sexante et quinze. Du Ry Fradin.

Le mercredi pénultième jour de may.

Comme discuscion fut esmehue entre Robinet Bigot, demourant à Saint-Johan, contre mons. Pierre Marsous, prestre, c'est assavoir que ledit Robinet demandoit audit prestre qu'il li paiast et rendist la somme de six francs d'or, pour cause de ce qu'il l'avoit fait appléger par Nodin Guilhon, de Pons, parsonner dudit Robinet, envers Couches, Anglois, de la garnison de Coignac; ledit chappelain disans que, par commandement dudit Robinet, il les avoit paié et bailhé à Pérotin de Freddefons, escuer breton de la route de Thibaut du Pont; sachent tous que aujourduy ledit chappelain a fait approcher ledit Robinet par davant nous en jugement, en la présence dudit escuer, requérant audit Robinet qu'il le quiptast et li donast quiptance de ce qu'il l'avoit fait apléger de sa rempson et que bien et lontemps avant l'avoit paié, tant à luy que audit escuer; ledit Robinet disans audit chappelain que il ne li avoit oncques commandé ne dit qu'il les bailhast audit escuer; ledit escuer présens en jugement dist audit Robinet que, si il volloit jurer que il ne l'eust commandé prendre ledit argent dudit chappelain, que il le nyroit. Ledit Robinet fust refusans de prendre le serment, mes en vossit croire ledit escuer, lequel a presté le serment et jura aux sains Dieu évangiles nostre Seigneur, touchés corporellement estant ce livre en jugement, que, par le commandement dudit Robinet il avoit ehu et recehu dudit chappelain ledit argent par nom de li, et emprès ledit serment fait comme dit est, ledit Robinet quipta de sa bonne volonté ledit chappelain de toute ladite somme et plégerie et de touz autres chouses que il avoit ehu à faire ob li. Ceu fut fait par nous, Lansselot Lapsous, chevalier, s. Jehan de Saumur, s. Johan Roilhe, l'ayné, s. Guillaume Mehé l'ayné, s. Guillaume Roilhe le jène, mestre André Coutelier, mestre Rempnol Josbert, Bernart de Saumur, Pierre Estachebiœuf et plusieurs autres.

Le mardi XIXe jour de juyn.

Comme Robert Jourdain et Johan Guarin fussent tenuz et obligez paier et rendre à frère Johan Prouhet, frère prescheur du couvent de Saint-Johan, en la somme de doze frans et demi, si comme il raporte par deux mémoires émanez de la court de siens; aujourduy ledit frère a fait approcher par davant nous lesdiz Robert et Johan et leur demandoit d'une fiance, et les domages des doze frans et demi, et les avons condepnés li paier dedens sept jours ledit demi franc et les dommages desdits doze francs et demi, et parmy ce ledit frère doit rendre ausdits Robert et Johan lesdits deux mémoires.

Le mercredi xxe jour de juyn.

Comme Johanne Cordere fust aprochée par davant nous à la court de siens, à l'instance de Bernart Coutaut, sus cas d'enjures que ele li avoit dites les parties présentes en jugement, ladite Johanne a guagé l'amande audit Bernart et a vossu et consenti ladite Johanne estre condepnée audit Bernart en la somme de c sous, monnoie courante, à yceulx paier et rendre ladite Johanne audit Bernart pour chescune fois que ladite Johanne li dira dès ores en avant enjures et vilaynies aucunes, ou li pourchassera à li et à sa famille, et que ledit Bernart le puisset prover par deux tesmoings et ad ce ele jura par la foy de son corps et sous l'obligacion des ses biens et la jugasmes de son consentement. Tesmoings ad ce : Pierre de La Sale et Geoffroy de Richemont.

Le lundi xxiiie jour de juyn.

Comme le xie jour de juillet dernier passé jour fust assigné à Johan Guodeffroy pour soy comparoistre par davant nous sus les faiz de quoy il estoit suspessonné, et il fust ainxi que cele dite journée ledit Johan ne peut venir, pour ce que il fut pris pour les hennemys du roy nostre sire de la garnison de Nevic et en celi lieu fut détenu tant lonc temps que à sa journée ne pehut venir et sitost que ledit Johan Godeffroy pehut venir se comparoir par davant nous, estans et volans estre à droit en ladite court, soy portant en son arrest comme si il fust venu à ladite journée. Et pour ce que sommes certain de son exoine, l'avons tenuz et tenons pour présent et avons fait crier si nul ne nulhe le veult accuser du caz de quoy il est souzpessonné. ne faisset office ou opposement ne rebours, une foyz, deux foyz qu'il se apareust, trois foyz la criée par abondance, auquel cri nul ne vint, ne s'opposa. Et nous deismes par jugement que ledit Johan avoit fait de la journée ce qu'il devoit et li avons assigné jour, en le récréant de l'arrest en quoy il estoit; jugement à un mois. Parmy ce qu'il a juré et promis de soy approscher audit jour à la payne d'estre contraint dudit ajournement par l'amande; et présens ad ce : sire Johan Roilhe, sire Guillaume Roilhe, Guillaume Grant, Joffre Gajant et plusieurs autres ; et ce est le quart cri.

Du XIIIe jour de novembre.

Aujourduy s'est présenté Jehan Guodelfroy contre tous ceulx qui en aucune manière se vodroient plaindre de li, et l'avons recrehu jusques à duy en I mois sauve de le reprendre toutes foiz que nous plaira. Auquel jour vendra à la payne que dessus et ce est le IXe cri.

Le mercredi premier jour d'aoust.

Aujourduy a donné bon affiage et loial sehureté Aimery Gilebert, boucher, à Michel Riboulart, boucher, et a promis et juré aux sains Dieu évangiles nostre Seigneur, qu'il ne li meffera ne fera meffaire en corps et en biens, par soy ne par autre, fors que droit prenant et droit fesant selon la coutume du païs.

Prouver doit que li souffira, tant de fait que de confession, Michea Riboulart, demandeur contre Aimery Gilbert, boucher, que ledit Aimery li a dit en li injuriant et l'a appelé garsson ; lequel li a nyé, et li avons doné la présente produccion à duy en huyt jours, auquel jour vendront lesdites parties.

Le mercredi XXIIe jour d'aoust.

Prouver doit que li suffira tant de fait que de confession Guillaume Quinasquit contre Johan Lafillemahaut[1], qui li estant et fesant le rereguet sur les ayves de la ville Saint-Johan, ledit Fillemahaut se prist à li et le batit tellement que le sanc en sailhi par le nez, et en oultre en li enjuriant l'appela faux houle, mauvaix ; et li avons assigné la présente produccion à duy en huit jours, auquel nous veindront lesdites parties tous adjournez et en oultre à ladite Mahaut aplégé sondit filh pour se venir à droit à la paiyne de XXV l.

---

1. Ces noms désignent évidemment deux enfants illégitimes.

Le v⁰ jour d'octembre.

Condepné est par jugement et de son assentement Guillaume Daguenaut, rendre et délivrer dedens vii jours prochains, à sire Guillaume Roilhe l'ayné un coutel apellé miséricorde, lequel coutel ledit sire Guillaume avoit bailhé à ledit Guillaume Daguenaut cza en arrère, affourbir, si comme il a confessé.

Le lundi xix⁰ jour d'octembre.

De la demande que fasoit ou entendoit estre fete Guillaume Mehé l'ayné, contre Gieffroy Michea de trente et cinq souls vii den. ob chescun an, de rente, disans ledit Gieffroy qu'il est clerc et que il n'est tenu de répondre par davant li. Mons. le maire opposait audict Geffroy que, parce qu'il estoit juré de la commune, il estoit tenu de respondre par cause de son serment, et en oultre li offrit que si il restoit bien avisez de respondre, qu'il venist à demain, heure de termes, tout conseilhé ; ledit Gieffroy le refusa et dist que, pour ce qu'il estoit clerc, qu'il n'estoit tenu de respondre, emprès les offres que mons. le maire li avoit fait ; et emprès ce mons. le maire, pour cause de serment, li a dist par jugement qu'il estoit tenu de respondre ; et sur ce ledit Joffre appela du jugement. Présens : mons. Lorens Auffroy, prieur de Saint-Eutrope de La Leu, sire Bernart de Marteaux l'ayné, P. Tronquière et plusieurs autres.

*
* *

Le xix⁰ jour de janvier.

Aujourduy avons délivré Phelipot Pe... et l'arrest en quoy il estoit pour cause de la souspesson de la roberie qui a esté fete au chef mons. saint Johan, pour ce que nous n'avons trouvé qu'il soit en riens coupable, ob l'assentement du prévost. Présens : Sire Bernart de Marteas, sire Guillaume Mehé, mestre André Coutelier, mestre Repnol Jobert, Hugues Vidau, P. Tronquière, Johan Garin, P. Ridet et plusieurs autres.

Le jeudi xxiv⁰ jour de janvier.

Aujourduy avons recrehu Gillet Michea, Guillem Le Brebansson, et Estène Audoart, suyres, de ce que estoient 'ehu priz pour la souspesson de la blessure de Johan Chevalier, mareschal, lesquieux ont promis et juré au sains Dieu évangiles nostre Seigneur, qu'ils vendront toutesfoiz que nous les requérerons et leur avons bailhé la ville pour prison. présens : S. de Marteas, S. G. Mehe, Hel. Auffroy, prévost de Saint-Johan, Johan du Four, Jehan Garin, Aymery Peret et plusieurs autres.

Le mardi xii⁰ jour de février.

Aujourduy avons licencié et licenssions Gillet Michea, Guillaume Le Brabansson et Estène Audoart de l'arrest en quoi ils estoient pour accusacion de roberie, de laquelle ils sont deschargez, et ont esté trouvés bons vivans et loiaux gens, et les avons du tout mis au délivre par le consentement de Hélie Auffroy, prévost de ceste ville, lequel nous a rapporté qu'il a fait et fait faire informacion à son povoir contre lesdits suyres, et qu'il n'a pehu trouver contre eulx trois que bonne vérité et loiauté ; et à ce furent présens et de leur conseilh les dessous nomez : sire Johan de Marteaux l'ayné, sire Johan de Saumur, sire Johan Roilhe l'ayné, s. Guillaume Roilhe l'ayné, Bernart de Marteaux le jène, Bernart Coutaut, Hugues Chopin, Hélie Auffroy, Pierre de La Sale, Johan Garin, Guillaume Grant, Aymery Seignouret, André Fichet, Yvon Guilhem et plusieurs autres.

Le mardi xxvi⁰ jour de février.

De la demande que fasoit Perin de Coignac contre Chaignea, coutelier, de cinq souls pour vendission d'une paire de souliers, ledit Chaignea dit qu'il avoit en gage une guiterne[1], la-

---

1. Guitare.
   Car je vis tout en un cerne :
   Viole, rubène, guiterne.

   Voir citation de Guillaume de Machault, poète du xiv⁰ siècle, dans l'*Etat de la poésie française dans les XII⁰ et XIII⁰ siècles*, de Roquefort.

quelle li a esté bailhée et dellivrée en jugement, et doit rendre ledit Chaignea audit Perin II sous VI derniers, et a promis ledit Chaignea garder de dommage ledit Pierre à cause de ladite guiterne à li bailhée vers ledit vallet qui la bailha et touz autres.

Le mercredi XXVIIe jour de février.

Aujourduy a tesmoigné Johan Servent, maréchal, qu'il vit la saizine et possession d'une espée à Johan Chaignea et la vit la veilhe de noël et cuidet qu'elle est sienne.

Thomas Narbert, mareschal, dit par mesme manère que Johan Servent.

Et les a amenés pour tesmoings, pour ce que Pierre de La Dune la li avoit ostée, pour ce que il l'avoit trait contre Guillaume le fourbisseur, par courroux, et pour ce qu'il a dehment prouvé qu'elle estoit sienne, nous la li avons délivrée et bailhée parmy ce qu'il a promis garder de domage Sebille Feucelle de tous dommages de ladite espée.

Le mercredi XIXe jour de mars.

Condepnée est par jugement, et de son assentement Pernelle Cotezaude, nostre jurée, présente en cour, rendre et paier à Pierre de La Sale, de Saint-Johan, dedens la prochaine feste de la panthecouste, sept livres monnoie courante, frans d'or pour XX sous la pièce, tant à cause de livrance de draps de laine que pour argent presté et en oultre fera mètre et aporter une grant broye pour broier fouasses[1] ò ses appallemens, en la maison du four dudit Pierre en la rue de la Bouaterie[1] et une met pour pétrir paste, dedens ladite feste de la panthecouste prochaine venant, ensemblement avecques

---

1. La *fouace* est une pâtisserie encore usitée dans le Poitou et la Saintonge. — La rue de la *Bouaterie* avait retenu le nom d'un riche bourgeois de Saint-Jean d'Angély vivant à la fin du XIIIe siècle, Guillaume de La Bouterie, qui prêta XXV livres au roi Philippe le Bel (*Archives historiques de la Saintonge et de l'Aunis*, t. IV, p. 201). — La rue de la Bouaterie est sans doute celle qui existe encore sous la dénomination altérée de *rue de la Bouetrie*.

tous intérêts dommages qui, en deffaut de ce, s'en pourroient ensuivre sous l'obligacion de tous obliger les biens de ladite Pernelle, tant meubles que immeubles, où qu'il soient situés. Fiat memoria. Fait et donné pardavant nous Bernart Tronquière, maire de la ville et commune de Saint-Johan d'Angéli, souz le seel aux causes de ladite commune.

Condepnée est par jugement et de son assentement Pernelle Cotezaude, nostre jurée, présente en court, rendre et paier à Pierre de La Sale, de Saint-Johan, et dedens la prochaine feste de panthecouste, cent et quinze monnoie soulz courante à cause et pour raison du louer et tenue de sa maison et four de la rue de la Bouaterie avecques intérêts et dommages qui en défaut de ce s'en pourront ensuivre. (*Même obligation que ci-dessus*).

Du xxixe jour de mars.

Condempnée est par jugement et de son assentement Pernelle Cotezaude, nostre jurée, fère amener et aporter tout ycelle quantité de arzilhe comme il sera mestier et nécessité pour resparer et fère les clousures des taspes[1] de ladite maison du fourniou de Pierre de La Sale, en la rue de la Bouaterie, tant au dedens que en la clouzures, dehors du fourniou, toutesffois que requise en seroit par ledit Pierre de La Sale ou des siens, et paier et bailher audit Pierre de La Sale vint soulz, monnoie courante, en faisant l'œuvre desdites taspes, avecques tous intérests et domages qui, en deffaut de ce s'en pourroient ensuivre (*Même obligation que dessus*). Fait et donné devant nous Bernart Tronquière, le samadi avant le dimanche que l'on chantera : *Judica me*.

Le lundi xive jour de may.

Gagea l'amande Rogier, poissonnier, demourant à La Rochelle, de ce qu'il avoit amené maigres pour vendre, et les mist chez son houste sans les metre sur les bancs, tassée à xxv sols.

---

1. « Taspes », le sol ou parquet du four fait en argile battu ; de *taspes* est venu *tapis*.

Le lundi xxix° jour de may.

Guagea l'amande Johan Colin, sergent, de ce qu'il avoit arresté blez à une feme, affaitez si come l'on disoit, et la délivra sans le faire assavoir à monsieur le maire, laquelle amande li est donnée.

Le lundi xxiii° jour de julhet.

Guagea l'amande Pérot Aymery, de ce qu'il avoit pris de fait la seilhe et les cordes de la Casgole pour ce que ele poisoit au poiz qu'il avoit fait curer et ce demandoit la preuve qu'il li en opposoit.

Le mardi dernier jour de julhet.

Guagea l'amande Nolet Champain, boucher, de ceu qu'il avoit appelé Johanne Chaplayne ribaude, et a gagé l'amande à ladite Johanne de son enjure à taxer à l'ordenance de Me André Coutelier et de Michea Faure, rézervés les despens que de droit.

Le semadi x° jour de novembre.

Guagea l'amande Guillaume Lendormy de ce qu'il avoit bailhé la clef de la porte de Mastaz à un petit enfant qui est son vallet, pour faire houvrir la porte de Mastaz, et a promis de estre à l'ordonnance et mercy dudit monsieur le maire.

Le lundi xii° jour de novembre.

Guagea l'amande Robin Chovea, dit Lèvre, à monsieur le maire de la noize qu'il avoit ehu en la présence de mons. le maire, contre André, le doridier, sans excepter sa révérence.

Guagea l'amande André Eschet, doridier, de mesme fait.

Le semadi premier jour de mars.

Guagea l'amande Johan Le Corder à la court de ce qu'il avoit dénuncié contre Johan Chaignea, fourbisseur, qu'il le avoit dérobé de la somme de sexante soulz et il s'en est délaissé en disant qu'il en a enquis avec sa femme, laquelle avoit ehu ledit argent et le li a bailhé. Laquelle est tassée LX souls.

Le jeudi xiii° jour de mars.

Condepnez sont la Machecole, Estène Tuhaut, Johan Ayraut, metre chescun un homme à fère oster le fumier de contre le mur de°sire Johan de Saumur.

Le jeudi ix° jour de novembre.

De la demande ou demandes que fasoit en la court de siens Pierre de La Rivière en nom et comme procureur de nobles personnes Archambaut, comte de Péregort, et de Loyse de Mastaz, sa feme, dame de Mastaz [1], suffisamment fondé de povoir sans grâce demander, d'une part, contre Pierre Baguenon, deffendeur, d'autre. Les parties présentes en jugement, de leur assentement ont mis en mesme estat à duy en trois jours, auquel jour, etc.

Copie. — A tous ceulx qui ces présentes letres verront et orront, Archambaut, par la grâce de Dieu compte de Peregort, seigneur de Mastaz, et Loyse de Mastaz, comtesse de Péregort et dame dudit lieu de Mastaz, nostre consorte, salut. Sachent touz que nous, Archambaut, comte de Péregort, dessuz dit, et ladite Loyse, nostre consorte, de nous avant toutes heures solempnellement otorisée ès chouses cy dessouz présentement escriptes, nous et chescun de nous, et respectivement et expressement, nous ladite Loyse et comtesse de Péregort et dame de Mastaz, ob l'auctorité dessus dite, avons fait, ordené et establi et encore fesons, ordenons et establissons nos vrais et loiaux procureur et messager espéciaux, c'est assavoir : Pierre de La Rivière, Arnaut de La Brousse, Guillaume Prévost, monsieur Jehan Coycart, prestre, exibiteurs de ces présentes et chescun d'eulx pour le tout, ainsi que la condicion de l'ocupacion ne soit meilleure, mes que ceu que par l'un aura esté com-

---

1. Archambaud V, comte de Périgord, avait épousé Louise, fille de Foulques V de Matha, qui lui avait apporté les châtellenies de Matha, Mornac, Royan et Arvert. (Voir *Archives historiques de la Saintonge et de l'Aunis*, t. xvi).

mencé par l'autre puisset porsevre, mener et fenir, et toutes en chescunes leurs causes et négoces meheus et à esmouvoir, tant d'eulx contre quelconque que de quelconque personne contre eulx, tant conjointement que divisément, tant en demandant que en deffendant, pardavant touz et chescuns juges ordinaires, extraordinaires, déléguas, subdéléguas, arbitres, arbitreurs ou amiables compositeurs, lieutenants, séneschaulx, prévosts, baillifs, commissaires refformateurs, enclerseurs (enquesteurs?), et par davant tous autres juges tant ecclésiastique que séculiers et chescun d'eulx quelsconques, donnans et octroians nous, lesdiz constituans, auxdiz nos procureurs et à chescun d'eulx pour ce tout plain povoir et mandement espécial de comparoir pour nous et chescun de nous et de nous deffendre, de desclairer de jour et reffuser si mestier est, de nous exoiner et de nostre exoine vériffier une ou plusieurs fois et quant besoign sera, de demander et requerre en jugement et dehors, à tous et chescuns nos débiteurs qui nous sont tenuz et obligez par quelconque manère que ce soit, toutes et chescunes nos debtes à nous et à chescun de nous deues, et de icelles exiger effîcacement et les prendre et recevoir desdiz debteurs, et de demander et requerre exéqucions, saizines et ventes, subastations et aliénacions de biens de nos debteurs et de chescun d'eulx, avecques leurs séquences et dépendances quelconques et d'icelles leurs debtes et chescune d'icelles, de chescuns nos diz debteurs, en nom et par nom de nous et de chescun, avoir, prendre et recevoir et donner et octroier par nom de nous à touz ceulx à qui il appartiendra letre ou letres de quiptance de tout ce que par eulx ou par l'autre d'eulx aura esté pris, ehu et recehu, et de baiher et en rendre par nom de nous terres et héritages qui seroient vacans én nostres terres ad certain temps ou à perpétuité, si comme leur sera vehu convenable, au prouffit de nous et desdiz, bailher, donner et octroier letre ou letres soubs scel autenticque ou souz le scel de nos cours, de donner libelle oi libelles et de les recevoir si besoign est et de respondre, de contester plait ou plaiz, cause ou causes, de jurer de calupnie et de vérité et de faire tout autre serment que ordre de droit requiert et ensaigne, de poursuyvre, de articuler, de interroger et de deffendre aux posicions, articles et interrogacions, si besoign, est et de produire tesmoings et instrumens par manière de preuve et de dire et oppouser contre les tesmoings et instrumens produiz ou à produire de nostre partie avers et contre leurs déposicions et yceux réprouver si besoign est, de excepter, dupliquer, tripliquer, quadrupliquer, de continuer, de renuncier, de conclure, de oyr ou recevre sentence ou sentences interloqutoires ou deffinitives, de provoquer, de appeler, de réclamer de tout service, exaction ou grief, imposicion nouvel imposé ou à imposer sus nous ou nostres homes, suz noz terres et suz nos biens ou sus nos adhérens ou adhérer veuillans, et de poursuivre par nom de nous quelconques provocacions, appellacions ou réclamacions, une ou plusieurs fois et innover et intimer icelles de demandes... en escript et sanz escript et de les recevoir, de demander despens, coux, domages, mises ou quelconques intérès taxés juridiquement et yceulx recevoir et de donner quiptance ou quiptances de tout ce que par l'autre d'eux aura esté reelu ; de empêtrer, avoir et obtenir de quelconques seigneurs ou juges, letre ou letres contenant grâce ou justice et de user d'icelles si mestier est, de compromettre de valeur de compromis par paine ou par serment, de appléger, de contreappléger, de poursuivre l'applégement et contreapplégement, de innover et intimer yceulx toutes les fois que le besoign sera, de demander, requerre et obtenir la court et obéissance ou la recréance de touz nos homes justiciables, à quelconques seigneurs ou juges ou d'aulcuns d'eux pardavant lesquieulx nos diz homes justiciables seroient appelez en jugement, à l'instance ou instance de quiexconques personnes que ceu soit, et de les avouher et retourner à l'examen de nostre court, et demander avoir et obtenir de quiexconques seigneurs ou juges toutes les foiz que besoign sera et le caz y avendra, la recréhence ou délivrance de chescun de nos homes justiciables arrestez ou à arrester par quelconque cause, fait ou délit que ce soit, par la manère que droit, usage et costume de païs vollet et donnet afin de en faire raison en nostre court ou fors. Et à chescun auquel il appartiendra de demander et requerre bénéfice de restitucion et implorer et requerre l'office de juge, de requerre et faire requeste ou requestes et de les obtenir; de hucher garieur ou garieurs, de prendre et recevoir en eulx, en nom de nous, diz constituans et de chescuns de nous, gariement ou gariemens et de les poursuyvre et conduire, et de un ou plusieurs procureurs substituer en lieux d'eulx ou de l'un d'eulx, avans autres tiel povoir et semblablement en toutes ces chouses comme nous et de faire toutes et chescunes autres chouses que nous diz constituans et chescun de nous ferions ou faire pourrions si personnellement présens estions, ja soit ce que requerroit mandement espécial. Promettons à avoir perpétuellement nous lesdiz constituans et chescun de nous chouse ferme et agréable quelconque chouse que par nos diz procureurs et chescun d'eulx et par les substitués d'eulx, et chescun d'eulx, aura esté fait, vendu, priz, recehu, demandé, juré, excepté, produit, appellé, applégé, contrapplégé ou autrement en quelque manère que ce soit procuré, et promettons et avons promis encore, nous, lesdiz constituans et chescun de nous par ferme et solempnelle stipulacion à tous ceulx à qui peut et pourra appartenir par nos diz procureurs et chescun d'eulx, ou les substitués d'eulx ou de chescun d'eulx, avoir la chouse agréable et ferme et paier la chouse jugée, si mestier est, ob toutes les clauses ad ce nécessaires et convenues et eulx et chescun d'eulx relever et desia relevons et volons relever de toutes charges de satisfaccion et sur tout ce que avons obligé, nous lesdiz constituans et chescun de nous tous et chescuns nos biens, meubles et non meubles présens et advenir. Et toutes ces chouses et chescune volons, nous lesdiz constituans et chescun de nous, estre signiffiéez à tous ceulx à qui il puet et pourra appartenir par la teneur de ces présentes auxquelles nous, lesdiz constituans, en tesmoing de vérité et ad vertuz de majoure valleur et fermeté, avons appousé et mis et chescun de nous, nos propres seelz. Fait et donné en nostre chastel de Montignac le Comte [1], le xve jour d'aoust l'an de nostre Seigneur mil ccc sexante et troys.

Le samadi xviiie jour de novembre.

De la demande que fasoit Jehan Paymont, de Poursay, contre Jehan Biraut, poissonnier, disant que ledit Jehan Biraut li doit xv blans pour le mener en son bardeau, jucques à Soubize, et qu'il ly meneroit ou feroit mener par son frère, ledit Biraut le a nié que ledit Jehan ne le devoit point faire mener mes qu'il le devoit mener ly mesme. A pris à prouver ledit Jehan Paymont, et li avons assigné la première producion à duy en huyt jours. Auquel jour, etc...

Le mardi xxviie jour de novembre.

Condepné par jugement et de son assentement Jehan Biraut paier et rendre... à sire Jehan de Saumur trois soulz quatre deners pour cause de vin behu à la taverne dudit bourgeois, et li avons réservé les despens que de droit et avons adiourné en court ledit Biraut à duy en huyt jours pour venir veoir taxer les despens faiz en court par ledit bourgeois. Auquel jour, etc...

Du mesme jour.

De la demande ou demandes que fazoit sir Guillaume Mché l'ayné, contre Gieffroy Michea est continuée en mesme estat à duy en huyt jours et sus espérance de pais, et charge les parties de leur assentement, mestre André Coutelier et Pierre Fandon, fin portant, et ont promis estre audit et ord-

---

1. Château à 24 k. de Sarlat. Archambaud V, qui s'était déclaré pour les Anglais, y fut assiégé par le maréchal Boucicaut et fait prisonnier.

denance, d'iceulx à la payne de xl soulz appliquez moitié à nous et moitié à la partie hobéissante, et vendront les parties tout adiournéez pour aporter plait ou paiz, et se doivent comparestre lesdites parties demain à l'églize monsieur saint Jehan, emprès messe de paroisse, chescun ob son arbitre, c'est assavoir : ledit sire Guillaume ob mestre André Coutelier, son arbitre, et ledit Gieffroy ob Pierre Fandon son arbitre, à la payne que dessus avant entrée de plait.

Du xix° jour de novembre.

Prouver doit que li souffira tant de fait que de confecion Jehane Cordère contre mestre Guillaume que elle presta une foiz une pelle audit mestre Guillaume pour faire oignemens, laquelle li fut rendue ; mes elle en est domagée jucques à la somme de..., laquelle chouse ledit mestre Guillaume ly a nyé et ly avons donné la première producion à duy en huyt jours. Auquel jour, etc...

Item, doit prouver ladite Cordère contre ledit Guillaume qu'il a tenu et exploicté une maison pour l'espace d'un mois ou de six semaynes par le temps que nous estions Anglois, laquelle estoit on louher de ladite Cordère et de son feu seigneur, laquelle chouse il ly a nyé mais tant dit qu'il l'exploita point que un demie jour ; et li avons donné la première producion à duy en huyt jours.

Le jeudi xiiii° jour de décembre.

Condepné est par jugement Guillaume Daguenaut, fourbisseur, paier et rendre à monsieur Pierre Guachet, prestre, seze soulz, monnoie courante, pour cause de domage et despens faiz à venir en ceste ville pour querre une espée laquelle il ly avoit bailhé à fourbir dedens le jour duy.

Le jeudi xxi° jour de décembre.

Condepné est par jugement et de son assentement Jehan Biraut, porter son dégout de sa maison entièrement et y metre chesnau sur soy et en sa terre, dedens un an prochain venant, sans ce que ledit Biraut ne les siens puissent avoir d'égout ne exploit en la place qui fut mestre Arnaut

Le Guoulu, laquelle est à présent à sire Jehan de Saumur, et se tient d'un cousté ladite place, au four que Thomas Le Fourner tient dudit sire Jehan de Saumur, et de l'autre cousté à la maison dudit Jehan Biraut et par davant fiert à la rue que l'on voit des bans à l'églize des frères prescheurs.

⁂

Le mercredi iiie jour de janvier.

Des motz plaidoiez et contreplaidoiez de la partie de monsieur Hellies Courgniou, chevalier, contre Guillaume Doriole, les parties présentes en jugement de leur assentement se sont mises souz droit et les en avons jugez et nous sommes retenuz à conseillier pour rendre nostre jugement, si bonnement se peut faire, à duy à xv jours, et doyvent bailher, lesdites parties, leurs raisons par escript ; c'est assavoir : ledit demandeur dedens samadi prochain et ledit deffendeur dedens jeudi enssuyvant, auquel jour premier dit vendront, etc...

Le jeudi premier jour de février.

De la demande que fasoit Jehan de Saumur contre Pierre Bodin, de l'assentement dudit Pierre, li avons donné jour de compter ob ledit bourgeois à dimanche prochain, auquel jour ledit Pierre sera en la maison dudit bourgeois bon matin à son lever, à la paine de diz souls appliquez moitié à nous et moitié audit bourgeois et avons condepné ledit Pierre paier et rendre audit bourgeois dedens le dimanche enssuyvant tout ce que il ly sera tenu.

Le vendredi segont jour de février.

Aujourduy a tenu sire Bernart Tronquière la court de siens en nom et comme lieutenant de monsieur le maire, condepnez sont Tierry Le Celier et mestre Pierre Le Mareschal, de La Benaste, et Pierre de La Ville, de Mazeray, c'est assavoir : ledit Tierry quatre homes, et ledit Mareschal quatre homes, et ledif Pierre deux homes, pour hoster le fumer de la roche et de la place de sire Jehan Rouilhe, laquelle roche et plasse est assiz en la rue par laquelle l'on vait du quarrefour des forges à l'églize des frères mineurs, devers la maison André Coutelier, toutesfois et quantes que ledit bourgeois les en fera requerre pour les ordures et fumers qu'ilz y ont fait mectre.

Le mardi xxviii⁰ jour de mars l'an mil ccc lx et treze.

Aujourduy, en la présence de monsieur le maire, sire Bernart de Marteaux l'ayné, sire Guillaume Mehé l'ayné, sire Guillaume Rouylhe l'ayné, mestre André Coutelier, Bernart Courtaut, Pierre Tronquière, Aimery Seignouret, Huguet Bidaut, Robbert Le Maire, Jehan Parouea l'ayné, Aymar Vilate, et les quatre qui ont pouhoir de lier les pers, c'est assavoir : Jehan Baudoux, Guillaume Coulonbea, Michea Faure, Pécheloche, et plusieurs autres, a esté ordené et furent d'assentement, tous les dessuz nommez, que monsieur le maire puisset prendre et recèvre tout home pour estre en commune, ob ce qu'il aiet des eschevins conseilhs et deux de ceulx qui ont povoir de lier le commun.

Le mardi tiers jour d'avrilh.

De la demande que fazoit le procureur contre Jehan Panea, clerc, disans que ledit Paynea avoit dit qu'il voloit aler aux davant des marchans qui amenoient les blés vendre pour qu'ils ne donnent pas le froment moins de seize soulz le boisseau, lequel ly a nyé; et avons donné la première producion de avoir le garieur à heure de relevée.

Le jeudi v⁰ jour d'avrilh.

De la demande que fasoit ou entendoit à faire Michea Bouquart contre Thomas Bilhotea, fourner, de sexante coubles de miches et une soule, ledit Thomas en a vossu croire les femes qui estoient au compte et ledit Michea aussi. Et pour aporter paix ou plait à duy en huyt jours.

XXXIV

BB, n° 3.

MCCCLXXVI

Mésée tenue par mons. le maire le vendredi xiiie jour de novembre, et est l'autre mésée assignée au vendredi... jour de décembre l'an mil ccc sexante et sèze.[1]

Tous sont d'assentement que l'on facet un don à mons. le séneschal, où il verront que à fère sera, des revenues de la ville;

Que la bailhete que a fait le procureur de la ville à Jehan Petit, cousturier, et à Marion, sa feme, d'une maison et place pour le pris de vingt souls de rente, que icelle bailhète soit ferme et estable perpétuelment et tout agréable;[2]

Que, au cas que sire Guilhaume Mehé ne vendra vers mons. le maire en amande de l'enjure qu'il li dist, que il soit pourvehu par voie de raison;

Que Jehan Benon l'ayné et Robert Jourdain aient quiptance de tout de qu'ilz ont receuz de l'an précédent qu'ilz estoient procureurs et receveurs de la ville et commune.

A promis Robert Jourdain aporter touz les rebriches de compte, et on cas qu'il y aura auscune chouse en quoy il puisset estre tenu, il a promis souz l'obligacion de ses biens et estevenant desdites rebriches audit de Saumur et de ceulx qui sont ordenez à oyr son dit compte.

---

1. Cette mésée est écrite sur une feuille volante enlevée probablement au registre de l'année 1376.

2. L'original de la baillette par laquelle les procureurs de la ville cèdent la maison dont il est question à Jehan Le Petit, couturier, et à Marie Chalassonne, sa femme, passé devant Contetin, garde du scel royal, à la date du 3 novembre 1376, forme la couverture du registre des années 1386 et 1387.

XXXV

BB, n° 4.

Ceu est le papier de la mairie de sire Jehan de Saumur, qui fut maire de la ville et commune de Saint-Jehan d'Angeli et fit le serment au roy, le xxviii° jour de mars de l'an m.ccc sexante dix et neuf.

ESCHEVINS	CONSEILS
Sire Ambroise de Mastaz.	Pierre de La Sale.
— Bernart de Marteas l'ayné.	Guill. Giraut le jeune.
— Bernart Tronquière.	Jehan Pasquaut.
— Guillaume Mehé l'ayné.	André Eschet.
— Guillaume Roilhe.	Robert Jourdain.
— Bernart de Marteas le jeune.	Jehan Coutetin.
	Guill. Mehé le jeune.
— Jehan Roilhe.	Jehan Guarin.
Mestre André Coutelier.	Aymery Vilate.
Bernart de Saumur.	Robert Le Merc.
Hélies Auffroy.	Pierre Redet.
Pierre Tronquière.	Hélies Chevalier.
Pierre Seignouret.	
Ambroys de Saumur.	

PERS

Pierre du Moulin.	P. du Meslier le jeune.
Guill. Bouteville.	Jehan Roussea.
Repnoul Espissier.	Pierre Alouhet.
Guillaume Columbes.	André Oger, couturier.
Bernart Gratemoyne.	Estène Tuhaut.
Me Jacques Langlois.	Jehan Lescot.
Jehan Chovea le jeune.	André Oger, tondeur.
Jehan Chovea l'ayné.	Johan Ayraut, merssier.
Guill. Fortet.	Me Arnaud Le Coutelier.
Pierre Pescheloche.	Guill. Daguenaut.

Robert Alen.
Michea Bouquart.
Jourdin Masson.
Le clerc Peletan.
Jeh. Raoul.
Mahiet de Belestre.
Gieffroy Guarait.
Clémens de Cray.
Pierre Achart.
Nodin Julien.
Aymery Gillebert.
Phelipot Le Mareschal.
Guill. Houlier.
Mondot Pastissier.
Jehan Plumager.
Janyn Lescuolier.
Perotin de La Barrère.
Jehan Puisson.
J. Guilhens.
Guill. de La Tour.
Huguet Maynart.
Motin Quentin.
Gaignemiche.
Aynequin Le Celer.
Robert Morant.

Jehan Amoin.
Guill. Lendormy.
Doriole.
Penot de Nabinaut.
Guill. Bouher.
Roy Le Celier.
P. Brantosme.
J. de Maisons.
Chasteaujolet.
Guilhet Roy.
Rolant, tondeur.
Me Guill. Legit.
Marot du Clusca.
P. Mosnier dit Babara.
Jehan du Bourg.
Peregort.
L. Roussea, de Bavès.
Jehan Faure, de Marsay.
Guillaume Langlois.
Pierre Ferron.
Girart Bordes.
Bernart Laroque.
Johan Chevalier, mareschal.
G. de Fages.

Commune { Jehan Repousson.
Guillaume Boutin, doridier.

Qui entreront en commune le xxixe jour de mars.

Le vendredi premier jour d'avrilh.

MÉZÉE tenue par mons. le maire et furent présens à la mézée (*42 échevins, conseillers et pairs*).

Lesquieux sont d'assentement que l'on ne pringet home à fère le regait s'il n'ont de xviii ans en sus ; et pour fère le gait de xiv ans en sus ; et à la garde des portes de xx ans en sus, et qui fera le contraire ou deffaudra, que l'on le gaget jusques à la poine de II s. VI d. ; que sire Ambrois de Mastaz et sire Guill. Roilhe seront capitaines dès la tour de l'Espringale[1] jusques au chastea, et P. Seignouret dès le chastea jusques à la tour, Pierre Assailhi, et sire Bernart Tronquière, de la tour P. Assailhi jusques à la tour aux Loupsault, et Hélie Auffré de la tour aux Loupsault jusques à la tour ronde, et sire Bernart de Marteas, le jeune, de la tour ronde jusques à la tour de Lespringale, ycelle enclouze dedens ; que Repnoul Espissier soit receveur ceste année de tous les revenues de la ville quelconques ; que Pierre du Meslier, le jeune, soit serche des tavernes et qu'il raportera à Repnoul Espissier par serment et a c soulz de gages.

Ils ont fait, constitué, ordené leurs procureurs pour demander, deffendre et plaider en toutes courts les droits de la commune, Pierre de La Sale, Berthomé Marquis, Guill. Mehé le jeune, Repnoul de Puyneuf, Pierre du Meslier le jeune, Bernart Fradin, Jehan Lobet, Jehan du Caccheu[2], Jehan Colin, et les promit relever sous l'obligacion des biens de la commune.

Ils sont d'assentement que Guillaume Roilhe gardet le grant scel de la commune ;

Que Guillaume Columbe, Giraut Bordes, Guillaume Daguenaut et Jehan Raoul aient povoir de lier la commune par mesme manière que s'ilz estoient touz présens, et ont fait serment ;

Que Bernart Fradin soit soubz maire Jehan Grolea et Jehan Colin, sergens ;

Que si beste aucune est trouvée en la douhe de la ville, ne porc, ne autre beste sur les ayves de la ville, ne feme qui y mette draps sécher, que qui les y trouvera et amènera

---

1. « Espringale ». L'espringale était une espèce de baliste. La tour de l'Espringale se trouvait sur le front est des fortifications.
2. Caccheu est plus loin appelé Capcheu.

aura la moité en l'amande et sera l'amande de xxv soulz ;

Que on cas que sire Bernart Tronquière requerroit à mons. le maire que li scellast une lètre qui li fut ottroié en témps de la mairie sire Guillaume Roilhe[1] que il se retenget à couser jusques à l'autre méséc.

MÉSÉE du VI mai.

Furent présens à ladite mézée (*41 échevins, conseillers ou pairs*).

Lesquieux sont d'assentement que l'on facet paier tous ceulz qui doibvent les restes du souchet et des entrées de ville, et, s'il ne volent pas débonairement, que l'on leur demande par raison ;

Que Berthomé Marquis soit procureur de la ville pour fère tout qui y appartiendra pour la commune et qu'il aiet c soulz pour sa pencion pour l'an, et pour poursuivre le plait esmeu ob sire Bernart Tronquière on cas que pais ne si pourra trouver ;

Que mons. André de La Croix facet fère les homages de la ville par la manière qu'il a commencé ;

Que l'on facet d'essi jusques à la Nostre-Dame meoust le regait toute la nuit, et ceulz qui le font de IV nuiz en IV nuiz, ne le feront que de VIII en VIII ;

Que l'on fendet du palenc[2] pour fère fère le mur tant que monsieur le maire et les massons verront que l'on en pourra fère adouber, et que quant ledit palenc sera fendu que l'on y metet des gens pour le garder, ce que monsieur le maire verra que sera à fère ;

---

1. Guillaume Roilhe, dont la mairie fut antérieure à 1379, ne figure pas sur la matricule des maires de Saint-Jean d'Angély.

2. Ce « palenc », comme on le voit, n'était pas destiné à former une palissade ; mais il faisait corps avec la maçonnerie. On trouve encore ce chaînage en bois dans quelques églises du XIIe siècle ; mais il fut abandonné au XIIIe dans les édifices religieux. Il présentait cet avantage d'offrir plus de résistance que le chaînage en pierre aux secousses du bélier.

Que monsieur le maire se resteignet à conseilher du fait de sire Bernart Tronquière jusques à l'autre mézée.

Le semadi xive jour de may.

Entré en la commune Perrot Peletier, dit Le Teignoux, de Sainte-Mesme, et doit paier à la commuue un franc.

Mézée du xe jour de juyn. Présens (*37 échevins, conseillers et pairs*).

Lesquieux sont d'assentement que l'on perseguet contre Giraut de Fages, prévost de ceste ville, le fait de l'appel que Cantin Abourry, juré de la commune, a fait de li pardavant le roy nostre sire, et emprès l'apel le batit et li fit plaies, et que l'on li aidet de la revenue commune ;

Que Guillaume Mehé soit procureur de la commune pour débate, apparoistre en cours et demandes, et aura c soulz de guage ;

Que l'on pringet de rechief pâti ob le capitaine de Bouteville[1] pour le prouffit de tout le peuple ;

Que l'on aidet sur la taillée du pâti à venir à paier à Pérotin de La Barrière les xxx frans qu'il a perdu à Bouteville, et a juré qu'il les a perdu et que on cas qu'il pourroit aucune chouse recouvrer que il le fera assavoir et rebattre à la ville.[2]

---

1. Bouteville, château situé à 27 kilomètres de Cognac, canton de Châteauneuf. Le capitaine commandant à Bouteville, Hélyot de Plassac, Plaisac ou Plessac, « moult gentil escuyer et vaillant homme d'armes, dit Froissart, tenoit garnison avec six-vingt lances de compagnons anglois et gascons, qui moult pilloient le pays » et couraient presque tous les jours devant les villes de La Rochelle ou de Saint-Jean d'Angély. Le *pâti* conclu avec cette dernière ville l'obligea sans doute à se diriger plus souvent du côté des Rochelais ; mais ceux-ci firent appel au sire de Thouars, dressèrent une embuscade dans laquelle ils firent tomber Héliot de Plassac, qui demeura prisonnier entre leurs mains et fut emmené à La Rochelle.

2. Comme on le voit, le *pâti* assurait les membres de la commune contre les pertes résultant du fait de guerre.

Le mardi v⁰ jour de julhet.

Aujour [duy] sont entrez en commune : Jehan Girart, Bertaud Girard, lesqueux ont juré et donent à la commune...

MÉZÉE du xv⁰ jour de julhet. Présens (*19 membres du corps de ville*).

Lesquieulx sont d'assentement que sire Guillaume Roilhe, Hélie Auffré, Pierre Tronquière et Jehan Coutelin soient ordenez à fère la tailhée des gens de la ville pour paier le pàti priz ob le capitaine de Bouteville, dès le premier jour de julhet jusques à la feste de noël prochain venant. Lesqueulx ont juré le fère bien et loialment, et appelleront des gens de fors commune en leur compaignie pour fère la taxe ;

Que des maders d'une mait de treuilh qui fut du treuilh feu Troupain, en la seignourie de Chamblain de La Faiole, que pour ce que ledit Chamblain en fait demande, pour ce qu'il furent aportez à fère le palene, que l'on li fasse fère autant de maders neufs, ou li paier la valleur ;

Que Bernart de Saumur demandast à la commune cinquante escus qui sont deus à sire Jehan Roilhe, pour cause des privilèges, et sont d'assentement d'en enquerre ob les seigneurs de la commune, et li en respondre à l'autre mésée ;

Que l'on donast bonne quiptance à Pierre du Meslier, le jeun de tout ce qu'il a reçeu de la tailhée du pàti pris, cza en arrère ob le capitaine de Bouteville que de tout ce qui apparoistra par les quiptances que Jehan Garin a recehu de li, et il en ait bonne quiptance de la commune.

MÉSÉE du xix⁰ jour d'aoust. Présents (*25 membres du corps de ville*).

Les quieulx sont d'assentement que, tant comme noz seigneurs le mareschal et le séneschal[1] seront deffors, que ches-

---

1. Le maréchal Louis de Sancerre, compagnon d'armes de Du Guesclin, qui en 1397 fut nommé connétable ; il mourut en 1402. Le sénéchal de Saintonge était alors Hervé Le Coich ou Le Coch.

cun facet le regait en sa persone et y métait bonne persone et suffisante, et que l'on facet toutes les nuiz quatre bonnes reserches deux de soir et deux de matin, chescun en sa personne ou personne suffisante, et que mons. le maire le facet crier, et aussi que chescun soit en sa personne à la garde porte, et qu'ils aient de l'arnois selon leur estat et qu'il tengent touzjours l'une des portes ou la barrière fremée [1], si n'est tant comme les gens y passeront, et tantost fremée après;

Que Jehan Le Verrier ayet guagé deux amandes, l'une de ce qu'il avoit achapté une pipe de vin qui estoit atavernée de Janyn de Maitenville, et ledit jour l'estancha sanz ce qu'il en vossist onques bailher à nulle personne, et en osta ou fist oster la fouilhe ou bandon [2], et l'autre amande estoit de ce que...

Du xxviiie jour de septembre.

Thomas Bouilhée entra en commune ledit jour et a fait serment de garder les faits de la commune et fère obéissance par la manère qu'il aprist et doit paier à la commune 1 fr. d'or.

Mésée du viie jour d'octobre.

Présents (*échevins, conseillers et pairs au nombre de 29*).

Lesquieulx ont esté d'assentement que monsieur le maire dict à monsieur le séneschal que tout les bonnes gens feront voluntiers chescun mois un home, pour fère les palisses alentour de la ville;

Que l'on donast quiplance à Jehan Guarin de la somme de...

Que l'on facet présent à monsieur le séneschal selon le povoir et celon que l'on li donna l'autre année;

Que Roger Grolea aiet deux soulz pour le travailh qu'il a fait au mur neuf.

---

1. « Fremée » pour fermée. C'est encore la prononciation populaire en Saintonge.

2. Feuille ou brandon destiné à faire connaître qu'elle devait être vendue au détail dans la taverne.

Le lundi xe jour d'octembre.

Aujourduy a monsieur le maire fait assembler les gens de sa commune et fait sonner le sain de la ville par la manère qu'il est acostumé à fère quant monsieur le maire veust avoir conseilh pour les nécessitez de la ville, et sont présens audit conseilh les persones ci-dessoubz nomez. (*Suivent les noms de 58 échevins, conseillers et pairs; le reste de la page est en blanc*).

Le mardi xve jour de novembre.

Aujourduy ont esté assemblez pardavant monsieur le maire, emprès le sain sonné, les par dessouz nommez. (*Suivent les noms de 49 échevins, conseillers et pairs*).

Lesquieulx ont esté d'assentement que qui pourra donner telle courtoizie ob le priour de Taunay-Voultonne que de cinquante et cinq livres de rente, que ledit priour a de rente sur les molins de Taunay-Voultonne, qu'il les veulhet remettre à xx livres de rente [1], que l'on le facet pour le prouffit commun, pour ce que qui pourra refaire lesdits molins il sera grant proufit et aussi affin que l'on ne puisset avoir débat à cause du passage des èves en ledit pont ne ob autre pour le passage des vaisseaux qui vont par la Voultonne.

Le xxe jour de novembre.

Aujourduy ont été assemblez pardavant mons. le sénéschal de Xainctonge et son lieutenant et pardavant monsieur le maire en l'eschevinage ceulx qui sont cy-dessouz nommez. (*Suivent les noms de 92 membres du corps de ville*).

Lesquieulx ont esté d'assentement que soient leurs procureurs et de toute la commune pour demander les droiz de ladite commune et de la ville et pour fère toutes chouses qui appartiennent à plait et pour demander l'obéissance des

---

1. Les moulins de Tonnay-Boutonne dont il sera plusieurs fois question dans les registres de l'échevinage appartenaient à la ville de Saint-Jean d'Angély; ils avaient sans doute été détruits par les Anglais et la commune profitait de l'intérêt qu'avait le prieur à les voir réédifier pour demander la diminution de la rente qui lui était due.

jurez de la commune, c'est assavoir : Berthomé Marquis, Guillaume Mehé le jeune, Pierre de La Sale, Repnoul de Puyneuf, Pierre du Meslier le jeune, Bernart Fradin, Jehan Lobet, Jehan de Catheu, Jehan Grolea, Jehan Colin, G. Grant, Bernart Courtaut, Hugues Bidault;

Que Berthomé Marquis soit receu de la commune de touz les biens de ladite commune.

Le xxviiie jour de novembre.

Aujourduy a fait assembler monsieur le maire en l'eschavinage, emprès le sain sonné de la commune, comme si fust plénière mézée, les personnes ci-dessouz nomméez. (*Suivent les noms de 76 membres du corps de ville*).

Lesqueux ont esté d'assentement que toutes les chouses appartenant à la commune qui sont dehuement passée en plénières mésées soient valables et tenables.

Mézée du vendredi xvie jour de décembre.

Les présens en ladite mésée. (57 *écherins, conseillers et pairs*).

Lesquieux ont esté d'assentement que monsieur le maire dict au lieutenant de monsieur le séneschal que la feme du chappelier a dit qu'il y a iii ou iv bourgeois de ceste ville qui ont vendu la ville, pour savoir de qui elle le tient; que toute manère de gens qui sont ordenez à fère garde portes y soient en leurs personnes, et qu'ils ne uvrent qu'une des portes, passé toutes les foires de noël, et que ceulx qui font regaiz y soient en leurs personnes ou par personne suffisante, et que ceulx qui font les regaix devers le soir ne partent dessus les murs jusques ceulx devers le matin soient venuz, et ceulx qui iront sonner aux autres retournent sur les les murs jusques à ce que les autres soient venuz, et que ceulx qui font le regaix devers le matin ne partent dessus les murs jusques les gaites soient sur les porteaux qui doivent fère le jour, et jusques la gaite du clocher aiet sonné rois cops de sain, lequel ne le sonnera jusques il soit temps de houvrir la porte et que les gaites du jour y soient si matin que les y trouvent le regaix et gaix sur les murs ; et que l'on metet le jour gaite sur la porte qui ne uvrera point et sur la tour ronde et sur la porte de Niort, et aussi l'on metra un ou deux des portiers sur le pourteau de la porte qui uvrira et que l'on fera les estigaitz par la manère que l'on le soloit fère. Que des requestes que sire Bernart Tronquière a fait à monsieur le maire et au commun, de son fait et du fait Hélie Auffré, Repnol Espissier, Jehan Benon, Robert Jourdain et Aymery Seignouret, que les dessuz diz bailhent leurs dites requestes par escript et l'on leur en fera response à la prochaine mézée, excepté sire Bernart de Marteaux, l'ayné, Hélie Auffré, Jehan Coutantin, Pierre Ridet, et Hugues Maynart qui disoient que tout ce qui estoit passé en plenière mésée devoit estre tenu.

Aymery Seignouret, Johan Benon, l'ayné, Hélie Auffré, Robert Jourdain et Repnol Espissier, ont révoqué tant comme en chescun touche l'appel que les procureurs de la commune ont fait du lieutenant de monsieur le sénéschal à la court de France, par davant nos seigneurs tenant le parlement du roi nostre sire à Paris, de certain jugement ou interloqutoire donné par ledit lieutenant au proufit de sire Bernard Tronquière appelant si comme il dit du maire de la commune de siens et contre le procureur de ladite commune et en oultre ont révoqué le povoir desdits procureurs en tant comme chescun d'eux touchet et en requisrent instrument à monsieur Guillaume de Guéret.

Ceu sont ceulx qui ont advouhé lesdits procureurs (*suivent 40 noms*) ont advohé les poursuites et l'apea fait par le procureur de la comunne de la court de monsieur le sénéschal à la court du roi nostre sire, par davant les seigneurs tenant le parlement du roi nostre sire à Paris, au jour de la sénéschaussée de Saintonge, contre sire Bernart Tronquière appelant, si comme il dit, de la court de monsieur le maire.

⁎⁎⁎

Le semadi xxve jour de février.

Aujourduy ont esté présens en l'eschavinage pardavant monsieur le maire (*35 membres du corps de ville*).

Lesquieux sont d'assentement, excepté Giraut de Fages, qui n'en veult rien paier, que Hugues Bidault et Bernart Courtaut soient satisffaiz et paiez de ce que ils ont mis, despendu et frayé en voiage de France pour empétrer le mandement de grâce que le roy nostre sire a donné pour abattre l'emposicion de douze deniers par livre à quatre deniers, et, que la recepte qui a esté faite des huyt deniers pour metre et convertir à la réparation de ceste ville, et que ledit mandement soit poursui et qu'ilz soient satisffaiz par taillhée ou autrement, excepté monsieur le maire qui dist qu'il n'en payeroit riens, et qu'il n'estoit son entende que nul y pehust estre contrains si n'est de leur consentement.[1]

MÉZÉE tenue le IIe de mars. (*Présents : 24 membres du corps de ville*).

Lesquieulx ont agréable le mandement du roy nostre sire de abatre l'imposicion de doze deniers pour livre à quatre deniers, mes qu'il ne fut oncques leur entende ny de leur consentement et volunté, que on dit mandement fut mis que monsieur le séneschal de Xaintonge chust aigre ob le maire, bourgeois et communs de Saint-Jehan d'Angéli et désavohent touz ceulx qui l'ont dit à monsieur le chanselier

---

1. On lit dans *Saint-Jean d'Angély d'après les registres de l'échevinage*, p. 74 : « Le maire déclara hautement, ainsi que Giraut de Fages, l'un des conseillers, qu'on ne pouvait les contraindre à payer cet impôt et qu'ils entendaient n'en rien payer. » La protestation du maire avait trait aux frais de voyage dus à Hugues Bidaut et Bernard Courtaut qui, probablement, avaient fait les démarches sans être investis d'un mandat légal du corps de ville. Si le maire avait protesté contre l'imposition, il l'aurait fait plus tôt et non pas quand on venait d'obtenir une réduction sur sa qualité.

de France. Ils sont d'assentement que l'on envoiet au roi nostre sire letres pour signiffier les douleurs du païs. Ils sont d'assentement que l'on envoiet letres à monsieur le sénéschal pour désaccuser monsieur le maire, les bourgeois et le commun vers luy.

Du mercredi vie jour de julhet.

Condepnée est par jugement Sainctes, déguerpie de feu Michea de Coignac, paier et rendre dedens sept jours prochain à Pierre de La Salle, dix souls, monnoie courante, pour cause de fasson de letres, et ledit Pierre rendra la valeur d'un palastre à ladite Saincte.

Du lundi premier jour d'aoust.

Aujourduy a donné bon et loial affiage Périn Bouquart à Méline Mahiete, et a juré qu'il ne li meffera ny fera meffère eu corps ny en biens, par nulle manère, fors que droit fesant et droit prenant selon la costume du païs.

Du vendredi ve jour d'aoust.

Condepné est par jugement et de son consentement Guillaume Boutin, orfèvre, paier et rendre dedans sept jours prochain venant à Jehan Chovea, l'ayné, trente et un soulz quatre deniers pour cause de garde de vins et de danrréez bailhéez.

Condepné est, etc..., Guillaume Bertin, doridier, paier et rendre à Jacques de Baudoy dedens vii jours prochain venant un aneau d'argent du poiz de deux grouz tournois et ledit Jacques à li paier la fasson et sont réservés audit Jacques les despens.

Le dimanche viie jour d'aoust.

Guaga l'amande Jehan Viger, dit Verrier, de ce que chez Jacques de Marsay, le xxiiie jour de julhet dernier passé, il achapta une pipe de vin qui estoit atavernée à trois deniers la pinte, et puis la mist à quatre deniers la pinte à taverne, et pour oyr la taxe de ladite amande li avons assigné jour à vendredi prochain.

(*De la main du maire Jean de Saumur*) :

Je li ay quité tout se que ge li puis et le li ay deu.

Le mardi dernier jour de may.

Come Giraut de Fages et demandast à Jehan Garin un drap d'or, lequel il li avoit bailhé en guage pour VI frans, lesquels VI francs il li avoit rendu et paié, si come il avoit confessé en jugement; et ledit Johan disoit que le procureur du révérent père en Dieu, monsieur l'abbé de Saint-Jehan, l'avoit fait arrester sur ledit Jehan Garin, aujourduy ledit Jehan a aporté ledit drap par davant nous en jugement et l'a fait priser à marchans, c'est assavoir : Jehan de Saint-Venour, Guillaume Fortée, Jehan Ayraud, lesquieulx ont prisé ledit drap à huyt frans et non plus, et l'ont honé; et a de lonc deux hones et demie resises; et pour ce ledit Jehan de son consentement a bailhé ledit drap audit Giraut et ledit Giraut l'a elu et receu en nostre présence et parmy ce ledit Giraut a promis audit Jehan le garder de tous domages qui li pourroient estre faitz vers toutes persones quelconques à cause dudit drap, sous obligation de ses biens. Présens à ce : sire Bernart de Marteaux, l'ayné, sire Bernart de Marteaux, le jeune, et lesdits marchans et plusieurs autres.

Le vendredi troisième jour de juyn.

Condempné est par jugement et de son consentement Motin Quentin, paier et rendre, dedens sept jours prochain venant, à Pierre Berthomé, trente et cinq soulz monnoie courante, pour cause de la vendission d'une jaquette de fustaine blanche, et li sont réservés les despens que de droit.

Le mardi XXIIe jour de juyn.

Aujourduy ont esté priz et arresté en la court de siens pour souzpesson de avoir emblé ailh novea et fèves en guousses, c'est assavoir : Bernart Arnaut, Jehan Roussea, Jean Giraut, Guillaume Taitaut et Jehan Fourré de Fontanet et en ont esté mis en la fousse de l'eschevinage.

Le semadi XXVIIe jour d'aoust.

Aujourduy, en la présence de (*blanc*) et Johan de Tournay

et plusieurs autres, honouré home et sage Gieffroy Ayrault, lieutenant de noble et puissant seigneur mons. Hervé Le Coich, chevalier, séneschal de Xainctonge, a rendu à mons. le maire l'obéissance de Jehane La Cordère et de Jehan Corder, son fil, lesquieulx estoient priz et arrestez on chastea par la souzpesson de la mort de Raoulet, costurier, qui estoit mort en la maison où demoure ladite Cordère et son filz.

Le jeudi premier jour de septembre.

Aujourduy en la présence de sire Ambroys de Mastaz, sire Bernart de Marteaux l'ayné, sire Bernart Tronquière, sire Bernart de Marteaux le jène, Jehan Coutetin, lieutenant du prévost, Giraut de Fages, substitut de Me André Coutelier, procureur en Xaintonge pour le roy nostre sire, Trahart Bourdin, Jehan Cordier, Jehan de La Croix, Jehan Chevalier, mareschal, Guill. Peru, sergent de la prévosté, et plusieurs autres, ledit Jehan Coutetin, garde de la prévosté Saint-Jehan d'Angéli, nous a présenté et amené Janyn Payen et Janyn Robert, costuriers, lesquelz estoient priz par la main dudit prévost pour la souzpesson de la mort de Raoulet, costurier, qui morut chez la Jehanne Cordère pour une chambre de planches qui cheut sur ledit Raoulet, le lundi jour de la décolassion saint Jehan-Baptiste.

Le vendredi segont jour de septembre.

Aujourduy se sont présenté pardavant nous Jehanne La Cordère, et Jehan Le Corder, son filz, si come ilz devoient, et les avons recrehu jucques à duy en huyt jours par my ce qu'ilz ont promis et juré eulz représenter audit jour par davant nous, sur la payne d'estre attaint du caz de quoy ils sont souzpessonez. Présens à ce : B. de Marteaux, l'ayné, Bernart de Saumur, P. Tronquière, Mathie de Belestre et plusieurs autres.

Le vendredi IXe jour de septembre.

(*Recréance des mêmes* « de semadi prochain en huit jours ».)

Le vendredi XVIIe jour de septembre.

(*Recréance des mêmes* « à semadi prochain venant ».)
Le vendredi xxiii septembre.
(*Recréance des mêmes* « à duy en huit jours ».)
Le semadi xxiv° jour de septembre.

Aujourduy en la présence de religieux mons. Lorent Auffré, prieur de Saint-Eutrope de La Leu, sire Bernart Tronquière, sire Guillaume Mehé l'ayné, Pierre Pignac l'ayné, Hélie Auffré, Berthomé Marquis, Giraut de Fages, Robert Jourdain, Bertram Daudoux, Jehan Lobet, Regnaud Daguenaut, Estène Brun, Jehan de Tournay, Nolet de La Lande, Jacques de Landes et plusieurs autres, Jehan Coutetin en nom et come lieu tenant de Jehan Mayner, prévost de Saint-Jean d'Angéli [1], nous a amené Janyn Payen et Janyn Robert, lesquieux estoient souzpessonez de la mort de feu Raoulet, le cousturier, qui fut trouvé mort en la mayson en laquelle demeure Jehanne La Cordère, pour ce que le planche d'une chambre estoit choite sur ledit Raoulet, en laquelle les dessus diz estoient logez, desquelz il nous avoit fait autre foiz quitacion par la manère que fère se devoit, lequel prévost nous a dit et raporté, en la présence des dessus diz, chu avis et délibéracion ob les dessus diz et ob plusieurs autres assistans en ladite court, et ob le consentement dudit prévost, lequel nous a raporté par son serment que il en a fait diligence d'enquerre; les avons licenciez par ce que ils ont esté trouvez innocens du fait.

Le vendredi vii octobre (jour de mésée).

(*Recréance de La Cordère et de son fils* « a duy en xv jours »; « et avons donné pour prison audit Jehan toute la sénéchaussée ».)

Le vendredi xi° jour d'octembre.

(*Recréance des mêmes* « à duy en xv jours ».)

---

1. Ce Jehan Mayner avait sans doute remplacé Giraut de Fages qui avait dû être rappelé par suite de son attitude vis à vis du corps de ville. Voir mésée du 10 juin.

Le vendredi iv novembre.
(*Recréance des mêmes* « à un mois ».)
Le vendredi iie jour de décembre.
(*Recréance des mêmes* « à un mois ».)

*
* *

Le vendredi xixe jour de janvier.
(*Recréance des mêmes* « à un mois ».)
Le vendredi iii de février).
(*Recréance des mêmes* « à un mois ».)
Le vendredi xvie jour de mars.

Aujourd'huy s'est présentée Jehanne La Cordére et Jehan Corder, son filz, par la manère que promiz l'avoient pour l'arrest onquel ils sont pour la souspesson de la mort de feu Raoulet, le costurier, et les avons recrehu jusques à duy en un mois, et baillé tout le royaume de France, par my ce qu'ilz ont promis et juré aux sains Dieu évangile nostre Seigneur de eulx représenter audit jour par davant nous pour estre à droit et sur la payne d'estre attains du fait [1].

Le vendredi xxie jour d'octobre.

Aujourduy a promis Guillaume Quinasquit faire le regait entier en toutes les semaynes, ainxi et par la manère que les autres gens de ceste ville, et à ce a donné plège Guillaume Giraut, l'ayné, qui si est mis et estabeli de son consentement et en a esté jugé et aussi ledit Guillaume et Guillemette Bitaude, sa feme, ob l'autorité de li, l'en ont promis agarder de domages souz l'obligacion de leurs biens.

Le vendredi xie jour de novembre.

Condepné est par jugement et de son consentement,

---

[1]. Il semblerait qu'après cette dernière recréance les « soupçonnez » auraient dû être dispensés de se représenter. Ils revinrent cependant encore deux fois devant André Coutelier, successeur de Jean de Saumur, le 28 avril et le 4 mai; puis il n'est plus fait mention ni de leur comparution, ni du jugement qui les acquittait définitivement.

Jehan Colin rendre et bailher dedens vii jours prochain venant à Bernart Courtaut une chopine d'esteing tenant demie pinte, laquelle il a du sien, si come il a confessé.

Le mesme jour :

Condepné est... Colin Cheval, paier dedens la feste sainte Katarine prochaine venant, au pati, viii soulz; on cas que il ne pourra, aporter descharges qui l'en puisse descharger de Jofrion Lozea.

Le jeudi xviie jour de novembre.

Prouvé doit qui suffira tant de fait que de confecion, Pierre Baguenon, contre Jehan Pasquaut, que il a paié ledit Pasquaut à Estène Lambert de Saint-Malo, en Bretaigne, xxxiv sous iv deniers, ob cause de celerage de vins, et jour sur la présente produccion à lundi prochain, auquel jour vendront.

Le xixe de novembre.

Continué est d'assentement des parties ce qui pend en la court de sians entre Pierre Baguenon et Jehan Pasquaut jusques à duy en xv jours et sur espérance de pais, auquel jour vendront.

Le jeudi xxiiie jour de décembre.

A la requeste que fasoit Guillaume Mehe le jène, en nom et comme procureur de la commune, contre Aymery Seignouret, dit Piet, que ledit Aimery veignet compter des receptes qu'il a fait des revenues de la commune; li estant procureur et receveur de ladite commune, a esté requis par ledit Aimery jour particulier, lequel li avons accordé par jugement jusques au lundi emprès l'an neuf prochain venant auquel jour vendra tout ajourné.

*
* *

Le dimanche ve jour de février.

Copie. — A touz les justiciers, officiers et ministres du royaume de France ou à leurs lieutenans et à touz autres qui ces lètres verront, Pierre Dessars, garde à présent de la prévosté de La Rochelle pour nostre sire le roy de France,[1] salut et dilection. Come Guillaume Mehé de Saint-Jehan d'Angéli soit tenu et obligé en rolle juré et jugé en ladite prévosté envers Jehan Roussea, bourgeois de ladite ville de La Rochelle, en la some de quarante guyennois d'or du coign du prince de Galles de moins de la some de cinquante et six guiennois d'or, en quoy il li estoit tenu et obligé de certaine, loiale et juste cause, plus applain contenu en lètres sur ce fêtes, lesqueles sont demourées en leur vertu quant à ce fère. Lesquieulx XL guiennois d'or dessus dits, ledit Guillaume deust avoir paié audit Roussea à certains termes piecza passé, si come plus applain est contenu ès papier et registres de ladite prévosté ; et ainsi soit que ledit Johan Roussea soit venu compleignant pardevers nous requerrant que, en vertu de sondit titre, nous le feissions paier de sadite debte et de ses domages sur les biens et chouses dudit Guillaume Mehé et [si] nous ne peussions à présent trouver en nostre povoir et juridiccion ledit Guillaume ne aucun de sesdits biens pour fère jour et paier ledit Roussea de sa dite debte et de sesdits domages, pour ce est-il que nous vous requéron, si toutefois en aide de droit, de par le roy nostre sire, que des biens et chouses dudit obligez vous vendez et exéqutez ou par vos commis et députez faiciez vendre et exéquter tant et telle quantité qu'il suffise à faire paiement audit Roussea de sadite debte et de sesdits domages, et néantmouyns le corps dudit Guillaume nous envoiez en la prison du roy nostre sire en ladite ville de La Rochelle pour y estre priz, miz et détenu et arresté jusques à tant que ledit Johan Roussea soit paié entièrement de sadite debte

---

1. Les prévôtés étaient habituellement affermées aux enchères à « personnes suffisantes » et qui ne pouvaient être parentes des sénéchaux. Quand ces prévôtés ne trouvaient pas enchérisseurs, elles étaient données en « garde », c'est-à-dire qu'on nommait un prévôt recevant des gages fixes.

et de sesdits domages, et nous de sexante soulz et un denier d'amande que le roy nostredit sire y a à cause du serment trespassé. A laquelle amande prendre et recevoir nous avons commis et commettons Tatin Japrye et Michea Babelet, sergents de ladite prévosté, et chescun autre sergent d'icelle tant sur ce vous plèze fère pour le roy nostredit sire et pour nous come vous voudriez que nous feissions pour vous, en cas semblable ou en greigneure, et que nous n'ayons cause de nous en retourner et venir sur les biens et gens de vostre jurisdicion que nous trouverons en la nostre, de quoy excusez nous pour eulx si de ce fère estoiez reffusans, quant la costume de ladite prévosté le requiert, et de ce que fère vous en plaira nous respousiez par vos lètres rendues ces présentes au porteur d'icelles. Donné et fait sous le scel de ladite prévosté, le VIIIe jour du mois de janvier, l'an mil CCC sexante dix et neuf.

(*La réponse à la requête ci-dessus a été commencée, puis bâtonnée*).

Copie. — A hounouré home et sage Pierre Dessars, garde de la prévosté de La Rochelle, Jehan de Saumur, maire de la ville et commune de Saint-Jehan d'Angeli, salut et dilection. Veulhez savoir que, come le VIe jour de février l'an mil CCC sexante et dix-neuf, Bertaut, sergent de ladite prévosté, si come il dist, fust venu pardevers nous et nous chust présenté des lètres et requis de jurisdicion, que pour la some de XL guiennois d'or du coign du prince en laquelle, si come en vozdites lètres est contenu, Guillaume Mehé est...

Le lundi XXVe jour de juyn.

Guagia l'amande Giraut Bordes de ce que folement avoit fait aprocher à la court de siens Coutin Abourry.

Le segont jour de septembre.

Condepné est par jugement et de son consentement, Guill. Boutin, rendre dedens VII jours une verge d'argent [1] ob un

---

1. Agrafe en forme de bâtonent.

grenat du pois d'un grons tournois, à Gervais, le costurier, et ledit Gervais li paier la fasson, et une autre verge qu'il bailha à sa feme et des autres débaz qu'ils ont ensemble, doyvent compter et aporter paix ou plait duy en huyt jours.

Du iiie jour d'octembre.

Guagia amande Guillaume Daguenaut, deschoite de injures, vers Nollet Champain de ce que il avoit appelé ledit Nollet faux et mauvaix, et qu'il avoit gaigné estre pendu plus de xx fois. Tassée à...

Du xviiie jour de novembre.

Guaga l'amande Michel Fournier, demourant à Xainctes, de ce qu'il a amené en ceste ville deux somes de poisson de rayes fresches pour vendre et n'en a mis sur les bans venaux que une some, et l'autre some tenoit reboutement à vendre chez Guillaume Roy en sa maison. Taxée...

Le mardi xxe jour de décembre.

Aujourduy du consentement de Mathiet de Belestre, présent en court, ont esté vendu à la requeste de Pierre Prignac l'ayné, à Guillaume Mehé le jêne, come au plus offrant et dernier enchérisseurs, avoir un g... de fustaine et un couteau de cordouanier neuf pour le pris de XL sous à rescousse de huit jours.

XXXVI

BB, n° 5.

Ceu est le papier de la mairie sire André Coutelier qui fut maire de la ville et commune de Saint-Jehan Dangeli et fit le serment au roy, le pénultiesme jour de mars l'an mil trois cens quatre-vings.

ESCHEVINS

Sire Jehan de Saumur.   Mestre Pierre Coutelier.
— Ambrois de Mastaz.   Hélies Auffroy.
— Guillaume Roilhe.   Ambroise de Saumur.

Sire Jehan Roilhe.
— Bernart de Marteaux le jène.
— Bernart de Marteaux l'ayné.

Huguet Choppin.
Pierre Tronquière. [1]

CONSEILHS

Pierre de La Sale.
Huguet Bidau.
Pierre Ridet.
Robert Jourdain.
Jehan Repousson.
Guillaume Girart.
André Eschet.
Repnol Espissier.
Pierre Aubepin.
Huguet Maynard.
Jehan Pastourea.

Guillaume Columbes.
Aymery Seignouret.
Jehan Guarin.
Jehan Coutetin.
Motin Quentin.
Robert Le Mere.
Guillaume Giraut le jène.
Berthomé Marquis.
Giraud de Fages.
Jehan Boueron l'ayné.
Julien Yonguerue.

PERS

Holiver Lemeiser.
Jehan Chovea l'ayné.
Geoffroy Girart.
Thery de Couloigne.
Johan Roussea.
Iterot Aymery.
Pierre Pescheloche.
Jehan Prader.

Guill. Coutetin.
Jehan Chevalier, mareschal.
Pierre Luchas.
Thomas Bilhochea.
Jehan Audoyn.
M. Guill. Legit, barbier.
Jehan Raoul.
Jehan de Bourg.

---

1. On remarque que le nom de Bernart Tronquière ne figure pas sur la liste des échevins de l'année 1380. Cette omission était peut-être volontaire et résultait de l'antagonisme qui existait entre cet ancien maire et une partie des membres du corps de ville. Si aux 12 échevins et aux 22 conseillers on ajoute les 78 pairs dont les noms sont indiqués, on arrive à un chiffre qui excède celui de 100 assigné au corps de ville par la charte communale.

Jehan Bertram.
Le Clerc Peletan.
Guillaume Boutin.
Michea Bouquart.
Jehan Fradet.
Pierre du Molin.
Guillaume Roy.
Gieffroy Michea.
Arnaud de Chemilhac.
Pierre de La Barrière.
Guillaume Bouteville.
Pierre Achart.
Colin Chessal.
Phelipot Le Mareschal.
Guill. Fortet.
Aynequin Le Celier.
Yvon Guilhem.
Estène Tuhaut.
Robert Alen.
Clément de Guerches.
Michea Riboulart.
Guill. Daguenaut.
Jehan de Saint-Croix.
Jehan Arnoul.
Guill. Vinet.
Aymar du Cluzea.
Nodin Julien.
Guillaume Repnol.

Jehan de Maison.
Guill. de La Tour.
Jehan Guilhem.
Mahien de Bel-Estre.
Pierre du Meslier l'ayné.
Pierre du Meslier le jène.
Michea Caniot.
Meriot Beguaud.
Pierre Bernart.
Coutin Aloury.
Giraud Bordes.
Guill. Brulhhac.
Jehan Savater.
Me Guillaume Bernard, barbier.
Maudet, pastissier.
Jehan Le Verrier.
Guillaume Houlier.
Guillaume Dorioles.
Pierre Alouhet.
Jehan Seguin.
Jehan Amoint.
Meriot Lemasson.
Guillaume Audoin.
Jehan Lescot.
Perrin de Coignac.
Guillaume Langlois.
Alen de Belle-Yle.

Mézée tenue par mons. le maire le vi^e jour d'avrilh, l'an mil trois cens quatre vins.

Et furent présens en ladite mézée (*70 membres du corps de ville*).

Lesqueux sont d'assentement que l'on facet la meilheur garde aux gaix, regaix et garde-portes et la plus proufitable que l'on pourra, et que chescun y soit en sa persone, ou qu'il y mette bonne persone et suffisante;

Que Pierre du Meslier le jeune, Bernart Gratemoyne et Guillaume Giraut le jeune facent la resserche chez touz les habitanz de ceste ville pour avoir croissance aus gaix, regaix et garde-portes, et ont promis et juré aux sains Dieu évangiles nostre Seigneur aporter bien et loialment tout ce qu'il trouveront, sans nulh espargner ny excepter, par amour ne par aigne;

Que qui pourra trouver sergent et souz-maire pour cent soulz, parmy ce qu'ilz soient gens suffisans, ou à autre bon marchié, et qui ne les pourra trouver pour moins qu'ilz ont acostumé avoir, que ilz aient ledit priz acostumé; [1]

Que Jehan Peletan et Jehan Raoul aient regart sur tout fausses chars et sur faux poissons, parmy ce qu'ilz ont juré raporter bien et loialment;

Que Jehan Guilhem aiet le regart sur faux soulers et cuers faussement tanez, et a juré raporter bien et loialment;

Que Guillaume Brulhac aiet le regart sur toute pipe et sur oisilh [2], et parmy ce qu'il a fait serment de raporter bien et loialment tout ce qu'il trouvera;

Que l'on requerra ob instance à monsieur le sénéschal ou à son lieutenant la délivrance des privilèges anciens et des noveaux et les autres biens et revenus de la commune de siens;

Que l'on bailhet le saign de la ville en garde à Alen de Belle-Ysle pour le priz de sexante soulz de salaires par l'an;

Que sire Guillaume Roilhe aiet ceste année la garde du grant seel de la commune en cas qu'il s'en vodra charger et

---

1. Aucune des fonctions municipales n'était gratuite : le maire avait son salaire, comme le sous-maire et les sergents, les collecteurs de taillées ou impositions, et « le mestre des œuvres et réparacions de la ville ».

2. Osier, encore appelé en langage saintongeois « oisy ».

on cas qu'il n'en vodra prendre la charge que à la prochaine mézée l'on ordenera autre pour la garde d'iceluy;

Que qui trouvera chevance pour fère adouber les portes qui sont sur la Voultonne, que l'on le facet, et que dessi à l'autre mézée prochaine l'on aiet esté pourvoier de regarder lesdites portes pour raporter ce qui y sera nécessité;

Que dessi en avant toute lètre qui sera seellée du grant seel de la commune soit enregistrée au papier de la court et que l'un des procureurs soit au seellé.

Sont d'assentement et ont ordené leurs procureurs pour fère tout ce que bons procureurs peuhent et doyvent fère et qu'ilz aient povoir de substituer et fère toutes autres chouses, c'est assavoir: Berthomé Marquis, Bernart Courtaut, Huguet Bidaut, Guillaume Mehé le jène, et Bernart Fradin et chescun d'eulx par la manière contenue en la procure cy-dessouz enregistrée. *(Cet enregistrement n'a pas été fait).*

Le lundi xxiiie jour d'avrilh.

Aujourduy ont esté convoquez en l'eschevinage par davant mons. le maire les cy-dessous nomez. (*Suivent les noms de 23 membres du corps de ville*).

Lesqueux ont été d'assentement que l'on facet l'estigait de bourgeois alentour de la ville, c'est assavoir deux homes devers le soir et deux devers le matin par la manière que audessus a esté fait, et que chescun le facet en sa propre persone ou par persone bonne et suffizante et auront regart sur les autres gaix, regaix et resserches.

Le viiie jour de may.

Sachent tous que nous, André Coutelier, maire de la ville et commune de Saint-Jehan d'Angeli, et Hugues Bidau, procureur d'icelle, confessons et recognoissons aujourduy avoir ehu et receu de honnouré home Gieffroy Aymart, lieutenant de monsieur le séneschal de Xaintonge, les privilèges et lètres de la commune et autres lètres qui est en une arche qu'il avoit en garde de monsieur le séneschal, et aussi avons priz et accepté la délivrance de la tierce partie du souquet et des revenues des portes de Chamdoulent et de Thonay-Voutonne et du pavage des portes de la ville Saint-Johan, et autres revenues qui mises avoient esté japieca à la main du roy nostre sire, et nous en tenons par nom de ladite commune pour touz contemps, et en quiptons ledit messire le lieutenant et touz autres aquiptances en appendront par ces présentes et avec tout ce nous ledit maire, tant pour nous que pour ladite commune affin de la descharge dudit messire le lieutenant li avons promis et promettons souz l'obligacion de touz nos biens que ou cas que messire le séneschal ne auroit agréable la délivrance des chouses avant dites, que icelles nous rendrons et rétablirons avec tout ce que nous en aurons receu despuis la date de ces présentes, toutesfois que par messire le lieutenant en serons requis et en tesmoing de ce nous avons donné audit messire le lieutenant ces présentes lètres scellées du seel de ladite commune le vme jour de may l'an mil ccc quatre vins. [1]

Mézée du vendredi xie jour de may. *(Présents : 38 membres du corps de ville).*

Lesquieux sont d'assentement que l'on facet inventaire des privilèges et lètres de la commune qui sont en un sac scellé, et que monsieur le maire les gardet ceste année et dessi en avant les gardera chescun an celuy qui par le temps sera maire, et les prendra par inventaire et les rendra aussi à l'autre maire par inventaire; [2]

Que monsieur le maire prenget l'argent du tiers de la revenue du souquet et touz les autres revenues de la ville come du pavage des portes de la ville et des portes de la Voultonne, et touz autres revenues appartenant à la ville et commune, et le gardet jusques à tant qu'il aiet entièrement

---

1. Il résulte de cette déclaration que les revenus de la commune avaient été mis en la main du roi, c'est-à-dire saisis, sans doute pour assurer la rentrée des impositions.
2. Le maire de La Rochelle avait aussi la garde des archives.

la délivrance absolue de monsieur le séneschal pour ce qu'il est obligé les rendre en cas que la délivrance à luy faite par messire le lieutenant ne soit agréable à monsieur le séneschal et que la délivrance absolue lui en sera faite ledit monsieur le maire bailhera tout ce qu'il aura receu des chouses susdites au receveur qui sera ordené par le consentement de *Siens;*

Que toutes manéres de gens qui sont ordenez à fére garde-porte qu'ilz soient à la porte qui devra houvrir celuy jour, à levée du soleil levant, et qu'il porte arnois suffisant pour icelle garder et qu'il obéissent en leurs propres persones ou par persones suffizantes sur la poine de II soulz VI deniers par deffaut;

Que l'on facet composicion, ob le priour de Thonay-Voultonne la meilleure que l'on pourra, des LX livres de rente qu'il demande à la commune, jusques à la some de XV livres de rente ou XX et non plus;

Que l'on paiet à la feme Pierre Aymery, le louher de sa maison, laquelle la ville tient empeschée pour tenir la chauf, les maders[1] et bois de la ville, ou que l'on la luy délaisse.

Le semadi XXVIe jour de may.

Aujourduy sont assemblez en l'eschevinage les persones cy-dessous nomez *(17 membres du corps de ville).*

Et fut requis par Guillaume Mehé le jéne, tant en nom et come procureur de la commune, que par les dessus nomez à monsieur le maire, que come il pend en la court du parlement du roy nostre sire une cause d'appel fait par le procureur de la commune, contre sire Bernart Tronquière, que icelle cause d'appel soit poursuivie aux despens commun et qu'il en eust avis et conseil come elle soit poursuivie. A laquelle requeste, ledit monsieur le maire responsit que vendredi prochain venant il fera volunters assembler séans par davant lui tout le commun et le leur dénunciera, et dira et

---

1. Chaux et madriers.

qu'il en fera tout ce qu'il en trouvera par le conseilh dudit commun. De laquelle requeste susdite a requis ledit Guillaume Mehé, en nom que dessus, instrument à Jehan Blanc, clerc, notaire public de l'autorité apostolique et auxi ledit monsieur le maire li en requist instrument de ladite réponse audit clerc.[1]

Le vendredi premier jour de juing.

Ceu est la collacion fete par monsieur le maire, eschevins, conseillers et pers, pour la poursuite de l'appel fait en France contre sire Bernart Tronquière, et furent d'assentement d'icelle poursuite, et que l'on fist procureur ou procureurs pour la poursuyte, et aussi sont d'assentement d'anguager les portes de Vouthonne ou faire tailhée pour aler en France en parlement et à ce consentent. *(Suivent les noms de quarante échevins, conseillers ou pairs; le maire n'est pas nommé).*

Item sont d'assentement les dessuz nomez, que sire Guillaume Mehe, sire Guillaume Roilhe, Huguet Bidaut, Bernart Courtaut, oent le compte de Aymery Seignouret et de Rapuolh Lespissier et autres, qui ont recehu les prouffiz et revenues de ladite commune par le temps passé.

Mézée tenue le viiie jour de juing. *(Présents: 56 membres du corps de ville).*

Ont esté d'assentement de fere croissance aus portes de la ville, c'est assavoir viii portiers chescun jour à chescune porte.

Aujourduy sont d'une opinion de poursuivre l'appel qui a esté fait en France contre sire Bernart Tronquière. *(Suivent les noms de 43 membres du corps de ville).*

Item s'ensuyvent ceux qui sont d'autre opinion : Bernart de Marteaux l'ayné, sire Ambroys de Mastaz, sire Jehan de Saumur, Ambroys de Saumur, P. Redet, Hélies Auffroy, J.

---

1. Bernart Tronquière se prétendait créancier de la commune, qui, de son côté, lui demandait des comptes.

Repousson, J. Quantin, Robbert le changeur, Hugues Meynart, Johan Benon, Johan Coutelin, Giraut de Fages.

Et sur ce a esté requis d'une partie et d'autre à mons. Guill. de Grantpont, instrument, lequel le leur a ottroié et furent tesmoings : Me Pierre Coutelier, Regnaud Doigne et Jehan du Captan.

Du XIIIe jour de juing.

Aujourduy sont assemblées en l'eschevinage les persones cy-dessous nomez *(60 membres du corps de ville)*.

Et furent requis les dessuz nomez que, come le procureur de la commune heust empétré un mandement du roy nostre sire que l'imposicion qui estoit à XII deniers par livre que elle fut remisse à IV deniers, et en celi mandement fust contenu que monsieur le séneschal avoit en aigreur, s'ils se voloient touz à la grâce de monsieur le séneschal, et au mandement empétré du roy nostre sire, lesquieux responsirent que ils se voloient tenir [à la grâce] de monsieur le séneschal ; et ledit monsieur le séneschal leur remist ladite imposicion à quatre deniers, et vausist que ceux qui levoient l'imposicion et le suchet responsissent des II parties du prouffit à monsieur le maire dudit suchet et de l'imposicion cy-dessus dite.

Le mardi XIXe jour de juing.

Aujourduy ont été présentez pour davant nous, André Coutelier, maire de la ville et commune Saint-Jehan d'Angeli, par le prévost de ladite ville, Jehan Baudoux, Hélies Jehan, Guilhon Jehan, filz dudit Hélie, Hélies Jolen dit Penot, Jehan Corder, pour la suspeisson et prise de IV beufs qu'il avoient amené en ladite ville pour ce que lesdiz beufs avoient de Giraut du Bouchet et Lorens de La Leigne, de Lemalonges. Présens à ce : monsieur le lieutenant *(neuf membres du corps de ville)* et plusieurs autres et sont houiz, interrogez lesdiz Giraut du Bouchet et Lorens de La Leigne, s'ilz se voloient faire partie et fère aucune dénunciation contre lesdiz présentez, et ils respondirent que ilz ne se fasoient en aucune manère partie encontre lesdiz présentez par manère de aucune dénunciation ne autrement, et pour ce que nous ne vohusmes pas convoquer les conseilhers, pers et eschevins de ladite commune, requismes ledit monsieur le lieutenant lesdites parties estre mis en mesme lieu que estoient avant ladite présentacion, jusques à houre de réveilhée, à laquelle houre nous ferons convoquer ceux de ladite commune pour avoir délibéracion que sur ce devoit estre fait de droit et raison.

Aujourduy, heure de réveilhée, se sont assemblez pardavant nous *(quinze membres du corps de ville et le prévôt Jehan Coutetin)* et requismes sire Ambroys de Mastaz que sur la délivrance desdiz présentez, come dit est par le prévost, il nous voussist conseilher et ledit Ambroys dist qu'à ce il li sembloit que, atendu ce que lesdiz présentez signifioient à monsieur le séneschal, ou à monsieur son lieutenant, que, en venant du bor de l'eau, ils encontrèrent aus enemis ou larrons qui emmenoient iv beufs, lesquels ils coursèrent et les amenèrent à Saint-Jehan; et que de leur volunté ils voussirent estre miz en arrest et prison et lesdiz beufs estre renduz à ceux à qui ils devoient appartenir de droit et de raison, que ilz ne doivent estre pris ny arrestez, et attendu auxi que lesdiz Giraut et Lorens ne sont point parties contre lesdiz présentez, ne le prévost ne autres, et que nous les devoions les licencier; si les avons outé de toute arrest et miz à délivre avec le assentement desdiz procureur et prévost de ladite ville, eulx estant en jugement pardavant nous séans. Présens témoings, c'est assavoir: ledit Hélie Johan et son filz et Penoct, et lesdiz Jehan Baudoux, et Jehan Lecorder, juré de nostre commune. [1]

MÉZÉE tenue le vi^e jour de juilhet.
(Présents 31 membres du corps de ville).

---

1. On voit par ce procès verbal que les Anglais des garnisons voisines venaient fourrager jusque sous les remparts de Saint-Jean.

Lesquieux sont d'assentement que l'on fasset et ordenet ceux qui feront la recherse pour les vilages de ceux qui ne font guet ni reguet en ladite ville, et que l'on empétret un mandement de monsieur le séneschal come ceux qui ny guet ne reregnet en ladite ville soient conpellez de le fère, et que l'on sachet le nombre des gens de chescun vilage et que l'on requist les gens d'églize come ils veingent contribuer à la garde de ladite ville et faire convenir leurs homes;

Que Berthomé Marquis et Huguet Bidaut oient le compte de Rapuoilh Lespissier, et que sire Jehan de Saumur, Bernart Fradin, et les sergents de ladite commune qui ont servi par le temps passé, soient paiés de ce qui leur sera dehu du temps passé à cause de leurs salaires;

Que Berthomé Marquis soit receveur du prouffiz, rentes et revvenues de ladite commune, lequel a fait le serment de le faire bien et léalement, et garder l'avenu et prouffit de ladite commune à son pover.[1]

Mézée tenue le xxvi° jour de juilhet.
(Présents 22 membres du corps de ville).
Lesquieux sont d'assentement que l'on diet à monsieur le séneschal que il li plaise que il nous veilhet donner un commissaire qui fasset sa diligence de enquerre ceux qui ne font guet en la ville de Saint-Jehan et de iceulx fère conpeller par mandement et raison;

Que l'ajournement que a fait donner Aymery Seignouret et Jehan Boueron et Robert Jordayn par davant monsieur le séneschal à monsieur le maire et à la commune soyt poursuyt, sinon que ils veingent amiablement devers la commune;

Que Huguet Bidaut et Robert Le Mayre oient le compte de Berthomé Marquis, receveur de la commune.

---

1. C'est la première fois qu'il est fait mention d'un receveur de deniers communs. Antérieurement, les fonds de la commune étaient versés dans une arche à plusieurs clés, et les sommes qui en étaient extraites étaient inscrites sur le papier de l'arche.

Mézée tenue le xxive jour d'aoust.
(Présents 29 membres du corps de ville).

Desquieux Huguet Bidal, Bernard Grathemoyne, sire Guillaume Roilhe sont d'assentement que ilz iront en la compagnie des dizeniers, et seront ensemble jusques à tant que le guet soit assis, et s'il y a aucuns deffailhants ils metront de leur genz et payeront l'argent, et monsieur le maire les fera payer tantost les domages à ceux qui deffaudront.

Mézée du xxie jour de septembre.
(Présents le maire et 6 membres du corps de ville; il n'est pas rédigé de procès verbal).

Mézée tenue le viiie jour d'octembre.
(Présents 31 membres du corps de ville).

Sont d'assentement que l'argent qui est dehu aux repparacions de la ville par sire Bernart Tronquière soit recehu et que ce qui sera dehu soit demandé et requis ob instance;

Que l'on trametet en France pour le fait du prévost et P. Costurier les privilèges de la commune;

Que l'on requerret monsieur le lieutenant qu'il nous veilhet bailher les privilèges de ladite commune que ilh ha et ob instance;

Que l'on diet à monsieur le lieutenant que il sachet si sire Bernart Tronquière voudra tenir l'ordinaire de monsieur le séneschal sur le débat de li et de la ville.

Mézée tenue le xxvie jour d'octobre.
(Présents 29 membres du corps de ville.

Sont d'assentement les dessus nomez que l'on ailhet requerre monsieur le lieutenant qui il veilhet donner le mandement que autrefoys il a donné, voussu et consenti que fut fait pour aller en France et requerre justice, et on cas que il seroit refusant de le donner, que l'on en demande instrument et que l'on levet tailhée sur ceux de commune et que monsieur le maire ailhet en France.

Aujourdhuy a institué monsieur le maire maistre Pierre, son filh, son lieutenant, lequel a fait le serment de garder bien et léalment le prouffit de ladite commune.

Item, sont d'assentement les dessus diz que nul vinz de hors de banlieue ne soyt vendu à détailh s'il n'est crehu en ladite banlieue.[1]

Mézée tenue le xxx° jour de novembre.
(Présents 15 membres du corps de ville).

Comme nous heussions fait une tailhe pour aler au mandement du régent le royaume, monsieur le duc d'Anjou, et à ycelle lever, prendre et recevre ycelle tailhée Guillaume Mehé le jêne, procureur de ladite commune, et ledit Guillaume Mehé le jêne ait levé et receuhu de icele tailhée jusques à la some de vingt livres, et ycelles il ait bailhées audit mons. le maire et à Huguet Bidaut, qui les ont bailhées à Bernart Courtaut pour aler audit mandement, lequel s'en est chargé de y aler audit mandement, sont d'assentement tous les dessuz diz qu'il ait bonne quiptance de ladite commune.[2]

(Pas de mézée en décembre).

*
* *

Mézée tenue le iv° jour de janvier.[3]

Ils sont d'assentement que l'argent qui est dehu à la repparacion de la ville soyt demandé à sire Bernart Tronquière et que l'on monstret à monsieur le lieutenant le mandement que li roy a donné sur ceu et les lètres de monsieur le séneschal et que l'on le somast, et on cas que il seroit refusans de nous fère acomplir lesdites lètres et mandement, que il

---

1. Voir Lettres de privilèges accordés par Philippe de Valois à la ville de Saint-Jean d'Angély, à Paris, au mois de juillet 1331, art. 6.
2. Cette assemblée de notables, faite après la mort de Charles V par son frère le duc d'Anjou, était plus nombreuse qu'on ne suppose généralement, puisque des villes de l'importance de Saint-Jean d'Angély y étaient représentées.
3. Plusieurs mots sont effacés dans le procès verbal de cette mézée.

y fust mis le remède que si appartenit de fère..... et que de la refuse que ledit lieutenant donnera demander instrument ;

Que le débat qui peut entre la commune et Bernart Tronquière soyt poursui aux despens de la commune ;

Que Berthomé Marquis soyt receveur des prouffiz et revenuez appartenant à la ville pour mètre et convertir ès réparacions de la ville ;

Que Huguet Bidaut soit mestre des ouvres de la ville ;

Que Bernard Courtaut soyt deffrayé des voyages qu'il a fait à Paris dès le jour de la toussains jusques à noël, pour ceu que il a empétré plusieurs chouses de quoy il n'estoit mie enchargé..... de monsieur le maire..... de ladite..... c'est assavoir un mandat roial.

MÉZÉE tenue le xve jour de février.

(Présents 22 membres du corps de ville).

Sont d'assentement les dessus diz que l'on deffende l'entrée de la ville au procureur de Compnacq[1] parce qu'il a esté en ceste ville et..... par plusieurs foys sans licence de ceux à qui il appartient, et parce qu'il a tenu compagnie à Fontane aux Anglois, enemis du roy nostre sire, et par plusieurs causes véhémentes présumpcions desqueux il estoit enformé ;

Que les portaus soyent vuidés, que le reregaix puisse passer parmy et aler de l'un à l'autre ;

Que l'on demande au lieutenant de la ville que il leur voussit fère bailher l'argent que sire Bernart Tronquière

---

1. Cognac avait été repris aux Anglais en 1375 ; mais ils tenaient encore quantité de petites places qui leur furent successivement enlevéespar le maréchal de Sancerre, comme Châteauneuf, Merpins (Marvaud, *Études historiques sur la ville de Cognac*, p. 160, note), Montlieu, Taillebourg, Archiac, Bourg-sur-Charente, Aigre, Verteuil, etc.; c'est ce qui explique comment nous les voyons établis à Fontenet, petite paroisse à 4 kilomètres de Saint-Jean d'Angély. L'auteur de *Saint-Jean d'Angély d'après les registres de l'échevinage* a lu à tort *Courpignac* pour *Compnac*. Courpignac est une paroisse de l'arrondissement de Jonzac, à vingt lieues de Saint-Jean d'Angély.

doyt pour fère une palisse en la douhe pour la conservation de la ville ;

Que, quant vendra que la éleccion sera faite du mayre par voye de scrutine ou par voye de compromiz, l'un des procureurs soyt en la compagnie du souz-maire ; [1]

Que nulle roupte de gens d'armes n'entret en la ville si n'est que ils soyent bien conehus.

Aujourduy se doyvent assembler en l'eschevinage de la ville de Saint-Johan d'Angéli, ceux de la commune pour eslire de maire et de pastour, lequel jour est le dimanche dernier jour de mars l'an mil ccc quatre-vingt et un, pour eslire tres homes pour présenter à M. le séneschal.

Et furent présents : S. Guillaume Roilhe, sire Guill. Mché l'ayné, Bernart de Saumur, Bernart Courtaut, Guill. Mché le jène, Huguet Bidaut, Jehan du Four, Robbert Le Mayre, Héliot Chevalier, Jehan Bidaut, Perrin Ridet, Aymery Seignouret, Hélie Auffré, G. Gu.....

(Le procès verbal est inachevé).

Du xvie jour de mars.

Establis en droit dans la court de séans, Pierres et Aymery Seignorez, frères, enfans et héritiers de feu Pierres Seignoret, demandeurs d'une part, contre Jehan Boueron l'ayné, à cause de Agnès Raygnère, sa feme, seur et héritière en partie de feu Guillaume Raygner, et contre Jehan Boueron le jène, héritier et successeur en autre partie dudit feu Guillaume Raygner, par moyen de Marie Raygnère, sa mère, seur dudit feu Guillaume Raygner, deffendeur d'autre partie ; pour la demande ou demandes que lesdiz Pierres Raygner et Seignorez frères fasoient, et sont aujourdhuy tous héritiers de leurdit père, comme ledit Boueron l'ayné, à cause de sadite feme, et contre lesdiz Jehan Boueron le jène et contre chescun de eulx par tant que le touche et puisse appartenir à

---

1. Sur l'élection du maire de Saint-Jean d'Angély et ses diverses formes, voir *Saint-Jean d'Angély d'après les registres de l'échevinage*, p. 215.

cause et comme héritiers dudit feu Guillaume Raygner de la somme de VII vingt escus d'or du coing du roi de France, nostre sire, aians cours par le temps, restans de la some de II cens escus d'or, esqueux ledit Guillaume Raygner estoit tenuz et avoit promis audiz feu Pierre Saygnoret, père desdiz frères, par un accort fait entre eulx par certains arbitres qu'ils esleurent on païs d'Aynaut [pour estre] par eulx accordé sur certains débatz que avoient entre eulx, pour cause de certaine compaignehie et marchandises qu'ils avoient heus ensemble tant on païs d'Aynaut, de Flandres, que ailleurs, et auxi pour cause desdiz II cens escuz que lesdiz Guillaume et Aimery avoient priz et receuu à Lisle en Flandres, qui estoient dudit Pierre Seignoret, père desdis frères, de certaines daurées et marchandises qu'il avoit vendu si come par le compromiz et arbitrage fait et passé entre lesdiz feus Pierre Seignouret et Guillaume Reigner donnant certains juges du païs de delà et par l'ordenance de leursdiz arbitres et scellée des seels desdiz juges peut plus applain apparoir. Contre laquelle demande ou demandes a esté opposé par lesdis J. Boueron l'ayné et par Jehan Boueron le jène, plusieurz faitz, causes et raisons affin d'instance et plusieurs raisons au contraire par lesdis frères; les parties mises sous jugement, la court s'est retenue à conseiller entressé et le semadi XXIV° jour dudit moys pour estre assigné auxdites parties pour oyr nostre bon jugement, si bonnement fère se peut, et pour procéder en oultre par la manère que de raison.

Le 23 mars, la cause est continuée au samedi XXVI « avril ».

Le XXVI° jour d'avril.

..... Les parties mises souz droit, avons ordenné que les deffendeurs bailheront par escript devers la court les faits, causes et raisons propousés contre la demande desdiz demandeurs affin d'instance, dedens le jeudi emprès quasimodo prochain venant, et lesdiz demandeurs leurs causes et raisons au contraire dedens le jeudi ensuyvant, et jour à faire droit ausdites parties sur les parties d'une partie et d'autre, avons assigné le semadi IV⁰ jour de may prochain venant.[1]

Du jeudi XVII⁰ jour de may.

Prouver doit que li souffira tant de fait que de confécion sire Guillaume Mehé l'ayné, contre Motin Quantin, que, environ un an et jour en cza, ledit Motin a tué et ossis une truie de poil blanc, laquelle estoit dudit sire Guillaume Mehé... [de valeur?] de près de C soulz ; et avons assigné jour ausdites parties sur la présente produccion à de demain en huyt jours, auxquel jour viendront lesdites parties.

Du XXV⁰ jour de may.

En la cause ou demande qui pend aujourduy pardavant nous entre sire Guillaume Mehé l'ayné, demandeur, d'une part, contre Motin Quantin, deffendeur, nous a requis ledit demandeur la produccion de avoir ses garens, laquelle li avons ottroié par jugement à duy en huit jours, auquel vendront lesdites parties tout ajournées. *(Continuée d'office à huit jours, le 20 juin).*

Le mercredi IV⁰ jour de jullet.

Aujourduy nous a promis et est tenuz Itier Aymeri bailher et fournir tant de chabrons qui seront nécessaires à fère le pont de jouxte l'aumosnerie[2] fors de la ville de Saint-Jehan, pour le pris de LX soulz monnoie courante, desquieux il confesse avoir heu et receheu par la main de nous XXX soulz. Fait, donné... présens tesmoings : Perin Baguenon et Guillaume Boutin, doridier.

Du semadi XXVI⁰ jour de mai.

---

1. Cette cause n'a plus été appelée, ayant sans doute fait l'objet d'une transaction amiable.

2. Ce pont, qui était alors en bois puisqu'on y employait des « chabrons » (chevrons), fut appelé « pont perrain » quand on le refit en pierre, et pont Saint-Jacques du nom du prieuré voisin qui était l'ancienne aumônerie dont il est question ci-dessus. C'est le grand pont actuel du faubourg Taillebourg.

Aujourduy a déguerpy et délaissé mestre Guillaume Legit, barbier, à hounouré home Gieffroy Ayrault, une partie de maison assise en la rue par laquelle l'on vait du quarrefour du minage au quarrefour des bans [1], laquelle partie de maison ledit mestre Guillaume tenoit à louher de mons. Guillaume Maynart, prestre, pour ce que icelle dite maison ledit mons. Guillaume l'a baillhé toute avecques ses appartenances audit Gieffroy Ayrault, de laquelle chouse a esté jugé et condepné ledit mestre Guill. par le jugement de la court de siens, et de son consentement, et à ycelle metre ou délivre toutes les foiz qu'il plaira audit Gieffroy Ayrault.

Le mardi xxive jour de juillet.

Condepné est par jugement Robert Jordain, changeur, paier et rendre, dedens xx jours prochain venant, à Guillemin de Couches, vi frans d'or bons et de pois, la piesse pour xx souls, pour cause de une senture d'argent, laquelle senture estoit de monsieur Guillaume de Chamborel, chevalier, ensemble ob les despens.

Item, à cause de ladite ceinture ledit Robert a promis garir et deffendre ledit Guillaumin envers ledit mons. Guillaume de Chamborel, chevalier, et tenir et fère tenir compte envers li et envers tous autres qui action ou demande l'en pourroient fère, soubz obligacion de tous ses biens.

Du xxvie jour de mai.

Aujourduy est venue pardavant nous Marie Pernelle, déguerpie de feu Aymar Vilate, et nous a amené Pernele Vilate, sa filhe, et filhe dudit Aymar, pupille et meneure de âge, pour avoir l'aministracion et gouvernement de ladite pupille, laquelle de son consentement et à sa requeste a pris l'aministracion, tutelle de ladite filhe et de ses biens; les li avons baillhé par jugement et de son consentement, parmy ce qu'elle a promis et juré aux sains Dieu évangils nostre Seigneur touchés corporellement le livre, à garder bien et loialment

---

1. Ancienne « grand'rue », actuellement rue Gambetta.

ladite filhe et ses biens et la faire sauver à son povoir, et l'avons enchargé d'en fère inventaire appelé le clerc de séans dedens le temps que raison donne, auquel clerc avons commis de le fère par ces présentes. Présens à ce : Jch. de Saumur, Bernart de Saumur, Bernart Courtaut, André Eschet, Guillaume Mehé le jène, Janyn Paien, Jehan Grolea, Jehan Le Tourneur.

Du semadi IIe jour de juyn.

Aujourduy avons continué de nostre office pour certaines causes la cause de la tutelle de Perote Vilhate, filhe de fehu Aymar Villate, jusques à lundi prochain venant, auquel jour vendront ceux qui doyvent prendre la tutelle de ladite filhe et pour procéder selon que de raison.

Le mardi V^e jour de juyn.

Aujourduy se sont comparus pardavant moy : André Coutelier, maire de la ville Saint-Johan d'Angéli, G. Roilhe, Aymery Seignourez, P. Pignhac l'ayné, Robbert Le Mayre, Jehan Pasquaut, Jehan Chovea, Pierre du Meslier l'ayné, Repnoul Lespissier, Huguet Bidaut, Guillaume Bontin, Julien Yongrue, Jehan de Saint-Venant, dit Baonha, Gieuffroy Michel, Pierre Baguenon, Jehan Plumager, Robert Alen, ajournés pour venir voir bailher ou prendre chescun pour soy la tutelle de Perrote Villate, fille de fehu Aymar Villate, pupille et meneure d'eage, comme personnes estranges pour ce que les lignagers appellez à ceu ont moustré excusacion pour quoy la tutelle de ladite pupille ne leur devoit estre bailhée ; et pour ce avons recours aus estrangiers susdits, avons trové pour l'avis de ceux dessus diz et autres conseilhs de ladite commune, que Gieuffre Michel est suffisant pour le guovernement de ladite pupille [et] ses biens. Si l'avons descerné et déclairé estre tuteur de ladite pupille, et li avons bailhé la garde et le guovernement des biens de ladite pupille, par le jugement l'avons dit et fait. Lequel Gieuffre Michel dist et propouse que à ceu il n'estoit tenuz, et qu'il ne le povoit fère par plusieurs raisons, premièrement par ceu que ilh estoit veilz et eagé LXX ans ou environ, et plus que il estoit chargé de fère et assurer le guet en certains lieues en ladite ville de Saint-Jehan et par plusieurs autres raisons, lesquelles dites demandasmes à Jehane Pernelle, feme dudit Aymar Villate et mère de ladite pupille, si de la tutelle de sadite fille se voudroit charger. Laquelle présente en jugement requist que déclaration fust faite de lie estre eagée et fors de l'eage de tuteur pour ce que elle avoit esté en la tutelle de fehu Martin Villate, son seigneur et père de sadite filhe, affin de avoir et demander ses drois et de sadite fille à ceus à qui elle les devra demander et de ses biens s'en joir à son proufit, et pour ceu que sur ceu avons fait inquisition de son eage, pour laquelle inquisition avoir trouvé que elle a de XVI à XVII ans. Si l'avons décernée par le jugement icelle estre en eage et son povoir de avoir et requerre ses drois quelle que part que li semblera et fit protestacion qu'il n'estoit son entende de soy pouser héritière ès biens de sondit père si n'est ob le bénéffice de inventaire. Présens à ce: sire Guillaume Roilhe, Jehan Le Tourneur, Huguet Bidaut, Reynand Groleau et plusieurs autres, l'an et le jour dessus diz.

Le XXe jour de juyn.

Anjourduy requist Guillaume Sauvestre que face que alast et rentrast la maison de fehu Guillaume Roilhe quant il n'estoit son entente de se fonder pour héritier et que de ce li vossissions donner acte de la court, laquelle li otreasmes. Présens à ce: Ambroise de Mastaz, sire Bernart Tronquière, Me P. Coutelier.[1]

Du XXIVe jour d'avrilh.

Condepné est par jugement de son consentement mestre Arnaut de Chemilhac, coutelier, paier et rendre, dedens sept jours prochains venant, à mestre Jehan (*en blanc*) le mareschal, demourant on Omagne, vint souls, bonne monnoie,

---

1. Cette déclaration tenait sans doute lieu de notre acceptation sous bénéfice d'inventaire.

pour cause de son cheval qui estoit malade et l'a guari.

Le vendredi xvie jour de may.

Aujourduy avons priz et miz en nostre arrest en l'eschavignage André Eschet, doridier, et Simonnet Russin, cousin et familier de Julien Yongrue, nostre bourgeois, pour la souspesson de avoir blessé Janyn   , costurier, demourant chez La Cordère, lesqueulx estoient griefvement blessez d'espéez et de couteaux et se complaignaient dudit Janyn qui leur avoit fait si come ils disoient.

Le jeudi xviie jour de may.

Aujourduy avons fait venir pardavant nous en jugement maistre Guillaume Servant, barber, lequel a eu cure et garrissement Janyn   , costurer, demourant chez La Cordère, et li avons demandé en présence des cy dessouz nommez, et par son serment, si ledit Janyn le costurer qui fut arsoir[1] blessé de xi plaies, si comme il dit, s'il avoit aucune plaie mourtelle ne par lesquelles la mort s'en peust ensuyvre; lequel mestre Guillaume dépouse et dist par son serment que par icelles plaies ledit Janyn n'avoit cause ne périlh de mort ob ce qu'il soit de bon gouvernement et qu'il ne se désarroye par sa deffaute, et tous ce a juré aux sains Dieu évangiles nostre Seigneur, le livre touché corporellement; présens à ce : Hugues Bidault, Hélie Auffre, J. Boueron, Guillaume Columbes, B. Gratemoyne, Repnoul de Puyneuf, Naudin Boueron, Robert Le Mére, mestre Guillaume Leget, barbier, Guillaume Mehé le jeune, Motin Quantin, Jehan Chevalier, mareschal, Guill. Repnoul, Jehan Le Tourneur, Regnaud Groléa et plusieurs autres.

Aujourduy Julien Yongrue, nostre bourgeois juré, de nostre commune, avohe de sa famille et de son pain et de son vin et pour son parent Simonnet Russin, son cousin, et aussi ledit Simonnet s'en est avohé en la présence des dessus nomez, et avons mis ledit Simonnet en nostre arrest et li

---

1. Hier au soir.

avons bailhé la maison de l'eschavinage, pour cause de la tension et rote par laquelle fut arsoir blessiez Janyn le costurier, André Eschet et ledit Simonnet.

Aujourduy en jugement avons deffendu à Jehan Yongrue et à Jehanne La Cordère et à Jehan Corder, son filz, sur la paine de sexante soulz, qu'ils ne soient si ardiz de meffère l'un à l'autre en aucune manière, quelle qu'elle soit, sur ladite paine, laquelle chouse chescun d'eulx a juré sur les sains évangiles, en la présence des dessus nomez.

Le mercredi xxve jour de julhet.

Prover doit que li soffira, tant de fait que de confession, sire Guillaume Méhé l'ayné, encontre Jehan Boueron l'ayné, que puys an et, par ledit Jehan Boueron, avoit esté dit en enjure et vilanie dudit sir Guillaume que les maires, qui avoient esté depuys xx ans en cza maires de la commune de siens, estoient faus et malveis et larrons, et que despuis lesdiz xx ans en cza ilh avoit esté maire de ladite commune et que ceste enjure et vilanie redondait en sa personne, et que ceste enjure et vilanie il ne vousist estre dite à li pour ccc lib. et que s'il le confessoit qu'il li fust condampnation en ladite somme... *(Ajournement à huit jours).*[1]

Le même jour.

Condepné est par jugement et de son consentement Guillaume Langlois, dedens sept jours prochain venant, restituer et rendre à Motin Quantin une selle de cheval ou trente soulz.

Le lundi xxxe julhet.

Ledit jour fut condepné Guillaume Binet rendre à Mayet de Bel-Estre, dedens sept jours p. v., xxix rousettes d'argent qu'il avoit de pris en guage de xiii blancs.

Le lundi xive jour d'aoust.

Condepné est par jugement Tievenet Le Celer paier et ren-

---

[1] La cause n'a plus été appelée. Guillaume Méhé l'ainé, qui déclare avoir été maire « depuis les dix ou vingt ans en cza », ne figure pas dans la matricule des maires de 1360 à 1380.

dre dedens sept jours p. v. à Guillaume Giraut le jène, viii soulz à cause de une charette de fen.

Le mardi xxviie jour d'aoust.

Condepné est par jugement Jehan Fradet, boucher, paier et rendre dedans vii jours p. v. à Pérotin de La Barrière xxxviii soulz ix deniers, à cause de la vendission de quatre chastris.

Le mardi xviiie jour de septembre.

Deffaut: Aymery Gelibert envers mons. Giraut du Boys, prieur de l'aumosnerie de fors la ville Saint-Jehan.

Du mercredi iiie jour de octobre.

Condepné est par jugement Héliot, boucher, paier et rendre dedens vii j. p. v. à Jehan Pastorea trèze livres monnoie aujourduy courante, à cause de vendission de beufs et autres bestiaux.

Du vendredi viiie jour d'octembre.

Condepné est par jugement et de son consentement Aymery Gillebert, paier et rendre dedens vii j. p. v. à mons. Giraut du Boys, prieur de l'aumosnerie, xiv soulz monnoie courante, à cause de un pré que il tient dudit prieur, tenant d'un chief au pré de Guillaume Roilhe l'ayné, et d'autre au chemin qui vait aux portes et d'un cousté au chemin qui vait des granges à Ternant et de l'autre à la Vostonne.

Le lundi xxixe jour d'octobre.

De la demande de Ozane Guyraude, chambarère de sire Guillaume Mehé l'ayné, ledit sire Guillaume a esté condepné à rendre dedans vii jours p. v. à ladite Ozane une robe et un linceau.

Du vendredi xvie jour de novembre.

Aujourduy avons recrehu Jehan de Martenville le jène, jusque à duy en viii jours, lequel estoit en arrest pour ce que il avoit deffailhi à son aciegnast, auquel jour a promis de venir, à paine de x liv. et en a esté jugé.

AMENDE

Du mardi xxiie jour d'aoust.

Gagia l'amande Périn de Compgnac pour ce qu'il avoyt

déshobéi qu'il n'avoit pas voussu aler sur les murs quant il en fut requis par mestre P. Coutelier.

Aujourduy furent pesées les miches des personnes qui s'ensuyvent. C'est assaver :

Une miche de 1 denier de Pescheloche, laquelle pesoyt moins trois onces ;

De Stéphaine Raouline, une miche de un denier pesoyt moins deux onces ;

De Pescheloche, une miche de deux deniers pesoit moins trois onces ;

De Boueron, une miche de deux deniers pesoit moins trois onces ;

De Jehan Boilève, une miche de deux deniers pesoit moins une once ;

De la feme Menot Le Masson, une miche de deux deniers pesoit moins une once ;

De Hilaire de Compnac, une miche de deux deniers pesoit moins deux onces ;

De Stéphaine Raouline, une miche de deux deniers pesoit moins trois onces.

Lesquelles onces furent gagées à chescun once deux souls et les amandes leur furent données.[1]

XXXVII

BB, n° 6.[2]

TROISIÈME MAIRIE DE GUILLAUME ROILIIE

ESCHEVINS

. . . .	Robert Le Mayre.
Sire Bernart de Marteaux le jeune.	Hélies Auffré.
	Berthomé Marquis.

---

1. Voir, sur le rapport du prix du blé et du poids du pain, privilèges accordés par Charles V, en 1372, à la commune de Saint-Jean d'Angély.

2. Ce registre, dont l'en-tête est gravement endommagée par l'humidité, présente cette particularité que les procès verbaux des mésées se suivent et que les actes de la cour du maire ont été rédigés à part.

Bernart de Saumur.
Hugues Bidaut.
Jehan du Four, de Mazeray.
Bernart Courtaut.

Ambrois de Saumur.
Guillaume Mehé le jeune.
Bernart Fradin.
Pierre de La Sale.

CONSEILHS

Jehan Boueron l'ayné.
Yvon Guillem.
Guillaume Bouteville.
Robbert Jordain.
Guillaume Giraut le jeune.
Me Guill. Legit, barber.
Jehan Pasquaut, draper.
Gieuffroy Le Mercier.
Bernart Grathemoyne.

Julien Yongrue.
Guillaume Roy.
Rampnouilh de Puyneuf.
Jehan Guarin, changeur.
Pierre de La Barrère.
Jehan Repousson.
P. du Moulin.
Me Arn. de Chemillhac.

PERS

Jehan Raoulh, boucher.
Gieuffroy Michea.
Jehan Fradet.
Girart Bordes.
Jehan Pastorea.
J. de Mayson.
Guillaume Daguenaut.
Robert Alen.
André Bastier.
J. Chovea l'ayné.
J. Chovea le jeune.
J. Plumager.
Guill. Fortet.
Le Grant Babaut.
Jacques Langlois.
Maistre Guillaume Blanchart, mareschal.
J. Bastelot.

Elmer Le Mercier.
Amiot du Clusea.
Perrin de Compnac.
Guillaume Coutin, clerc.
Perrot Alouhet.
Guill. Doriole.
Chasteau Joton.
Jehan Audoyn, texier.
Henry de Colonghes.
Jehan Fradin, masson.
Me Guillaume Servant, barber.
Gilet Maynard, cordouanier.
Guill. Ouler, dit Bilhaut.
J. Fourré.
Hélie Barbarin, dit Péregot.
Thomas Bilhona, fondeur.
Clémens de Croye.
Janyn de Martenville l'ayné.

J. Morea, pintier.	Jehan Puisson.
Héliot de Birac.	Guillaume Boutin.
Michea Boucart.	Janyn Lescules, cordouanier.
Le Clerc Peletan.	Jehan Senatier, dit Bancz.
Jehan Roussea.	André Le Costurier.
Ph. Le Mareschal.	J. Guaignemiche.
Pierre du Meslier l'ayné.	Le Maistre de Parthenay.
Pierre du Meslier le jeune.	J. de Sainte-Croix.

Mézée tenue par sire Guillaume Roilhe, maire tierce foys de la ville et commune de Saint-Jehan d'Angéli, le vendredi xxvi° jour du moys d'avrilh l'an mil trois cent quatre-vings et un. *(Présents 48 membres du corps de ville).*

Sont d'assentement tous les dessus diz que l'on fascet la recherse sur les gardes portes, guaiz et reguaiz ;

Que monsieur le maire puisset desgaigner [1] celi ou ceulx qui deffaudront à la garde porte, au guayt et reguayt et estierguait, pour chascun deffaut deux soulz six deniers ;

Que deux portes euvrent chescun jour par virées ; [2]

Que l'on comptet avec S. Bernard Tronquière ;

Que ceulx qui font rereguait ne se manqueront point de le faire jusques à la mynuit, jusques à la moitié du mois de may ;

Que l'on sailhet une certificacion aux frères prescheurs, faisant mencion sur l'accident du feu qui leur est advenu. [3]

Est ordené que monsieur le maire parlet à monsieur le lieutenant du payement de la gayte et de ceulx qui font les reserches ;

Que les sergents et le souzmaire qui ont esté de l'année précédente soyent en l'office, et ne sont pas mués et qu'ilz soyent bien paiez leur salaire acostumé ;

---

1. Condamner.
2. C'est-à-dire en tournant complètement sur leurs gonds.
3. Voir le certificat ci-dessous.

Que Robert Le Mayre aiet l'un des grans seaulx en garde, lequel a juré qu'il ne scèlera rien sans l'assentement de tous ;

Que Jehan Guarin, changeur, soit receveur de la ville, lequel en a priz la charge et a juré en rendre bon compte et loial ;

Que les procureurs qui ont esté de l'année précédente ne soyent point changez ;

Que l'enqueste que sire Bernart Tronquière fait faire contre la commune arrestet ; que les procureurs se délaissent de l'appellacion qu'il ont fait, et que du débat monsieur le sénéschal en soit chargé, portant fin, à bonnes et grousses paynes.

*
* *

A tous ceulx qui ces letres verront et orront, Guillaume Roylle, maire de la ville et commune de Saint-Jean Dangéli, salut et dileccion : savoir faisons que par aventure de male fortune, le jour de pasques derrenier passé [1], le feu se prist au dortouer des frères prescheurs de ladite ville, et fu si grant ledit feu et si aspre que, sans remède, le dortouer qui estoit grande et belle maison, fut tout gasté et abrazé avecques plusieurs biens que lesdiz frères avoient par dedens et avecques une partie de leur églize, et tant on communément que ce fut sans la coulpe desdiz frères, et ces chouses nous certiffions estre vraies par ces présentes lètres, auxquelles nous avons fait mètre et apouser le grant scel de la commune en tesmoing de vérité. Donné à Saint-Jehan dessuz dit, le IIIe jour du moys de may l'an mil ccc IIII^{xx} et un.

*
* *

Le XIIe du mois de may, furent enregistrées les présentes letres qui s'enssuyvent :

Très cher et grant ami, je entans que brièvement aiez une

---

1. 14 avril 1381.

certaine jornée assignée en certain lieu on païs de par delà où sera monseigneur de Berry, et la plus grande partie du pays de Poitou et de Xaintonge, pour certaine ordenance fère pour le bien commun ; si vous prie qu'il vous playse à y estre, pour ce que nous parlons ensemble sur le fait dudit païs ordener. Très chier et grant ami, le saint Esprit vous aiet en sa garde. Escript le xxviie jour d'avrilh.

Le Conestable de France.[1]

Au séneschal de Xaintonge et au maire de Saint-Jehan Dangéli et à chascun.

* * *

Mézée tenue par moy, Guillaume Roilhe, maire de la ville et commune de Saint-Jean d'Angéli, le saint sonné de ladite commune à heure acostumée, le vendredi xxxie jour de may, l'an mil iii^c iiii^{xx} et un ; et furent présens à ladite mézée *(32 membres du corps de ville)*.

Sont tous les dessusdiz de commun assentement que sire Bernart de Marteaux le jeune, B. Marquis et Jehan Dufour oyent le compte de mestre André Coutelier, mon prédécesseur, de ceu qu'il a receheu de l'an précédent qu'il fut mayre de ladite ville, et les deux d'eulx auront povoir de oïr ledit compte en cas que les trois n'y porroient vacquer ensemble, et ont promis lesdiz commis et juré de raporter bien et loialment tout ce qu'il trouveront par ledit compte à la mézée prochaine ;

Que Gieuffroy Michea et Le Clerc Péletan, et Jehan Raoul en leur compaignhie, ayent regart sur toute manière de char qui sera vendue en ladite ville et du poisson par mesme, et ont fait le sèrement de faire le fait bien et loialment ;

---

1. Olivier IV de Clisson, comte de Porrhoët, seigneur de Belleville et de Montaigu, connétable depuis le 29 novembre 1380. Le duc de Berry avait été investi du gouvernement du Poitou par lettres patentes expédiées le 19 novembre 1380. Le duc de Berry se rendait alors en Languedoc pour y réprimer l'insurrection qui suivit la destitution du gouverneur, le comte de Foix.

Que mestre Guillaume Breuilhat et Pierre Aubespin ayent regart sur toute manière de bois, lesqueulx ont fait le sèrement de faire bien et loialment ;

Que mestre Jehan Buffetea soyt pensionnaire de ladite commune jusques à dix frans, en cas qu'il luy plaira pour un an, pour conseilher les faiz et causes de ladite commune ;

Que sire Bernart de Marteaux le jeune et Robert Le Mère ayent regart sur toute manière de draps de layne ;

Que l'on sailhet du grant scel double de ladite commune à mestre Guillaume Legit, barber, et à Bernart Grathemoyne, une letre de certifficacion de laquelle la teneur s'enssuit : « A tous ceulx qui ces présentes letres verront et orront, Guillaume Roilhe, maire de la ville et commune de Saint-Jehan d'Angéli, salut : savoir fays que mestre Guillaume Legit, barber, et Bernart Grathemoyne, demourant en ladite ville de Saint-Jehan, sont mes bourgeois et jurez de ladite commune et sont personnes de bien fasans et bonne renommée et de bonne conversacion et honeste, et pour ceu sont-ilz tenus et réputez de leurs vesins sans aucun reproches ou mauvais blasme, et en oultre ont fait eza en arrières et font chascun jour, quant il leur eschoit, bonne obéissance et diligence à la garde de ladite ville, tant par nuyt que par jour, et ces chouses, je, lediz maire, certiffie à très puissans et doubtez seigneurs, messieurs tenant le parlement du roy nostre sire à Paris, et à touz autres justiciers et officiers du roy nostre sire et de son royaume, par ces présentes letres, ausquelles j'ay fait mètre et apouser le grant scel de ladite commune, de l'assentement et voluté des eschevins, conseilhers et pers de ladite commune, présens et assistans en la mézée qui fut tenue, le sain premier sonné, le vendredi dernier jour de may l'an mil trois cent quatre vingt et un. »

Sont tous d'assentement que l'on sailhet du scel de ladite commune à Huguet Bidaut et à Jehan du Four un mandement duquel la teneur s'enssuit :

« André Coutelier, maire de la ville et commune de Saint-

Jehan Dangély, à Gieuffroy Guaiart et Bernart Grathemoyne, fermier du souquet et de l'entrée des vins de ladite ville Saint-Jehan, salut. Nous vous mandons et commandons que à Jehan du Four et Hugues Bidaut, ordenés sur le fait des œuvres et réparacions nécessaires à ladite ville, vous bailhies et deslaissies tantost et sans délay la somme de quarante livres tournois des deniers en quoy vous nous estes tenuz et obligez à cause de ladite ferme, en tant comme touche les deux pars qui appartiennent à ladite ville, pour ladite réparacion à cause dudit souquet et entrée, et en prenant recongnoissance de ladite somme desdiz Jehan et Huguet et en nous raportant ycelle, nous le vous allouerons en vos comptes et desduyrons de la somme de vostre ferme, et de ladite somme vous en tiendrons quiptes. Donné et fait en la ville susdite, sous le scel de ladite commune, et signé de nostre seing manuel le xviᵉ jour d'avrilh l'an mil ccc quatre vins et un. »

*
* *

Mézée tenue par moy, Guillaume Roilhe..., le xxviiiᵉ jour de juing m. ccc. quatre vins et un.
(Présents 25 membres du corps de ville).
Sont d'assentement tous les dessuz diz que yceulx qui ne font pas leur devoir à la conservacion et garde de la ville que monsieur le maire les puisset compeller.
Sont tous d'assentement, excepté sire Jehan de Saumur qui estoit du contraire, que l'on fascet une procuracion en laquelle ait povoir et soyt contenu que Berthommé Marquis et Bernart Courtaut, qui sont allez en parlement pour le fait de la commune, aient povoir de obliger les biens de la commune jusques à la somme de xv livres, somme qui leur sera nécessaire à faire et expédier les faitz pourquoy ils sont allez en parlement ou vendre, enguager et aliéner jusques à la somme susdite à recours de iii ans ou de iiii ans.;
Que monsieur le maire facet la recepte de la ville pour ce que Jehan Guarin qui avoit esté ordené receveur ne

voloit soy charger de fère la recepte de ladite commune ;

Que l'on oyet les comptes de sire Bernart de Marteaux et que si l'on ly doit et si par le compte dudit Bernart l'on ne trovet que l'on ne li doignet rien, et il doignet, que l'on le facet payer ;

Que les douhes soient réparées et nétoiées des erbes qui sont dedens lesdites douhes.

Mézée tenue par moy, Guill. Roilhe, etc., le xxiiie jour d'aoust l'an m. ccc. quatre vins et un. *(Présents 18 membres du corps de ville).*

Sont d'assentement tous les dessuz diz que mestre André Coutelier et Jehan du Four yront à Nyort au mandement de monsieur le mareschal.[1]

Mézée tenue par moy, Guillaume Roilhe, etc., le ive jour d'octembre m. ccc. quatre vins et un. *(Présents 16 membres du corps de ville et Itiérot Aymery qui s'est présenté).*

Sont d'assentement tous les dessuz diz que sire Bernart de Marteaux le jeune et mestre André Coutelier oyent le compte de Bernart Courtaut et Berthommé (Marquis) de la despence qu'ilz ont fait en France pour le fait de la ville ;

Que Itiérot Aymery soit recrehu jusques à un mois prochain venant et entre deux l'on traictera (?) au conseilh de ladite commune. Et a donné plège de soy présenter et estre à droit ledit jour, Jehan du Four, qui a promis lui présenter audit jour à paine de deux pippes de vin bon, novel et marchant, et ledit Itiérot Aymeri a promis audit Johan à l'en garder de domage et en ont esté jugés.

Mézée tenue par nous, Guillaume Roilhe, etc., le xve

---

1. « Le maréchal de Sancerre, dit Barbot, avait été laissé par le roy, lors de son départ pour les Allemagnes, souverain capitaine des frontières depuis le levant jusqu'en cette ville (La Rochelle). » *(Histoire de La Rochelle,* t. 1er, p. 243).

jour de novembre. *(Présents 40 membres du corps de ville).*

Sont d'assentement les dessus diz que Rampnoul Lespissier louet le suchet et les entrées des vins de la ville Saint-Johan jusques à noël;

Que mestre André et sire Bernart oient le compte de Berthommé Marquis, de la despence qu'il a fait en France.

Présenté s'est Itiérot Aymery et a promis soy présenter autre foys, et à un moys a donné plège Jehan du Four... *(comme dessus).*

Mézée tenue par nous, Guillaume Roilhe, etc., le viiie jour de décembre m.ccc. iiii^{xx} et un.

(Présents 22 membres du corps de ville).

Tous lesquieux sont d'assentement que B. Marquis et B. Courtaut soient satisffaiz de la despence qu'ilz ont fait en France pour les plaiz que ladite commune a à faire en France et pour certaines enpétrations qu'ilz ont fait à la ville du premier argent qui sera receheu du sucquet et entrée des vins qui entreront en ladite ville, et ont compté lesdiz Bernard et Berthomé avecques sire Bernard de Marteaux le jeune et mestre André Coutelier, ad ce commis par monsieur le maire; lesquieux ont reporté que ils sont en leur compte et que leur compte est bon;

Que ce qui est dehu à monsieur Darsi soyt payé de revenuez de ladite ville du premier argent qui en sailhira.

Le xixe jour de décembre l'an mil iiie iiii^{xx} et un, monsieur le maire fit assemblée de ses jurés, et furent présens : M. André Coutelier, B. Marquis, Hugues Bidaut, Guillaume Mehé le jeune, J. Pasquaut, Robert Le Mayre, Guieuffroy Guaiart, B. Courtaut et plusieurs autres; et furent d'assentement les dessus diz que en la procuracion qui autrefois [fut] faite en la mézée desséans fussent omis procureurs. Aujourduy ont mis et nommé en ladite procuracion Jehan Poussart, Jehan Bouchaut, Pierre de La Porte, Jamet du

— 264 —

Voler, Jehan Pignorea, Jehan Coutea, et sera de la date du xxviiie jour de juing l'an mil iiie iiiixx et vii.

* * *

Mézée tenue par nous, G. Roilhe, etc., le xe jour de janvier l'an mil ccc iiiixx et un.
(Présents 27 membres du corps de ville).

Comme Berthomé Marquis aiet empétré un mandement de la court souverayne comme que le roy nostre sire donnet et voloit que sur touz ceulx qui vendroient vin à détailh en la ville Saint-Jehan pour chescune pinte, maille, pour porter la moitié du prouffit à la réparacion de la ville et l'autre moytié à ladite commune; pour ce qu'il seroit trop domagous à ceulx de là qui vendroient vin à détailh, sont tous les dessus diz d'assentement que, ob la volunté de monsieur le séneschal, l'on bailhast par manière d'afferme, par la manière que autreffoys.

Sont d'assentement tous les dessus diz que sire Bernart de Marteaux le jeune soit héleuz par la commune du débat qui pent entressi ladite commune et sire Bernart Tronquière, médiateur monsieur le maire;

Que l'on facet supplicacion à monsieur le séneschal que nul ne vendit vin en la ville à détailh, si ne sont bourgeois de la commune.

Aujourduy s'est présenté Itiérot Aymeri; si l'avons recrehu jusques à la prochaine mézée qui sera, et auquel jour a promis ledit Itiérot soy présenter à la paine de L livres, et d'estre atains de tous les cas que le procureur de la commune la ensuit, et a protesté ledit procureur de dire que à la mézée darraire passée ledit Itiérot ne se présenta pas dehuement.

Mézée tenue par nous, G. Roilhe, etc., le vendredi viie jour de février. *(Présents 20 membres du corps de ville).*

Sont d'assentement les dessuz diz que tous ceulx qui

seroient déshobéissans à la garde de la ville qu'ilz soient punys et déguaiez par la manière qu'il soit exemple à touz les autres et que l'on fasset crier que nulh ne soyt si ardi de bouger dessus les murs jusques à tant que la guaite du cloucher soyt montée sur ledit clocher et aiet sonné les trois coups, et que l'on fust sur les murs à soilheih couchant ;

Que monsieur le maire parlet à monsieur le séneschal du débat de la commune et de sire Bernart Tronquière et de demander son bon avis, s'il li plairoit de soy charger de mètre par acort ;

Que Bernart Courtaut aiet et preignet sur les revenues de la ville Saint-Jehan jusques à la somme de doze francs et qu'il aet une escrouhe pour l'alée qu'il fit en France ;

Que Jehan Blanc donnet instrument à monsieur le séneschal come ilz sont d'assentement à ce que l'on heust empétré une grâce du roy nostre sire, faisant mention que le roy donnet à ladite ville que l'on prist sur chescune pinte de vin qui se vendoit en ladite ville à détal, maille, que l'on le levet le suchet par la manière qu'il a esté levé de l'an passé et que seret plus profitable ;

Que monsieur le maire soit paié de son salaire sur les revenus du suchet de ladite ville, si autre voye ne povet estre trovée par avis de monsieur le séneschal ;

Que l'on pregnet pâti en cas que les Anglois le vorront donner.

Avons recrehu Itiérot Aymery en mesme estat qu'il estoit aujourduy jusques à la mézée prochaine.

Le VIII° jour de mars l'an mil III° III[xx] et un.

MÉZÉE tenue en nostre eschevinage par nous, Guillaume Roilhe, mayre de la ville et commune de Saint-Jehan d'Angéli, le sain de la commune sonné par la manière acostumée pour traiter des faiz et négoices de ladite commune, et furent présens *(44 membres du corps de ville)* et révérend père en Dieu monsieur Giraut, par la grâce de Dieu abbé du moustier

Saint-Jehan d'Angéli, et noble home monsieur Hervé Le Coch, chevalier du roy nostre sire, son séneschal en Xaintonge. *(Ces deux derniers noms ont été biffés).* [1]

Sont d'assentement touz les dessuz diz que monsieur le maire esleict quatre personnes de ladite commune qui aient pardevers révérent père en Dieu monsieur l'abbé de Saint-Jehan et noble homme monsieur le séneschal de Xaintonge, arbitres esleuz sur le débat qui pent entre sire Bernart Tronquière et ladite commune; lequel a esleu Me André Coutelier, sire Bernart de Marteaux le jeune, Jehan du Four et Guillaume Mehé le jeune, pour traiter sur ledit débat en la compagnie de monsieur le maire et Berthomé Marquis.

Sont tous les dessuz diz d'assentement que monsieur le maire soit paié de son salaire et ce qui a esté emprunté pour empétrer la letre du suquet sur les premiers revenues de ladite ville.

Avons licencié aujourduy Itiérot Aymeri et l'avons ousté de l'arrest en quoy il fut mis pour ce que nous n'avons trové nulle cause pour laquelle il dehust estre en arrest.

Mézée tenue par nous, Guillaume Roilhe, etc., le xxi[e] jour de mars mil III[c] IIII[xx] et un. *(Présents 32 membres du corps de ville).*

Sont d'assentement les dessuz diz que sire Guillaume Roilhe, à présent maire, tant pour son salaire que pour ce qui lui est deu pour prest et à autres sur les revenues de la commune, ayet et preguet et recevet par sa main tous les revenues de ladite commune, pour soy payer et satisffaire et les autres à qui deu est, lesquieux ont escrous de lui jusques à la feste saint Michel, durant lequel temps il aura compte et monstrera sa recepte et ses assignacions et fera ce sans aucun empes-

---

1. Le sénéchal et l'abbé, bien qu'assistant à la délibération, n'avaient aucun droit d'y prendre part; voilà pourquoi leurs noms ont été biffés.
L'abbé de Saint-Jean d'Angély était alors Gérard ou Gérald d'Orfeuille.

chement ou contredit par promesse expressément faite en ceste plénière mézée ;

Que lètres soient données à monsieur le séneschal de l'obligacion que l'on a fait séans de mètre et paier iii cens livres pour la réparacion de la ville à la descharge de sire Bernart Tronquière, en la manière et aux termes que l'appointement de l'acort fait entre ladite commune et ledit sire Bernart portet, laquelle lètre sera encorporée si emprès, et en oultre ont agréable ledit acort et le rectifient, et promètent tenir et exécuter sans venir encontre.

Informacion secrète.

Sur ce que Jehan Magnien, demourant en la ville Saint-Jehan puys an et jour en cza, vint à bocou de gens en la chastellenie de Malevau ès villages de Bernay et de Ligueil par manière d'ostilité et par nuyt disans estre anglois, en demandant aux bonnes gens desdiz lieu de Bernay et de Lignylh leur bilhète, et s'ilz estoient de pâti, et qu'il leur enseignorret le pas de Nuyalhé ; et en outre ledit Jehan prist et enbla plusieurs chouses ès vilages dessuz diz comme robbes de bonnes gens, toalhes, bourses avecques l'argent qui estoit dedens, et donna plusieurs cops et collées, et fit sanc et playe à Vincent Moquète, demourant audit lieu de Bernay, et li cassant les bras et les jambes et en li copant le visage et plusieurs autres maléfices faiz et perpétrez par ledit Jehan et ses adhérens et complices, desquelles chouses il est fama public et commune renommée en ladite chastellanie de Malevau et ès lieux vesins.[1]

Le viie jour de janvier l'an mil iiic iiii^{xx} et un, présenta

---

1. La somme fixée pour le *pâti* était répartie entre les habitants de la ville et ceux de la banlieue. Chaque contribuable recevait « une bilhète » qui lui servait de garantie et qu'il devait présenter pour éviter toute réquisition indue. Au xve siècle, la seigneurie de la Malvau, en la paroisse de Saint-Martin de La Coudre, appartenait aux Bouchard d'Aubeterre.

Bernay est une commune du canton de Loulay, arrondissement de Saint-Jean d'Angély, et Ligueuil un village de la commune de Courant, autrefois paroisse distincte, dans le même canton.

Guillaume Prévost, juge de la prévosté de Saint-Jehan, Jehan Magnien pour les caz contenuz en l'article cy dessus escript à monsieur le maire en l'eschavinage, en la présence de sire Bernart de Marteaux, sire Bernart Tronquière et plusieurs autres, lequel Jehan Magnien monsieur le maire tenoit par présence pour tant qu'il povoit et devoit et que la cognoissance l'en povet appartenir.

Le vendredi iiie jour de may.

Condampné est Mayet de Belestre paier et rendre à Maiot du Cluseau vi souls et ix deniers, dedens vii j. p. v., que ledit Maiot a sur un gage d'argent, et est de consentement, ledit Mayet, que on cas qu'il n'auroit paié dedens lesdiz sept jours, qu'il puisset vendre ledit gage.

Le semadi ive jour de may.

En ce qui pent en ladite court de séans et qui autrefois a esté plaidé pardavant mestre Pierre Coutelier, nostre prédécesseur, entre Pierre et Aymeri Seignoure, dits Pié, fils et héritiers de feu Pierre Seignoure, leur père, tant communément que divisément, demandeurs d'une part, contre Jean Boueron l'ayné et Jehan Boueron le jeune, à cause de leur feme et mère, héritière en partie de feu Guillaume Reyner et en est [continué] jusques au semadi emprès la trinité prochain venant, sur espérance de pais, auquel jour vendront lesdites parties procéder par la manière que de raison sera. *(Renvoyé au samedi après la fête de la Madeleine; à huit jours; à un mois; au samedi suivant; à huit jours).*

Le xvie jour de septembre.

..... Se sont, lesdites parties, de leur consentement et volunté, mises en compromis, c'est assavoir: lesdiz Seignoure sur Guillaume de Bessé et lesdiz Boueron sur Me Pierre Coutelier, à tenir leur dit et ordenance fère portant et pour avoir leurs diz arbitres au lundi des présentacions des assises, ont volu que celi qui deffaudra d'estre devant lesdiz arbitres le jour des présentacions chez les frères encoure la paine de xxv souls; est assigné jour aux parties au semadi ensuivant et a promis ledit Jehan Boueron l'ayné sur l'obligacion de ses biens fère tenir ledit et ordenance desdiz arbitres audit Jehan Boueron le jeune.

Le semadi ixe jour de novembre.

(L'ajournement de Boueron aîné est prorogé au 18 novembre).

Le xixe jour de novembre.

(Renvoyé à huit jours; au lendemain; à dix jours; renvoyé au vendredi XXI mars).

Le lundi xxe jour de may.

Prouvera que li souffira, tant de fait que de confession, Pierre de Mausé, coenier, contre Pierre Faure, dit de Coignac, que, par commandement dudit Faure, ledit Pierre de Mausé fut par trois jours aux nosces de sa filhe, laquelle chouse confessa ledit Pierre, que par son commandement il y fut un jour, mes que plus il y fust par son commandement, il estoit en deffense. Contestacion faite d'une partie et d'autre, est la preuve adjugée audit Pierre entressi à huit jours, auquel jour vendront.

Le lundi xxviie jour de may.

Condampné est par jugement Pierre Faure payer à Pierre de Mausé, coscnier, sept souls six deniers dedens les termes qui s'ensuivent, à cause de trois jours qu'il fut aparcilher la viande des nosces de la filhe dudit Pierre. C'est assavoir : deux souls six deniers dedens la feste de la penthecoste prochaine venant, et cinq souls dedens la feste de la saint Jehan prochaine venant.

Le xxie jour de juilhet.

Condampné est par jugement et de son consentement Bilhaut, le tanneur, paier et rendre, dedens vii jours p. v., à Gieuffroy Guaiart, et à Hugues Bidaut, fermier du suchet de la ville de Saint-Jehan Dangéli, viii souls bonne monnoie courante, à cause du suchet d'un tonneau de vin.

Du iie jour de septembre.

Condampné est par jugement et de son consentement Hélie Barbarin, dit Péregort, paier et rendre dedans vii jours p. v. à Jehan Lamet xvi deniers, pour cause de adoubage de soulers.

Du xviie jour de septembre.

..... Mayet de Belestre à paier à Janyn Paien, costurier..... xxviii souls vi deniers, à cause de la vendission de un gipon.

Le premier jour d'octembre.

De la demande de Guillaume de Martret contre Perrin Lucas, sur ce que ledit Guillaume de Martret disoit et prouvoit que il avait emprunté une anesse de Pérette Le Brun, feme à Perrot Simon, dit Ferrant; que la feme dudit Guillaume emmenant ladite beste, vint l'asne de Perrin Lucas, lequel tua ladite anesse; à requérir ledit Pierre Lucas jour pour amener, lequel l'a eu et jour adjugé à huit jours.

Du semadi iie jour de novembre.

Gagia l'amande Perrin Lucas pour eschoite de querelle envers Guillaume de Martret qui obtint sa demande.

* *
*

Le xie jour de janvier.

Deffaut Théry de Couloigne envers Guillaume Tournère, qui ob l'ajournement envoyé de davant le prévost, le renvoye de la prévosté pardavant nous.

Le xxviie jour de janvier.

Condampné est par jugement et de son consentement Jehan Périer, payer et rendre dedens vii jours p. v. à Petit Thomas, marchant, sexante souls bonne monnoie courante, à cause de la vendission de mayrain de bois de chayne à faire tonneaux.

Le semadi viiie jour de février.

..... Guillaume Boer... payer dedens le jour de pasques... sexante-neuf souls vi deniers, reste de greigneure some pour cause de la vendission... de un tonnel de vin blanc, bon, nouvel et marchant, lequel il a heu... de Arnaud Alaitedenier... et est de consentement Guillaume Boer que une coite, un coisin, une sarge et une paelle que ledit Arnaud a en guage... paravant ces heures demouret perpétuellement audit Arnaud en cas que il n'auroit pas paié.

Du xxxie jour de may.

Aujourduy a pris Jehanne Goutière (?), feme de Guillaume Loubat, charpentier, ob l'autorité de son seigneur, la tutelle et administracion de Perrin, Genète et Guillemette Gautier, ses enffans, et de Thomas Gautier, feu, meneure d'eage, par conseilhers, parens et amis desdiz feu et enffans, par ainxi que avons jugé ob l'autorité que dessuz, tendra les héritages de sesdiz enffants au mieulx de son povoir et des fruits, elle pourvoyra à la sustentation de sesdiz enfants et sera teue de ne rendre bon compte à nulh de rien. Si non tant seulement quant vendra que lesdiz enfants seront fors de tutelle de rendre leur héritage en tel estat comme il est aujourduy. Item, aujourduy avons déclaré Ambrois Gautier, frère de mère desdiz enfants, meneur d'eage, et est parlé entre ladite Jehane, ob l'autorité que dessuz, et ledit Ambrois, que il demorera avecques sadite mère et sondit procureur, tant comme plaira à l'une partie et à l'autre, et ne sera tenu ledit Ambrois de faire chief ne de prendre mes [1] que font lesdiz meneurs d'eage. Donné en jugement pardavant nous, G. Roilhe, maire de ladite ville; présens tesmoings : André Coutelier, B. Marquis, J. Lièvre jeune, Pierre du Moulin et plusieurs autres.

Le premier jour d'aoust.

Deffaut sire Bernart de Marteaux le jeune, sire Jehan de Saumur, et se sont présentés Ambrois de Saumur et Guillaume de Sauvestre à bailher la tutelle de Jehane de Saumur, meneur d'eage, filhe de Bernart de Saumur et de Hilaire de Sauvesterre, et leur a esté assigné jour, heure de relevée.

---

1. Plus.

Le xxe jour de juilhet.

Je, Jehan Blanc, confesse avoir heu et recebeu de sire Guillaume Roilhe, maire de ville et commune Saint-Jehan d'Angéli, cinquante souls monnoie courante, à cause du servisse que je ay fait comme sousmaire à la commune, dès pasques jusques à la saint Jehan-Baptiste, de laquelle somme je me tiens comptens et en quipte ledit monsieur le mayre et tous autres, et en tesmoing de vérité je ay mis à ces présentes ceste quiptance mon propre seignet. Le xxe jour de l'an mil IIIc quatre-vins et un.

J. ALBI. [1]

AMENDES

Gagea l'amande La Gnolue pour ce qu'elle a achapté pomes et poisson avant heure dehue pour revendre.

Penote Texière pour mesme cause.

La feme à Forget pour ce qu'elle avoit dit à Estienne Brun paroles enjurieuses contre la personne de lui.

Perrot Alouhet, taxé à xxv souls, pour ce qu'il s'estoit deffailhi à la mézée darnière, de laquelle amande s'est mis en sa ordenance. [2]

Jehan Guarin, pour mesme cause, taxé à xxv souls, dequeux a promis estre à sa ordenance.

Marob du Clusea, id.

Robert Alen, id.

ENTRÉES EN COMMUNE

....

Guillaume Loubat, charpentier, entra en commune le xxIIe jour de février l'an susdit; a promis payer...

---

1. Jehan Blanc latinise son nom et signe Albi, au génitif, suivant l'usage du temps.

2. L'assistance à la mésée était sans doute obligatoire pour ceux qui y étaient spécialement convoqués.

Entra en ladite commune ledit jour Guillaume Mauvillain et promit paier x souls.

Entra en commune l'an susdit Huguet Mercer, 1 fr. le premier jour de mars.

Pierre Garnier, 1 fr. le premier jour de mars.

J. du Rivaut, 1 fr. qui rentra le darrenner jour de février.

Miot Mesnier entra le viie jour de mars et doit un franc pour son entrée, à paier à la nativité saint Jehan-Baptiste prochaine venant l'an susdit.

Le xxie jour du mois de mars entra en commune Jehan Bidaut et doit pour son entrée un franc.

Entra en commune Jehan Aymé le viie jour de mars l'an que dessus, et doit pour son entrée un franc à payer par quarterons.

Entra en commune Thomas Narbert le xxive jour dudit mois de mars, et paiera pour son entrée un franc à la nativité saint Jehan-Baptiste prochain venant.

Entra en commune, celui jour, Jehan Menuzer, filz de Jehan Menuzer, corder, et ne paiet rien pour son entrée, pour ce que ledit Jehan Menuzer, son père, estoit de commune.

Entra en commune Jehan Popelin le jour de la Nostre-Dame de mars.[1]

Ceu sont les noms des particuliers à cuy estoit deu du temps... maire de la ville et commune Saint-Jehan Dangéli, argent tant... qu'il ont fait pour les négoces de ladite commune.

Premierement est deu à mestre Jehan Buffetea... en ladite année la somme de c souls... pour sa pension.

A Berthomé Marquis, ainxi qu'il peut apparoir par une escroue qu'il ha de ladite commune, la somme de vi livres.

A Guillaume Mehé le jeune la somme de iiii livres.

---

1. Cette liste est écrite sur le dernier feuillet du registre, en forme de memento ; elle est en partie effacée.

A Bernart Courtaut, pour le travail qu'il fait pour ladite commune pour aler en parlement, on moys de mars l'an quatre-vins et un, pour les faiz de ladite commune, cent souls.

A Jehan Pasquaut, draper, d'argent qu'il a presté pour les négoces de ladite commune IIII livres, dont il a escroue et xx souls qu'il a paié à Niort que despendèrent ceulx qui furent à la convocacion de monsieur le mareschal, qu'il devoient de reste à leur ouste.

A Robert Le Maire, d'argent qu'il a presté pour les faiz de la commune, IIII livres dont il a escroue.

A Bernart de Marteaux le jeune, x souls qu'il a presté pour les faiz de ladite commune.

XXXVIII

1381, 28 juin. — Lettres patentes du roi Charles VI, par lesquelles il approuve la transaction passée entre la ville de Saint-Jean et Bernard Tronquière.

Carolus, Dei gratia Francorum rex, universis presentes litteras inspecturis, salutem. Notum facimus quod de licencia et auctoritate nostre parlamenti curie, inter partes infrascriptas seu eorum procuratores, tractatus, concordatus et pacificacio extitit, prout in duabus litteris per procuratores dictarum partium inferius nominatos, dicte curie nostre... *(mots effacés)* quarum tenores... subsequuntur.

A touz ceulx qui ces présentes lètres ou publie instrument verront et orront apparesse évidentement que, en l'an de l'incarnacion nostre Seigneur Jésus-Christ mil ccc quatre-vingt et ung, le xi⁰ jour du mois de mars, heure de tierce, ou environ, en la ville Saint-Jean Dangéli, en la maison en laquelle le maire, eschevins, conseillers et pers de la commune de ladite ville ont acoustumé à tenir leur eschevinage et traicter des négoces de ladite commune, en la présence de Jehan Blanc, clerc, notaire public de l'autorité apostolique et impérial, juré des cours du scel roial establiz aus contreaux en ladite ville pour le roy de France nostre sire, et de la commune d'icelle, personnamment establi, sire Bernard Tronquière, bourgeois de ladite ville d'une part, et Guillaume Mehé le jeune, procureur et en nom et comme procureur souffisamment fondé des maire, eschevins, conseillers et pers de ladite commune, si comme il appert par les lettres de ladite procuracion, saines et entières, scellées du scel de ladite ville et commune, desquelles la teneur s'ensuit :

A touz ceulx qui ces présentes lètres verront et orront, Guillaume Rouilhe, maire de la ville et commune de Saint-Jehan Dangéli, les eschevins, conseillers et pers d'icelle, salut. Sachent tous que nous, assemblez en nostre eschevinage tenant mésée à heure deue, le saing de ladite commune sonné en la manière acoustumée, amprès plusieurs choses traictées pour les choses, faiz et négoces de ladite commune, avons fait et ordenné, constitué et establi, et par ces présentes faisons, constituons et establissons pour nous tous et pour chescun pour soy au regart de ladite commune nos procureurs, gesteurs, négocieurs, sindix généraulx et messagers espéciaulx, c'est assavoir : Huguet Bidaut, Bernart Courtaut, Barthommé Marquis, Guillaume Mehé le jeune, Jehan Bouchard, Pierre de La Porte, Jehan Poussart, Jamet du Celer, Pierre Bouthaut, Jehan Piguonneau, Jehan Couteau et Jehan Blanc, et chescun d'eulx pour soy et pour le tout, ainsi que la condicion de l'occupant ne soit la meilleure, mais que tout ce qui par l'un d'eulx sera commancé par l'autre puisset estre pris, parachevé et mis à fin en toutes et chescunes nos causes, querelles et négoces meues et à esmouvoir, tant en demandant que en défendant, vers et contre touz nos adversaires, soit de ladite commune ou autres pardavant tous juges ordinaires, extraordinaires, légaz, subdéléguez, commissaires, arbitres, arbitreurs ou amiables compositeurs, séneschaux, bailhis, gouverneurs, prévosts, maires, soubz-maires, et pardavant tous autres juges tant de court d'églize que de court séculière ou leurs lieutenants de quelconque povoir, autorité ou dignité que il usent ou soient fondés, donnans et ottroians, nous, lesdiz constituans par nom et au regart de ladite commune, à noz davant diz procureurs et à chascun d'eulx par soy et par le tout, plain povoir et mandement espécial d'eulx, comparoir pour nous en jugement et dehors, de agir pour nous et de nous défendre, et de entamer plait ou plaiz, de donner libelles et de les recevoir, de convenir, de reconvenir, de répliquer, d'appliquer, trippliquer, quadrippliquer, de poser, de respondre aux positions, interrogatoires de partie adverse, de contester cause ou causes, de jurer de vérité, de calompnie, et de faire toute manière de sermens ès ames de nous, que ordre de droit requiert et enseignet, de produire, traire et admener tesmoings, lètres et instrumens et touz autres loyaulx enseignemens en manière de preuve de dire contre les tesmoings pour veoir prendre adjournement et le consentir ou débattre, pour veoir ouvrir articles et y respondre par manière deue, de dire contre lesdiz et les personnes desdiz tesmoings lètres et instrumens et autres choses qui contre nous seroient produites et contre leursdiz; de nous excuser une foiz ou plusieurs, de jurer et affermer ès nos âmes les excusacions ou essoines estre vrayes, et icelui ou iceulx vérifier ou purger; de décliner de lieu et de juge, de récuser ou reffuser juges qui nous seroient suspects, de dire et déclarer la cause ou causes du suspession; de veoir prendre adjournement ung ou plusieurs; de faire requeste au roy nostre sire, ou à son noble conseilh, ou ailheurs où il sera nécessaire et expédient, et ycelles requestes et le fait d'icelles poursuy et obtenu d'eulx, opposer, et l'opposicion ou opposicions poursuir et maintenir; de demander, requérir et obtenir la délivrance ou récréance de nos biens et choses de ladite commune, o pleiges ou sans pleiges, si comme raison pourra donner, et autressi l'obéissance, court, cognoissance ou recouvrance des jurez de ladite commune, de louer et huchier garieur ou gairieurs et de gairimens prendre; de demander, esclairer, débattre, requérir et poursuir en jugement et dehors les drois, noms, debtes et jurés de ladite commune détenuz par cas de terme (?) ou autrement et autre chose qui nous compettent et appartènent pour quelconque cause ou raison que ce soit; de pacifier et accorder, de compromettre, de lier et de faire valoir le compromis par foy et par payne; de requérir toutes lètres royaulx qui nous touchent et appartiennent estre mises à exécucion à nostre proffit et entencion, et de appléger et contrappléger, de poursuir l'aplègement et oir et demander, prendre et attendre arrest, jugemens interlocutoires et deffinitive sentence, de appeler une fois ou plusieurs, de poursuir l'appellacion ou appellacions et de les intimer et ycelles délaisser; de demander esposais en escript et hors escript et de les recevoir, de demander et obtenir le bénéfice de absolucion et cautelle, ou autrement, si comme besoin sera, de demander despens faiz et à faire, et défaux prendre et recevoir, de donner bonnes lètres de quittance; de vendre, cesser, quitter, transporter, bailher et livrer sur les biens et choses de nostre commune et rescousse de deux ou trois ans, quarante souls de annuelle et perpétuelle rente, et de donner lètres sur ce soubz scel autentique, et de faire toutes autres choses qui à ladite baihette seront nécessaires; de substituer en lieu d'eulx ou de l'un d'eulx, ung ou plusieurs procureurs qui aient cest mesme povoir et de les révoquer toutesfois que mestier leur sera, et généralement de faire procure et négoces, toutes et chescunes les choses que ferions et faire pourrions, devrions si nous estions présens en propres personnes et que bons et loiaulx procureurs doivent et sont tenuz de faire et aus choses dessusdites appartenant sont nécessaires, jà soit ce que la chose requiert mandement plus espécial; promettans, nous, lesdiz constituans, par solemnelle stipulacion, soubz l'obligacion des biens de ladite commune, avoir ferme et agréable, estable et tenable à tousiours ceu que par nozdiz procureurs on sindix ou l'un d'eulx, les substituz d'eulz ou de l'un d'eulz, sera sur les choses dessusdites, et qui les touchent et appartiennent, fait, dit, procuré et négocié, et pour eulz et chescun d'eulz paier le juge ou ce que raison donnera et eulz et chescun d'eulz relever de toute charge de satisfacion soubz la même obligacion. Et ces choses nous certiffions et faisons à savoir à touz ceulz à qui puet et doit, pourra et devra appartenir par ces présentes lètres scellées, en tesmoing de vérité, du grant seel double de ladite commune. Ce fut fait et donné en nostre eschevinage, nous tenant illecques plénière méséc en la manière que dessus est dit, de l'assentement des présens et assistans en ladite méséc, le vendredi xxviiie jour du mois de juing l'an mil ccc quatre-vingt et un.

D'autre part, lesdites parties cognurent et confessèrent que comme contens et desbat fussent esmeuz ja pieçà entre sire Bernart Tronquière, bourgeois de la ville Saint-Jehan Dangéli, demandeur d'une part, et le maire et commune de ladite ville, défendeurs d'autre part, sur ce que ledit bourgeois demandoit et requerroit ausdiz maire et commune qu'ilz lui rendissent et paiassent la somme de neuf-vingt-trois francs nuef solz ung denier et une pipe de chaux en pierre, laquelle somme et ladite somme de chaux lesdiz maire et commune lui devoient et estoient tenuz paier et rendre pour la reste de la somme de six cens quatre-vingt frans que ledit bourgeois avoit mis et frais du sien par lesdiz maire et commune au pourchaz et pour l'impétracion des privilèges de ladite commune et autres nouveaux ottroiz pourchaciez et empétrez par ledit bourgeois envers le roy nostre sire feu, que Dieux absoille, en l'an que l'on disoit mil ccc soixante et douze, et en oultre demandoit et requerroit que une lètre faisant mencion de ladite reste passée par lesdiz maire et commune en leur méséc si comme il est acoustumé, laquelle ne seroit pas scellée, lesdiz maire et commune lui scélassent, comme tenuz y estoient, lesquels maire et commune, si comme disoit ledit bourgeois avoient reffusé et contredit indeuement de paier ladite reste audit bourgeois et de lui sceller lesdites lètres, pour lequel reffuz ledit bourgeois avoit appelé ledit maire à la court de la sénéchaussée de Xaintonge, en laquelle court la cause dudit appel fut amenée par aucunes assignacions, jusques ad ce que, par lesdiz maire et commune ou par leur procureur, il fut appelé à la court du parlement du roi nostre sire à Paris, pour lequel appel lesdiz maire et commune avoient fait convenir ledit bourgeois en ladite court de parlement, en laquelle il fut tant procédé entre eulx que les appelz d'une partie et d'autre furent ostez, et fut appointeté par nosseigneurs du parlement que l'on iroit avant sur les faiz d'une partie et d'autre en tant comme touchet les demandes dudit bourgeois dessus déclarées, sur lesquelz, pour la contradicion indeue, ledit bourgeois dit que lesdiz maire et commune ou leur procureur firent indeuement contre sa demande et furent appointetez par nosdiz seigneurs en faiz contraires, sur lesquelz en icelui parlement furent donnez et octroiez commissaires à faire l'enqueste. Si disoit ledit bourgeois que son enqueste il avoit faite pour sa partie et jà soit ce que en la court du parlement dernier passé ladite enqueste eust esté annullée et ordennée l'enqueste estre faite par autres commissaires. Toutesvoies les despens lui en avoient esté réservés en définitive, si comme il disoit. Amprès laquelle responce la court de parlement avoit ordenné commissaires pour ladite enqueste faire, très puissans et doubtez seigneurs maistre Jehan Ojard et monsieur Jehan, seigneur de Folleville, conseillers du roy nostre sire, lesquels, à la requeste d'icelui bourgeois, avoient donné leur commission et adjournement audit maire et commune au lieu de Niort, à certain jour pardavant eulx, pour vacquer aus faiz de ladite enqueste de la partie d'icelui bourgeois. Auquel lieu de Nyort lesdiz commissaires vindrent ; et pardavant eulx se présenta au jour assigné ledit bourgeois, et d'autre part se présenta Berthommé Marquis, en nom et comme procureur desdiz maire et commune, entre lesquelz bourgeois et procureur, pour eschiver plait et mise, sans vacquer au fait de l'enqueste, ô le pleisir et licence du roy nostre sire et de sa court de parlement, se compromistrent en révérend père en Dieus monsieur l'abbé de Saint-Jehan Dangéli et en noble et puissant seigneur monsieur Hervé Le Coch, chevalier, séneschal de Xaintonge, comme privée personne; pour lequel compromis ledit bourgeois pour sa partie et lesdiz maire et commune de leur partie s'estoient traiz devers les dessusdiz, leur requérant et suppliant qu'il leur venist à pleisir de prendre la charge dudit compromis, lesquelz considérans que ladite ville est en frontière de guerre, et povre de revenues pour mestre paix à leur povoir entre les habitans d'entre lesquelz à cause d'icest fait et autres qui en estoient dessenduz et yssus, avoit grant rumeur et distencion. Inclinans à prendre les fraiz et la charge dudit compromis, et aus parties assignèrent jour à comparoir pardevers eulx et ordennèrent que ledit bourgeois bailhast ses demandes par escript devers lesdiz maire et commune, lesquelz y promistrent respondre et bailler aurressi leurs responsses par escript aus demandes. Ledit bourgeois bailha par escript, en la manière ordennée par lesdiz arbitres, devers lesdiz maire et commune, c'est assavoir bailha les demandes susdites, requérans que ladite reste leur fust paiée, et en outre requerroit les plait et domages du plait jusques à cinq cens livres, et en oultre requerroit que pour ce que ledit compromis portoit que de toutes les demandes qu'il avoit contre ladite commune, lesdiz arbitres pourroient cognoistre. Que jà puer pièçà il avoit esté ordenné à aler en France, devers le roy nostre sire, pourchaier la somme de deux mille francs octroiez par le roy nostre dit seigneur pour la réparacion de ladite ville et disoit que, à la requeste desdiz maire et commune, il avoit pris le voiage; lesquieulx lui avoient promis le deffraier de tous ses despens; onquel voiage il auroit demouré par l'espace de trente sepmaines et n'avoit receu desdiz deux mille frans que la somme de deux cens cinquante frans, lesquelz il avoit despendu et plus en icelui voiage, et desquelz lesdiz maire et commune lui promistrent à son retour faire gariment si comme il disoit. Si requerroit que, comme le procureur du roy nostre sire en Xaintonge l'eust traict et mis en cause pour lesdiz deux cens cinquante frans, et tant il a procédé envers lui que ledit bourgeois est cheu en condamnacion de ladite somme que lesdiz maire et commune lui feissent gariment d'icelle somme et lui rendissent les domages qu'il en a passé et souffert jusques à trois cens frans; en contre lesquelles demandes lesdiz maire et commune avoient fait response pardavant lesdiz arbitres, par laquelle response baillée par escript lesdiz maire et commune disoient que aus demandes dudit bourgeois ils n'estoient tenuz en aucune manière, ainçois ledit bourgeois leur estoit tenuz faire restitucion de leurs privilèges et de grandes sommes de deniers qu'il a receu excessivement de leurs revenues. Sur ce disoient et bailloient lesdiz maire et commune plusieurs faiz, causes et raisons ausquelles ledit bourgeois, par ordennance desdiz arbitres, répliqua, et par ses réplicacions soustenoit et disoit les demandes estre bonnes et recevables, et les défences desdiz maire et commune non recevables, requérant ses demandes prendre et sortir leur effect à son entende. O la parfin et pour ce qu'il convenoit que lesdites parties fussent apoinctées en faiz pour en faire prouve par partie des choses proposées par ledit bourgeois et respondues par lesdiz maire et commune et en partie fust veue et prise saine et meure délibéracion, afin de eschiver la voie judiciaire et les mises et fraiz qui s'en peuent ensuir, fut ordenné d'assentement des parties que, pour eschiver à plait et la mise et que pour les nouveaux faiz l'on ne cheust en grans involucions de procès, quatre eschevins de ladite commune esleuz par les maire et commune et par ledit bourgeois quatre de ses parens et amis par le moien et ô le bon conseilh desdiz arbitres et des gens de leur conseil, verroient et regarderoient amiablement sur lesdiz faiz bailhés d'une partie et d'autre, par l'advis et délibéracion desquelz toutes choses considérées par le moien desdiz arbitres et de gens de leurdit conseil, a esté transigé, pacifié et accordé entre eulz en la manière qui s'enssuit. C'est assavoir que, pour la reste de la somme déclarée, laquelle montoit environ nuef-vins et cinq frans, pour tous despens et dommages et intérests que ladite commune lui povoit estre tenue à cause de ce que dessus est dit, lesdiz maire et commune seront tenuz audit bourgeois en la somme de trois cens frans, lesquelz lesdiz maire et commune ont promis et promettent paier et rendre pour ledit bourgeois à sa descharge et en acquitte de lui de la somme de deux cens frans en quoy ledit bourgeois est tenuz si comme il a esté esclairez par arrest du parlement et pour la somme de cent frans en quoy il estoit tenuz pour la recepte qu'il avoit faite en ladite ville de Saint-Jehan du fouage de dix solz par feu et de l'imposicion de douze deniers pour livre de l'an LXXIX dont certaine partie appartenoit à ladite ville pour la réparacion d'icelle et les meetroit et convertiroit lesdiz maire et commune par l'esgart de mondit seigneur le séneschal ès réparacions et fortifficacions de ladite ville et des revenues qu'ils ont aquiz en ladite ville, c'est assavoir du souquet et entrées du vin ès termes et par la manière qui s'enssuit, c'est assavoir : En l'an que l'on dira mil trois cens XXXX trois paieront et convertiront ès dites réparacions à la descharge dudit bourgeois des revenues du souquet et entrées à eulz et à leurs usages appartenans, la somme de soixante et quinze frans, et en l'an ensuivant autant et ès autres années ensuivantes jusques à acompliment de paiement ; et pour ce que ledit souquet et entrée du vin n'eust pas cours à durer jusques à l'année du dernier paiement, a esté parlé et ordonné que des revenues telles comme ladite ville aura à icelle année, ledit paiement sera fait et permi ce que ladite commune rend et délaisse l'arrest dessus dit audit bourgeois, et qu'il en soit quitte excepté d'amande celle y estant au roy. Ledit bourgeois et lesdiz maire et commune sont et demeurent quittes l'un vers l'autre de toutes actions, clauses, querelles, demandes et de toutes autres chouses quelconques et de tout le temps passé jusques aujourduy. Lequel bourgeois a promis bailher et délivrer à présent ausdiz maire et commune les privilèges et autres octroiz de ladite commune et toutes obligations qu'il a et puet avoir contre ladite commune. Et en oultre ont promis lesdites parties que, en cas que cest accord ne seroit souffisamment obéiz au proffit dudit bourgeois ou de ladite commune, que telles lêtres comme seront nécessaires garder l'une et l'autre partie donner toutes les fois que mestier leur sera et requis en seront soit en mésée ou autrement, et en accors et convenances ont fait lesdites parties au pleisir, congié et licence du roy nostre sire et de sa court de parlement ausquelz elles supplient que leur veignent à plaisir de recevoir, prendre et avoir agréable cestui accord et en souffrir et laisser jouir lesdites parties, lesquelles sont venues à l'accord susdit pour avoir paix entre eulx et pour oster la noise et discencion qui y estoit en suppliant en oustre à noble et puissant seigneur monsieur Hervé Le Coich, chevalier, sénéschal de Xaintonge pour le roy nostre sire, qu'il lui plaise par tant qu'il lui touche avoir agréable cestuy accord et certiffier le roy nostre dit seigneur et nosseigneurs du parlement la cause et les esmovemens dudit accord, afin que, ces lêtres veues, ledit accord puisset estre pris et receu en ladite court de parlement ; et les accors et convenances ont promis et juré lesdites parties, et chacunes d'icelles par tant que lui puet toucher et appartenir aus sains Dieu évangiles Nostre-Seigneur touché corporelement le livre, tenir, garder bien et loialment et de non jamais venir encontre, lesdites parties ont obligé les choses qui s'ensuivent; c'est assavoir ledit bourgeois tous et chascuns ses biens, meubles et immeubles présens et avenir, quelque part qu'ilz soient et seroient, et ledit procureur tous et chescuns les biens et choses de ladite commune présens et avenir, quelque part qu'ilz sont, et seront soubz même obligacion rendre et amander une partie d'elles à l'autre tous les cous, missions, intérests, despens et domages que l'une partie auroit et soustendroit en plaidoiant ou autrement par deffaut de l'autre et des choses dessus dites et chescune d'icelle en tant que chascune partie touchet et appartient non faites, non tenues et non accomplies en la manière avant dite à croire sur ce par la déclaracion de simple serment de la partie endomagée ou du porteur de sa partie de ces présentes lètres sans charge d'autre preuve; et ont renoncé à toutes cavillacions, cautelles et raisons qui de fait, de droit et de coustume de païs contre les choses dessus dites ou aucunes d'icelles pourroient estre objectées ou opposées, ou par lesquelles ces présentes pourroient estre adnullées ou amendées en tout ou en partie. En tesmoing de ce lesdites parties en feront faire entre elles ces présentes lètres soubz instrument public avecques unes autres d'une mesme teneur scellées à leur supplicacion et requeste dudit scel roial, ensemblement ô ledit scel de ladite commune ès juridicions, desquels lesdites parties et chescunes d'elles soubsmistrent culz et chescuns leurs biens dessuz obligez; et nous, Jehan Rouilhe, garde du scel roial susdit, et Guillaume Rouilhe, maire de ladite ville et commune, à la suplicacion et requeste et à la féale relacion du notaire auditeur et juré desdites court, pardavant lequel toutes les choses dessus dites ont esté cogneues et confessées, passées et accordées, et qui à ycelles tenir, garder et acomplir bien et loialment et de non venir encontre, jugea et condampna lesdites parties et chescunes d'elles pour tant que à chacune d'elles puet toucher et appartenir par le jugement desdites cours, si comme ledit notaire nous a certiffié, auquel nous sur ce avons donné, donnons et adjoustons plénière foy, lesdiz seaulx à ces présentes lètres ou public instrument avons mis et apposé en tesmoing de vérité. Ces choses furent faites l'an, le moys, le jour, heure et lieu que dessus, le saing de ladite commune par longue intervalle sonné, la quinte indicion en pontifficat de très saint peir en Cripst mons. Clémens pape VIIe; présens: sire Bernart de Marteaux, sire Jehan de Saumur, Bernart de Marteaux le jeune, maistre André Coutelier, Jehan Coutentin, Bernart Fradin, Pierre de La Salle, Berthomé Marquis, Hélie Auffroy, Jehan du Four, Robert Le Maire, Jehan Pasquaut, Geuffroy Gaiart et moult grant quantité d'autres tesmoings ad ce appellés et requise. Et je, Jehan Blanc, clerc nez de la diocèse d'Angoulesme, notaire publicq de l'autorité apostolique, impérial, juré et auditeur de la court dudit scel royal et soubz-maire de ladite commune, à toutes et chescunes les choses dessus dites ensemblement, o les tesmoings dessuz nommez personnellement présens en prothocole, les retiens et aus choses dessus dites tenir, garder et entériner bien et loyalment et de non venir encontre, en jugay et condampnay lesdites parties de leur consentement et volunté par le jugement desdites cours, et ces présentes lètres ou public instrument ay fait escripre par autrui moy occupé de plusieurs autres ardeux négoces, et ai rédigé en ceste forme publique yey mesme subscripsi de ma propre main et mis et apposé mon signe et seignet manuel acoustumez, prié et requis ô les impressions desdiz seaulx a greigeure fermeté et tesmoing de toutes et chescunes les choses susdites, l'an, le jour, le moys, heure et indicion, et pontifficat que dessus.

Item. A touz ceulz qui ces présentes lètres verront, Hervé Le Coch, chevalier du roy nostre sire et son séneschal en Xaintonge, salut. Savoir faisons que comme japiéçà entre le maire et commune de la ville Saint-Jehan d'Angéli d'une part, et Bernart Tronquière, bourgeois de ladite ville d'autre part, soit survenu et ait esté grant débat en la court de la séneschaucée pardavant nous, et amprès en la court du parlement, tant que pour ordonnance de ladite court les parties soient cheues en enqueste, pendant lequel débat entre lesdites parties et pour hayne et mal talant que l'une des parties avoit contre l'autre, plusieurs et grans autres débats soient sourvenuz entre plusieurs des habitans de ladite ville, et tant que par iceulx débaz et pour les malices et aigres entreprises les habitans de ladite ville estoient divisés, c'est assavoir : le mayre et plusieurs suyvans sa voie comme chef d'icelle commune d'une part, et ledit bourgeois et plusieurs de ses parens et amis suivans sa voie, d'autre part. Pour laquelle division survenue pour les débaz dessus diz et pour les maléfices et aigres dessuz diz, ladite ville qui est en la frontière des ennemis povoit chevoir en danger et péril, et estre moins souffisamment gardée tant de nuiz que de jour, et pour ce aient esté amonestés lesdites parties de faire mectre paix et accord entre elles. Lequel accord est intervenu entre elles par la paine et travail du révérend père en Dieu monsieur l'abbé du moustier Saint-Jehan et de aucuns amis communs d'une partie et d'autre ainsi et si comme en lètres parmy lesquelles les présentes sont annexées est contenu, et pour ce que les sommes contenues et comprises ondit accord estoient ordennées, si prestes fussent, à estre mises et converties en la réparacion et fortificacion de ladite ville, lesquelles par ledit accord sont et ont esté mises à termes, ô la licence et plaisir du roy nostre sire, et de ladite court de parlement, nous ont requis et supplié ledit révérend père en Dieu et les religieux de sondit moustier, ledit maire et plusieurs de ladite ville que à ce nous vueilhons consentir pour mectre et avoir pays et accord en ladite ville ; savoir faisons que pour ce que, pour les débaz, malices et aigres dessuz dites, ladite ville qui est en la frontière des ennemis estoit moins souffisamment gardée, et pour ce povoit chevoir en péril, dont très grant dommage peust venir au roy nostre sire et à son païs, il nous semble que ledit accord est proffitable pour la ville et pour les subgiez du roy nostre sire habitans d'icelle et on païs d'environ, et en tant comme il nous touchet pour les causes dessus dites, appellé à ce et ô le consentement de Berthommé Marquis, substitut du procureur du roy nostre sire en Xaintonge, nous consentons ledit accord ô le congié et plaisir et licence de ladite court de parlement; mesmement que en ceste présente année doit estre et sera converti ès dites réparacions la somme de cens livres, et ès dites années succédant, la somme de deux cent livres eus encloses les sommes contenues ondit accord, et ce, nous certiffions au roy nostre sire et à nosseigneurs du parlement par ces lètres annexées aus lètres dudit accord et scellées du scel de ladite séneschaucée, ensemblablement et du scel dudit révérend père pour tesmoignage de la requeste avons pourveu sur ce. Ceu fut fait et donné le xve jour de mars l'an mil trois cens quatre-vingt et ung. Ad quod quidem accordum ac omnia et singula superius contenta, tenenda, complenda, ac firmiter et inviolabiliter observanda, dicta nostra curia partes predictas et earum quamlibet quathenus unamquamque ipsarum tangit seu tangere potest, ad requestam et de consensu magistrorum Thome Laurencii, dictorum majoris scabinorum, consiliariorum, parium ac communitatis dicte ville Sancti Johannis Angeliacensis ex una parte, et Guillelmum Cailleteau dicti Bernardi Tronquière ex altera procuratorem, per arrestum condampnavit et condamnat, et arrestum ejusdem curie teneri, compleri, et observari, ac execucioni debite commendari voluit et precepit. In cujus rei testimonium, presentibus litteris nostrum jussimus apponi sigillum. Datum Parisiis in parlamento nostro, die xxviii^o junii anno Domini millesimo trecentesimo octogesimo nono, et regni nostri nono. Ainsi signé: Concordatum in curia. Collatio facta est. [1]

---

1. Ce document a été transcrit à la fin du registre de l'année 1398 (*BB, n° 16*). Il appartient à l'année 1381 et n'a été ratifié par le parlement de Paris qu'en 1389. Nous avons pensé qu'il devait trouver place à la suite du registre de l'année 1381.

XXXIX

1383 ? [1]

Instrucions faites par le roy nostre sire et baillées par mestre Jehan du Chillou [2] et Pierre Bernart, esleuz on païs de Xaintonge, sur le fait des aides..... par le roy nostre sire estre levées par le fait de la guerre, à Robinet Vaillant, par eulz commy et ordené leur lieutenant ès villes, chastellenies et ressort de Xaintes, et Saint-Jehan d'Angéli, à mètre sur lesdites aides, pour le fait de la guerre èsdites villes, chastellenies et ressort par la manière qui s'ensuyt.

Premièrement. — Que de toutes manières de denrées et marchandises, quelles qu'elles soient, seront paiez XII deniers pour livres par tant de foiz qu'elles seront vendues ou..... pareillement des vins et autres beuvages, qui seront venduz en groux, seront paiez XII deniers pour livre.

Item du vin et touz autres beuvages qui seront venduz à détail, sera pris et levé du vendeur la VIIIe partie de la vente.

De tout le sel qui sera vendu ez grenier du roy, sera pris et levé pour le roy, pour chascun muy de sel, à la mesure de Paris, XX frans d'or selon les ins..... seront faites.

L'ayde dessus dite sera criée à lieux accoustumez et baillée à ferme et délaicée au plus offrant et derrer enchérisser, à touz périls et à toutes fortunes, après..... excepté le fait du sel, en la manière accoustumée.

---

1. Le document ci-contre est rédigé sur une feuille de parchemin en fort mauvais état, qui a servi de couverture au registre de l'échevinage de la commune de Saint-Jean d'Angély de l'année 1399. Une large déchirure en a enlevé une partie ; en outre une des marges a été coupée pour réduire la feuille à la dimension du cahier dont elle devait faire la couverture.

Il est de la fin du XIVe ou du commencement du XVe siècle. Après l'indication « Donné à Paris le XIe jour d'avrilh », on lit à la ligne suivante à demi enlevée par la rognure : « ..... et trois ». La date serait alors du 11 avril 1383 ou 1403.

2. Du Chillou a été maire de La Rochelle. Voir Barbot.

Et en caz que aucunes fermes demoreront à bailler par deffaut de preneur ou acquéreur, que elles soient cuillées et levées par bonnes personnes qui en..... sachent rendre et rendre bon compte.

Que aucun fermier ne puisse accompaigner à sa ferme au dessouz de III cens livres que un compaignon, et de IIIᶜ à Vᶜ livres deux compaignons et au [dessus] jusques à mil livres trois compaignons, et au dessus de mil livres quatre compaignons, sur poine de la moitié de la somme que le marché vaudra ou ferme montera.

Que tous les fermiers seront tenuz de nommer leurs pleiges, le jour qu'il prendront leur ferme, et aussi seront tenuz de mestre leursdiz plèges VIII jours..... sera démouré et en cas qu'il ne les amainront, le marché ne leur sera pas délivré, et paieront leur fole enchère au roy et la ferme sera délivrée au..... que le fol enchérisseur l'aura enchérie, et l'asseurera par la manière dessuz dite.

Lesdites fermes seront baillées ès cités et bonnes villes du royaulme, chescune à par soy et discutées.

Seront baillées lesdites fermes à soulz et à livres, et se paieront de mois en mois ès bonnes villes et de deux mois en deux mois au plat païs..... paier les receveurs le terme passé et escheu sans nulle recréance fère ou souffrance donner.....

Toutes manères de gens seront receuz à tercoier, les fermes dedens le tiers du temps à quoy ils seront bailhés..... et pour ce seront tenuz les fermiers de metre en escript ce qu'il recevront..... et seront les anchères pardessus lesdit tercoiement ou doublement de nulle valeur.

Que les fermiers sur qui l'on aura tiercoié ou doublé porront croistre d'une enchère de la première assiette sur celuy qui aura tiercoié..... et seront tenuz les esleuz et receveurs de faire assavoir les tiercoiement et doublement dedens lesdiz VIII jours après, à celui ou à ceulz sur qui l'on aura tiercoié ou doublé.

On cas qu'il sera acusié que les fermiers auront droit et

19

prouffit, que aucun desdiz fermiers ny prendront proffit si lesdites enchères ne sont ordenées..... soul pour livre.

Que lesdites enchères ne seront paiées aus enchérisseurs ne descomptées aus fermiers jusques à la fin de la ferme et que le roy soit entièrement paié desdites fermes.

Que les esleuz qui seront ordenés sur ledit fait, auront la cognoissance sur lesdiz fermiers et feront droit aux parties foncièrement (?) et de plain, sans signer de jugement [en cas] d'appel, parties seront renvoiées davant ceulz qui auront la cognoissance dudit fait, lesquieulx y seront ordenés de par le roy nostre sire.

Que les esleuz prendront du receveur caution de mil livres.

Seront baillées lesdites fermes pour un an, tant ès bonnes villes comme en icelles du plat païs.

Que tous les esleuz et receveurs desdiz aides feront et exerceront leur offices en leur personnes; et ainsi le prometteront et jureront.

Si les esleuz ne trouvoient personne suffisans qui voussi prendre lesdites fermes et marché desdiz aides, iceulz esleuz les feront cueillir et recevoir [pour le] roy, au plus proffitablement et mainder frez que euls porront, par bonnes et convenables personnes.

Et se aucun appelle desdiz esleuz, l'apellacion viendra pardevers les généraulx conseillers à Paris, sur le fait desdites aides pareillement que autrefois a esté fait..... son appel dedens un mois, il sera décheu de son appel et l'amandera de xx livres parisis; mais ils porront renoncer sans amende dedens viiie et se ils..... dit bien jugé et mal appellé par les généraulx conseillers dessus diz, l'amande en quoy encorra l'apellant sera de lx livres parisis. Donné à Paris le xve jour d'avrilh.....

XL

1384?

A touz ceulx qui ces présentes letres verront et ourront, Jehan Coutetin, garde du seel establi à Saint-Jehan d'Angély pour nostre seigneur le prince d'Aquitaine, salut en nostre Seigneur perdurable.

Sachent touz que, en droit pardavant nous personnellement establie, Margot Aurelle, déguerpie de Pierre Magnain, laquelle..... de son bon gré..... a bailhé par manère de gage pour lye, ses hers et successeurs, et pour touz ceulx qui de lye auront cause, à huit ans l'un après l'autre, sans intervalle, consistant en huit cueillettes, à monsieur Pierre Aubespin, prestre..... une pièce de vigne assize ou fié de La Corde en la Guarenne, tenant d'un costé à la vigne de Jehan Baudoux et d'un chief au chemin qui vient de la croix à La Bergère vers Saint-Jean d'Angély[2]..... pour le priz de cinquante soulz monnoie courante à avoir, tenir, posséder, exploiter, prendre, requérir, demander dudit prestre et des siens durant ledit temps et en faire toute sa pleine..... volunté, pour le priz de cinquante soulz monnoie courante, paiant et rendant dudit prestre et dis sieur Durant ledit temps chescun an à ladite Margot et aux siens et au porteur de sa part de ces présentes, par les quatre quarterons de l'an, autant en l'un comme en l'autre, à savoyr : à chascun carteron

---

1. Ce fragment de contrat donne des indications sur la culture que reçut la vigne au xive siècle.

Il a été copié sur une double feuille de parchemin servant de couverture à l'un des registres de l'ancien échevinage de l'année 1384. La date, qui a été enlevée, en est donnée approximativement par l'en-tête. Il a été passé au temps où le prince noir commandait en Aquitaine. Jehan Coutetin était conseiller de la commune en 1379. Cet acte avait cela de particulier qu'il était reproduit en double sur la même feuille de parchemin. Pour abréger nous avons remplacé par des points les formules inutiles.

2. Aujourd'hui, route de Saint-Jean d'Angély à Rochefort.

douze souls six deniers. Parlé est et acordé en cest présent contract entre lesdites parties, que lediz [prestre] fera faire ladite vigne chascun an des fassons qui s'ensuyvent, c'est assavoir : deschausser, tailher, foncer (?), biner et entre deux ans une fois rebiner en bonnes et droytes fayssons..... est plus parlé entre lesdites parties en cest présent contract que ladite Margot..... demourera quipte perpétuellement vers ledit prestre des arrérages de quarante soulz de rente que ledit prestre a sur une maison que ladite Margot a de tout le temps passé possédé.....

XLI

BB. n° 7.

Ce est le papier de la commune de la ville Saint-Jehan d'Angéli ordené pour les exploix de la court en la cinquiesme mairie de sire Jehan de Saumur, l'an mil ccc III^{xx} et trois. S'ensuyvent les officiers de ladite mairie qui ont faiz les sermens :

ESCHEVINS

Sire Ambroys de Mastaz.   Ambroys de Saumur.
— Bernart de Marteas l'ayné.   Pierre Pérignac.
— Bernart Tronquière.   Jehan du Four.
— Guillaume Roilhe.   Guillaume Méhé le jène.
— Bernart de Marteas le jène.   Berthomé Marquis.
— André Coutelier.   Hugues Bidaut.
Me Pierre Coutelier.   Robert Le Mère.

CONSEILLERS

Aym. Seignouret.   Perrotin de La Barière.
J. Bouëron l'ayné.   Guillaume Girart.
J. Pasquaut.   Reynol Espissier.
J. Guarin.   Guill. Coulumbes.
Gieffroy Guarait.   Guill. Legit, barbier.

J. Bidaut.
Robert Jourdain.
Pierre Ridet.

André Eschet.
Guill. Bouteville.
Guill. Roy.

PERS

Johan Payen.
Jehan Menuzer.
Hél. Jobin.
Nodin Julien.
Pierre du Meslier le jêne.
Rolant des Chaignes.
Guill. Fortet.
Guill. Boutin.
Jeh. Le Tourneur.
Péryn Mosnier.
Pierre Garnier.
Robert Alen.
Michea Boucart.
Jehan Gieffrionea.
Mayet de Belestre.
Hériot Aymery.
Gaignemiche.

Jehan Lescot.
Jehan Raoul.
Jehan Raber.
Pierre Mosnier, dit Babaut.
Guill. Servant, barbier.
Jehan de La Croix.
Guill. de La Croix.
Aymar du Clusea.
Péréguort.
Jehan Pletan.
Pierre Bernart.
Jehan Audoin.
Pierre Achart.
Guill. Loubat.
Jehan Amoinx.
Jehan Chauvea.

Mézée tenue le xxviie jour de mars.
(Présents 39 membres du corps de ville).

Les quieux sont d'assentement que Jehan Bouëron l'ayné et Jehan Raoul, bouchers, aient le regart sur les mauvaizes chars et poissons par la manère que les ordenances de la commune sont, et parmy ce ont fait serment de le fère bien et loialment et raporter tout ce qu'il trouveront qui sera à punyr bien et loialment;

Que Jehan Lescot, dit Batellot, et Aymar du Clusca aient le regart sur tous les cuers et soulers; et ont fait serment de raporter bien et loialment tout ce qu'il en trouveront;

Que maistre Guillaume Loubat, charpentier, aiet le regart sur toutes pipes, frête, oisillh et autres chouses apartenant audit mester; et a fait serment de raporter tout ce qu'il trouvera court ou faux.

Font, constituent et ordennent leurs procureurs généraux en toutes leurs causes et de ladite commune, c'est assavoir: Sire Bernart de Marteaux l'ayné, Berthomé Marquis, Huguet Bidaut, Jehan du Four, Bernart Fradin, Jehan Bidaut, Guillaume Méhé le jène, Jehan Le Blanc, Jehan Doriole, Regnaut Daguenaut, Loys Daviea, Jehan Coisin, et leur donnent povoir.

Sont d'assentement que Bernart de Marteaux le jène aiet, ceste année, la garde du contressel de la commune; et a fait serment qu'il ne scellera chouse qui ne soit passée par la commune;

Que Bernart Fradin soit, ceste année, souz-maire de la commune, et André Oger, costurer, et André Oger, tondeur, soient sergens d'icelle.

(*Pas de mézée dans le courant d'avril*).

Mézée tenue le premier jour de may.

(*Présents 32 membres du corps de ville*).

Lesquieux sont d'assentement que monsieur le maire facet ordenance de fère avoir lances à plusieurs gens de la ville qui se trouveront ensemble pour aler secoure là où seroyt mester pour double deschallement;[1]

Que l'on metet de l'argent des revenues à paier une garte qui sera mise à la tour de la cour, devers la maison à feu Cheval;

Que l'on facet furnir despens et autres chouses là où l'on verra que à fère sera et sera nécessaire.

(*Pas de mézée au mois de juin*).

Mézée tenue le xxive jour de julhet.

Les quieux ont esté d'assentement que Guill. Giraut soit

---

1. De surprise par escalade.

mestre des œuvres et réparacions de la ville, et li ont establi et mis jusques à un an ; lequel Guillaume a fait serment de fère bien et loialment et raporter son compte des mises et receptes qu'il aura fait par chescun quarteron, et au chief de la mairie de monsieur le maire raportera son fin de compte et aura sa quiptance générale, et sera satisffait de son salaire selon son travailh à l'esguart des besoings des siens ;

Que l'on facet compter touz ceuls qui ont esté receveurs des pâtis qui ont esté priz de tout le temps passé jusques aujourduy et de toutes autres chouses, et que ceuls qui ne voudront venir compter et obéir qu'ils soient poursuiz par court de mons. le séneschal pour les fère venir compter ; et sont commiz et ordenez pour oyr lesdiz comptes sire Bernart Tronquière, sire Bernart de Marteaux le jène et Pierre Prignac, lesquieux ont fait serment de raporter lesdiz comptes, bien et loialment ; et est ordenné que lesdiz commis seront satisffaiz de leurs poines sur lesdiz faiz des comptes, et seront poursuis ceuls de commune à la court de la commune et ceuls de hors commune à la court de monsieur le séneschal ;

Que sur la revenue de la commune soit paié et baillhé à sire Ambroys de Mastaz la somme de sexante soulz qu'il a mis et paié du sien pour l'enpétracion de la lètre de pavage comme le roy le donne à la ville à certain temps ;

Que Guillaume Giraut fournisse le mieulx qu'il pourra les deffaux du guaiz et regaiz à payer ceuls qui y sont miz par les deffaillans ; et quant vendra au matin, fera assavoir lesdiz deffaillans et fera exéquter par le sergent, et bailhera audit sergent pour nom de mons. le maire deux blans, et retendra quatre blans pour paier celi qui aura esté miz audit gaiz ou regaiz pour lesdiz deffailhans.

MÉZÉE tenue le xxxe jour d'aoust.
(*Présents 39 membres du corps de ville*).

Lesquieux dessus nomez sont d'assentement que monsieur le maire trumetet personne suffisante à La Rochelle, pardevers les commissaires des gabelles et de l'imposicion et de l'uystième.

Mézée tenue le xviiie jour de septembre.
(*Présents 32 membres du corps de ville*).

Lesquieux sont d'assentement que l'on facet massonner les portes de Taillebourg et de Mastaz, lors que les portillons qui ne seront massonnez et aussi les arbalestrières de plusieurs tonnelles qui sont devers l'ayve, et en oultre que chescun portet par la ville aucun arnois.

Mézée tenue le iie jour d'octobre.
(*Présents 28 membres du corps de ville. Le procès verbal n'a pas été rédigé*).

(*Pas de mézée dans le mois de novembre*).

Mézée tenue le xviiie jour de décembre.
(*Présents 10 membres du corps de ville*).

Lesquieux sont d'assentement que tout ce que monsieur le maire avoit à parler soit continué jusques à la prochaine mézée.

*
* *

Le xiiie jour de janvier mil ccc iiii^{xx} et trois.

Aujourduy ont esté convoquez pardavant monsieur le maire les eschevins, conseilhs et pers de la commune pour avoir leur conseilh et leur oppinions sur les faiz et chouses cy-dessouz escripts, et sont euz présens les dessouz nommez (*29 eschevins, conseillers ou pairs*).

Lesquieux sont d'assentement que l'on envoiet en France pour faire abatre que pourra partie des sussides et y avoir partie pour les affaires de la ville et tant des sussides que du souchet et des entrées de ville ;

Que l'on prenyet pati par la meilheur manère que l'on pourra.

Avons donné compteurs à monsieur le maire pour oir ses comptes; c'est assavoir : sire Guillaume Roilhe, sire André Coutelier ou M° Pierre, son fils, Pierre Prignac, Berthomé Marquis ou les trois des cinq.

Mézée tenue le xxix° jour de janvier.
(Présents 24 membres du corps de ville).
Lesquieux sont d'assentement que Guillaume Méhé le jène alhet en France, devers le roy nostre sire, pour les affaires de la ville, et que l'on ly donnet par semayne lx sous tournois, tant pour ses despens que pour salaires; par my ce que il jurera que par tant ne demourera point davantage par son fait par autres ne le fera plus long le voiage;

Que du fait des molins de Tonnay-Voultonne on parle ob le priour..... *(le procès verbal n'a pas été continué).*

(Pas de mézée en février).

Mézée tenue le xi° jour de mars.
(Présents 16 membres du corps de ville).
Lesquieux sont d'assentement que l'on facet un présent de deux tonneas de bon vin à mons. le séneschal de Xaintonge, et que l'on prenyet la chevance sur les quarante livres que doit le fermeur du souchet pour l'alée de France, et si mester est l'on y parfera.

Le jeudi xxii° jour d'avrilh.
Condempné par jugement et de son consentement Guillaume Blanchart, mareschal, paier et rendre dedens vii j. p. v. iii soulz et x deniers bonne monnoie courante à Jacquet de Maseray, qu'il li doit pour son salaire de estre à arpenter certaines vignes qu'il a en la Guarenne, ob ce qu'il ait commandement de Pierre Oulier, arpenteur, qu'il en li paiet.

Du xv° jour de juign.
Deffaut : Jehane La Cordère contre la feme à Michea Boucart, pour ce que le sire à ladite Cordère n'estoit présent en cause pour la autoriser de respondre.

Du semadi iii° jour de julhet.

Condepné est par jugement et de son consentement Hélie Guionnet, boucher, paier et rendre à Jehan Pastoureau dedans vii jours p. v. la somme de viii liv. v soulz ix deniers pour cause de louer de banc qu'il a tenu par l'espasse de six ans et pour reste de vendission de beuf.

Du semadi 1er jour d'aoust.

De la demande que fasoit messire Lancellot Lapersonne[1] contre Michel Boucart, nous requist ledit Michel jour de avoir et querre conseil, lequel li avons ottroié à duy en huit jours.

Le vendradi viiie jour d'aoust.

En la demande que fasoit ou entendoit fère messire Lancellot Lapersonne contre Michel Boucart, nous requist ledit Michel l'atende de son conseil, c'est assavoir Jehan Poussart, receveur de Thors, laquelle lui avons ottroié à duy en viii jours.

Du semadi xve jour d'aoust.

Deffaut : Michel Boucart envers messire Lancellot Lapersonne, chevalier, luy présent en court, desdégnant de respondre, et l'avons ajourné en court à duy en huit jours, et aussi avons ajourné ledit chevalier audit jour pour maintenir son procez.

Condampné est Micheau Boucart paier et rendre à monsieur Lancellot Lapersonne, chevalier, xx soulz, reste de greigeure somme, dedans la feste Saint-Michel prochaine venant.

Le dimanche xxiiie jour d'aoust.

La déguerpie de Tuchart Bourdin entra en commune ledit jour et ne donna rien.

Le dernier jour d'aoust.

---

1. Lancelot de La Personne avait épousé Marie de Varaize, de l'ancienne famille de ce nom. (Voir *Notice généalogique de la maison de Chasteigner*, par André du Chesne, p. 169). Il était, selon toute apparence, frère de Jean de La Personne, qui devint vicomte d'Aunay par son mariage avec Marguerite de Mortagne, veuve de Jean de Clermont, maréchal de France, tué à la bataille de Poitiers en 1356.

De la demande de Thomas Goulut contre Moyhet de Balestre, lequel Moyhet a esté retourné de la court de la prévosté en la court de la commune comme hom de commun, et après ce ledit Moyhet s'est avouhé estre clerc davant monsieur le maire et a monstré sa tonssure; sur ce, s'est retenu monsieur le maire à conseilher sien rendra l'obéissance aux homes de l'églize ou non, et jour à duy en viii jours.

Du xiiie jour de septembre.

Deffaut: sire Bernart Tronquière, sire Bernart de Marteaux l'ayné, sire Bernart de Marteaux le jeune, à la requeste de mondane Poupin, feme de Estienne Brun.

Ajournement: Fait par Jehan Coisin; et s'est présenté ledit sire Bernart de Marteaux le jeune, emprès que monsieur le maire fut levé du siège et dist que la grant messe n'estoit pas sonnée et que le deffaut ne devoit estre nulh.

En l'assignacion aujour duy pendant à la court de céans, entre mondane Poupin, d'une part, et Bernart Auffré, d'autre, sur ce que ladite mondane requerroist que l'on pourveust de tuteur à une fille que elle dist estre de feu Hélie Auffré; sourcis jusques à samedi prochain, auquel jour venront lesdites parties tout ajournées et pour fère ce que raison donnera et pour bailher ladite tutelle si bonnement se peut fère.

Le xxe jour de septembre.

Au jour duy, avons eslargi Guillaume Raoul, dit Chasteau-Jollet, de la fousse en coy il estoit, et li avons bailhé toute la maison de l'eschevinage pour prison, lequel est en l'arrest, pour avoir dit et fait invasion contre l'ordenance du commissaire du roy, par my ce qu'il a promiz et juré tenir ladite prison et arrest sur paine d'estre ataint du fait; et à ce l'a applegé Michel Caniot, sur la poine de c livres à apliquer. Présens à ce: Pierre Prignac, Jehan Bidaut, Jehan Blanc, Guillaume Mehé, Robert Le Mère et André Ogers.

Le xxie jour dudit mois, a promiz ledit Guillaume tenir ledit arrest sur la mesme poine et ce en l'a applegé

ledit Michel Caniot sur ladite poine de c l. Présens: sire
Bernart Tronquière, Berthomé de La Voste et André Oger.

Le xxviiie jour d'octobre.

Condampné est par jugement et de son consentement
Pierre André paier et rendre, dedens vii j. p. v, deux frans
à Bertram Giraut, qu'il li doit pour cause de vendission d'un
âne, si comme il appert par un mémoire souz le seel de l'arceprestre, ensemble avecques les dommages.

Le lundi, dernier jour de février.

Continué avons de nostre office toutes les causes qui aujour duy et toute ceste semayne pendent pardavant nous
pour cause des grans assises de monsieur le séneschal de
Xaintonge qui se tiennent jusques à duy en huit jours,
auquel jour viendront toutes les parties qui y ont afère, pour
prouder et aler avant entr'eulx par la manère que raison sera
et à chescun d'eulx appartindra.

Le xxve jour de novembre.

Deffaut Guillette, feme de Robert Alen, quarte foiz ob jugement à la quérèle de Jehane Panère, feme de Michea
Boucart, ob l'autorité de sondiz seigneur, et ajournement
fait à ladite Guillette en jugement en la personne dudit Robert Alen [son mari], et ob jugement pour venir respondre
à la demande ou demandes que ladite Jehane, ob l'autorité
dudit Michea, son seigneur, entendoit à fère contre ladite
Guillète, en jugement par la manère que s'ensuit : c'est
assavoir que ladite Jehane Panère et ladite Guillète auroient
faite une compaignie et parsonnerie entre elles come marchandes publiques qu'elles sont, que de toutes les danrées
et marchandises que elles et chescune d'elles mèneroient et
feroient mener et vendroient en l'oust au siège qui estoit nagaires pardavant la ville et chastel de Taunay-Charante [1],

---

1. La ville et le château de Tonnay-Charente, occupés par les Anglais
depuis 1374, furent repris par les Français au mois de juillet 1383. (Voir
Archives du Poitou, t. xxi, p. 282, note).

chescune d'elles auroit et prendroit la moitié ou prouffit; et dit ladite Jehane, que de celles marchandises que elles y firent mener et y furent vendues heurt de gain et prouffit, bien l'estimacion de xx livres et plus, de coy elle ne hut riens et desquelles xx livres luy en appartient, pour cause de ladite compaignie et parsonnerie, la moitié, c'est assavoir x l., laquelle demande ladite Johane jura et afferma par son serement estre vraye et requist ladite Johane, ob la autorité que dessus, que ladite Guillète fut sur ce adjournée en la personne dudit Robert, son seigneur, pour là venir respondre en la demande susdite par la manère que raison donneroit. Si avons adjourné en jugement et ob jugement ladite Guillète en la personne dudit Robert Alen, son seigneur, et ledit Robert, son seigneur, pour li donner povoir en juger, à duy en xv jours, ses biens mis et retenuz en main de court jusques à l'estimacion desdites x livres, lesquels biens avons mis en nostre main jusques à l'estimacion susdite, ob intimacion que venguet ou non l'on procèdera en son absence comme en sa présence, à la absoudre ou condampner en ladite demande par la manère que raison donnera.

Le mercredi xxiiie jour de décembre.

De la demande de Jehane Panère, ob l'assentement de Michel Boucart, son seigneur, contre Guillète, feme de Robert Alen, apparoissant lesdites parties personnellement, est continué de leur consentement en mesme estat jusques à xv jours prochain venant et se sont lesdites parties compromises: c'est assavoir, ladite Jehane Panère, ob l'autorité que dessus, en maistre André Coutelier et Robert Le Changeur, ou l'un d'eux, et ladite Guillète en Me Pierre Coutelier et Gieffroy Le Mercer, ou l'un d'eux; à tenir ledit et ordenance desdiz arbitres, à la poine de c soulz à apliquer à partie obéissante; et doyvent comparestre lesdites parties pardavant leursdiz arbitres en l'eschavinage à semadi prochain, à l'eure de prime, tant qu'elle sonnera, à la poine de xxv soulz à apliquer à la partie qui obéira, et s'en vont lesdites parties tout ajournées audit xve jour pour aporter la paix ou le plait.

* * *

Le ve jour de janvier.

En ce qui pend en la court de céans entre Jehane Panère, ob l'assentement de Michel Boucart, son seigneur, contre Guillète, feme de Robert Alen, ob l'autorisation de son seigneur, a requis ladite Guillète l'atende de son conseilh, Me Pierre Coutelier, et l'a juré qu'il le a promiz estre aujourduy à son conseilh en ceste cause, laquelle li avons ottroié par jugement à duy en huict jours, auquel jour vendront lesdites parties pour procéder et aler avant en la demande méhue (?) en jugement et ob jugement et sur quatre deffaux.

Gagea ladite Guillète les quatre deffaux par lie faiz en ladite cause à la querèle de ladite Jehane Panère quant à la court seulement et est sauve à partie de demander les prouffiz desdiz deffaux.

Du xiiie jour de janvier.

En ce qui pend en la court de céans entre Jehane Panère..... contre Guillète, feme de Robert Alen..... a requis ladite Guillète distribution de conseilh, et a priz ladite Jehane Panère, Berthomé Marquis, et ladite Guillète, Guillaume Mehé le jeune, et ladite Jehane, Me André Coutelier. Et emprès ce fut dit et proposé par la partie de ladite Jehane Panère, ob l'autorisacion que dessuz contre ladite Guillète, ob l'autorisacion que dessuz, que ladite Guillète se seroit défailhie par quatre foiz, c'est assavoir en deux deffaux simples et en deux jugez la demande méhue en jugement, ses biens tenuz en mains de court, si comme il appert par acte sur ce fait et sur la demande de la partie de ladite Jehane à ladite Guillète les prouffiz desdiz deffaux jusques à l'estimacion de lx soulz, sauve la modéracion de la court; laquèle Guillète se sauva d'un deffaut et remamssit le jour jugé le sien tenu en main de court comme dit est. De la partie de ladite Guillète fut dit et oposé en contre en disant que elle devoit estre quipte du prouffiz desdiz deffaux ; que ladite Jehane li demandoit en prouver [par] le registre seulement, pour ce que il n'apparessoit que par le papier de la court, et que il n'estoit pas escript ne scellez. De la partie de ladite Jehane fut dit que ladite Guillète devoit paier lesdiz deffaux ob la modéracion du juge, comme dessuz est dit : quar elle avoit éhu auxdites journées grans conseilhs et aussi pour ce que il est acostumé en ladite court que le registre du papier de la court fait plénière foy, et que il n'est point acostumé de enseigner des procédures par actes escriptes et scelléez qui ne veult, et que le enregistrement dudit papier porte plénière foy et en prent l'on autant de prouffit comme si il estoit scellé et escript. Sur ce lesdites parties se mistrent sous droit et leur deismes par jugement que ainxi étoit-il acostumé en nostre dite court, et que qui ne vault ne prent en ladite court procédure scellée ne escripte, et que ainxi est-il acostumé ; de coy ladite Guillète se tint agrevée et en appela pardavant monsieur le séneschal ou son lieutenant aux prochaines grans assises de la ville de Saint-Jehan d'Angéli, et fut fait pardavant nous ; présens : sire Guillaume Méhé l'ayné, Hugues Chopin, Ambroise de Saumur, André Oger, Jehan Coisin et plusieurs autres.

Le mardi, dernier jour de mars.

Arresté est Kasin Engibaut en l'hostel de siens pour la souspesson d'avoir esté par nuit à la maison Hélie Jolen et voloir entrer dedens par force.

Avenancé avons l'ajournement qui pend en la court de siens par retournée de la court de la prévosté de Saint-Jehan, entre Hélie Jolen et Kasin Engibaut sur cas d'enjures et d'avoir esté nuitamment à son hostel et y voloir entrer par force, jusques à duy en huict jours, auquel jour vendront lesdites parties.

Le premier jour d'avrilh.

Guagea l'amande Kasin Engibaud deschoite de querèle envers Hélic Jolen, de avoir esté par nuyt à la maison dudit Hélie et voloir entrer par force et appella sa feme « putain ».

Le samedi xixe jour de julhet.

De la demande de Jehane Ybelote contre Jehan Ameilh a requis ledit Jehan l'attende de sire Guillaume de Bessé[1], son conseilh et la juré, laquelle li avons ottroié par jugement à heure de relevée.

Ledit jour à relevée.

Prouvé doit que lui suffira Jehane Ybelote, tant de fait que de confecion, contre l'excepcion de Jehan Ameil que elle est marchande vendans et achaptant plusieurs marchandises et danrées, et produit Guillaume Tessier de Burie, demourant à présent à Fondousse[2], et a juré en présence des parties, et a sommé ledit Jehan Ameil de dire contre lesdiz et présentez qui par ladite Jehane seront produiz, et aussi ledit Jehan a soustenu et a produit et amené Pernelle (*en blanc*) et Jehane Bardène, lesquelles ont juré en présence des parties, item et Jehan Faure, Niot Mosnier et Pérot Guster.

Le dimanche xxe jour de julhet.

Sur certains moz plaidoiez et contreplaidoiez de la partie de Jehane Ybelote contre Jehan Amicilh, nous sommes retenuz à conseilher à demain, heure des termes, de laquelle chouse ledit Jehan s'est tenu agrevez et en a apellé à la court de monsieur le séneschal de Xaintonge.

AMENDE. — Condepné par jugement et de son consentement,

---

1. Bessé (feodum abbatiæ) était un fief relevant de l'abbaye qui s'étendait sur un quartier de Saint-Jean d'Angély et une partie de la banlieue au nord-ouest.

2. Fontdouce, village de la commune de Voissay, arrondissement de Saint-Jean d'Angély.

Kasin le célier, rendre et paier dedens vii jours prochain venant, à Terry de Couloigne, célier, uns moles de pierre à couler cloux d'estaing pour leur mester, ou la somme de vingt-cins soulz.

Guagea l'amande ledit Kasin le célier, deschoite de querèle vers Terry le célier.

Le mardi viiie jour d'avrilh.

Guagèrent l'amande Guionnet et Clément de Guerches deschoite de querèle envers Pierre Tailhandier, dit de La Barre.

Condampnés sont lesdits Héliot Guionnet et Clément de Guerches, bouchers, paier et rendre dedens vii jours p. v. à Pierre Tailhandier, dit de La Barre, huyct livres doze souls pour vendission de beuf.

Le vendredi xviie jour d'avrilh.

Guagèrent l'amande ledit Jehan Boueron l'ayné et Michel Boucart, bouchers, de ce qu'ils ont achapté chevreaux et aigneaux pour revendre avant heure déhue, autre jour que marché.

Du segont jour de may.

Guagea l'amande Jehane Cordère, feme de Jehan Payen, pour ce que elle a dit injures en jugement à H. Goulu, emprez la deffence à lie faite en jugement que èle ne fust si ardie de li dire injures ne paroles injurieuses.

Du xiie jour de may.

Guagea l'amande le clerc Péletan, pour ce qu'il avoit détenu deux   de maygre qu'il avoit achapté et ne li voloit bailher pour le pris.

Le xxvie jour de may.

Guagea l'amande Jehan Robbert envers Hélies Le Boucher pour ceu qu'il avoit creu ledit Hélie sur son sèrement que ledit Jehan disoit que ledit Hélie li devoit six deniers, lequel a juré qu'il ne li en doit riens.

Du xe jour de juign.

Guagea l'amande la Gaschète pour ce qu'elle avoit achapté

avant heure guygnes, pezeas[1] et autres denrées pour revendre, taxée à xxv soulz.

La feme à Monberon par même manère.

La Rochelèze, comme dessus.
La Bilholaude, id.
La Pescheloche, id. } xxv soulz.
Jehane Bourit, id.
Guillète Guionnette, id.

Guagea l'amande la feme P. Roy, pour ce qu'elle avoit achapté fruistailhe et potage pour revendre avant heure dehue, taxée à xxv soulz.

Le jeudi xxx° jour de julhet.

Guagea l'amande Jehan Pastoureau, de ce qu'il estoit reffusans de prendre la charge d'une dizenne.

XLII

BB, 8.

C'est le papier de... mairie sire Guill. Roilhe, et fut receu, le... jour d'avrilh, l'an de grâce mil ccc iiii^{xx} et quatre.

S'ensuyvent ceulx qui ont fait sèrement d'obéissance à monsieur le maire :

ESCHEVINS

Sire Ambroys de Mastaz.
— Jehan de Saumur.
— Bernart Tronquière.
— Bern. de Marteaux le jeune.
— Guillaume Mehe l'ayné.
— André Coutelier.
M° Pierre Coutelier.
Pierre Prignac.
Ambroys de Saumur.

Hugues Chopin.
Pierre Tronquière.
Berthomé Marquis.
Guillaume Méhé le jeune.
Bernart Courtaut.
Jehan Du Four.
Pierre de La Sale.
Hugues Bidaut.
Robert Le Mère.

---

1. Guygnes, cerises ; pezeas, pois.

CONSEILHS

Jehan Boueron l'ayné.
Jehan Pasquaut.
Robert Jourdain.
Pierre Tailhandier.
Jehan Garin.
Guillaume Giraut.
Pierre Riclet.
Guillaume Bouteville.
Reynol Espissier.

Geoffroy Guirac.
Guillaume Columbe.
Jehan Blanc.
Jehan Chauvea.
Jehan Gillebert.
Jehan Bidaut.
Me Arnaut de Chemillac.
Me Guillaume Legit.

PAIRS

Jehan Louer, mareschal.
Jehan Savater, dit Bancs.
Jehan Ayraut.
Jehan Raber.
Robert Alen.
Aymar du Clusea.
Jehan Paien.
Girard Bordes.
Jehan Plumager.
Michel Boucart.
Guillon Jolet.
Jehan Roussea.
Jehan Raoul.
Legrand-Babaut (Pierre Mosnier, dit).
Miot Mosner.
Jehan Du Pré.

Mahet de Belestre.
Guillaume Daguenaut.
Jehan de Martenville.
Pierre Baguenon.
Pierre Pescheloche.
Jehan Pradet.
Guillaume Servant, barbier.
Guillaume Audouin.
Jehan Audouin.
Perre Ferragu.
Pierre de Nabineau.
Bertram Girart.
Pierre Recommandeur.
Bernart La Roque.
Mathelin Broussart.
Pierre de Laval.

Mezée tenue par mons. le maire, le vendredi vi^e jour de mai l'an m ccc iiii^{xx} et quatre. (*Présents, 31 membres du corps de ville*).

Les quieulx sont d'assentement que l'on facet bons gaiz, regaiz et gardes-portes, et que l'on aiet les resserches par nuit par la manère qu'il est acostumé, et en oultre que monsieur le maire metet ses officiers si come il li plaira et ceulx qui auront le regart sur les marchandises et danrées ;

Que l'on facet la tailhée sur touz les habitanz de la somme de vint livres qui ont esté empruntées de l'argent du souchet pour paier l'aide que l'on fait à monsieur Olivier du Glesquin pour paier sa rençon et aconplir le testament de feu monsieur le connestable son frère[1] ;

Que sire Bernart de Marteaux le jeune aiet ceste année la garde du grant seel de la commune.

Le vendredi viiie jour de jullet.

Mézée tenue par monsieur le maire. (*Présents, 20 membres du corps de ville*).

Les quieulx sont d'assentement que l'on facet le service aux réparacions de la ville par bras des gens et du charroy qui y appartiendra et sera mencion, et que ceulx qui ont beufs, charrettes et autres bestes n'y feront point de bras de gens, et n'y seront, lesdites charrettes, que une foiz jusques à tant que les autres gens aient fait autant de services audiz bras comme la journée desdiz beufs et charrette montera ;

Que l'on donnet obligacion au capitaine de Taillebourg de la somme du pâti priz jusques à la Saint-Michel et que la taxe soit faite pour icell paier par l'avis de monsieur le maire sire Bernart de Marteaux le jène, Jehan Boueron, Robert Le Maire et Jehan Garin, appellé en leur compagnie ceulx qui vodront appeler, et seront mises en ceste taxe xx livres sur les habitans de ceste ville, lesquelles furent paiées, par commandement de mons. le séneschal, au porteur de mons. Olivier Du Glesquin, frère de feu monsieur le connestable pour l'aide de sa rençon[2].

---

1. Olivier Du Guesclin, frère du connétable, avait été fait prisonnier au siège de Cherbourg en 1378 et mis à la rançon de 40,000 francs.
2. Le mot « commandement » doit s'entendre ici dans le sens d'invitation, le séneschal n'ayant point autorité pour l'établissement des taxes.

Mézée tenue par monsieur le maire le vendredi xiv° jour d'octobre. (*Présents, 27 membres du corps de ville*).

Les quieulx sont d'assentement que l'on donnet en présent à monsieur le sénéschal deux tonneaux de bon vin, de la chevance de la ville ;

Que si l'on puet trouver chevance par don, prest, ou autrement, de coy l'on puisset envoier en France, devers le roy nostre sire, que l'on y envoiet supplier comme l'on puisset abattre partie des sussides qui sont sur les danrées et marchandises ;

Que l'on parlet à monsieur le sénéschal de avoir pâti pour ceste ville ou suffrance, affin que le pueple puisset semer des blez et fère les autres labourages.

Mézée du xviii° jour de novembre. (*Présents, 22 membres du corps de ville*).

Tous sont d'assentement et font leurs procureurs généraux et messagers espessiaux pour demander et deffendre en toutes cours, c'est assavoir : maistre Laurens, l'ayné, Nicholas de Lesporte, Pierre Soulas, Jehan de Betizi, Jehan Papinet, Jehan Raboteau, Jehan Lagnel, Pierre de Cloyer et Thomas Laurens, procureurs en parlement du roy nostre sire, et leur donnent povoir de substituer, promectre et retenir ;

Que les autres procureurs Berthomé Marquis, Guillaume Méhé le jeune, Jehan Blanc, Reynol de Puyneuf, Jehan Bidaut, chescun d'eulx en toute couse pour demander, deffendre, promectre et retenir ;

Que monsieur le maire ne seellet point une lètre de la commune, laquelle fait mention de c (?) livres qui furent promises à monsieur Hervé Le Coich par le temps qu'esto'ilit sénéschal de Xaintonge.

Mézée tenue par monsieur le maire le premier décembre. (*Présents, 27 membres du corps de ville*).

Les quieulx sont d'assentement que l'on facet chevances sur la ferme du Souchet ou autrement par la meilheure manère que l'on pourra, pour fère et mètre réparacion et amander de palenc ou autrement aux murs de la ville qui sont fonduz, jusques à la somme de vint livres ou de ce que y conviendra;

Que Pierre Prignac, Berthomé Marquis, Reynol Espissier et Jehan Roussea, oyent le compte de feu sire Jehan de Saumur, du temps qu'il fut maire, et comptera Ambroys de Saumur, fil dudit bourgeois, en nom et comme tuteur de ses frères.

Mézée tenue le xxiv° jour de février. (*Présents, 18 membres du corps de ville*).

Les quieulx sont d'assentement que monsieur Hervé Le Coich soit paié de la somme de cinquante livres des cent livres qui autreffoiz li furent promises sur les revenues de la commune, et que de ce il aiet obligacion de la commune parmy ce que l'on demouret quipte des autres cinquante livres et que l'on en aiet quiptance, et que l'on pringet sur la revenue du souchet et entrées de ville sur la partie appartenante à la commune à paier par moys, ainsi comme les fermiers le doyvent paier, et commenssser à pasques le premier paiement;

Que si l'on trouvet chevance par prest jusques à la somme de vint frans, pour aler en France, que à ceulx qui auront presté soit desduit et rabatu de ce qu'ils donnent du souchet, de ce qu'il vendront, sur ce qui appartient à la commune du premier vin qu'il vendront;

Que si celuy qui ira en France avoit mestier de plus grant chevance que desdites xx livres pour paier lètres et sceelz de ce qu'il enpêtrera devers le roy que ce qu'il emprunctera ou mètra du sien, par ceste cause li sera paié sur les revenues de la commune jusques à la somme desdites vint livres.

Mézée tenue le xvii° jour de mars. (*Présents, 19 membres du corps de ville*).

Au jour duy Jehan Garin comme plège de Hélie du Verger, fermier de l'an passé du souchet et entréez de la ville, a aporté quatre quiptances faisant mencion comment lesdiz fermiers ont paié ladite ferme; dont l'une est passée par Jehan Blanc, scellée du scel roial, et est de la somme de quinze livres, pour deux tonneaux de vin achaptés de Andrien Texier et Jehan Servant, lesquels furent donnés à monsieur le séneschal; l'autre quiptance scellée du scel de la commune faisant mencion que lesdiz fermiers ont paié à messieurs le maire et ses fermeraux quatre-vins-sept livres dix soulz; une autre quiptance scellée du scel de ladite commune, comme lesdiz fermiers ont paié à Guillaume Girart, du temps qu'il estoit maistre des réparacions de la ville, de la somme de neuf livres; une autre quiptance escripte en papier et marquée du signe manuel de Aymeri Seignouret, à présent maistre des réparacions de la ville, de la somme de cent et sèze livres. Et la ferme se monte deux cent cinquante livres, et les quiptances se montent deux cent quarante et neuf livres sept souls six deniers: ainxi doyvent lesdiz fermiers xii soulz vi deniers de reste de ladite ferme, de laquelle somme ont été d'assentement les dessuz nommez que lesdiz fermiers aient quiptance.

Sont d'assentement que l'on gardet les privilèges de la commune, et que l'on facet crier que nul ne vendit vin ne autre chose à détailh.

Le semadi xixe jour de novembre.

Au jour duy sont venuz pardavant nous : dame Pernelle Dexideuil, déguerpie de feu sire Jehan de Saumur, Ambroys de Saumur leur filz, Jehanne de Saumur eagée, Périn et Jehan de Saumur, leurs enffans, meneure d'eage, et nous ont exibé un testament dudit feu sire Jehan de Saumur, on quel il fit et ordena ledit Ambroys son filz tuteur auxdiz Perrin et Jehan de Saumur, meneurs d'eage, ses enffans, frères dudit Ambroys; et à ce furent présens sire André Coutelier, sire Bernart Tronquière, sire Bernart de Marteaux le jeune, Me

Pierre Coutelier, Guillaume Mehé le jeune, Pierre de La Salle, Jehan Blanc, Regnaud Daguenaut, Jehan Chauvea et plusieurs autres. Et requèrent lesdiz que ladite tuterie, si comme elle a esté ordené par lediz testateur, soit tenue, et requerrent que la main de la court qui a esté mise sur les biens dudit feu soit mis au délivré, ci comme raison veult, De laquelle chose avons demandé l'avis desdiz assistans; oys les oppinions des dessuz diz, avons ladite tuterie agréable, parmy ce que ledit Ambroys a fait serment de garder bien et loialment, demandant et deffendant, tous les droiz, noms, accions et autres choses, et avons enjoint audit Ambroys de fère l'inventerre desdiz biens dedens quarante jours prochains venant; et à ce commettons Bernart Fradin, nostre souzmaire, appellés avecques li pour estre audit inventerre fère.

Et quant est de ce que ladite Jehanne de Saumur, filhe dudit feu, est en eage d'estre hors de tutelle et requéroit ladite Jehanne avoir curateur, ledit Ambroys, son frère, comme celuy en qui elle a fiance de garder ses biens et droiz, et par l'avis des assistans et à la requeste de ladite Jehanne, ledit Ambroys avons décerné curateur jusques à troys mois prochain venants, et parmy ce a promis et juré ledit Ambroys de garder, demander et deffendre.

Le semadi viie jour de may.

Da moz plaidoiez et contre-plaidoiez de la partie de Bertram Giraut, demandeur, contre Yvon Guilhem, deffendeur, lesdites parties mises sous droit, nous sommes retenuz à conseilher jusques au lundi octaves saint Nicholas prochain venant, auquel jour vendront lesdites parties.

Le lundi octaves saint Nicholas.

Deffaut Yvon Guilhem contre Bertram Giraut, descendant de procez du samedi viie jour de may, et est donné en commandement au sergent de la court de céans de amener ledit Yvon à la querèle dudit Bertram, sur deffaut, et pour venir voir adjuger audit Bertram le prouffit dudit deffaut, et en oultre pour venir respondre audit Bertram en la cause esmehue entre eulx par la manère que raison sera.

Le xxiiie jour de may.

En ce qui pend en la court de céanz entre Bertram Giraut, demandeur contre Yvon Guilhem, deffendeur, lesdites parties présentes en jugement, de leur consentement est continué par autant et en mesme estat que fère se devoit au jour duy jusques au mardi emprès la pantecoste prochain venant, et sur espérance de paier, et est sauvé audit Bertram de user de son deffaut contre ledit Yvon et audit Yvon de soi sauver, et auquel jour vendront les parties.

Le vendredi iiie jour de juyn.

En ce qui pend en la court de céans entre Bertram Giraut, demandeur, et Yvon Guilhem, deffendeur, a requis ledit Bertram jour de avoir et requerre conseilh pour ce que en la court n'avoit conseilh de qui il se fiast de conduire sa cause pour doubte de la perdre, et en a fait présenter soy, laquelle li avons ottroié à duy en viii jours, auquel jour, etc.

Du xe jour de juyn.

En ce qui pend, etc. De l'assentement des parties est continué par autant et en mesme estat jusques au semadi emprès la feste saint Jehan-Baptiste p. v., auquel jour, etc.

Le xvie jour de juilhet.

De la demande ou demandes que fasoit ou entendoit à faire Pierre Faure, dit de Coignac, demandeur, contre Jehan Raber. (*Renvoyé à huit jours*).

Le xxvie jour de juilhet.

Renvoyée au jeudi suivant; renvoyée à quinze jours; renvoyée au 1er septembre; renvoyée à trois semaines; renvoyée à quinze jours; le 10 octobre, renvoyée au même jour, heure de relevée; renvoyée d'office au lendemain; renvoyée au lundi suivant « pour ce que le clerc de la court est occupé par plusieurs affaires on chastel par le commandement de monsieur le séneschal ». (*Renvoyée à quinze jours sur « espérance de pais » ; renvoyée à huit jours*).

Le lundi xiiie jour de novembre.

En tout ce qui pend au jour duy en la court de céanz entre Pierre Faure... contre Jehan Raber... lesdites parties présentes en jugement, de leur consentement est compromiz entre lesdites parties pour les mètre à pais et acort sire Berthomé Marquis et sire Guillaume Mehé le jeune, à tenir leur dit et ordenance fin portant à la paine de x livres à paier de la partie qui ne le vedroit tenir à la partie obéissante moité et moité à la court ; et se doyvent comparestre lesdites parties pardavant leurs diz arbitres de dimanche prochain en xv jours à la paine de x soulz par court de venir de celuy qui deffandra et qui n'aura son arbitre, et doit estre pour lesdiz Pierre Faure, Berthomé Marquis, et par lesdiz Jehan Raber, Guillaume Mehé le jeune, et jour auxdites parties à duy en un mois pour aporter pair ou plet auquel jours, etc.

Amendes. — Le semadi xxvie jour de novembre.

De la demande ou demandes que fasoit le procureur de la court de céanz contre le petit Babaut de ce que il, ou autre par nom de li, avoit achapté par plusieurs fois plusieurs danréez et marchandises, comme poisson frez, anguilles et autres danréez, pour revendre mesme jour et avant heure deue et accostumée que fère ne devoit, et requeroit ledit procureur contre ledit Babaut que, si les choses il confessoit, que amandast par amande que raison veult, et si le niet, ledit procureur offret à prouver tant de fait que de confession. Ledit Babaut, présent en court, a nié toutes lesdites demandes, opousé et juré de vérité d'une partie et d'autre, a pris ledit procureur appointement contre ledit Babaut, et avons assigné jour audit procureur sur la présente produccion à duy en huit jours, auquel jour vendront lesdites parties.

(*Sur une feuille volante qui se trouve dans le présent registre*) :

Le dernier jour de septembre, en la court de la mairie.

Par renvoy de la court de la sénéchaussée de Xaintonge fait par honorable home et sage mestre Pierre Coutelier, lieutenant.

Au jour duy Périchon Fradet, Robin Peletain ont asseuré de bonne affiage et léal Guillaume Breuilh et ont promis et juré aux sains Dieu évangiles nostre seigneur qu'ilz ne li feront ni souffreront meffair en corps ni en biens fors que droit fasant et droit prenant selon la coustum du païs.

(*Même sûreté donnée par Jehan Paien et Jehane Cordère à Jehan Chevalier, maréchal*).

(*Le document suivant, écrit sur une petite bande de parchemin de 0,20 de longueur sur 0,06 de largeur, est l'expédition d'un des jugements volontaires de la cour du maire; il était scellé sur simple queue du sceau de la commune, dont il reste quelques traces*).

Condepné est par jugement et de son assentement Pierre Taillandier, dit de La Burnère, payer et rendre dedens sept jours prochains venant à Jehan Raber, boucher, cinquante-un sols six deniers qu'il li a confessé devoir pour cause de vendission de chair, c'est assavoir un quartier de beuf et de chair de chastri. Fait et donné en jugement pardavant sire Bernart Tronquière, maire de la ville et commune de Saint-Jehan Dangéli, le xe jour de novembre l'an mil ccc iiii^{xx} et trèze.

FRADIN.

Le mardi viie jour d'avrilh.

Condampné est de son consentement Michea Amiot paier et rendre dedens vii jours prochain venant à André Oger huit blancs [1], pour la journée d'une chareté à deux bœufs, qu'il li confesse devoir pour amener le sarment de la vigne dudit André, et en outre quatre blancs pour les intérests et domages.

Le   jour d'avrilh, à relève.

Au jour duy a esté arresté Jehan Ouler, fils feu Pierre Ouler, en l'eschavinage, pris en souspesson d'avoir esté ou savoir

---

[1]. Le blanc était le gros tournois d'argent, ainsi appelé par opposition au denier noir frappé en billon.

aucun ravage fait en ceste ville comme d'avoir schû qui a batu Michea Boucart et autres, et Pierre Ouler, son frère, a applegé ledit Jehan, son frère, à la payne de cent livres à appliquer à la commune ou rendre sondit frère demain en ladite eschavinage dedens heure de prime audit arrest. Présens ad ce : Regnaut Daguenaut, Ph. Le Mareschal, Robin Pelletain et plusieurs autres.

(*Ce registre contient l'inscription des causes portées aux « termes » des 3, 5 et 6 avril 1389*).

XLIII

1386. — BB. n° 9.

Mézée tenue le xxviie jour davrilh. (*Nommation de procureurs généraux et de procureurs en parlement*).

Ils font et establissent leur receveur et maistre des œuvres de la ville pendant ceste année Aymeri Seignouret, dit Piet, et au cas qu'il ne s'en voudroit charger, en celi cas ils font Berthomé Marquis.

Mézée tenue le   may.
Sont d'assentement que, en cas que les Anglois de Tailhebourg et de Bouteville... de leurs pâtis, que l'on donnet aucune chose à ceulx de Bouteville pour avoir suffizante...

Le xvie jour de juing. (*Convocation faite par le maire*).
Que l'on escripve au roy nostre sire et à nosseigneurs de France l'estat et la misère de la ville.

Mézée tenue le vie jour de julhet l'an mil ccc iiixx et six. (*Présents, 28 membres du corps de ville*).

Les quieux sont d'assentement que l'on facet adouber les barbacanes... que l'on facet houvrages de mur au palens là où sera jugé nécessaire ;

Que l'on facet tailhé pour aler en France jusques à la

— 317 —

somme de xx livres..., et pour signiffier au roy nostre sire les périlz et le... du païs...

Que, pour cause des périlz, le rereguet ne changet point par nuyt... ; que ceulx qui le doyvent faire soient toute la nuyt sur les murs, et que la moité des gens veilhent et l'autre moité dorment, et seront toute nuyt sur les murs sans en partir.

Mézée tenue le   jour d'aoust. (*Présents, 25 membres du corps de ville*).

Les quieux sont d'assentement que toute manière de gens facent guet et guarde-porte en leur personne... ;

Que Jehan Bidaut soit receveur du pâti de Gernac-Charante aux gages de doze livres pour son salaire, et paiera à Pierre de La Barrière, collecteur dudit pâti, vint livres pour son salaire de collecteur, et sera crehu des mises qu'il en feront pour ledit pâti sans letre jusques à la somme de vint souls par son serment, et a promis et juré le faire bien et loialment et rendre bon compte.

Le dernier jour d'aoust tint monsieur le maire son conseilh plénier, et fut le sain de cette ville sonné, et sont présents (*24 membres du corps de ville dénommés « et plusieurs autres »*).

Les quieux sont d'assentement que l'on donget letres obligatoires à Admon de La Pierre [1], du pâti pris o luy dès le xxvie jour d'aoust jusques à la feste de nouel prochain venant, à pris de c livres, un drap de veloux, trèze houces de celle, viii mains de papier, une... à paier à la Saint-Michel et à la feste de toussains.

Mézée tenue le xiiie jour de septembre. (*Présents..... Nomination de procureurs*).

Ils ont ordené que Aymery Piet ne sera plus de ceste

---

1. Admon ou Aimon de La Pierre commandait pour les Anglais au château de Bouteville.

année mestre des euvres de la ville... ; en est chargé Berthomé Marquis...;

Que l'on envoi et en France pour... afaires de la ville ;

Que l'on prenget pàti ò le cappitaine de Tailhebourg.

Bernart de Marteaux, maire de la ville Saint-Jehan, eschevins, conseilhers et pers de la ville Saint-Jehan... choses et négoces que nous avons à fère devers le roy nostre sire pour le fait d'ici et de... c'est assavoir pour fère et pourchasser devers le roy nostre sire, comme nous sommes quiptes en tout ou en partie de ceste aide mise on païs de Xaintonge pour le veage d'Angleterre [1] que le roy nostre sire y entent à fère, nous avons ordené et commiz Me Pierre Riclet, nostre bourgeois et eschevin, à faire ledit veage et pourchaz, et pour icelle fère avons ordené audit Me Pierre à avoir la somme de LX livres, lesquelles livres seront prises de dessus la tailhée du pàti de Gernac-Charante, à treuver icelle somme pour ceste cause pour ce que d'ailleurs n'avons après de quoy fère ladite chevance. Si vous mandons que des deniers de la recepte que vous avez fait et ferez de la taxe dudit pàti de Gernac, duquel pàti vous estes collecteurs...

Mézée tenue le XVIIe jour de novembre l'an mil CCC IIIIxx et six. (*Présents et dénommés, 12 membres du corps de ville*).

Lesquieux sont d'assentement que la tailhée du pàti de Tailhebourg soit levée ;

Que tous ceux qui sont ordenés fère guait, regait et garde-portes y soient de leurs personnes ou par personnes suffizantes.

Le XIIIe jour de décembre furent assemblés en l'eschavinage pardavant monsieur le maire pour avoir conseilh sur le pàti de Gernac-Charante... les eschevins, conseilhers et pairs... (*Suivent les noms*).

---

1. Voir, sur le projet de descente en Angleterre, Froissart, t. X, ch. XXIV, p. 161.

Lesquieux sont d'assentement que l'on envoiet pour eschevir plus grant pertes et périlh à Gernac-Charante prendre pàti o le capitaine dudit lieu.

Mézée tenue le xxii⁰ jour de mars l'an mil ccc iiii^{xx} et six. (*Présents, 23 membres du corps de ville*).

Les quieulx sont d'assentement que tout ce qui a esté receu de ceste année et que dessi en avant sera receu de la revenue de la Voultonne soit mise pour ordener les portes de la Voultonne ne à autre chose ;

Que l'on facet compter Jehan Mehé de la recepte qu'il a fait du pàti de Taillebourg, et on cas qu'il ne voudra venir compter par davant monsieur le mayre que l'on le fit approcher pardavant monsieur le mareschal ;

Que toute la revenue des pàtis du temps de sa mairie il pringet, les Anglois paiez et non autre, pour soi paier de ce qu'il a presté du sien à paier ledit pàti et de ce rendra compte ;

Que monsieur le maire qui à présent est puisse prendre et avoir l'argent de deux mois, c'est assavoir mars et avrilh, des fermeurs du souchet appartenant à la commune pour paier li et ses officiers de ce qui leur est deu.

Sont ordenés pour oyr le compte de monsieur le mayre tant des chouses appartenant à la commune que des réparacions de la ville, que des tailhées des pàtis, c'est assavoir mestre Pierre Coutelier, Berthomé Marquis, Aymeri Piet, Robert de Mere, Jehan Pastourea, ou les quatre ou les trois d'eux ;

Que si Ambrois Fradin ou sa mère ou autres se voudront efforcer de prendre nul devoir du blé que chascun vendra à son hostel en la ville Saint-Jehan, que l'on en prenget la deffence et que en facet l'on poursuite là où l'on doivet pour la liberté et franchilesse que nous avons en ladite ville Saint-Jehan, que chascun habitant d'icelles puet vendre à son hostel tel blé comme il aura et mesurer [1] à son boisseau sans en païer minage ne autre devoir.

Que les x livres ix deniers que doit Repnoul Espissier du reste de la ferme du souchet et entrée de ville, qu'il les paiet à Aymeri Pet en rebattement de xiii livres qui deues li sont et ledit Aymeri sera tenu nous rendre l'obligacion qu'il a... et parmy ce aura du... recognoissance ;

Que Repnoul Espissier aiet quiptance générale de la ferme du souchet de la somme de... le tout, c'est assavoir ce qui appartient aux réparacions de la ville et au fait de la commune ;

Que l'argent du souchet et des entrées de ville de ce qui appartient à la commune que l'on metet pour adouber et resparailher la maison de l'eschavinage l'argent de deux mois, c'est assavoir des deux premiers mois prochains venant, emprès ce que sire Bernart de Marteaux à présent mayre aura esté paié pour li et ses officiers de ce qui deu leur est, de coy il sont assignez sur cestuy mois de mars et d'avrilh.

Sont d'assentement que v... frans, que Pierre Prignac a en garde de la confrairie de monsieur Saint-Jehan appelée, la confrairie des clercs, soient pris de luy et empruntées pour envoier en France devers le roy nostre sire, pour abatre le susside et taillée du grand passage...

---

1. Contrairement à ce qui avait lieu presque partout où le droit de minage était perçu au profit du roi, il était, à Saint-Jean d'Angély, tenu en fief du seigneur de Taillebourg. Le droit de minage fut expressément compris dans les concessions faites vers 1050 par la comtesse Agnès à l'abbé de Saint-Jean d'Angély et inféodé par lui au seigneur de Taillebourg en même temps que les terres du Cluzeau ; quant aux droits utiles, d'abord réservés par le duc d'Aquitaine, ils tombèrent dans le domaine privé : en 1354, Pierre Cheronneau l'arrente à Pierre Fradin (Archives de Saint-Jean d'Angély, II. II. 12); en 1360, le minage de Saint-Jean d'Angély fut confisqué par le roi d'Angleterre et donné à Guichard d'Angles et à Florimond de Lesparre ; le 1er décembre 1372, le duc de Berry le leur enleva, et en gratifia Jean de Saumur, aux droits duquel Ambroise Fradin avait été substitué.

(*Suit une lettre du maire et du corps de ville relative à cet emprunt fait à la confrairie des clers; elle est complètement effacée*).

XLIV

(*1387*). BB. 10. — Mairie de Bernard de Marteaux.

Le... jour d'avrilh l'an mil III^c IIII^{xx} et sept, fut présent monsieur Guillaume de Saint-Marc, chevalier, lieutenant de monsieur Guillaume de Maillac, sénéchal de Xaintonge, pour fère..... de la commune de Saint-Jehan d'Angéli pour ceste présente année. Des trois qui estoient esleus par les gens de la commune, c'est assavoir sire Jehan Roilhe et pour ce que ledit sire Jehan Roilhe a la garde et cappitainerie du chastel de Surgères, dont le seigneur dudit lieu ne voloit estre chargé, ne quitter de ladite cappitainerie.......... fère maire de la commune en lieu de luy sire Bernart de Marteaux le jeune et sans précédant de la commune..... d'icelle......... ledit sire Bernart le serment audit monsieur Guillaume, lieutenant susdit.

S'enssuivent les officiers de la commune.

Mézée tenue le xixe jour d'avrilh l'an mil ccc IIII^{xx} et sept. (*Présents*, 27 *membres du corps de ville*).

Les quieux sont d'assentement que l'on facet bons gaix, reregaix et gardes-portes;

Que l'on facet la taxe de cest pâti pris à Tailhebourg et que l'on metet en celuy tauxe l'argent que monsieur l'abbé a eu pour aler devers monseigneur de Berry et pour ceulx qui iront en France porter les lètres de monseigneur de Berry, et pour vériffier les lètres du grant passage[1];

Que monsieur le maire ordenet un homme pour fère fère les réparacions de la ville;

---

1. Les lettres établissant l'aide pour le grand passage en Angleterre.

Que monsieur le maire ordenet gens qui aient le regart sur toute manières de marchaudises et danrées.

* * *

Mézée tenue le xviiie jour de janvier.

Les quieux sont d'assentement que l'on facet la tailhée du pâti à présent pris ô le capitaine de Gernac-Charente......;

Que l'on sachet si Popelin escrit de Paris pour le temps qu'il prist Robert de M[oustiers?] et que l'on envoiet à Bouteville..... s'il estoit de pâti ; et si l'on a bonne deffense que l'on se deffende de..... qui a esté donné pardavant monsieur Pierre de Mornay, et en cas que l'on auroit bonne deffense que l'on la face pour avoir de monsieur de Mornay aucun profit courtois;

Que l'on facet compter Jehan Mehé du pâti de Taillebourg dont il a levé la tailhée;

Que l'on parlet gratieuzement à monsieur de Taunay-Voultonne de ce qu'il se dit avoir commission sur les vaisseaux qui passent par la Voultonne sans costume pour cause de privilège.

Mézée tenue le xve jour de février. (*Présents, 24 membres du corps de ville*).

Les quieux sont d'assentement que les marc d'argent qui ont esté promis à monsieur Pierre de Mornay et monsieur Guillaume de Saint-Marc et autres soient pris sur le pâti;

Que l'on [délivre?] lètre obligatoire souz le petit scel aux causes de la commune à monsieur Pierre de Mornay, de la somme de vingt frans d'or pour Jehan Popelin, à Paris, à paier..... et l'autre moité à pasques ;

Que l'on envoiet en France faire vériffier la lètre que le roy nostre sire a donné de v..... livres pour l'alée d'Angleterre.

Sont ordenés pour oir le compte de Johan Bidaut de ce qu'il a reçu du pâti de Gernac-Charente, c'est assavoir: monsieur le mayre, Jehan Garin, Repnoul Espissier et Bernart Fradin.

Mézée tenue le xvii**e** jour de may. (*17 membres du corps de ville dénommés présents et plusieurs autres*).

Les quieux sont d'assentement que l'on facet bon gaix, regaix et garde-porte ;

Que pour ce que les portes de Malpertuis sont si maulvaises que èles ne se peuvent soustenir et qu'elles ne sont pas réparables, si comme dient ceulz qui y vont souvent, qu'elles soient abatues et que la chapuse et l'ardoize que l'on en pourra sauver et garantir soit aporté et mis en sauvation.

Mézée tenue le xxii**e** jour de novembre. (*21 membres du corps de ville dénommés et autres*).

Sont d'assentement que l'on melet sur la taillée du fouage, [pour] la délivrance des lieux de Tailhebourg et de Gernac-Charante, la somme que costet le présent fait à monsieur le mareschal et à monsieur le séneschal ;

Que l'on facet taillée pour paier le pàti qui fut pris à Tailhebourg, de la feste Saint-Michel, jusques à la somme de quarante frans.....

Sont d'assentement que l'on gardet les privilèges de la commune et que, sitost que monsieur le mareschal s'en sera alé, l'on facet crier que nulh ne vende de vin à détailh s'il n'est de l'éritage des bourgeois.

**
* **

Mézée tenue le xix**e** jour de janvier. (*Présents, 36 membres du corps de ville*).

Les quieux sont d'assentement que l'on envoiet en France les lètres que monsieur le mareschal nous a donné addressantes au roy nostre sire et aux autres seigneurs ;

Que l'on paiet à monsieur le séneschal présentement deux tonneaux de vin des v tonneaux..... ;

Que l'on pringet pâti à Bouteville, et que l'on li pringet le meilheur marché que l'on pourra.

Mézée tenue le xxi° jour de février.
Les quieux sont d'assentement que Hélies du Verger amasset le pâti de ceste ville et que l'on facet... gens de la ville... et ordener le taux et Jehan Bidaut soit receveur; et, on cas qu'il ne se vodra charger, que Guillaume Fradin le recevet tant de la ville que des villages ;

Que l'on facet un palis[1] de boys aux murs fondus et que l'on facet..... par biains de gens de la ville.

Ont ordené compteurs à monsieur le mayre: Ambroys de Saumur, Berthomé Marquis.....

Ont fait et ordené mestre des euvres et réparacions de la ville, Berthomé Marquis, jusques à un an, au prix de quinze livres..... et de ce a fait serment.

Mézée tenue le xii° jour de mars. (*Il y est question de réparation à faire aux murailles et de la levée des pâtis de Taillebourg et Bouteville*).

Du xxii° jour d'avrilh (1385).

C'est la copie des lètres que Aimon de La Pierre a escrit à monsieur le maire:

Aimon de La Pierre, lieutenant à Bouteville, pour monsieur le captal.....

Au mayre, bourgeois, habitans et retraians de la ville de Saint-Jehan d'Angeli et de toute..... mande que tantost vistes les présentes vous venez appatisser à moy à Bouteville..... que vous avez priz pâti de Tailhebourg, faciez..... pâti de moy par nulh home qui soit ; et est mandement..... à iii ou iiii homes des plus suffizans..... sachez que monsieur le captal et moy.....

---

[1] Ce « palis de bois » était une palissade fermant une brèche ; « biains » se dit encore en Saintonge pour corvée.

Souz mon propre scel, le xxie jour d'avrilh l'an mil ccc iiii{xx}...

C'est le papier de la segonde mairie de Pierre Coutelier, sage en droit, et fut maire..... le xxe jour de mars l'an mil ccc iiii{xx} et huit.

ESCHEVINS

Sire Bernart de Marteaux le jeune.
— Bernart Tronquière.
Pierre de La Sale.
Robert Le Mère.
Huguet Chopin.
Jehan Bidaut.
Raymond Queu.
Aymery Piet.
Berthomé Marquis.

CONSEILS

Loys Bidau.
Regnaud Daguenaut.
Bernard Bidaut.
Jehan de Capcheu.
Jehan Chauveau.
Jehan Blanc.
Pérotin de La Barrière.
Pierre Delavau.
Joffre Guaiart.
Thomas Boulhait.
Le... mars 1388.

Jehan Boueron.
Bouteville.
Jehan Grain.

PAIRS [1]

. . . .

Jehan Payen.
Pierre Lucas.
Mayet de Belestre.
Jehan Raber.
André Raber.
Jehan Ayraut.
Loys Danya.
Pierre Recommandeur.
Jehan Savater.
Gillet Michea.
Bilhaut.
Arn. Amoiny.
Ph. Mareschal.
Guil. de Villers.
Bilhebaut.
Gaignemiche.

..... fait aproche et assemble de ses jurés... c'est à savoir sire Bernart de Marteaux..... sur le fait d'aler pardevers monseigneur de Berry à Poitiers..... roy, nostre sire, qu'il envoiet

---

1. Onze noms sont complètement illisibles.

audit monseigneur de Berry, pour nous fère... estre quittes de l'alée d'Espagne et de celle qui est pour la venue du duc de Lancastre [1]. Les quieulx sont d'assentement que monsieur le maire y ailhet pour faire poursuytes devers monseigneur de Berry, et que l'on li bailhet chevance pour y aler..... laquelle chevance sera empruntée sur la tailhée du fouage.....

Mézée tenue par monsieur le maire le... jour d'avrilh l'an mil ccc iiii^{xx} et six. (*Présents, 51 membres du corps de ville*).

Les quieux font leurs procureurs généraux et en toutes choses et causes appartenant à la commune les personnes cy dessoubs escriptes, c'est assavoir: Berthomé Marquis, Thomas Laurens, Aimery Alenet, Jehan Doriole, Pierre de La..., Jehan..., Jehan de Capcheu, Reynaut Daguenaut, Loys Daniat, Pierre... Hélie..., Guillaume Mehé, Jehan Mehé, Guillaume Garnier, Pierre du Meslier....., en toutes et chascunes leurs causes appartenant à ladite commune et leur donnent plain pouvoir de demander et deffendre et de faire toutes et chascunes les choses et la présente relacion sous l'obligacion des bien de ladite commune.

Font leurs procureurs en parlement du roy nostre sire, maistre Laurens Lamy, Pierre Soulart, Jehan de Betizi, Jehan Laignel, Jehan Papinot, Jehan Rabateau, Thomas Laurens et plusieurs autres, auxquels ils donnent pouvoir et en outre de substituer.

Ont ordené procureur Jehan de Capcheu, auquel ils donnent plain pouvoir de poursuivre, demander et requerre délivrance et recréance des hommes de la commune et de appe-

---

[1]. Une armée française, sous le commandement d'Olivier du Guesclin et du duc de Bourbon, était passée en Espagne en 1387 pour défendre contre les Anglais le roi de Castille, Jean Ier. La venue du duc de Lancastre doit s'entendre de sa retraite ; à la suite d'une campagne désastreuse, il était revenu en Aquitaine, à l'automne de l'année 1387.

ler à fère toutes les chouses que bon procureur puet et deut fère et relever sous mesme obligacion.

Ont ordené en la compagnie de sire Bernart de Marteaux le jeune, Jehan Bidaut et Jehan Garin, pour faire le taux de ceulx qui ont presté leur argent pour la délivrance de Tailhebourg et leur fère paier selon qu'il sera receu, à chescun par telle partie qu'il sera receu et qu'il ont presté.

Sont d'assentement que Jehan Boueron l'ayné garde ceste année le grant seel de la commune et a promis et juré.

..... de l'argent que les bonnes gens ont presté pour la délivrance de Tailhebourg[1], doit estre ordené le fouage que sur celuy argent soit faite la chevance... Laurens leur fouage premier ordené, et que la chevance soit mise sur le demourant et quant la poursuite sera fète, sur la revenue de ce qui sera empetré du premier venant sera paié.

Sont d'assentement que Jehan Boueron l'ayné, Jehan Raoul aient regart sur toutes... chars et sur les poissons, et ont fait serment de le fère bien et loialment, et raporter les amandes que y trouveront ;

Que Mayet de Belestre aiet le regart sur toutes manières de cuirs et de soulers ;

Que monsieur le maire puisset mètre gens ordenez sur toutes autres manières de danrées et marchandises ;

Que les dix livres que Reynol Espissier a mis par le temps des deux mayries de sire Bernart de Marteaux le jeune pour paier les guaix en lieu de céans, qui ont défailhi et qui sont morts, soient prises en compte et à luy satisffait de ladite somme sur la reste dehue à la ville d'icelui temps.

Ils ont ottroié quiptance à Bernart de Marteaux le jeune des comptes qu'il a rendu des mises et receptes faites pour lesdiz faiz de la commune et de la réparacion du temps de ses deux mairies dernières.

---

1. Taillebourg, que nous avons vu aux mains des Anglais, avait été repris en 1385 par le duc de Bourbon.

Mézée tenue le dernier jour de julhet l'an mil ccc iiii^{xx} et huyt. (*Présents, 25 membres du corps de ville*).

Lesquieulx sont d'assentement que l'on satisffacet Thomas Laurens de ce qu'il a mis pour ceste ville à empétrer les grâces du roi comme estre quiptes du passage d'Espagne, de la venue du duc de Lancastre et du pavage et plusieurs autres choses.

Ont ordené compteurs à Berthomé Marquis du temps de ceste présente année qu'il a esté maistre des euvres et réparacions de ceste ville, c'est assavoir : Robert Le Mère, Jehan Bidau, lesquieulx ont fait serment.

Il est ordené que Pierre de La Sale soit en demoure de ceste année maistre desdites euvres et reparacions, et a fait serment de le faire bien et profitablement.

*
* *

Mézée tenue le xxvie jour de février de l'an mil ccc iiii^{xx} et huyt.

Ils ont fait, consenti, ordené et establi ledit sire Bernart [Tronquière] leur procureur, pour donner et recevoir les divers noms, accions, debtes et autres chouses, appartenant à la ville et... examiner les... que le roy, nostre sire, que Dieu absolve, donna à ceste ville ; et donner bonne quittance de ce qu'il recevra et faire toutes autres choses que bonne pourpensera.

Sont d'assentement que ledit sire Bernart ailhet devers le roy, nostre sire, pour avoir rémission des fouages, tailhé et autres choses cy-dessuz nommeez, et aussi pour faire confirmer les privilèges de ladite commune ;

Que Berthomé Marquis aiet quiptance du temps qu'il a esté maistre des euvres et réparacions de ceste ville, qu'il a fait faire durant le temps de son gouvernement pour ce qu'il l'a fait bien et lehaument, si comme appert par son compte rendu par luy à Robinet Le Mère, Jehan Bidaut et Jehan Gairin, lesquieulx avoient esté ordené oyr ledit compte et l'ont raporté aujourduy en plénière mézée.

* * *

A tous ceulz qui ces présentes lètres verront et orront, Pierre Coutelier, maire de la ville de Saint-Jehan d'Angéli, les eschevins, conseillers, pers de la commune de ladite ville, salut. Sachent tous que, comme le XXIe jour du mois de février l'an mil ccc iiii^{xx} et sept, sur advis et délibéracion eue et prise en pleinière mésée, Berthomé Marquis a esté establi et ordené à fère faire les heuvres et réparacions de ladite ville, de défendre et recevoir des revenues et prouffiz de ladite ville appartenant ausdites heuvres et réparacions, pour icelles fère et continuer aux gaiges de vint et cinq souls pour mois, si comme de ce puet apparoir par les lètres données et accordées sur ce, et il soit ainssi que, au jour duy XXIe jour de février jusques en la fin du mois d'aoust ensuivant, ledit Berthomé ait vaqué et entendu au fait desdites heuvres et réparacions pour en fère faire ce qui a esté advisé plus nécessaire, c'est assavoir de fère faire de [ourneaux?] et de careaux la bresche où le mur estoit fondu tout à net, entre le portal de Nyort et la tour quarrée, au dessus de l'églize Nostre-Dame, et semblablement fère faire de [ourneaux] et de careaux la bresche où estoit le mur fondu tout net, entre ladite tour quarrée et la tour qui fait ce coing en icelle partie, appellée la tour ronde, et aussi de fère faire autres menues heuvres et réparacions qui ont esté advisées estre faites nécessairement, pour lesquelles heuvres et réparacions fère et pour ses gages, ledit Berthomé a pris et receu desdites revenues appartenant à icelles heuvres et réparacions la somme de cinquante-six livres doze sols dix deniers tournois, laquelle somme il avoit employée et quiptée au fait des heuvres et réparacions dessus dites, et en plusieurs chouses nécessaires pour la fasson d'icelles heuvres et réparacions, et en paiement desdiz gages, si comme par son compte qu'il a fait et rendu à Robert Le Mayre, Jehan Bidaut et Jehan Garin, qui y ont esté commis et ordenés par nous, et qui nous ont aujourduy fait le raport en plainière mézée, est apparu, et pour ce lesdites heuvres et réparacions estre bien faites et nécessairement, nous nous tenons contens; et, pour tant comme il nous touchet, quittons ledit Berthomé, ses hers et bien tenant à ladite somme de LVI *livres* XII *souls* X *deniers tournois* par lui paiée et receue, si comme dessuz est dit, et tous autres à qui il appartiendra comme bien et dhuement employée et convertie esdites heuvres et réparacions et eu ses diz gages, laquelle somme nous voulons que soit allouée aus fermiers et receveurs desdites revenues et rebatu de leur ferme ou recepte sans contredit. Donné et fait en plénière mézée tenue le sain de ladite commune sonné, en laquelle estoient: sire Bernart Tronquière, sire Bernart de Marteaux le jeune, Robert Le Mayre, Pierre de La Sale, Jehan Bidaut, Jehan Guarin, Jehan Boueron, Jehan Chauveau, Pierre de La Barrière, Pierre Garnier, Guillaume Seguin, Jehan Pastourea, Jehan Dorliens, Arnaut de Chemilhac, Guillaume Grant, Jehan Payen, Guillaume Bouteville, Geoffroy Guaiart, Pierre Amouroux et plusieurs autres. Le vendredi XXVIe jour de février l'an mil CCC IIII^{xx} et huit.

MÉZÉE tenue le segond jour d'avrilh l'an mil CCC IIII^{xx} et huit. (*Présents, 30 membres du corps de ville*).

Les quieux sont d'assentement que l'on traitet ô le prieur de Tonnay-Voutonne de la rente qu'il demandoit sur les molins de Tonnay-Voutonne, et que l'on pringet ô ledit prieur le meilheur taux que l'on pourra et au meilhour marché, jusques à XX et XXV livres, ou ce que l'on verra que à fère sera ;

Que l'on bailhet perpétuellement à vint sous de rente la maison qui se tient à la porte de Tailhebourg à (*blanc*), masson, qui la veult prendre perpétuellement et que l'on le donne bonnes lètres de la commune à li garantir perpétuellement;

Que les maires qui, par le temps à venir seront, ne puissent mètre aucun home en commune sans l'assentement du commun, et que il soit receu en plainière mézée et de l'assentement des assistans en la mézée.

XLV

BB., 12 (1389). — Mairie d'Ambroise de Saumur.

(*Ce registre, à demi pourri par l'humidité, contient à peine quelques passages lisibles*).

Le xve jour d'aoust furent assemblés en l'eschavinage pardavant monsieur le maire pour ce que l'on ne tint mézée par l'absensse de maistre Pierre Coutelier et autres qui n'estoient pas à la ville.....

Jehan André a esté aujourd'uy receu en plénière mésée estre de commun, et a fait serment et a donné à la commune vints souls.

Mésée tenue le   novembre.

... Bidau rendra son compte du pâti qui fut pris avec les Anglois... qu'il occupaient ledit lieu de... gonac et sont commis à oyr ledit compte.....

Sont d'assentement que l'on scellet du grant scel de la commune deux certifficacions come la ville et banlieue n'ont riens paié des aides de Lancastre, d'Espaigne et de....., lesquelles sont cy dedens incorporées.

Sachent tous que nous, Ambroys de Saumur, maire de la ville de Saint-Jean d'Angéli, les eschevins, conseillers et pairs d'icelle, congnoissons et confessons que, de la somme de trois cent cinquante francs restant de la somme de sept cents francs, de quoy ceste ville, chastellenie et ressort de Saint-Jean d'Angéli avoient esté tauxés par cas de l'aide ordenée estre levée au païs de Xaintonge pour le renforcement de l'armée que le roy nostre sire... on royaume de France en l'an mil ccc iiii^{xx} et cinq, il n'a esté aucune chose paiée à Léonard Daniel, receveur des aides pour la guerre en Xaintonge, pour cause de ce que le roy, nostre dit seigneur, a quipté.....

Mézée tenue le xe jour de décembre. (*Présents : Berthomé Marquis, lieutenant de monsieur le sénéchal, et trente-quatres membres du corps de ville*).

Les quieux ont esté d'assentement que l'on facet un aide à chascun pour sa demourance pour bailher à monsieur l'abbé de Saint-Jehan jusques à la somme de lx sous pour aider avoir les lêtres de pardon qui a esté empêtré devers nostre saint père le pape, lequel est à présent [1].

Il est ordené Loïs Daniau estre receveur.....

***

Mézée tenue le viie jour de janvier.

Sont d'assentement que des aides de la recepte de Loïs Daniel soit bailhé à honouré home Me André Gillebert, lieutenant général, pour monsieur le sénéchal pour... de plaisir, courtoysie, grâces, travailhs et services qu'il a fait et fera au proffit de nostre commune, la somme de vint livres.....

Sont d'assentement que l'on facet présent à monsieur Philebert de Nuilhac, prieur d'Aquitaine, frère de monsieur le sénéchal de Xaintonge, à sa venue, de douze groux chappons et de quatre torches de cire jusques à la somme de quatre livres dix souls jusques à c souls.

Mézée tenue le ive jour de février. (*Présents, 25 membres du corps de ville*).

Sont d'assentement que l'on facet présent de vin et d'espices jusques au pris de vint souls à noble seigneur monsieur Arnoul de Paiseaux, maistre d'ostel du roy nostre sire, lequel va à Bourdeaux pour le roy nostre sire.

---

1. Girard d'Orfeuille, abbé de Saint-Jean d'Angély en 1390. Le pape était Clément VII (à Avignon).

Mézée tenue le xviiie jour de mars. (*Présents, 33 membres du corps de ville*).

Sont d'assentement que l'on pringet la somme de vint livres de la revenue du souchet, pour envoier en France devers le roy nostre sire pour empétrer de la grâce du roy... partie des aides de la ville et chastellenie... aussi pour nous aider à paier les pâtis.....

Ils ont agréable l'assignacion que monsieur le maire a faicte aux Anglois sur ces vilages... l'argent de leur pâti...

Sont d'assentement que les lêtres come Loïs Daniel est receveur et procureur de la ville pour recevoir l'argent des vilages de la tailhée faits pour abatre les xxviiis nd soit scellées du sceel double de la commune et celle de xx livres qui furent données à maistre André Gillebert...

Sont d'assentement que l'on facet présent de vin et d'espèces jusques à la somme de vint souls à monsieur Arnault Tuscan, et à un autre chevalier et à deux escuyers, qui sont de l'ostel du roy nostre sire, les quieulx sont venus pèlerins de monsieur saint Jacques.

Commune. — Jehan Marguyre, dit Dirilhon, entré en commune le xie jour de mars, et ne doit riens pour ce qu'il garde le port de Taunay.

Mériot Rustevin entra en commune ledit jour et li fut donné l'entrée par amour de Bernart Fradin, souz-maire.

Sachent tous que nous, Ambrois de Saumur, maire de la ville et commune de Saint-Jehan d'Angéli, les eschevins, conseilhers et pairs d'icelle, congnoissons et confessons que, de la somme de trois cent cinquante francs restant de la somme de sept cents francs, de quoy la ville, chastellenie et ressort de Saint-Jehan d'Angéli avoit été tauxée pour cause de l'aide ordenée estre levée on païs de Xaintonge pour le renforcement de l'armée que le roy nostre sire... on royaulme de France, l'an mil ccc iiii^{xx} et cinq, il n'a esté aulcune chose paiée à Léonart Daniel, receveur des aydes pour la guerre en Xaintonge, pour ce que le roy nostre dit seigneur dequipta.....

Le xxxe jour de décembre.

Copie. A mon chier et honouré frère, monsieur Flourimont de Cuyse.

Chier et honouré frère, vulhez savoir que, la nuyt de ceste feste de noël, aucunes gens de Saint-Jehan d'Angéli sont venuz à Bouteville et ont brisé les portes d'une maison où le bestyaire de ladite ville de Saint-Jehan d'Angéli estoit, lequel avoit esté pris par marque raisonable, et en ont emblé une partie dudit bestyaire, laquéle chose nous semblet que soit contre la teneur des créances; si vous prie et requiers que vostre plaisir soit de mètre à vostre main et en estre bien asseuré... et que tous autres y prendront exemple... Tenez mal contens des gens de Saint-Jehan d'Angéli. . . . .

Escript à Saint-Jehan d'Angéli, le xxxe jour de décembre.

FLOURIMONT DE CUYSE.

Au jour duy, en présence de honouré maistre Pierre Coutelier, lieutenant de monsieur le sénéschal de Xaintonge, sire Bernart de Marteaux le jeune, etc., Pierre Garnier a fait à monsieur le maire le serment de fair courratier du vin, et a juré aux sains... évangiles... faire et... ledit office bien et loialment au proffit et honneur de la ville, des marchants et de païs.

Le xvie jour de mars.

De la demande de Jehanne Chauvelle, feme de Guillaume Fortet, contre Jehanne Meslier, feme de Jehan Chauvea, sur ce que ladite Chauvelle demandoit à ladite Meslier certain argent qu'elle li avoit presté, c'est assavoir vi frans et un roiau, et audit Jean, seigneur de ladite Meslier, xxii souls vi deniers; a dit, ladite Jehanne, que elle estoit en pouvoir de seigneur, et que elle ne respondroit point, disant monsieur le maire qu'il y devoit respondre pour ce qu'elle estoit marchande, et qu'elle mesme bailla ledit argent dont elle a confessé avoir eu iiii livres, et requéroit qu'il paiesse le surplus, et que sur ce li fust fait droit. A dit, ledit monsieur le maire, par droit que il li devoit respondre pour la cause dessus dite, de laquelle chose ils ont appellé.

Est condepné de son consentement Guillaume Roilhe, bourgeois, payer et rendre dedens vii jours prochain venant à... dit de La Benaste, sept livres dix souls bonne monnoie courante, pour cause de vendicion d'un cheval bayart antier.....

XLVI

1389 (n. s.), 7 mars. Lettres patentes du roi Charles VI accordant aux habitants de Saint-Jean d'Angély remise des arrérages qu'ils devaient sur les aides de guerre. — *Original sur parchemin, sceau enlevé. CCIV, f. 3.*

Charles, par la grâce de Dieu roy de France, à noz amez et féaulx les généraulx, conseillers et pairs sur le fait des aides de la guerre, salut et dileccion. Oye humble supplicacion de noz amez les maire, bourgeois et habitans de nostre ville de Saint-Jehan d'Angély et de la chastellenie et ressort d'icelle, contenant que, comme pour le rabat et aquit de six deniers pour livre de l'imposicion de dix-huit deniers pour livre et de vint frans pour muy de sel, lesquelz marc et acquit par nous leur ont esté faiz, certaine taille ait esté ordonnée estre levée et cueillie sur lesdiz supplians, à cause de laquelle ils nous doivent et sont tenuz en dix-huit cens livres tournois, et aussi les habitans de ladite chastellenie et ressort à cause d'une autre taille piéçà par nous mise et imposée pour l'armée que nous envoiasmes on pays de Castille, nous soient tenus en la somme de cinq cens frans et en autre cinq cens frans de reste d'une autre taille sur eulx imposée pour l'enforcement des frontières de nostre duché de Guienne et pour résister à l'entreprise du duc de Lencastre ; toutevoies, lesdiz supplians qui n'ont bonement de quoy vivre ne d'où paier les raençons à pâtis qu'il leur convient faire avec nos ennemiz qui occupent les lieux de Bouteville et de Mortaigne et autres qui chascun jour les marquent et font guerre, ni de quoy faire réparer les portaulx, tours et murs, ni faire les autres réparacions nécessaires en icelle ville, de laquelle est depuis demy an en ça fondue la longueur de plus de deux cents toises de murailles, et s'en sont départis puis trois mois en ça pour aler demourer ès lieux èsquelles lesdites aides n'ont point du cours plus de six vint personnes, et s'en vont de jour en jour et ne nous poroient paier aucunement les restes et sommes dessus dites, ainçois pour leur non puissance les conviendroit vuider le pays et laissier ladite ville, et les autres du pays d'environ lesquelz seroient par ainsi en péril d'estre occupez par nos diz ennemis que jà n'aviez ne se par nous ne leur soit sur ce impartie nostre grâce ainsi qu'ilz dient impétrans ycelle avoir; nous, en regart aus choses dessus dites et pour certaines autres causes et considéracions qui à ce nous meuvent, à iceulx supplians, on dit cas, avons quitté, remiz et donné, donnons, quittons et remettons de grâce espécial par ces présentes les restes et sommes dessus dites à nous ainsi deues que dist est, comme semblablement fait avons nagaires aus habitans de la ville et chastellenie et ressort de Xaintes. Si vous mandons que de nostre présente grâce, rémission, don et octroy, laissiez, faites et souffriez joir et user paisiblement iceulx supplians, sans pour cause d'icelles restes les empeschier, traveillier, molester ou souffrir estre molestiez, travailliez ou empeschiez en corps et en biens en aucune manière au contraire; mais si leurs corps ou aucuns de leurs biens estoient, pour cause de ce priz, saisiz, levez ou empeschez, les leur mectiez ou faites mectre sans délay à plaine délivrance et par rapportant ces présentes ou vidimus d'icelles soubz scel roial, nous voulons lesdites sommes et restes estre allouées à comptes et déduites à la recepte ou receptes du receveur ou receveurs sur ce ordonnez et commiz par nos amez et féaulx les gens de nos comptes à Paris sans contradicion aucune, nonobstant ordonnances, mandemens et dispenses à ce contraires. Donné à Paris le viie jour de mars l'an de grâce mil trois cens quatre-vingt et huit et de nostre règne le neuvième, sous nostre seel donné en l'absence du grand.

A requestes du mandement du roy tenue par monseigneur le duc de Touraine, l'évesque de Noyon, messire Pierre de Giac, le vicomte de Mescun, messire Guillaume des Bordes, messire Jehan Le Mercier, maistre Odart de Moulins et plusieurs autres présens.

P. Manhac.

(*Pièce annexée*). De par les généraulx conseillers, conseillers sur le fait des aides pour la guerre, esleuz et receuz sur le fait desdits aides en Xaintonge, accomplissez le contenu ès lètres du roy nostre sire ausquelles ces présentes sont attachées soubz uns de nos seings faisant mencion du maire et habitans de Saint-Jehan d'Angéli et de la chastellenie et ressort d'icelle, tout par la fourme et manière que le roy nostre dit seigneur l'a mandé par lesdites lètres. Donné à Paris le xxixe jour de mars l'an mil ccc iiii^{xx} et neuf. (*Deux sceaux enlevés*).

XLVII

(*1390*). — *BB, 13.*

(*Les premiers feuillets de ce registre ont été enlevés*).
Mésée tenue le... (avril 1390)...

Les quieulx sont d'assentement que Jehan Chauvea, fils de Jehan Chauvea, amasset le pâti de Mortaigne, et aura de salaires pour li et pour sergens nommez à ce pour tout l'an doze livres, et à ce fère bien et loialment Jehan Chauvea, son dit père, l'a applegé pour la somme que son dit fils recevra, et ne sera tenu de bailher l'argent de sa recepte fors que à Pérotin de La Barrière, collecteur du pâti, duquel il prendra quiptance des paiemens qu'il li fera.

Come l'on ait priz le pâti ò les Anglais de Mortaigne, sont d'assentement leur en donner l'obligacion de la ville tout scellée, du seel de la commune par la manière que autreffois.

Que l'on facet une tailhée sur tous ceulz de la ville et banlieue oultre les taux des pâtis, pour paier les restes que l'on doit aux Anglois de Bouteville et de Mortaigne, et desquels ils ont priz marque ; et sont ordenés à fère le taux Gieffroy Guaiart, Pierre Graner, Jehan Raoult, Jehan Raber et Jehan Roussea, ou partie d'eulz ;

Que l'on facet la garde-porte par VII et le regait de XV, et sont ordenés à fère la ordonance de la garde-porte Jehan Bidault, Guillaume Giraut, et se mètre en l'ordenance de monsieur le maire des gardes qui iront en sa compagnie armez jour et nuit durant le moys de may et de jung, et sera priz l'argent pour les paier sur le souchet.

Ont fait mestre des euvres et des réparacions de la ville pour ceste année Hugues de Cumont, et li ont donné povoir de recevoir les droits appartenant aux euvres et à la commune, lequel a fait serment de le fère bien et loialment, et aura par an de gaiges dix livres.

Volent que l'on poursuive contre Gieffroy Michea, ce de quoy il a pris pour maistre et pour faire la palene et... de la ville et qu'il soit poursuyvi aux despens de la ville.

Ordenent souz-maire Bernart Fradin, et sergens André Oger et Guillaume Bilhon, lesquels ont fait serment et aussi resser- cher... par jour et par nuyt, et iront sur les murs... les gaix l'un le soir, l'autre le matin, et auront chascun de gages cent souls par an.

Ont fait leur procureurs en parlement...

Que monsieur le maire pourchasset les privilèges de la commune vers tous ceulz qui les ont et aussi les veilh papier des maires [1] et qu'il soient mis ensemet ou coffre de la commune et l'on bailhe par inventaire.

Volent que Loys Daniel amasset la taillée de XX deniers pour livre, laquelle il a commencé à amasser.

Ont bailhé en garde à Pierre de La Sale le grand contre-scel de la commune pour ceste année, lequel a fait bon serment que

---

1. Cette prescription prouve qu'à cette date les archives municipales n'étaient pas régulièrement conservées.

il ne scellera rien qui ne soit passé et accordé en la commune.

Ont ordené compteurs à sire Ambrois de Saumur et à Pierre Garner et à tous autres qui doyvent rendre compte de l'an passé: c'est assavoir Pierre de La Sale, Jehan de La Benaste, Hélie Boueron et Jehan Dorliens.

Ont ordené escripre au roy nostre sire, à nos seigneurs de France de la pauvreté de la ville et aussi dont les vignes sont gelées, et des prises que font les Anglois pour les marques et les supplier.

Ont ordené Jehan Boueron l'ayné et Jehan Raoul regardeurs sur les chars.

Que Pierre du Meslier et ses parsoners aict quittance générale de la ferme du souchet et entrées de ville parmy ce qu'il monstre les autres quittances particulières et de la somme de quoy elles feront mencion.

Le XVIe jour d'avrilh, l'an mil ccc iiii^{xx} et dix, furent mises les fermes du souchet et entrées de ville en vesite à commencer dès le ve jour dudit mois d'avrilh jusques à... et ne sera aucune chose déduyte ne rebatue pour vesinage de guerre, feu, ne autre accident, mes paiera toute la somme entièrement, et fu alumé la chandelle.

S'ensuyt les affermeurs: Estène Brun, six vint livres; Pierre Baguenon, huit vint livres.

Mis à duy en huit jours à heure de relevée, pour ce que il est petit offre, auquel jour seront baillées et mises en vente à la chandelle et livrées au plus offrant et dernier enchérisseur sans autre délay.

Le XXVe jour d'avrilh, sont mise en vente à comancer, dès le jour duy jusques à un an, les fermes du souchet et entrées de ville, et ne sera aucune chose déduyte, etc. *(comme ci-dessus)*. Pierre Baguenon l'a mis à huit vins livres; Hélie du Verger, neuf vint dix livres; Pierre Baguenon, neuf vint quinze livres.

Héliot du Verger à deux cens livres, auquel a esté livré

emprès la chandelle faillhie, par le conseilh, advis et opinion de sire Bernart Tronquière, sire Bernart de Marteaux le jeune, Guillaume de Sauvetère, Pierre de La Sale, Jehan Fereigues, Aymery Piet, Raymond Queu, Gieffroy Guaiart, Robert Le Maire, Jehan de La Benaste, Naudon Boueron, Jehan Mehé, Ambrois Fradin, Pierre du Meslier, Jehan Payen, Jehan de Poristerain, Jehan de Lumond, Jehan des Places, Laurens Masson et plusieurs autres.

Le x⁰ jour de may. Hélie du Verger, demourant à Saint-Jehan d'Angéli, confesse devoir au maire, commune et... d'icelle la somme de deux cens livres tournois pour cause de la ferme du souchet et des entrées de ville qu'il a priz et affermé dudit maire pour un an commançant le xxv⁰ jour du mois d'avrilh dernier passé et finira le xxiv⁰ jour d'avrilh l'an mil ccc iiii^{xx} et onze, laquelle somme de deux cens livres ledit Hélies promet et est tenu paier et rendre audit mayre et procureur ou au porteur de ces présentes lètres par les termes qui s'enssuyvent : c'est assavoir sèze livres onze souls quatre deniers dedens le xxv⁰ jour de cestuy moys de may, et autant par chascun autre mois à venir durant ledit an; et à ce a donné plège pour icelle somme paier et rendre par lesdiz termes Pierre Baguenou, qui se est mis et establi, et chascun d'eulx pour le tout, et obligent leurs biens et leurs corps comme pour les propres debtes du roy nostre sire. Présens et tesmoings : Guillaume de Besse, etc. Le x⁰ jour, etc... Fradin.

Le xvi⁰ jour de may. Aujourduy Gieffroy Guaiart et Pierre de La Vau ont fait monstre à monsieur le mayre, à Loïs Daniel, substitut du procureur du roy nostre sire en Xaintonge, Guillaume Prévost, prévost fermier puis un an en ceste ville, Raymond Queu, Pierre Guarner, André Oger, Loïs Bidau, Branart Bidau, Jourdin Masson et plusieurs autres à l'assiette d'un coiyn de mur d'une maison qu'il font édiffier, tenant à la maison de Pierre Garner, en la rue des Arbergemens, les quieulx ont dit qu'il leur semblet par leur bon avis que ladite assiète dudit mur est bien et loialment prise et édiffiée, sans fère tort ne préjudice au roy nostre sire, ne à autre, ne à ladite rue, et ce ils ont tesmoigné.

Mésée tenue le vendredi xx⁰ jour de may l'an mil ccc iiii^xx et dix. (*Présents 41 membres du corps de ville*).

Les quieulx sont d'opinion que messieurs le mayre et lieutenant pourront ordener qui lèvera la tailhée des restes qui qui sont deues aux Anglois pour les marques et autres choses oultre les pàtis;

Que Hélies du Vergier, fermier du souchet et entrées de ville, bailhet au lieutenant de monsieur le séneschal pour l'exéqution de faire lever, ledit fermeur, six livres pour le scel et cinq souls pour la quittance; et l'on le li rebatra de sa ferme;

Que le reste de la tailhée que levet Loïs Daniel soit bailhé et donné au chastelain de ceste ville et au lieutenant de monsieur le séneschal six livres, lesquelles li seront rebatues de sa recepte;

Que l'on facet plaisir et que l'on donnet présent aux Anglois de Bouteville et de Mortaigne, quand il vindront en ceste ville, et ce sera fait par la main de Pierre de La Barrière, et par le conseilh et comandement de monsieur le mayre;

Que l'on pringet le meilheur conseilh que l'on pourra trouver et poursuyvre contre le mandement de monsieur l'évesque de Xaintes qui veult mètre fabriqueurs des gens, et aux despens de ceste ville, en l'église monsieur Saint-Jehan, laquelle chose ne fut onques faite ne acostumée, et que la poursuite soit aux despens communs.

Mésée tenue le x⁰ jour de juing l'an mil ccc iiii^xx et dix. (*Présents 23 membres du corps de ville*).

Sont d'assentement que monsieur le mayre aye six compaignons armés en sa compaignie pour aler par la ville jour et nuit la veilhe et le jour et lendemain de la feste Saint-Jehan, pour cause du peuple qui vindra en la ville, pour garder des noizes et riotes qui s'en pourront ensuyvre, et qu'il soient paiez sur la revenue du souchet pour ce que c'est garde de ville;

Que l'on facet lever la tailhée pour paier les restes deues aux Anglois, et que monsieur le mayre y ordenait livreurs et amasseurs à sa volonté ;

Que Berthomé Marquis ayet la somme de cinquante livres pour son salaire, dont il a esté en France pour la ville [impétrer], IIII^c frans qu'il a obtenu pour la réparacion de la ville. Des quieux L livres il a eu xx livres pour faire ledit voyage, et les quieux xxx livres li seront paiez par tierce partie : c'est assavoir à chascun terme que l'on recevra des deniers qui seront assignés sur le receveur, le tiers, et sera tenu ledit Berthomé faire avoir nouvelle vériffciacion des lètres, si nécessité est, à ses despens.

MÉSÉE tenue par monsieur le mayre, le xxixe jour de julhet l'an mil ccc III^{xx} et dix.

Les quieulx sont d'assentement que l'on envoiet obligacion à ceulz de Bouteville du pàti nouvea comencé à la feste Saint-Jehan dernier passé, par la manière que autreffois l'on a fait et bailhé, et en oultre que l'on amasset la tailhée des restes des pàtis par la manière qu'elle est ordenée par avant, et aussi faire la tailhée pour le pàti de Bouteville comme à la Saint-Jehan derrière passée ;

Que l'on facet la garde-porte par vii, et que l'on obéisset à fère les guaits, reguaits et autres bonnes gardes pour la ville garder ;

Que Berthomé Marquis, pour tout son salaire d'avoir esté en France empétrer les quatre cens frans pour la réparacion de la ville, [aiet] LX frans, desquieux il eut xx frans quant il ala en France, et les XL livres qui restent volent que ledit Berthomé soit paié à cest premier terme qui monte six vins treize livres six souls huit deniers, ledit Berthomé ait xxxiii livres iii souls iv deniers et le demourant à l'autre premier terme et paiement ; et que l'on donget bonne descharge d'icelle somme au receveur de la ville.

Ils sont d'assentement que l'on pringet ò le prieur de Tounay-Voutonne la meilheure composicion de la rente qui lui est deue à cause des molins de Tonnay-Voutonne à la somme de vint et cinq livres de rente parmy ce que l'on soit quipte des arrérages et que l'on ait bonne quittance de son abbaïe et couvent, et sur ce seront faites lètres les meilheurs et par le meilheur conseil que l'on pourra, et que l'on recouvret dudit prieur les lètres anciennes faisant mencion de cinquante et cinq livres de rente que ledit prieur et ses prédécesseurs avoient sur lesdiz molins.

Copie. — A touz ceulz qui ces présentes lètres verront et orront, Bernart Tronquière, maire de la ville Saint-Jehan d'Angéli, etc., salut. Comme Berthomé Marquis, nostre bourgeois, ait esté en France devers le roy nostre sire, pour le fait de la ville et par nostre consentement, affin d'avoir et pourchasser aucun bien au prouffit de ladite ville, et il soit ainssi que ledit Berthomé ait empétré et obtenu devers le roy nostre sire et son noble conseilh la somme de quatre cens livres pour estre mise et emploiée à la réparacion et fortiffication de ladite ville, lesquelles dites iiiie livres sont assignées à estre prises sur Lionart Daniel, receveur des aides en Xaintonge, à trois termes... auquel pourchaz ledit Berthomé a vacqué tout le mois d'avrilh dernier passé et partie du mois de may, en suite de quoy il nous demandoit grant salaire pour son travailh et son dit exploit, si nous faisons que, oultre la somme de vint livres qui furent bailhées audit Berthomé pour la despense dudit voiage, le salaire dudit Berthomé a esté ce jour duy tauxé et ordené de nostre volunté et dudit Berthomé à la somme de quarante livres, lesquelles ledit Berthomé prendra... (*Suit l'indication des termes*). Ce fut fait et donné en plénière mésée le xxixe jour de julhet l'an mil ccc iiiixx et dix.

Copies. — Sachent tous que nous, Bernart Tronquière, maire, etc., certiffions à touz à qui il appartiendra, que de la somme de cinq cens livres tournois à quoy la chastellenie et ressort de Saint-Jehan fut imposé pour cause de l'ayde ou tailhée ordenée par le roy nostre sire, estre levée on païs de Xainlonge pour résister à l'entreprise du duc de Lancastre, et pour le ramforcement des frontières de Guyenne, n'a esté aucune chose paiée à Liénard Daniel, receveur général des aides ordinaires pour la guerre en Xainlonge, pour cause de ce que le roy nostre sire a quitté et remis tout ce en quoy les habitans de ladite ville, chastellenie et ressort ont esté tauxés pour cause dudit aide ou tailhe, dont on joy desdites grâces ou don; ainsi fait par la fourme et manière que le roy nostre sire l'a octroié, en tesmoing de ces présentes scellées du scel de ladite commune. Donné le pénultiesme jour de julhet l'an mil ccc iiii^{xx} et dix.

Sachent tous que nous, Bernart Tronquière, maire, etc., certiffions... que desdites deux cens cinquante livres tournois à quoy ladite ville et banlieue de Saint-Jehan fut impousée... n'a aucune chose esté paiée, etc. *(comme ci-dessus).* Donné le pénultiesme jour de julhet l'an mil ccc iiii^{xx} et dix.

Sachent tous que nous, Bernart Tronquière, maire, etc., certiffions... que de la somme de deux cens cinquante livres tournois ausquelles la ville et la banlieue de Saint-Jean d'Angéli fut impousée pour cause de l'aide ou tailhe ordenée par le roy nostre sire estre levée on païs de Xainlonge pour l'armée envoiée on roiaume d'Espaigne en l'an mil ccc iiii^{xx} et sept, n'a esté aucune chose paiée à Liénart Daniel *(comme ci-dessus).* Du même jour.

(Même certificat en ce qui concerne l'imposition de 500 livres tournois établie sur la châtellenie et le ressort de Saint-Jean d'Angély pour le passage de l'armée d'Espagne).

Copie. — Sachent tous que nous, Bernart de Marteaux, maire, etc., certiffions à touz à qui il appartiendra, que les paroisses et lieux cy emprés nommez sont de la banlieue de ladite ville Saint-Jehan : c'est assavoir le paroisse de Ternant, la paroisse de Voissay jusques à La Roche, la paroisse de Bignay, la paroisse de Mazeray, la paroisse de Fenioux jusques au chemin qui vait des Bégaudières à Longevillé, la paroisse d'Asnières, la paroisse de Fontané, la paroisse de Saint-Julien, la paroisse de Varèze, la paroisse de Poursay, la paroisse d'Entezant, la paroisse de Saint-Bardoul, la paroisse de La Chapelle, la paroisse du Pin, la terre du chambellain de La Fayolle en la paroisse de Lozay toutefois v ou vi feux, la paroisse de Landes, la paroisse de Torxé et partie de celle de Chantemerle, la paroisse de Mioussay [1], en tesmoing de ces présentes, seellé du seel de ladite commune. Donné le iie jour d'aoust l'an mil ccc iiiɪxx et dix.

Mésée tenue le xxviᵉ jour d'aoust. *(Présents 24 membres du corps de ville).*

Que l'on facet le taux de la taille du pâti de Bouteville... et que l'on le fasset lever par dizenne ;

Que Raymond Queu oyet touz les comptes du receveur des pâtis et qu'il les visitast bien et loialment, et qu'il reportet les comptes qu'il ténent ;

Que tous obéissent aux gaix et regaix, etc. ;

Que l'on puisset comancer l'estanche dessuz le molin du prieur Saint-Eutrope pour oster l'ayve de la douhe et fère les pons neufs du chastel.

Fut ordené que entresis et la prochaine mézée sera pourveu de quoy les salaires de monsieur le maire et de ses serviciaux seront priz.

(Quittance par le maire, échevins, conseillers et pairs à Léonard Daniel, receveur des aides de guerre en Saintonge, de 133 livres 6 sous 8 deniers pour le premier terme des 400 livres accordées par le roi), « du xxviiᵉ jour d'aoust. »

Le xxviiᵉ jour de septembre.

---

1. Toutes ces paroisses forment aujourd'hui le canton de Saint-Jean d'Angély, sauf Fenioux qui est dans celui de Saint-Savinien, Torxé et Chantemerle dans celui de Tonnay-Boutonne. Mioussay est aujourd'hui dénommé La Vergne. Ne figurent pas dans cette momenclature : Courcelles, Vervant et Les Églises d'Argenteuil.

Au jour duy ont assemblé le peuple de ceste ville pardavant Naudonet Ravel, lieutenant de nosseigneurs les mareschals de France, Agnellet de Laleue, lieutenant de monsieur de Coussi, Estelin de La Folie, receveur de Xaintonge, et plusieurs gens d'armes, escuyers, et de la ville maistre Pierre Coutelier, lieutenant de monsieur le séneschal de Xaintonge, mestre Jehan Rousse, juge des éleuz,[1] Jehan Galerant, sire Bernart de Marteaux le jêne, Jehan Bidau, Jehan de Capceu, Raymond Quen, Pierre Amouroux, Jehan du Four, Hélie du Verger, Estène Brun, Prévost de La Ville, Jehan Chauvea, Guillaume de Cherveaux, Hugues de Cumont, Jehan Coustin, Pierre Le Berton, Jehan Bourcier, Hurot Aimery, Regnaut Daguenaut, Jehan Raoul, P. Fradet, Thomas Boulhart, Hugues Caffin, Guillaume Servent, Jehan Servent, Guillaume Giraut, Jehan Aymery, Pierre Giraut, Guillaume Daguenaut et plusieurs autres gens de la ville et dehors.

En la présence des quieux ont esté d'assentement que l'on levet le taux fait pour le reste du pâti et pour les pâtis en la manière de la modération qui est ordenée.

Mésée tenue le dernier jour de septembre. (*Présents 24 membres du corps de ville*).

Au jour duy monsieur le maire a requis aux gens de la commune de fère paier et amasser le pâti et de la charge les a chargiez, et s'en descharge sur eulx que, on cas qu'il en seroit aucun meffait, il s'en descharget, et de sa requeste a requis instrument à Jehan Blanc, notaire public, et aussi ont requi lesdiz genz instrument qu'il n'en prenet charge fors de ce qu'il pouhent et doyvent fère à leur povoir.

Ont volu que Pierre de La Sale soit et demeuret receveur des pâtis et restes par la manière ordenée par avant.

---

1. L'ordonnance de Charles V donnée à Montargis en novembre 1379, art. 14, établit deux élus par diocèse, résidant dans la ville *capitale et épiscopale;* c'est donc exceptionnellement que nous trouvons dès cette époque des *élus* à Saint-Jean d'Angély.

Ont volu, ordené et sont d'assentement que les despens que l'on a fait pour les aléez faites à Bouteville et à Mortaigne, pour les pâtis et pour les restes, et aussi quant le receveur et les autres Anglois de Bouteville vindrent en ceste ville, que la despense qu'il feront raisonner soit prin aus despens communs, et que Perrotin de La Barrière le facet... et mencion li soit relatée en ses comptes et aussi une coytepainte, un bassin et un chaufflour qui ont esté promiz au receveur de Bouteville, et aussi une espée à Bonin Symon, et à Pierre Marcère la garnisson d'une celle et d'une bride de cheval, et aussi doze frans que coste le mandement de monsieur de Coussy[1] pour fère lever les pâtis et la reste de monsieur le séneschal, seront alloué à compter dudit Perrotin de La Barrière, et aussi les salaires des sergens, procureurs et advocaz, et des autres choses particulières qui seront nécessaires pour faire amasser lesdiz pâtis et reste, soient desduys du compte de Pierre de La Sale, auquel est donné en commandement de les paier, bailher et distribuer.

Sont d'assentement que l'on donget bonne quittance à Liénart Daniel, receveur des aides pour la guerre en Xaintonge, de la somme de six vint livres parmy ce que Aymery Piet en promet paier;

Que monsieur le maire envoiet en France pour faire vériffier la lêtre de grâce que le roy nostre sire a donné à la ville, de IIIIc livres pour la réparacion d'icelle, et qu'il pringet le meilheur marché qu'il pourra o celi qui l'aportera;

Que soit paié x livres à Liénart Daniel, receveur, qui fera fère le paiement desdiz VIxx livres.

Berthomé Marquis, Aymery Piet, Raymond Queu et Ambrois Fradin oyront le compte de ceulz qui ont receu les pâtis et de touz autres.

Mésée tenue le xxve jour de novembre.

---

1. Enguerrand VII de Coucy, maréchal de France. Il avait, en 1380, après la mort de Du Guesclin, refusé la dignité de connétable.

(*Présents 38 membres du corps de ville*).

Au jour duy a gagé l'amande Jehan Engibaut, des enjures et vilaynies qu'il a dit à monsieur le maire, et s'en est mis à l'ordenance de monsieur le mayre et des seigneurs de la commune.

Que l'on donget et facet présent à monsieur le vicomte de Meaux, lieutenant de monsieur de Coucy, quatre pipes de vin, et que soit prise la chevance sur la revenue du souchet, et à icelle sera reconnue ladite somme des autres revenues et choses de la ville;

Que Aimery Seignouret [soit paié] de sexante-six souls huit deniers pour la despense qu'il a faite à la vesite et en chemin de ce qu'il est alé vers le receveur des aides pour nous aider avoir l'argent dudit revenuz;

Que Berthomé Marquis soit paié de ce qui li est deu par son obligacion sur la revenue de ce que bailhera ledit receveur des aides;

Que monsieur le maire et ses serviciaux soient paiés et satisffaiz de leurs salaires de ceste année sur la revenue des IIII^c frans que le roy nostre sire a donné à la ville, et volent satisffaire icelle somme à la réparacion de la ville par les jornées de hommes et de charoys et autres;

Que l'on bailhet à sire Liénart Daniel dix livres tournois, pour son travailh et pour sa diligence de fère vériffier les lètres du roy nostre sire du don qu'il a fait à ceste ville.

Le xxxe jour de décembre.

Au jour duy monsieur le mayre a fait assembler en l'eschavinage à l'eurs de vespres ceuls qui s'ensuyvent (*21 membres du corps de ville*) et plusieurs autres, ausquieulx monsieur le maire signiffia et dist que monsieur le séneschal de Xaintonge venoit, et que aucuns li avoient dit qu'il seroit bon de li fère aucun bon présent, par quoy il nous fust aidans envers le roy nostre sire et autres où nous avons à fère, et qui ne le feroit il s'en pourat courousser pour ce que l'on en a fait à monsieur le vicomte de Meaux, et par ce, lesdiz nommez ont volu, consenti et esté de oppinion et assentement que l'on facet présent audit monsieur le séneschal de quatre pipes de bon vin à prendre sur la chevance du souchet et de quatre cens livres que le roy a donné à la réparacion de ceste ville.

Le xv⁰ jour de décembre.

Au jour duy Estène Brun, prévost de la ville Saint-Jehan pour le roy nostre sire, a amené et présenté à monsieur le maire, en l'eschavinage, un home appellé Bernart Aumosner, lequel a esté priz à Deulh pour la souspesson de larronssin, roberie et meurtre; et à ceste présentacion sont présens les personnes qui s'enssuyvent: maistre Pierre Coutelier, lieutenant de monsieur le séneschal de Xaintonge; Jehan Dorin, escuyer, chastelain de Saint-Jehan; sire Bernart de Marteaux le jeune (*suivent les noms de 26 membres du corps de ville*); Loïs Daniel, substitut du procureur du roy, et plusieurs autres.

Ledit jour, en la présence des dessuz nommez et de plusieurs autres, ledit Bernart Aumosner, priz et amené comme dit est, cognent et confessa sans geyne en plain jugement et sans contrainte que, en l'an passé, environ la feste de noël, et par nuyt, li et un autre appellé Simon Robert, de La Lignate, vindrent à Loulay, et, quant ils furent près des barrières[1] dudit lieu, ledit Aumosner demoura en dehors desdites barrières si comme il dit, et ledit Simon s'en entra par dedens lesdites barrières pour embler certaine drapilhe, et en aporta une coyte, un coissin de plume, une cuverte et trois hussiouls, et si tost comme lesdites choses furent au dehors desdites barrières, ledit Aumosner et ledit Simon les emportarent à La Lignate, en la maison dudit Aumosner, lequel Aumosner vendit de qui à petit temps la coyte et le

---

1. Loulay était une bourgade non fortifiée; les barrières avaient moins pour but la défense que l'éloignement des malfaiteurs qui infestaient la campagne.

coissin à un homme appellé Chastelain, le priz de LXIV souls, et la cuverte et les hussiouls il vendit à un homme, costurier, demourant à Saint-Félix, le prix de x souls : laquelle somme fut divisée par moité entre lesdiz Aumosner et ledit Simon. Et dit que, puis emprès ce fait, question et demande furent faites desdites choses, et que ce en fut faite restitucion à la chambarie du commandeur de Loulay[1], à qui lesdites choses estoient. Et en oultre a cogneu et confessé ledit Aumosner que, bien à trois ans ou plus, que un clerc qui demouroit avecques Pierre Rocher, de Villeneufve, vint à La Croix-Comtesse[2] en la compaignie de Jehanne Hulequine. Auquel lieu de La Croix, Janin Rocher et ledit Aumosner estoient, et parlèrent du maistre dudit clerc qui soustenoit et favorisoit frère Guillaume Faussilhon contre frère Jehan Bouchac qui estoient et sont encore en débat pour cause dudit prieuré ; et lesdiz Rocher et Aumosner soustenoient ledit Boulhac, et pour ce aussi que aucun gens des galois auroient dit jà piessa audit Jehan Rocher et à un homme appelé Petitjean, audit lieu de Deulh, qu'il n'estoit pas à présent temps de camper en leur donnant menasses ; ledit Rocher, sitost qu'il vist ledit clerc, il prist sa lance et d'icelle le naffra par son bras, et quant ledit Aumosner vist aler ledit Rocher contre ledit clerc, il prist sa lance et d'icelle donna si grant cop audit clerc que une pièce de fer qu'il portoit qu'il li mist ladite lance bien deux doys par dedens ladite pièce, sans ce qu'il le blessast, et le geta dudit cop à terre dessuz son cheval. Et puis de qui à un mois ou environ ledit clerc morut, et a oy dire, si comme il dit, ledit Aumosner, au barber de Saint-Estienne qui avoit eu en cure ledit clerc, que icelli clerc ne fust point mort si ne fust que Jehanne Hulequine, fème dudit Pierre Rocher,

---

1. Il s'agit sans doute du commandeur de Courant, dans le canton de Loulay, où existait une ancienne commanderie du temple.
2. Villeneuve et Lacroix-Comtesse, communes du canton de Loulay. Le prieuré de Lacroix-Comtesse, sous le vocable de saint Révérend, dépendait de l'office de chambarier de l'abbaye de Saint-Jean d'Angély.

eut fait oster audit clerc la souris du bras ainxi naffré, et que de la mort dudit clerc lesdiz Aumosner et Jehan Rocher en avoient composé et finé avecques les parens et amis dudit mort. Cogneut et confessa plus ledit Aumosner que, bien aiant neuf ans ou environ, que li et ledit Jehan Rocher furent à prendre et rober ou un texier de Granzay qui venoit du marché de Niort vint souls ; plus cinq ou six souls d'un autre homme qu'il ne congnoist point ; et par les confessions susdites et par les oppinions des dessuz nommez, ledit prévost et substitut, acordons à eulz et à chascun d'eulz délaix requis par leurs amis, conseilz et oppinions. Avons dit audit Aumosner que par sa confession il doit prendre poine corporelle et doit estre pendu.

Le XVIIe jour de septembre.

Au jour duy honnoré homme Me Pierre Coutelier, lieutenant de monsieur le séneschal de Xaintonge, est rendu à monsieur le maire en plain jugement la cognoissance, obéissance et recouvrance de Jehan Buren, filhastre et familier de Hugues Caffin, juré et bourgeois de ladite commune, lequel avoit esté priz la vigilhe de Saint-Jehan dernier passé, par nuyt, au simetière de Saint-Jehan, par Estène Brun, prévost fermer de ladite ville, par souspesson de forssis d'une filhe demourant en l'ostel monsieur Lancellot La Personne, chevalier, seigneur de Varèze, appellée *(en blanc)*, et de ce fut ottroié acte à monsieur le mayre de la court de monsieur le séneschal, estant clerc de ladite court Jehan Blanc ; présens : sire Bernart de Marteas le jeune, sire Guillaume Roilhe, sire Ambrois de Saumur, Berthomé Marquis, Pierre Fradin, Guillaume Prévost, Pierre Le Noir, Berthomé Faure, Loys Daniel et plusieurs autres.

Du XXVIe jour d'avrilh.

Prover doit que li suffira Jehan Chauvea contre Pernelle Villez, feme des Guillaume de Cherveaux, déguerpie de feu Pierre Pignac, que ledit feu Pierre le chargea et le tourna pour vendre les vins qu'il avoit chargé en la compagnie de Jehan Bidau, et des autres marchans qui avoient chargé à celle fois; que les vins furent perdus par les Anglois sur la mer et que ledit Pierre luy promist à paier et satisffaire. Juré de vérité d'une part et d'autre est pour assegné auxdites parties sur la présente produccion à duy en huit jours, et a nommé ledit Jehan Chauvea, Jehan Bidau et monsieur Clémens Escolier, prestre, pour estre ses tesmoings.

Le 1er mai, renvoi à 8 jours; le 11 mai, renvoi à 15 jours; 27 mai, renvoi; 7 juin, renvoi à un mois.

Du xxiie jour de may.

Condampné est, par jugement et de son consentement, Pierre Allenet, paier et rendre à frère Jehan Jouvre, de l'ordre des frères prescheurs, vint souls dedens sept jours prochains, pour cause de trois hones de drap qu'il a eu du sien.

Le viiie jour de jung.

Prover doit que li suffira tant de fait que de confession Katarine Blancharde, déguerpie de feu Garderon Vassot, contre Jehan Vassot, père dudit feu Garderon, que ladite Katarine ou autre pour lie bailha au dit Jehan une pipe de froment, laquelle a donné en mariage [à] Jehan de Monberon, et li en demandit la restitucion et sa couche, et aussi quant ledit Garderon, son feu seigneur, estoit au lit de la mort, il supplia audit Jehan son père que pour les bons et agréables servisses que ladite Katarine, sa feme, li avoit fait, il se vossist consentir que ledit Garderon donnast à sadite feme cent souls, une fois payez, à prendre sur ses biens; lequel Jehan Vassot le vossist et consentit, et li promist rendre et paier. Laquelle chose ledit Vassot lie a nyé, et ladite Katarine après a promis jurer de vérité, et sont assignez soulz la présente produccion à duy en quinze jours.

Le semadi xie jour de julhet.

Ce qui pend en la court de céans entre Katarine, déguerpie de feu Garderon Vassot, contre Jehan Vassot, et dudit Vassot contre ladite Katarine, ont mis au dit et ordenance de Guillaume de Bessé, Berthomé Marquis et Bernart Fradin, ou les deux d'euls fin portant et jour pris à porter plait ou paix à duy en huit jours.

Le xxxe jour de jullet.

Guagea l'amande Jehan Vassot, deschoiti de querelle envers Katarine Blancharde, déguerpie de feu Garderon Vassot.

Ordené est d'assentement des parties que Jehan Vassot payera à Katarine Blancharde, déguerpie de feu Garderon Vassot, fils dudit Jehan, dix et sept boisseaux de froment pour le reste d'une pipe de froment qu'il receut pour le mariage d'elle et dudit feu Garderon, c'est assavoir à la my aoust la moité, et l'autre moité à la septembresche prochaine[1], et en oultre xxv souls par an jusques à deux ans prochains pour la nourriture de son enffant pour quittement.

Le xve jour de décembre.

Condampné est, par jugement et de son consentement, Loïs Bidaut, paier et rendre dedens sept jours prochain venant, à Jehan Peletain, boucher, quinze souls pour le louher de son banc où il a mis le semadi et jour de marchés.

XLVIII

1391. — BB., 14.

Le papier de la mayrie Berthomé Marquis, lequiel fut ordenné et establi maire de la ville Saint-Jehan d'Angéli, le xviie jour de mars, l'an mil trois cens quatrevings et dix.

S'enssuyvent les officiers :

ESCHEVINS	CONSEILLERS
Sire B. Tronquière,	Jehan Guarin,
Me Pierre Coutelier,	Jehan de La Benaste,
Sire B. de Marteaux le jeune,	Pierre de La Vau,
Sire Ambrois de Saumur,	Bernart Bidau,

---

1. « La septembresche » doit indiquer ou la mi-septembre ou la Saint-Michel, principale fête de ce mois.

Guillaume de Bessé,
Robert Le Maire,
Pierre de La Sale,
Geffroi Guaiart,
Raymond Queu,
Jehan Bidaut,
Pierre Tronquière,
Jehan Dufour,
Aymeri Seignouret,
Ambrois Fradin,
Guillaume Mehé le jeune.

Guill. de Chessoux,
Jehan Choveau,
Hugues de Cumont,
Pierre du Meslier,
Loys Daniel,
Pierre Garner,
Hélie du Verger,
Regnaut Daguenaut,
Pierre Amouroux,
Jehan Pastorea,
Guillaume Giraut,
Pierre de La Barrière,
Jehan Boueron l'aîné.

PERS

Guillaume Sogmur,
Guillaume Moraut,
Jehan Gratemoine,
Guillaume Fradin,
Jehan Fradet,
Jehan Audouyn,
Guill. Contreffait,
Mériot Gautier,
Jehan de Sainte-Croix,
Thomas Boilhart,
Pierre Recomadour,
Pierre Alouet,
Pierre-Lucas Cousturier,
Hugues Caffin,
Jehan André,
Guillaume Daguenaut,
Jehan Rousseau,

Jehan Lescot,
Ph. Le Mareschal,
Guillon de Vilars,
Jehan Savatier dit Berthe,
Jehan Paien,
Jehan Raoul,
Guillaume Peru,
Jehan Cousin,
Perron, boucher,
Me Guillaume Servant, barbier,
Nyot Mousner,
Aymery Fier,
Le Breton, céler,
Jehan Chevaler, mareschal,
Guillon Jolet,
Jehan Guadiot,
Jehan Angibaut.

MÉSÉE tenue par mons. le maire le vendredi XVIIe jour de mars l'an mil, CCC IIII^{xx} et dix. (*Présents 46 membres du corps de ville*).

Les quieux sont d'assentement que l'on facet bon gait, etc.

Ont ordenné que Jehan Bidan, Jehan Pastoureau, Héliot du Verger, Gieffroi Doussin facent le traix du pâti de Mortaigne, appellé des bonnes gens de hors de la commune avecques euls;

Que Jehan Boueron l'ayné aiet ceste année la guarde du grant seel de la commune, et a fait serment.

Volent que monsieur le maire ordennet visiteure sur toutes les danrées comme poissons, chars, tonneaux et autres danrées;

Que Bernart Fradin soit souz-maire ceste année, et aussi les sergents qui l'ont esté l'an passé, tant comme il plaira au mayre;

Que Perrotin de La Barrière soit colleteur des pâtis de ceste ville.

Volent et sont d'assentement que Jehan Pastorea et Héliot du Verger soient receveurs des deniers qui se lèveront pour les pâtiz ceste présente année.

Ont esté ordenés procureurs ceulx qui sont contenuz en la procuracion dont la teneur s'ensuyt.

(*Cette procuration n'a pas été transcrite*).

Mésée tenue le xxie jour d'avrilh mil ccc iiii^{xx} et onze. (*Présents 28 membres du corps de ville*).

Au jour dhuy avons receu en plénière mésée Guillaume de Bessé pour estre de commune, lequel a fait serment, et de l'assentement des assistans est quitte de l'entrée et n'en paiet riens pour ce que il est personne qui le saura gaigner pour le prouffiz de la commune guarder, et a fait serment de fère office d'eschevin.

Au jour duy est venuz Pierre Garner en présence de touz à la hobéissance de monsieur le mayre, et gagea l'amande à monsieur le mayre de ce qu'il li avoit désobéi.

Ils volent que ceuls qui sont ordenés à oyr les comptes des pâtiz les ayent entressiz et l'autre mésée, et leur est donné commandement à ceuls qui en doyvent rendre que les ayent prests.

Ils sont d'assentement que Raymont Queu ailhet à La Rochelle parler ô le receveur des aides, de vii^{xx} vi livres qu'il doit de la reste de iii^c livres que le roy nostre sire a donné pour la réparacion de la ville, et que, en cas que ledit receveur ne le vodra paier et en sera desdignation, que l'on le poursuive oultre ;

Que tous ceulx qui sont en taux de pâti le paient, afin que les Anglois ne preignent marque, et ceulz qui ont perdu par les marques qu'il ne leur soit point desduit, mes que l'on serchet ceulz qui ne sont pas taxés et que l'on les metet en tailhe ceulz qui la porront paier, et de ce qui en sera levé leur en soit bailhé en déduccion de leur taux et de leur pertes ;

Que Raymont Queu aiet soixante livres pour la mise, despens et traveils de avoir empêtré grâce du roy de iii^c livres, pour la réparacion et autres afères de la ville et que il ayt xl livres du premier paiement et xx livres à l'autre, et en cas [qu'il] travailhera et fera aucun autre prouffit pour la ville, qu'il ait au premier terme lesdiz lx livres, laquelle grâce est vériffiée par les généraux et adroisset au grant receveur de France, et la doit fère vériffier audit receveur adroisset au receveur de Xaintonge à ses despens.

Sachent touz que nous, maire, eschevins, conseillers et pers de la ville et commune de Saint-Jehan d'Angéli, confessons devoir bien et léalment à noble homme monsieur le soudan de La Trau[1], la somme de vii vint frans d'or, et les droits appartenant ausdiz vii^{xx} frans c'est assavoir sept mares d'argent, et quatre mares d'argent pour les petiz droiz, et trente-six frans pour les grans droiz, et plus cinquante francs pour les bilhetes et sauveconduiz, et un marc d'argent pour la quiptance pour cause du pâti et suffrance de guerre par luy à nous donné dès le seiziesme jour du mois de mars mil ccc iiii^{xx} et dix jusques

---

1. Voir sur les soudans de La Trau de la famille de Preissac, *Archives historiques de la Saintonge et de l'Aunis*, t. Ier, p. 64, note de Paul Marchegay.

à un an ensuivant, pour les religieuses personnes, bourgeois, marchans, laboureurs et autres genz quelconques demourant, manans et habitans et résidans en ladite ville Saint-Jean d'Angéli, suburbes et banlieue d'icelle, et pour les paroisses de Mazeray, Asnières, Fontané, Saint-Julien, Entezant, Saint-Pardoux, La Chappelle, Poursay, Landes, Miousay-Lavergne, toute la terre de Hérisson, Chantemerle, Sainte-Mesme et toute la terre du Chamblain de La Fayolle, laquelle somme de (*répétition de l'énumération ci-dessus*), nous, lesdiz maire, eschevins, conseillers et pers, promettons et sommes tenuz paier et rendre audit monsieur le soudan de La Trau ou au porteur de ces présentes lètres par les termes qui s'ensuivent. C'est assavoir la quarte partie dedens le premier jour de may prochain venant, et l'autre quarte partie dedens le premier jour de juilhet ensuivant, et l'autre quarte partie dedens le premier jour d'octobre, et l'autre partie dedens le xv° jour de décembre ensuivant, sans intervale et par tant de temps comme ledit pâti tendra, partant serons tenuz de paier c'est assavoir de chacun terme de quoy l'on joyra huyt jours, l'on paiera celluy terme entièrement ; et pour toutes et chascunes les choses dessuz dites tenir, garder et acomplir par la manière dessus dite, nous, lesdiz maire, eschevins, etc., avons obligé et obligeons audit monsieur le soudan de La Trau et audit porteur des présentes lètres touz et chascuns les biens et chouses de nostre dite commune, meubles et immeubles, présens et à venir, et promettons en outré par la foy et serment de nos corps et soubz ladite obligacion de non venir encontre ; et en tesmoing de vérité, nous, lesdits maire, etc., en avons donné audit monsieur le soudan, et audit porteur, ces présentes lètres scellées du grant scel de nostre commune le xxi° jour d'avrilh, l'an mil ccc III^{xx} et onze.

Sachent tuit que nous, Berthomé Marquis, maire de la ville et commune Saint-Jehan d'Angéli, les eschevins, conseilhers et pers d'icelle, confessons avoir eu et receu de honorable homme Laurens Ousset, receveur du roy nostre sire des aides pour la guerre en Xaintonge, par la main de Aymery Seignouret, dit Piet, son lieutenant à Saint-Jehan d'Angéli, la somme de quarante livres tournois, en déduccion et rebat de la somme de III^c frans d'or que le roy nostre sire nous a donné au mois d'avrilh de l'an III^{xx} et dix pour la réparacion de ladite ville, à prendre sur les aides dudit païs, de laquelle somme de XL. livres nous tenons contens et bien paiez et en quiptons le roy nostre sire, ledit receveur, son dit lieutenant et tous autres, et à fin de ce nous en avons donné et donnons audit receveur et sondit lieutenant ces présentes letres scellées du grant seel de ladite commune, le tiers jour de may, l'an mil CCC III^{xx} et onze.

Au jour duy en l'eschavinage, présens Robert Lemaire (neuf autres membres du corps de ville) et Berthomé Marquis, maire de la ville, a baillé en garde à Gieffroy Gaiart la somme de quarante livres, monnoie, lesquelles monsieur le maire avoit eu et receu de Aymery Seignouret, dit Piet, lieutenant à Saint-Jehan du receveur des aides en Xaintonge pour la guerre, en paiement de partie de la somme de III^c livres que le roy nostre sire donne à la ville pour la réparacion ou mois d'avril de l'an III^{xx} et dix, lesquelles XL. livres a pris et receu en la présence des dessus diz et la quipter.

Mésée tenue le XXVI° jour de may, l'an mil CCC III^{xx} et onze. (*Présents 25 membres du corps de ville*).

Les quieux sont d'assentement que l'on fasset gait et regait, etc.;

Que tous ceulx qui doyvent leur taux des restes, qu'il paient lesdiz restes, et en oultre que ceulx qui ne paient point de pâti qui sont solvens que il soient mis et tauxés pour aider à paier les restes dehus aux Anglois, pour ce que le taux est fait si extroit que l'on n'y peut ataindre;

Que les dizeners qui ont levé les restes des pâtiz aient certificacion de ce que il ont baillé à Pierre de La Sale, receveur d'icelle reste, et de la cause pour quoi ils n'ont plus paié leur dizaine;

— 359 —

Que le compte Loys Daniel soit vesité de ce qu'il a receu xx deniers pour livre de certaine tailhe qui a esté mise sus pour sa despense de ce que l'on a fait en France pour abatre certaine tailhe que le roy nostre sire avoit mis sus en la ville, chastellenie et ressort de Saint-Jehan, à fin que Thomas Laurens soit satisffait et paié de cinquante livres que l'on li doit pour certain travailh que il a fait à cause desdites tailhes pour la ville et commune, si paié n'a esté;

Que une lètres que mestre Pierre Coutelier a sur le fermeur du souquet, de dix livres, pour cause de son travailh d'avoir conseilhé la ville et commune en plusieurs causes, que elle soit scellée, laquelle a esté lehue en plénière mésée et que il en soit satisffait et paié de ladite somme de x livres, de laquelle la teneur s'ensuit :

« A tous ceulx qui ces présentes lètres verront et orront, Bernart Tronquière, maire de la ville et commune de Saint-Jean d'Angéli, eschevins, conseilhers et pers d'icelle, à Héliot du Vayer, fermeur du souquet et entrées de ville, salut. Comme honoré homme mestre Pierre Coutelier ait instrumenté et conseilhé nos causes et négoces de ladite commune que nous aurions contre noz adversaires, tant en la court de parlement que ailheurs et autrement pour la utilité et prouffit de ladite commune, ait travailhé, nous, en rémunéracion de ce, et pour paiement de ses gages qu'il a peu desservir en traitant les faiz de ladite commune, à yceluy mestre Pierre avons donné et octroié la somme de dix livres tournois, à prendre sur les premières revenues dudit souquet et entrées de ceste présente ferme, ou de celle prochains à venir. Si, vous mandons et à tous autres, ainxi qu'il appartiendra, que, audit mestre Pierre, vous bailhiez et délivriez présentement et sans délay, et sans autre mandement avoir de nous avecque ladite somme de dix livres et pour rapporter ces présentes quiptance dudit M⁰ Pierre, icelle somme vous sera allouée et rebatue à vos prochains comptes ou de celi à qui il appartiendra. Donné et fait en nostre eschavinage, en plénière mésée, emprès le saing de la commune sonné, du consentement de tous les assistans, le vendredi x^e jour de mars, l'an mil ccc iiii^{xx} et dix. »

(Même mandement donné à Regnaut Daguenaut, receveur de la commune, dans les mêmes termes).

Sont d'assentement que sire Bernart Tronquière et Huguet de Cumont feront et ordenneront leurs comptes de ce que il ont receu de l'année passée des deniers de la ville; c'est assavoir que LXVI livres qu'il ont mis en leur compte qui sont de la somme de LIII^x livres que le roi nostre sire a donné à la ville de l'an passé, seront mises au compte du souquet et entrées de ville;

Que, si l'on peut avoir chevance, que l'eschavinage soit réparé et adoubé;

Que, si l'on trouvet de l'argent de la maison du Pilory, que l'on la saidet et que icelluy argent soit mis aus réparacions dudit eschavinage.

A tous ceulx qui ces lettres verront et orront, Berthomé Marquis, mayre, etc., salut. Savoir faisons que, par délibéracion prise avec les eschevins, conseils et pers de ladite commune, et par la confiance que nous avons de la loyauté et sufissance de Regnaut Daguenaut, icelluy avons fait et ordenné, faisons et ordennons par ces présentes receveur et mestre des heuvres de ladite ville, lesquelles heuvres ledit Regnaut fera fère des revenues qui y appartiendront, par la manière qui sera ordenné plus prouffitable, aus gages de xv livres qu'il prendra et recevra desdites revenues esgalement par quarterons; si donnons en mendement aux fermeurs et autres debteurs de ladite ville et commune que audit Regnaut, receveur susdit, obéissent et ci... des debtes et droiz à ladite commune appartenant, et ledit Regnaut nous a promis et juré d'exéquter bien et loialment ledit office de recepte desdites heuvres et les avances de tout son povoir, et de rendre compte bon et léal au chief de son compte ou autres si requis en est; et est assavoir que des menues particularités qu'il aura fait et mis du fait de ladite recepte et desdites heuvres au dessouz de xx souls, ledit Regnaut sera creu par son serment, et au plus sera tenu de enseigner et faire soy quipter. Ceu fut fait et donné en plénière mésée.

Berthomé Marquis, maire de la ville et commune de Saint-Jehan d'Angéli, à Gieffroy Guaiart, salut. De l'assentement desdiz estant en plénière mésée, le vendredi xxvi⁰ jour du mois de may, nous vous mandons que vous bailhez et délivrez à Raymont Queu la somme de vingt livres de la somme de quarante livres, lesquieux XL livres nous vous avons bailhé en guarde, et ont esté receues du don de IIIIc livres octroiées et assignées audit Raymont Queu à prendre sur ladite somme de XL livres ô le plaisir et assentement de monsieur le sénéchal de Xaintonge, ou de son lieutenant, pour certain voiage qu'il a fait en France et qu'il fera encore présentement pour le fait de ladite ville, et ces présentes, avecques la quiptance dudit Raymont, vous seront descharge de ladite somme de xx livres, en baillant copie de ces présentes et de ladite quiptance au receveur de ladite ville pour en faire mémoire en son compte. Donné, etc.

Mésée tenue le vendredi xvi⁰ jour de juing. (*Présents 34 membres du corps de ville*).

Sont d'assentement que Héliot Duverger, Pierre du Meslier, Huguet de Cumont et Jehan Roussea ou les deux d'eulx feront resserche de ceulx qui ne font nuls guez, reguez, garde-porte et que ils les raporteront pardevers monsieur le maire ;

Que l'on facet bon guet et rereguet à la brèche qui est davant la maison feu Gieffroy Ayraut jusques à ce qu'elle soit fête et accomplie ;

Que Raymond Queu ailhet pardevers le roy nostre sire pour le fait de la ville, et qu'il portet avecques soy mémoires de certains privilèges qui appartiennent à la commune pour fère vériffier, et qu'il parlet à monsieur de Coucy qui a la charge du païs pour le roy, sur le fait du logement des gens d'armes, et au demourant qu'il facet pour ladite ville tout ce qu'il pourra;

Que le procureur de céans aillet quérir l'obéissance des jurés de céans en toutes cours, et on cas de desniaux que l'on en appelet et que l'appel ou appeaux soient poursuyvis;

Que monsieur le maire, ou le procureur, aillet pardevers monsieur le vicomte de Meaux, lieutenant de monsieur de Coucy on païs de Guyenne pour le roy, requerre et demander l'obéissance des causes des pâtis de ceulx qu'il veut fère aprocher pardevant soy des jurés de céans.

Sont ordennez à oïr le compte du pâti que Jehan Bidaut a levé en la ville Saint-Jehan: Pierre de La Sale, Guillaume Deshomeaux, Loys Bidaut, Loys Daniel et Guillaume Seguin, et yceluy compte raporté à la prochaine mésée.

Sachent tous que nous, Berthomé Marquis, maire de la ville, etc., confessons avoir eu et receu de honorable homme Laurens Ousset, receveur des aides en Xaintonge pour la guerre, la somme de IIII^{xx} livres, monnoie courante, pour paiement de partie de la somme de IIII^{c} livres que le roy nostre sire a donné pour la réparacion de la ville à prendre sur les aides dudit païs; de laquelle somme... nous tenons contens et bien paiés en en quiptons, etc. Scellé du grant scel de la commune le XXIXe jour de juing, l'an mil CCC IIII^{xx} et onze.

Berthomé Marquis, maire, à sire Bernart Tronquière, fermeur des entrées de la ville Saint-Jehan d'Angéli pour cesté présente année, comancée au XXVe jour d'avrilh derer passé, jusques à un an ensuyvant. Je vous mande que de la somme de XL livres que montent bien vos fermes vous bailhiez et délivriez de mois en mois, selon la teneur de la ferme, à Regnaut Daguenaut, receveur ordinaire, pour faire la réparacion de ladite ville et pour autres chouses nécessaires, touchant le fait de ladite ville, et ces présentes lètres avec recognoissance dudit Regnaut vous seront descharge de ce que bailhé li aurés de ladite somme. Donné sous le petit scel, etc., le dernier jour de juing, l'an mil CCC IIII^{xx} et onze.

Le 8e jour de juilhet fut asemblée à laquelle estoient présents sire Bernart Tronquière, sire Ambrois de Saumur,... de Marteaux, Robert Le Maire, Jehan Bidaut et Jehan Guarin ;

Lesquieux sont d'assentement que l'on donget obligacion à Aymeri Seignouret, de laquelle la teneur s'ensuyt :

A tous ceulx qui ces présentes lètres verront et orront, Berthomé Marquis, maire de la ville et commune de Saint-Jehan d'Angéli, les eschevins, conseilhers et pers d'icelle, salut. Comme nous aions donné et fait cognoistre à honorable homme Laurens Ousset, receveur des aides en Xaintonge, la some de IIIIxx livres pour paiement de partie de la somme de IIIIc frans que le roy nostre sire nous a donné et assigné sur lesdites aides pour la réparacion de ladite ville, laquelle some de IIIIxx livres Aymeri Seignouret, dit Piet, son lieutenant en ladite ville, nous devoit paier et délivrer, et avant que ledit Aymeri fust du tout appointé avecques ledit receveur et soit allé hors, et pour ce ledit Aymeri fait doubte de bailher ladite somme sans avoir aucun assseurement de nous, savoir faisons que, pour ce qu'il est grant nécessité d'avoir chevance pour avancer ladite réparacion, nous promettons audit Aymeri à li rendre et restituer ce qu'il nous vaudra de ladite somme de IIIIxx livres, et à l'en garder de touz mauz et domages en cas que ledit receveur n'auroit agréable ladite cognoissance et le paiement que ledit Aimery nous fera à cause d'icelle et qu'il ne la li alloueroit, et ad ce et pour ce nous obliger audit Aimery touz et chascuns et les biens de la commune, meubles et immeubles, présens et futurs, et en asseurance de ce nous l'en avons donné ces présentes lètres scellées du grant seel de ladite commune ; ceu fut fait et donné le jour susdit.

Ils sont d'assentement que l'on donget obligacion aus Anglois, des pâtis, ainssi et par la manière qu'il est costume pour le pâti, de la Saint-Jehan juques à noël prochain ;

Que Jehan Pastourea, Ambrois Fradin, Aymery Piet, Guillaume Grant, Gieffroy Doussin, Mathelin Broussard ordennent et tauxent le taux du pâti de Bouteville, présens et appelés avecques eulx quatre ou cinq hors de la commune.

Berthomé Marquis, maire de la ville de Saint-Jehan Dangéli, à Regnaut Daguenaut, receveur et mestre des heuvres de ladite ville, salut. Nous vous mandons que des deniers de vostre recepte vous bailhiez et délivriez à André Orry et à Guillot Billon qui font la resserche de nuyt sur les murs de ladite ville, la somme de six livres et vii souls, pour partie de leur salaire de ladite resserche qu'ilz comancèrent à fère au xive jour de mars darrier passé, et par reportaition des présentes et quiptances desdiz André et Guillot Billon, ladite somme vous sera allouée en vos comptes, et rebatu de vostre recepte sans contrediz. Donné sous le petit scel de ladite commune le ve jour de juillet.

Sachent tous que nous, maire, etc., recognoissons et confessons devoir bien et léalment à noble et puissant seigneur monsieur Archambaut de Grely[1], captal de Beuch, la somme de ii^c xxx frans d'or, un drap de belyneau, xx aunes de toile, six livres d'espices, viii mains de papier, une selle et une bride à cheval garnie et iv frans d'or pour le porteur de Bouteville, pour cause du pâti dudit lieu de Bouteville, pris selon la convenance des termes de la feste saint Jehan-Baptiste derrère passée jusques à la feste de noël prochain venant, pour les habitans de ladite ville et banlieue d'icelle, laquelle somme de ii^c xxxiv frans d'or, le drap de belyneau, etc., nous, lesdits maire, etc., nous promettons et serons tenuz paier et rendre audit noble ou au [capitaine ?] de Bouteville ou au porteur de ces présentes lètres, en deux termes: c'est

---

1. Archambaud de Grailly avait succédé à son parent Jean de Grailly comme captal de Buch. Il était sénéchal de Guyenne pour le roi d'Angleterre Richard II, qui, le 26 janvier 1379 (n. s.), lui abandonna, sa vie durant, les châteaux de Merpins et de Bouteville. (*Collection Bréquigny*, t. xxx, p. 213).

assavoir la moitié dedens la feste de Nostre-Dame de my aoust prochain venant, et l'autre moitié dedens un mois emprès ladite feste, et pour tout le tenir entièrement et sans fère ni venir encontre, nous, lesdiz maire, etc., avons obligé audit noble et audit porteur et à chascun d'eulx tous et chascun les biens et choses de nostre dite commune, etc., et ce tesmoing de vérité, nous, lesdiz maire, etc., en avons donné... ces présentes lètres scellées du grant seel de nostre dite commune le xie jour de juillet, l'an mil ccc iiii^{xx} et onze.

Le xxxe jour de juillet fut faite assemblée à laquelle furent présens *(dix-sept membres du corps de ville dénommés et plusieurs autres)*.

Les quieux sont d'assentement que ce que l'on a promis à Aymery Seignouret pour aler par deux fois en La Rochelle parler à monsieur Ousset, pour avoir la reste des iiii^c frans que le roy nostre sire a donné à la réparacion de la ville, li soient paiés sur celle reste.

Le vendredi iiiie jour d'aoust fut tenu mésée par monsieur le maire, l'an mil ccc iiii^{xx} et onze, à laquelle estoient présens *(21 membres du corps de ville)*.

Sont d'assentement que l'on facet bon guet, etc. ;

Que Raimont Queu aiet et preignet xxx frans, c'est assavoir xx franes sur la somme de iiii^c livres que le roy nostre sire a donné à la réparacion de la ville, et x frans sur la ferme du souquet et entrées, pour aler pourchasser ii^c frans que le roy nostre dit sire a donné de nouvel à la ville par anexe ; que lesdiz xxx frans seront retournés en mesme lieu de l'argent d'icelle recepte desdiz ii^c frans, et adouques la cognoissance que ledit Raymont, comme procureur de la ville, ara donné à Aymery Piet et autres fermeurs du souquet et entrées, pour ladite somme de trente francs, li sera rendue et sera effacée ;

Que l'on escrivet au roy nostre sire et à son noble conseilh sur la pouvreté de la ville et sur l'ogmentation des gens d'armes et des prises et autres choses qu'il y font ;

Que mestre Guillaume Legit [1], barbier, soit mis hors du pâti pour cause de la pouvreté et impotence de sa feme, que pour les bons et agréables services qu'il a fait à la ville.

Sachent tous que nous, Berthomé Marquis, maire de la ville de Saint-Jehan, etc., confessons avoir eu et receu de honouré homme Laurens Oussel, receveur des aides en Xaintonge pour la guerre, la somme de XLVI livres XIII souls IV deniers, reste de la somme de IIII^c livres que le roy nostre sire nous a donné en ladite ville pour la réparacion d'icelle, sur les aides dudit païs, laquelle somme nous tenons quipte et bien paié et en quiptons, etc. Scellé du grant seel de la commune le xe jour de septembre, l'an mil CCC III^{xx} et onze.

(Mandement du maire à B. Trouquière, fermier du souquet et des entrées, de payer à Reynaut Daguenaut, receveur des réparations à faire, soixante et dix livres). — *Samedi* XXIe *jour d'octobre.*

MÉSÉE tenue le vendredi IIIe jour de novembre. *(Présents 29 membres du corps de ville).*

Sont d'assentement que l'on facet bon guet, etc.;

Que Gioffroy Doussin et Robin Garrin soient gardés de dommage, et que l'on leur en donget lètre d'obligacion de ce qu'il sont demorés pleger à Bouteville pour le fait du pâti.

Sont ordenés compteurs à Pérotin de La Barrière, Ambrois Fradin, Jehan Boueron l'ayné, Jean Patoureau, Pierre Garner, Reynaut Daguenaut, ou les troy d'eulx;

Que c frans soient pris de la somme que Raymont Queu a pourchassée devers le roy nostre sire, nouvellement bailhés aux Anglois, en déduccion du pâti, par ainssi que la ville sera obligée les paier, pour remettre à la réparacion;

Que Raymont Queu soit satisffait et paié;

Que sire Ambrois de Saumur aiet x livres dedens pas-

---

1. Guillaume Legit, barbier ou chirurgien, figure sur la liste des pairs dès l'année 1357.

ques prochain venant pour porter le degret de l'eschavinage sur sa maison et qu'il en ait lètre.

* * *

Assemblée le lundi viiie jour de janvier. (*Présents 23 membres du corps de ville*).

Que les commissaires qui sont commiz à faire refformation sur le fait des pàtiz que, s'il volent faire grief à ceulz qui ont levé les pàtiz par comandement de céans, que l'on en appelet.

Les dessus diz ont fait serment que ce qui a esté traité ne sera relevé, non fait assavoir à aucun.

Mésée tenue le vendredi xviie jour de janvier. (*Présents 27 membres du corps de ville*).

Que les lx frans qui ont esté pris de l'argent que le roy nostre sire a donné à la ville qui sont ordenés à bailher aux Anglois en déduccion de la reste du pàti, ils volent et conferment ce qui autreffois a esté parlé ;

Que l'ordennance qui jà piessà a esté faite du salaire de Raymont Queu, c'est assavoir de iiiixx livres, volent qu'il en ait lètre ;

Que Raymont Queu ait lx livres pour aler en France recorder vic frans pour anexe, que il se obliget à rendre lesdiz vic frans.

Ont esté ordenés compteurs à Huguet de Cumont ceulx qui autreffois ont esté ordennés ;

Que l'on aillet devers les commissaires sur le fait des pàtiz, et que l'on parlet avecques eulx affin d'avoir suffrance juques ad ce que l'on aiet envoyé devers le roy, et aussi se il ne volent prendre les descharges de ce que les colletteurs et receveurs des pàtiz ont baillé par comandement de céans, que l'on emprunget le guariment et si non que l'on en appellet.

Mésée tenue le vendredi premier jour de mars. (*Présents 21 membres du corps de ville*).

Premièrement sont d'assentement que l'on facet fère la garde de la ville et que monsieur le maire y contraignet les gens;

Que l'on parlet au receveur de Xaintonge et Aignellet de Laleue, commissaires, sur le fait des pàtiz, quelle aide ils verront fère à paier ce qui est due à Bouteville pour le pàti présent, et si monsieur le maire trouve avec eulx qu'ilz ne puissent fère aide, il fera appeler et assembler la commune pour adviser, et ordener [comment] les Anglois pourront estre paiés.

Sont ordenés compteurs à Regnaut Daguenaut, receveur de la ville, Aymery Seignouret, Jehan Bidaut, Gieffroy Bourier, Jehan de La Benaste, ou les quatre ou les deux d'eulx.

Guillaume Guaiart a esté receu en commune non obstant que Jehan Bidaut, Pierre Garner et Guillaume de Cherveux l'ont contredit, pour ce que les assistans dessus diz l'ont consenti, et ainssi que par le conseilh et consentement de M. Pierre Coutelier, ledit Guillaume a esté receu et fait le serment d'obéissance à monsieur le maire et à ses successeurs.

Au jour duy, en plénière mésée, monsieur le maire a donné l'office de... en la ville et suburbes à Guillaume Dorgières, lequel office vaquoit par la mort de Guillaume Brouilhat, qui l'avoit tenu; et ledit Guillaume Dorgières a fait le serment de fère et exéquter ledit office et le mener au prouffit de la ville et du peuble, soubz l'obéissance de monsieur le maire et de ses successeurs.

A esté ordené que Regnaut Daguenaut fera mencion en son compte de xx livres qui ont esté données au receveur des aides et de c souls qui ont esté donné à Aymery Seignouret, d'autres sommes que Raymond Queu a heu des deniers appartenant à la réparacion, c'est assavoir xx livres qu'il eut de Gieffroy Quinafait, qui les avoit en garde, et de Aymery Seignouret xx livres qui les devoit, et de sire Bernart Tronquière et de Pierre Lenoir, dix livres, c'est assavoir de chascun c souls, affin que l'on sachet où l'argent a esté mis;

Que les collecteurs qui lèvent par quartiers en la ville le pâti de Bouteville, comancé en la feste de noël dernier passé, aient pour leurs paines chacun quartier xxx souls, c'est pour les quatre vi livres; lesquels ils prendront sur les deniers paiés de leurs rolles et en monstrant ceste ordenance, la somme de xxx souls leur sera alloué en chascun quarter;

Que monsieur le maire et ses officiers soient acompliz du paiement de leurs salaires sur les revenues du souquet et entrées de ville durant le moys d'avrilh prochain, si come ils y ont esté asseurez, en cas que par le compte de Regnaut Daguenaut, receveur de la ville, sera trouvé et appriz qu'ils n'aient pas esté satisffaits entièrement de leurs salaires, sans que par le successeur maire y soit mis empeschement;

Que certain plet que Jehan de La Benaste a comancé contre Pierre du Meslier, comme collecteur du pâti levé en ladite ville, soit prise la deffense par le procureur de la commune.

Mésée tenue le xxix° jour de mars, l'an mil ccc III^{xx} et douze. *(Présents 22 membres du corps de ville).*

Sont d'assentement que l'on facet bon guet, etc.

Pour paier entièrement les Anglois de Bouteville de ce qui leur est deheu de cest présent pâti, que les deux pars de taux ordené pour ledit pâti en ladite ville soient levé et amassé par les collecteurs d'icelluy pâti et receu par les receveurs, et que les restes soient vesitées par ceulx qui ont esté à fère le taux dudit pâti, ou aulcuns d'eulx, afin de remédier là où il sera à fère;

Que l'on bailhet obligacion aux Anglois de Mortaigne, faisant mencion juques au jour que les trèves qui sont finissent le xx° jour d'aoust prochain venant, et aussi sont d'assentement que les restes qui sont dehues aux Anglois de Mortagne soient mis sur le pâti dudit lieu de Mortaigne, et que le taux dudit pâti soit fait;

Que cent souls que Pierre Lenoir, fermeur du souquet de

ladite ville Saint-Jehan de ceste présente année, a bailhé à Raymond Queu, pour aller en France devers le roy nostre sire et nosseigneurs, pour le prouffit de la ville, que d'iceulx cent souls li soit donné quiptance signée du seing du soubz-maire et scellée du grant seel ;

Que cent souls que sire Bernart Tronquière, fermeur des entrées de ladite ville de ceste présente année, a bailhé audit Raymont, pour aler audit véage pour le prouffit de ladite ville, que desdiz c souls li soit donné quiptance, seignée du seing dudit soubz maire et scellée du grant seel ;

Que trente souls qui furent mis en un estrougeon [1], lequel fut donné à monsieur Jehan Harpedanne, sénéchal de Xaintonge, que l'on donget quipter desdiz xxx souls Pierre Lenoir, fermeur susdit.

Sont ordennés compteurs à Regnant Daguenaut ceulx qui ont esté autreffois ordenés.

Que l'on donnet dix livres à mestre Pierre Coutelier, lieutenant de monsieur le sénéchal de Xaintonge, pour ce qu'il a conseilhé les causes de la ville et commune, et que lètre li soit faite adressante au receveur de la li bailher sur le souquet et entrées ;

Que monsieur le maire, le soubz-maire, sergents et la gaite soient paiez du demourant de leurs gages, et en font assurance qu'il puissent prendre leurs diz gages sur le souquet et entrées ;

Que sur ces accors parlés jà piessà entre le prieur de Taunay-Voutonne, à cause du moulin dudit lieu de Taunay, appartenant à ladite commune, lesquieulx accorps sont par escript en une cédulle, lètres soient faites tout au long, sans signer et sans sceller, et baillées audit prieur pour porter à son abbaie [2], affin d'apporter bonnes lètres selon ledit

---

1. Esturgeon.
2. Le prieuré de Tonnay-Boutonne dépendait de l'abbaye de Saint-Gildas sur Indre, au diocèse de Bourges.

accort et leur lêtre apportée, leur dite lêtre sera scellée.

Le xviie jour de mars.

Jehan Pastourea a fait amande honorable à la court de céans et à sire Bernart Tronquière, de ce qu'il dist dimanche dernier passé que nous eussions bien mester d'un bon homme à estre mayre, qui nous gouvernast bien et a droit, qu'il avoit long temps que il n'y eut qui nous gouvernast bien ne loialment; et de ce fait amande honorable, et de la prouffit est à l'ordenance de monsieur le maire et par mesme manière est fait à mestre Pierre Coutelier et à sire B. de Marteaux le jeune.

Comme Jehan Barrier eust esté détenu par l'acusacion d'avoir esté en la compaignie d'autres à prendre une feme en la ville de Saint-Jehan et il ait esté receeu par plusieurs fois ausquelles journées ledit Jehan a obéi, tous sont d'assentement qu'il aiet lieu de délivrance.

Le xve jour d'avrilh.

Condampné est par jugement Richart Louastre paier et rendre, dedens sept jours prochains venant, à Loys Daniel, clerc, la somme de sept sols six deniers pour cause de fasson de lêtres et de comptes touchant le fait du pâti.

Au jour duy, en la présence de sire Bernart Tronquière, sire Bernart de Marteaux le jeune, Guillaume Rouilhe, etc., pour ce que monsieur le maire arresta Héliot du Verger, son juré, en la court de céans, pour ce qu'il ne voloit pas obéir aux faiz de sa commune, ledit Héliot se fit clerc[1] pour ce que ledit monsieur le maire le degita hors de la commune et li dist qu'il ne se aideroit plus des privilèges, et en oultre li deffendit la levée du souchet; de quoy il appella.

Pierres Garner est retenu en l'amande de ce qu'il déplace vins et mis vins en ceste ville sans licence ni empresse de monsieur le maire, lequel vin estoit en l'arrest et saisine de monsieur le maire, si comme il a confessé, et en oultre a esté

---

1. C'est-à-dire se prévalut du privilège de cléricature.

retenu en amande de certaines injures, et pour ce li a esté deffendu qu'il ne vendet les vins qu'il a, les quieux ne sont pas de son héritage ; de quoy il appela.

Au jour duy s'est délaissé Pierre Garner de l'appel qu'il avoit fait de monsieur le maire et est reconnu en la hobéissance et doit venir à la mésée prochaine pour en faire amande honorable et est retenu en amande, laquelle li a esté donnée.

Le ve jour de juing.

En la demande de Jahnot Laubier contre Perrot Boisart, sur sang et playe, par ranvoy de la court de la prévosté à la court de céans, a eu ledit Jahnot Laubier l'antende de Aymery Seignouret, son conseillh, et jour à duy en huyt jour, auquel jour, etc.

Le II juin, défaut : Boizart contre Jahnot Laubier.

Le XIIIe jour de juing.

Condampné avons par jugement Thierry de Couloigne, célier, bailher et délivrer, dedens huit jours prochains, à Loys Bidaut, une sainture de cuir fermée d'argent, poysant troys onces, laquelle ledit Thierry a congneu et recongneu et confessé avoir en gage dudit Loys, pour x souls vi deniers, lesquieux ledit Thierry a offert au jour duy les li randra à la rendue de ladite sainture, et pour le contredit que ledit Thierry en a fait a esté retenu en amande.

Le xxxe jour de juing, présens sire Bernart de Marteaux le jeune, Guillaume Roilhe, Aymery Seignouret, etc., Pierre Lenoir, prévost de la ville Saint-Jehan d'Angéli pour le roy nostre sire, a présenté à monsieur le maire Jehan Rousseau, autrement dit Tabus, demourant à Nyeulh, de ce qui est accuzé du cas de pillerie, de roberie et larroussin.

Le IVe jour de juilhet.

Sur ce que Thierry le célier demandoit à Francèze, feme de Guillaume Gaiart, une sainture ferrée d'argent poisant III onces, laquelle il avoit en gage à ladite feme, pour certaine quantité de danrées que ledit Thierry avoit pris à la fenestre de Gieffroy Guaiart, constatation faite, juré de un et d'autre part, a dit ladite feme que si ledit Thierry li avoit bailhée ladite sainture, elle li avoit rendue, rien n'avoit du sien; ledit Thierry disant que ladite réponse n'est pas suffizante, et s'est retenue la court à conseilh et ajourné ladite feme en sondit seigneur à VIII jour, auquel jour, etc.

Le XXII juillet, renvoi à heure de relevée.

En la demande dudit Thierry contre Guillaume Guaiart, comme aiant la finance de Francéze Jolinéte, sa feme, sur et pour cause d'une sainture de cuir ferrée d'argent poisant III onces, sur quoy lesdites parties cheues en contatacion il avoit esté ordené que ladite feme en vindroit rendre comptes plus léaux, laquelle, présente en jugement, a répondu que ledit Thierry li avoit bailhé ladite sainture, mes qu'elle ne savoit ce que elle estoit devenue, et pour ce, dist ledit Thierry, que la sainture li devoit estre rendue, et ledit Gieffroy disoit au contraire, et pour ce fust retenu le conseilh monsieur le maire à duy en huit jours, auquel jour, etc.

Le XXIXᵉ jour de juillet, heure de relevée.

Condampné avons par jugement Guillaume Guaiart comme ayant la finance de Francéze Jolinéte, sa feme, rendre et descharger Thierry de Couloigne, célier, d'une ceinture de cuir ferrée d'argent poisant troys onces, envers Loïs Bidau et leu faire taisant; laquelle sainture a eu ladite feme en gage dudit Thierry pour X sous VI deniers, et est retenu en amande ledit Guillaume Guaiart envers la court, ensemble avecques les despens et domages de la poursuite du plait envers ledit Thierry, la taxacion à la court rézervé; et pour les despens du deffaut que fit Gieffroy Guaiart le semadi XXIᵉ jour de cestuy mois, est condampné envers ledit Thiery en onze souls six deniers.

Le Vᵉ jour de septembre.

Sachent tous que au jour duy est venue pardavant nous, en la court de céans, Jehanéte Maynarde, filhe de feu Hugues Maynard, jadis bourgeois de la ville Saint-Jehan, à laquelle et à sa requeste lie trouvée par inquisicion hors de bas eage,

nous avons donné pour curateur Pierre Seignouret, dit Piet,
nostre bourgeois, ycellui trouvé estre suffizant ad ce, parmy
ce que ledit Pierre nous a promis et juré aux sains Dieu
évangiles nostre Seigneur, de fère et exercer bien et léalment
ledit office de curateur, au prouffit de ladite Johanète Maynarde, et li garder ses biens et ses droiz comme les siens
propres. Ceu fut donné pardavant nous, Berthomé Marquis,
maire de la ville et commune de Saint-Jehan Dangéli, le ve
jour de septembre, l'an mil ccc iiii^{xx} et unze.

Le xxxe jour de décembre.

Sachent tous que comme feu Maron de Marteaux eust été
donné et ordené par la court de céans tuteur de Marion et
Jahnète de Marteaux, filhes de feu sire Bernart de Marteaux,
le jeune, nostre bourgeois, et emprès peu de temps ledit Maron soit allé de vie à trespas, pour laquelle cause lesdites filles
avoient besoin d'estre porveues de tuteur, et pour ce, à la requeste de aucuns des parents d'icelles filhes, et pour le deu
de nostre office, nous avons fait appeler et convenir honorables
hommes et sages mestre Pierre Coutelier, licencier en loix,
sire Bernart Tronquière, sire Guillaume Roilhe, sire Ambrois
de Saumur, Pierre Tronquière, Bernart Fradin, Ambrois
Fradin, Hugues de Cumond, parens et affins d'icelles filhes,
Pierre de La Salle, Robert Le Maire, Jehan Guarin et plusieurs
autres nos bourgeois et jurez, par l'advis et couseilh et consentement desquieux ledit Hugues de Cumond a esté trouvé
bon, suffizant et prouffitable à avoir la tutelle et gouvernement desdites filhes et de leurs biens, et ainsi iceluy Hugues
avons ordené et déclairé tuteur et gouverneur desdites filhes,
et li avons donné la tutelle et gouvernement d'elles et de leurs
biens; parmy ce que ledit Hugues nous a promis et juré aux
sains Dieu évangiles N. S. de traiter lesdites filhes, leurs faiz
et négoces bien et léalment, eschevir leurs domages, et faire
leurs chouses sauves à son povoir, comme les siennes propres,
et rendre bon compte et léal servyce de ladite tutelle là où
il appartiendra, soub l'obligacion de tous ses biens meubles

et immeubles; et lui avons commandé et enjoing fère inventaire des biens d'icelles filhes, dedens le temps acostumé; commis à fère ledit inventaire Pierre de La Sale et Pierre Amouroux, lequel inventaire lesdiz commissaires raporteront devers la court pour la conservation des droiz desdites filhes, et pour en bailher audit Hugues de Cumont certiffient, s'il le requiert. Ceu fut fait et donné en jugement pardavant nous, Berthomé Marquis, maire de la ville et commune de Saint-Jehan Dangéli, le xive jour du mois de décembre, l'an mil ccc iiijxx et unze.

Sachent tous que au jour duy est venue en la court de céans Pernelle Renolle, déguerpie de feu sire Bernart de Marteaux, le jeune, nostre bourgeois, pour l'ajournement qui, lesdits Renolle et autres parrens et amis de Jehan de Marteaux, meneur d'ans, fil dudit feu et de ladite Pernelle, leur avoit esté donné pardavant nous, afin de pourveoir, audit Jehan, de tuteur pour la conservation et le bon gouvernement de li et de ses biens; laquelle Pernelle a dit et déclaré que comme elle soit tutrisse naturelle dudit Jehan, son fils, que icelle tutelle veust avoir o tenir et le congié et licence de la court, et pour ce considéré que ledit feu Bernart n'a point ordené de tuteur à sondit fils, et aussi que nous avons trouvé, par le conseilh et advis de plusieurs nos bourgeois, parens et amis dudit Jehan, que ladite Pernelle est de bon et honneste gouvernement à avoir la tutelle et gouvernement dudit Jehan, son fils, et de ses biens, à icelle Pernelle Renolle avons baillé et laissé la tutelle dudit Jehan, son fils, et gouvernement de ses biens, parmy ce que ladite Pernelle nous a promis et juré aux sains évangiles... de traiter ledit Jehan de Marteaux son fils, ses faiz et négoces bien et léalment, et eschiver son domage, et faire ses choses sauves à son povoir, comme les siennes propres, et rendre bon compte et léal ladite tutelle fermée ou avant, si elle alait en secondes noces, là où il appartiendra, souls l'obligacion de tous ses biens meubles et immeubles; et avons commandé et enjoing à ladite Pernelle de fère inventaire... commis Pierre de La Sale et Pierre Amoroux à icelle fère, etc. Donné à Saint-Jean d'Angély, souls le scel aux causes, le xviii° jour d'aoust, l'an mil ccc iiii^{xx} et onze.

XLIX

(1392), BB. — 15.

Mairie de Aymery Seignouret.

ESCHEVINS

Maistre Pierre Coutelier, licencié,
Sire Bernart Tronquière,
Guillaume de Bessé, seigneur dudit lieu, [1]
Sire Berthomé Marquis,
Pierre Seignouret,
Hugues de Cumont,
Ambroys Fradin,
Pierre de La Sale,
Robbert Le Mère,
Jehan Bidau,
Jehan du Four.

CONSEILLERS

Pierre du Meslier,
Guillaume de Cherveaux,
Loys Bidau,
Jehan de La Benaste,
Jehan Boueron l'aynè,
Gieffroy Guaiart,
Bernart Bidau,
Jehan Piet,
Guillaume Seguin,
Pierre Amouroux,
Loys Daniel,
Jehan Garin,
Regnaut Daguenaut.

PERS

M° Arn. de Chemillac,
Jehan Dorliens,
Jehan Audoin,
Jehan des Places,
P. Fradet,
Jehan Raber,
Guill. Moussart,
Pierre Recomadeur,
Jehan Bilhoteau,
Guill. Moizant,
Perrin de Coignac,
Jehan Bassot,
Héliot Estène,
Héliotin Boueron,
Hélie Caniot,
Jehan Guilhot,
Mayet de Bel-Estre.

---

1. Voir *Notes historiques sur Saint-Jean d'Angély. La seigneurie de Bessé et la Rue-Franche*. Saint-Jean d'Angély, Robert, 1889.

1392-1393.

Mésée tenue le xxvi° jour d'avrilh. *(Présents 33 membres du corps de ville).*

Sont d'assentement que Bernart Fradin soit ceste présente année souz-maire, et André Oger et Guillaume Bilhon, sergens, et que Regnaut Daguenaut soit receveur de ladite ville et commune et mestre des œuvres de ladite ville, ceste dite année;

Que les officiers qui ont le regart sur les chars, poissons, frète, soulère et autres marchandises, lesquieulx sont esté l'an passé, y seront ceste année.

Ont bailhé en garde le grant seel de ladite commune ceste présente année à Ambrois Fradin, lequel a fait bon serment qu'il ne scellera aucune chose, fors celles qui seront passées et ordenées par la commune;

Que ceulx qui furent ordenés au temps de la mairie sire Berthomé Marquis pour oyr les comptes dudit sire Berthomé et Regnaut Daguenaut, que lesdiz comptes seront faits entresi et la prochaine mésée;

Que monsieur le maire facet toutes genz obéir aux gaix, etc., et, si aucun deffaut, que monsieur le maire y facet mètre pour celuy qui deffaudra, et en oultre qu'il puissent... exéquter sur le deffault pour payer le double de ce que l'ome qui y aura esté mis aura costé.

Font leurs procureurs généraux pour obéir on parlement du roy nostre sire, c'est assavoir: maistre Johan Papinot et Thomas Laurens;

Font leurs procureurs en leur païs Raymont Queu, Ambrois Fradin, Hugues de Cumont, Regnaut Daguenaut, Pierre Amouroux, Loïs Daniel, Jehan Bidau, Guillaume Bilhon, André Oger.

Sont d'assentement que l'on donget obligacion au soudan de La Trau...

Sachent tous que nous, maire, eschevins, conseillers et pers de la ville et commune de Saint-Jean d'Angély, confessons devoir bien et léalment à noble home messire le soudan de La Trau... (*même déclaration que plus haut, page 356*).

Le xive jour de may, l'an mil ccc iiii^{xx} et xii.

Ledit jour, heure de relevée, monsieur le maire a fait assembler plusieurs de ses jurés et autres pour avoir conseilh de ce que plusieurs des gens d'armes et galois et arbalestriers des routes volent venir en ceste ville pour demourer jusques qu'ils aient autre ordenance du roy et de monsieur de Coucy ; à laquelle assemblé sont présents Jehan Dorin, chastelain du chastel de Saint-Jehan *(23 membres du corps de ville)*, et plusieurs autres. Par lesquelles oppinions, conseilz et avis des dessuz diz, a esté trouvé que pour ce que le roy nostre sire a dit et commandé de bouche à monsieur le séneschal de Xaintonge, qu'il mandast et escripvist aux capitaines desdiz gendarmes et arbalestriers, qu'il vuydissent le païs d'Aulnis et de Xaintonge, pour cause des plainctes que le roy nostre sire en a oy, et aussi pour les grans mauls qu'ilz ont fait et font touziours aux villages d'entour la ville, et aussi pour les grans menasses qu'il ont donné aux gens de la ville, des quelles choses chacun se doubte grandement, et aussi pour cause que l'on ne doit pas désobéir au commandement du roy nostre sire et de monsieur le séneschal, sont tenus lesdiz oppinions et conseilz, et est ordené de en escripre au roy nostre sire et à monsieur de Coucy sur ce, affin que ilz n'entrent en ladite ville pour la povreté.

Le xvie jour de may.

Au jour duy, Aignellet de La Leue, lieutenant de noble et puissant seigneur monsieur le viconte de Meaux, lieutenant de monsieur de Coucy, lieutenant et gouverneur pour le roy nostre sire au païs de Guyenne... et Aubert Espine, maistre et capitaine d'une route d'arbalestriers... aussi autres escuyers galois en leur compaignie, lesquieulx ont requis à monsieur le maire... les gens de ceste ville pardevers soi en leur com-

— 379 —

paignie, pour savoir se il faut donner consentement que lesdiz escuers galois et arbalestriers, lesquieulx estoient ordenés... si come ils disoient, pour estre et demourer en ceste ville par le commandement de mondit seigneur de Coucy, et reporter à monsieur de Meaux que, come il leur eust dit de par les gens de la ville qu'il estoit leur volunté que, pour obéir aux lètres de monsieur le séneschal de Xaintonge, qui avoit mandé ausdiz gendarmes et arbalestriers qu'il se deslogeassent et vuydissent le païs d'Aunis et de Xaintonge, et que le roy li avoit ordené de bouche que lesdiz gendarmes... ville et pour la peur qu'il avoit qu'il derrobassent de vivres les gens de la ville ainsi et par mesmes... qu'il avoient fait les villages d'entour, lesdiz escuyers, c'est assavoir ledit Aignellet... et plusieurs autres des galois que ledit monsieur de Coucy, comme souverain cappitaine, les avoit ordenez à demourer en ceste ville, atant qu'il eust pourveu les fère aler ailheurs, c'est assavoir lesdiz galois le nombre de xv bassinets, et lesdiz arbalestriers en la compaignie dudit Aubert le nombre de xx, et requirent audit monsieur le maire et autres du commun comme il les laisserrent entrer et demourer en ladite ville ledit nombre de gens ainsi ordenez ; et ils prométent, c'est assavoir ledit Obert pour li et ses compaignons, qu'il ne mefferont aucune chose en ladite ville, ny prendront aucune chose sans paier et sans le gré des gens, et aussi ledit Aignellet comme les galois et par mesme manière, et que, si aucun meffaisoit en riens, il le promet amander et qu'il ne mettroient autres en ladite ville, et qu'ilz bailleront les noms d'iceulz par escript ; à laquelle convocacion et assemblée furent honouré homme maistre Pierre Coutelier, licencier en loys, sire Ambroys de Saumur *(43 membres du corps de ville)*, Hélie du Verger, lieutenant du prévost de Saint-Jehan, et plusieurs autres. Aus quieulx dessuz nommez monsieur le mayre a demandé, l'un emprès l'autre, leur avis et oppinion, lesquieulx ont consenti tous ensemble à l'entrée desdiz gendarmes et arbalestriers pour cause de ladite ordenance de monsieur de

Coucy et aussi par la promesse qu'ils ont faite de non mesfaire en aucune manière ne prendre aucune chose sans la volunté et consentement des gens de la ville et sans les paier, et de ce ont promis donner lètre.

S'ensuyvent les noms des galois : Houhel Abignen, Madot Apris, Amorin Jabilain, Yoquin, Darimon, Janeyn Le Galois, David Abadam, Robbert Applersim, Joffre Amador, Yvain Afelix, Guillaume Benest, Griffin Boyceux, Joffre Allenet, Griffin Agrignen, Jouaquin Pouez.

(Nous ajoutons ici les noms de quelques uns des compagnons d'Aubert Espine, qui ont été transcrits sur les pages du registre de l'année 1397) :

Jehan de Gennes, Laurens Damasy, Perceval de Samilhan, Michelet de Mongelain, Jehan Malouesse, Anisat de Montecastel, Raymond Daglenter, Colin Hue, Jehan de Bonguierre, Jehan Semence, Martin Lespaignol, Catelan, Berthomé de Saonne, Jehan André, Nicolas de Venise.

Mésée tenue le xviie jour de may, l'an mil ccc iiiixx et doze. *(Présents 18 membres du corps de ville).*

Les quieux sont d'assentement que monsieur le maire accompagné de ceulz de la ville à qui les gens d'armes font prise de leur blé, vins et autres choses, aillent, ceulz qui font les prises, devers ceulz qui ont gouvernement d'eulz et le leur dire et mètre pour que ils y remédient ;

Et aussi escripre devers le roy nostre sire de toutes les doliences qui furent faites, et que l'on escripvet le plus tost que l'on pourra, et que monsieur le maire facet venir pardavant soi ceulz à qui l'on a fait les prises, et qu'il pringet des doliences justes affin de les signiffier au roy, si meitier est ;

Que Hugues de Cumont soit ceste année procureur, receveur et mestre des œuvres de ceste ville, aux gages de xv livres par an, lequel a fait serment de ce fère bien et à proffit et rendre bon et loial compte ;

Que l'on facet gaix, regaix, etc.;

Que l'on pringet Kasin de Bailheulh en la commune pour un franc qu'il paiera à la commune, lequel l'on li fera gaigner en son office.

A esté ordené que l'on envoiet Périn Espagnol, messager à Paris, porter lètres à Raymond Queu qui portera les lètres au roy nostre sire et à son noble conseilh, et promis pour fère ledit veage sexante souls.

Mésée tenue le xxııɪᵉ jour de jung. (*Présents 15 membres du corps de ville*).

Les quieux ont ordené faire compter Regnaut Daguenaut, receveur de l'an passé de la ville, et aussi touz les autres qui doyvent compter et commander à Groussa paynes qu'il vieigne compter à certain jour qui sera ordené audit Regnaut, pour ce que il desdique de compter.

Sera Loys Daniel aproché de compter de ce qu'il a receu des gens des vilages.

Au jour duy, sire Bernart Tronquière a apporté un rôle en papier faisant mencion de plusieurs deniers que la commune doit audit sieur Bernart, c'est assavoir cxvıı livres ıv souls vıı deniers; est ordené que monsieur le maire fera compter Loys Daniel et verra la voye qu'il en puisset estre au proffit dudit sire Bernart.

Volent que, s'il plaist à monsieur le lieutenant, que des xl frans qui furent bailhés de la confrairie des clercs pour le proffit de la ville, qu'il soient satisffaits les xx livres sur le faiz du souchet et octroiz de la ville, ò le plaisir dudit monsieur le lieutenant;

Que l'on envoiet au roy et à son noble conseilh lètres de la povreté de la ville et du païs par le chevaucheur de monsieur le séneschal qui va en France... et qu'il li soit donné xxv souls tournois.

Il est ordené que l'on paiet le bourreau de son salaire de exéquter Michel de Belboys, de la garnisson de... lequel a esté pendu pour ses meurtres, et ce aux despens de la ville, pour ce que ladite ville l'a fait venir par la doubte que les Anglois venissent meffayre à ladite ville et banlieue et à la requeste des amis dudit Michel, de le mois d'avrilh que ses compaignons furent exécutez jusques au x⁰ jour de jung, et que ledit bourreau aiet quarante souls pour son salaire[1].

Le viii⁰ jour de juilhet.

Sachent tous que nous, maire, eschevins, conseilhers et pairs de Saint-Jehan Dangéli, reconnaissons devoir bien et léalment à noble et puissant seigneur monsieur Archambaut de Greli, catal de Beuch *(engagement pris dans les mêmes termes que celui donné plus haut, page 364).*

MÉZÉE tenue le xxii⁰ jour d'aoust. *(Présents 18 membres du corps de ville).*

Les quieux sont d'assentement que monsieur le maire facet obéir toute manière de gens à fére gaix, regaix, etc. ;

Que l'on facet assavoir aux gens de la ville que ils aportent pardevers Bernart Fradin qui leur métra par escript, tout ce que les gendarmes qui sont soubz le gouvernement de monsieur de Coucy et de monsieur de Meaux doyvent ly faire transmètre par escript, si comme... nous a dit pour en estre paié ;

Que l'on escripvet à monsieur de Coucy les plus gracieuses lètres que l'on pourra en le merciant des lètres gracieuses qu'il a envoiés ;

Que l'on envoiet audit monsieur de Coucy les doliences de la ville ;

Que l'on facet crier publiquement que, passé les vendanges prochaines venant, nul ne pourra vendre vin à détailh ne à taverne en ladite ville, ne à faubourgs, et ne sera vendu aucun à détailh s'il n'est créhu de l'esritage des bourgeois jurés de la commune selon l'ordenance du prívilège ;

---

1. La ville n'avait pas alors comme plus tard un bourreau à ses gages.

Que l'on escripvet à Raymont Queu qui est à Paris, come ce qu'il a empétré devers le roy nostre sire au proffit de la ville, qu'il le envoiet et la chose qu'il en a fait, et que l'on li escripvet par telle manière qu'il soit mis à fait, ou si non qu'il ne sera point aux despens de la ville.

Volent que monsieur le mayre donget mandement à Hugues de Cumont, receveur de céans, de certaines mises qui ont esté faites pour messages à envoier en France et pour le présent fait à monsieur de Pons et ailleurs.

Mézée tenue le xx° jour de septembre. (*Présents 21 membres du corps de ville*).

Sont d'assentement que la garde de la ville soit faite, etc.;

Que l'on escripvit au roy nostre sire, et à nos seigneurs de France, la povreté et misère de la ville, et qu'il leur plaise nous fère grâce comme en ceste ville n'ait pas si grant quantité de gendarmes logez, et aussi qu'il leur plaise nous donner et octroier une lètre de grâce comme nulle prise de blé, vin, foin et drapilhe ne d'autre chose ne soit faite en ceste ville sans la volonté des habitans, et à bon pris et raisonnement;

Que l'on escripvit à monsieur de Coucy lètres clouses pour la ville et païs, en li signiffiant les domages de la ville et païs;

Que l'on escripvit à Raymond Queu que les lètres du don du roy qu'il a fait à la ville il nous vuhet envoier et nous mander le fait comme il est, et si les lètres sont vérifiées;

Que la despence que monsieur le maire a fait au voiage de La Rochelle, pardevers le receveur des aides, pour avoir deux cens livres desquelles il obtenit cens livres, qu'il soit satisffait de ladite despence pour li, sa compagnie et leurs chevaux qui despendirent iv livres x souls;

Que l'on donget obligacion de la some de sept livres à Pierre Cajat, dit Malicorne, pour son salaire de ce qu'il recolhé le cours de l'ayve de Voultonne à l'endroit des portes de Champdollent, et qu'il soit paié de son salaire.

Mézée tenue le xviii° jour d'octobre. (*Présents 26 membres du corps de ville*).

Les quieulx sont d'assentement que monsieur le maire facet obéir toutes manières de gens aux gaix, regaix, etc., et que rigoureusement il facet lever les amandes sur les deffaillans.

Come Regnaut Veilhart, escuyer et maistre d'ostel de noble et puissant seigneur monsieur le vicomte de Meaux, a signiffié à monsieur le mayre que, come plusieurs habitans de ceste ville ont bailhé par le temps passé de leurs marchandises aux gens d'iceluy seigneur, et pour son hostel, à avances et n'en sont pas tous paiez, que ledit Regnaut leur en veulh bailher obligacion souz le scel dudit vicomte pour meilleure seureté dudit paiement; sont tous d'assentement que l'on pringet obligacion sous ledit scel dudit vicomte et aussi dudit Renaut souz le scel roial et que l'on envoiet en France un home de ceste ville qui sera procureur desdiz gens pour recevoir ledit paiement, lequel ne sera tenu bailher la lètre de l'obligacion jusques à ce qu'il soit paié de la somme qui dehue sera.

Mésée tenue le xxix° jour de novembre. (*Présents 25 membres du corps de ville*).

Commune. — Entra en commune Karin de Balheulh.

Lesquieux sont d'assentement que l'on facet obéir les gens à la garde de ville, etc.

Du fait de la blessure qui a esté faite à Pierre Loubat, juré de céans, de quoy monsieur le mayre a fait la plainte à messire Suryen des Traynes, lieutenant pour monsieur de Coucy, laquelle blessure a faite (*blanc*)... neveu dudit messire Suryen, sont de consentement que la plainte que monsieur le mayre en a fait suffit quant à présents, jusques à ce que ledit messire Suryen en ait fait fère et ordené autrement envers ledit blessé ; mais que la mère et parens dudit blessé en facent la poursuite s'il veoient que bon soit que il sera fini et que l'on ait avis et conseilh de ce que l'on en fera emprès.

Sont d'assentement que le présent qui a esté fait par le conseilh de céans à madame la séneschale, à sa première venue, c'est assavoir deux tonneaux de vin blanc, quatre torches de cere chascune de IV livres et deux dozaines de chappons, iceluy avons agréable et volons qu'il soit paié sur la revenue de la ville, et que l'on en donnet quiptance et descharge au receveur de la ville qui se monte à dix et neuf livres III soulz IV deniers, et aussi de XVI quartes de vin qui furent présenté à monsieur... ;

Que monsieur le mayre soit satisffait des mises qu'il a fait aler et venir de La Rochelle pour le fait des empéticions de France, auquel voiage il a demouré cinq jours à IV personnes de gens et chevaux, et qu'il soit paié sur la revenue de la ville, et de ce en soit donné au receveur d'icelle bone quiptance, et despendirent CX souls tournois.

Mésée tenue le...

Sont d'assentement que l'on facet compter touz ceulz qui ont fait recepte pour la ville et commune des mayries passées et des ouvrages et réparacions qui ont esté faites en la ville, des receptes et mises qu'il en ont fait, et que l'on y atendet en la semayne prochaine venant pour oyr lesdiz comptes, et que monsieur le mayre y soit et en sa compaignie ceulz qu'il pourra avoir ;

Que maistre Raymond Queu, qui a esté longuement en France devers le roy nostre sire et a empétré dudit seigneur pour la ville une lètre de douze cens livres, et une autre de quatre cens livres, et une autre de deux cens livres pour les réparacions et autres choses nécessaires de la ville et pour aider à paier les pâtis, et une autre lètre comme monsieur le séneschal de Xaintonge ou son lieutenant et monsieur le mayre oyent le compte de ceulz qui ont receu les pâtis, que ledit Me Raymond soit satisffait et paié de ses despens et mises qu'il en a fait pour ce qu'il a ces choses empétrées à ses despens et mises de son argent; volent que ledit Me Raymond Queu aiet pour lesdites despens, mises et salaire la somme de deux cens francs à paier par égal de ce qui sera receu desdites choses par li empétrées et par chacun terme que l'on le recevra, de là où il est ordené estre paié; et aussi est ordené que, si ledit Me Raymond en a aucune chose receu, il desduyra ce qu'il en aura eu qui n'aura esté mis en compte, et puys ce demourera quipte ladite ville et commune vers ledit Me Raymond de toutes autres choses qui deheus li seront par le temps passé à cause desdiz empétrements et ont volu qu'il en soit fait létres...

Sont d'assentement que monsieur le mayre ailhet à La Rochelle pour... des aides, pour avoir l'argent ou assignacion des choses empétrées... sa recepte, et que ce qu'il dépendra en la poursuyte li soit satisffait... desdites receptes et qu'il en soit bonne assignée et deffinye de ce qu'il...

Mésée tenue le...

Sont d'assentement que maistre Raymond Queu ailhet en France devers le roy nostre sire pour la ville, pour faire confirmer les privilèges de la ville, et pour notiffier les doulours du païs et empétrer le souchet de nouvel, et pour faire plusieurs autres choses nécessaires pour les faiz de la ville et ester au parlement du roy nostre sire; et est ordené qu'il aura pour son salaire et despens soixante francs, et ne sera tenu ledit Raymond Queu paier escripture ne sceel de ce qu'il otindra dudit argent à luy otroié;

Que ledit Raymond aiet quittance de la somme de deux cens francs à luy promise et ottroiée, en la dernière mésée, pour ses despens, mises et salaires de l'an passé, pour les empétrements qu'il fit pour la ville;

Que Pierre du Meslier soit gardé du domage de la poursuyte qu'il a faite en la court de nosseigneurs les mareschals de France, à cause du pâti à l'encontre de Jehan Juglar, dit de La Benaste ;

Que l'on parlet à Manuel, arbalestrier, qu'il paiet le souchet du vin qu'il vend à détailh, et s'il ne le veult faire, qu'il face convenir pardavant monsieur le séneschal ou son lieutenant.

Entrée en la commune de céans au jour duy, Guillaume Guis, qui doit *(blanc)* pour son entrée ; Raymond Queu, qui doit *(blanc)* pour son entrée.

*
* *

Mésée tenue le dernier jour de février, l'an mil CCC IIII^{xx} et douze. *(Présents, 15 membres du corps de ville).*

Sont d'oppinion que la lètre du prieur de Tonnay-Voultomne faisant mencion des XXV livres de rente que la ville li doit bailher à cause de la place des molins dudit lieu de Taunay, que elle soit monstrée à ces prochaines assises à monsieur le lieutenant et aux autres conseilhers qui y sera, pour la faire le plus proffitamment que l'on pourra au proffit de la ville et commune et dudit prieur ;

Que des voiages que monsieur le maire a fait maintenant à La Rochelle pour le fait de la ville pardarrer le receveur des aides en Xaintonge pour la guerre, pour avoir l'argent que le roy nostre sire a donné à ladite ville qui monte VII livres tournois, dont il obtenu assignacion d'estre paié de IV livres de la despence qu'il a fait, sa compaignie et leurs chevaux, il soit satisffait sur l'argent de la ville ;

Que l'on facet faire à neuf les molins de Taunay-Voultomne pour le proffit de la ville, et que l'on y apportet l'argent que le roy nostre sire y a donné pour y... ;

Que l'on envoiet à Me Raymond Queu, qui est alé en France pour le proffit de la ville, la lètre de la demande de la pinte de vin sur le vins pour que il empétret par la manière que monsieur de Bourbon le donna ;

Que monsieur le maire, sous-maire et sergents de la commune soient satisffaits et paiez de leurs salaires en ceste année, chascun en son office, sur le revenu du souchet et entrées de ville, et sur les revenus de la Voultonne et sur les autres revenus de ladite ville.

L

1392 (a. s.), 7 février. — Procès verbal de mésée tenu à l'échevinage. — *Original sur papier (feuille volante). CC VII, p. 3.*

Comme le viie jour de février mil iii^c iiii^{xx} et douze, nous estans en nostre eschavinage, tenant colocque nostre plénière mésée, le sain de ladite commune sonné par la manière acostumée, emprès plusieurs choses traitées pour les faiz, causes et négoces de ladite ville et commune, fust venuz pardevers nous maistre Raymond Queu, nostre bourgeois, juré de ladite commune, et nous a signiffié que, comme il ait esté en France par long temps pardevers le roy nostre sire et son noble conseilh, et ait empétré et obtenu dudit seigneur au profit de ladite ville et commune unes lètres de grâce de la somme de xii^c, et une autre de la somme de iiii^c livres, et une autre de la somme de ii^c livres pour mestre et convertir aux réparacions, emparemens et autres choses nécessaires au profit de ladite ville et commune, et paier ou aider à paier les pàtis de ladite ville, et unes autres lètres faisant mencion comme monsieur le séneschal ou son lieutenant et monsieur le mayre oyront le compte de ceulx qui ont receux les pàtiz, et que toutes icelles choses ledit Me Raymond avoit aporté à ses propres coux et despens et cortaiges, tant de fasson des lètres, seaux et autres choses, et sans ce que ladite ville ne autre li aient baillé argent ne chevance pour icelles choses faire et paier, et aussi ne pour ses despens, travailh et salaires, et que il en avoit fait grant mises et mys grandement du sien, et que de ce nous ce vossissons paier et gairdonner ou autrement il serait très grandement en domage, et pour ce qu'il est chose bonne que chascun soit satisffait de ses peynes, travailh, mises, costages et salaires desserviz ; aians regardé touz ensemble et esté d'un mesme consentement que ledit M⁰ Raymond ayet pour toutes icelles choses, mises, despens et salaires desserviz du temps passé jusques au jour duy la somme de IIᶜ livres tournois à paier par esgal de ce qui sera receu desdits gardons à nous donnez et octroiez par le roy nostre dit seigneur et par li empétré comme dit est, et par chascun terme que l'on les recevra du receveur de Xaintonge sur le fait des aides pour la guerre, sur laquelle recepte le roy nostre dit seigneur et son noble conseil nous a assigné. Et si ledit M⁰ Raymond en avoit aucune chose eu et receu de l'argent appartenant à ladite ville pour son salaire ou autrement, il sera desduyt de ladite somme de IIᶜ livres ce qu'il en auroit eu et qui n'auroit esté mis en compte. Ce fait et accompli ledit paiement, demourera quipte ladite ville et commune vers ledit M⁰ Raymond et les siens et de toutes lesdites choses, et de tout ce qu'il a fait pour ladite ville et commune devers le temps passé jusques au jour duy ; et aussi ledit Raymond et les siens demourront quiptes vers ladite ville et commune de toutes les choses qu'il a eu à faire avecques eulx de tout le temps passé jusques au jour duy. Ce fut fait en ladite mésée, présens et consentant tel, et tel le vendredi IIᵉ jour de février, l'an mil IIIᶜ IIIˣˣ et douze.

Et despuis le XIXᵉ jour dudit moys de février ensuyvant avons esté assemblez en nostre dit eschavinage pour avoir conseilh, avis et délibéracion de certains faiz, causes et négoices touchans les faiz de ladite ville et commune, à laquelle assemblée estoient tel et tel et par l'avis et opinion des dessus nommez et de leur consentement, emprés plusieurs choses traictées, passées et accordées entre nous, a esté compté en la présence de touz avecques ledit M⁰ Raymond Queu de toutes les choses qu'il a fait pour ladite ville et commune, tant pour les voiages dessuz nommez qu'il a fait pour nous en France pour ses despens, mises, frais et cortage et salaires, et aussi de tout ce qu'il a pehu avoir eu et receu des deniers de ladite ville et commune, sommes venus avecques ledit Raymond à composicion, acort et fin de compte pour toutes choses par la manière qui s'ensuit ; c'est assavoir qu'il est dehu audit Me Raymond la somme de neuf vingt livres tournois, et tant a esté rebatu par ledit compte de la somme desdiz ııᶜ livres premières nommées, lesquelles ıxˣˣ livres ledit Mᵉ Raymond aura et prendra sur la recepte qui sera faite desdiz empétremens qu'il a fait en France par la manière qu'il estoit parlé et acordé ; pardessus ce et pour icelle dite somme de ıxˣˣ livres ladite ville et commune demourra quipte et paisible vers ledit Mᵉ Raymond de tout le temps passé jusques au jour duy, et aussi ledit Mᵉ Raymond demourra quipte vers ladite ville de toutes les choses qu'il a eu et receu des deniers de ladite ville de tout le temps passé jusques au jour duy. Ce fu fait le xıxᵉ jour de février, l'an mil ıııᶜ ııııˣˣ et douze.

Et le vendredi xxıᵉ jour de mars ensuivant mil ıııᶜ ııııˣˣ douze, nous estans en nostre dit eschavinage illecques tenant nostre mésée plénière, emprès le sain de ladite commune sonné à branle par la manière acostumée, emprès plusieurs choses traictées pour les causes, faiz et négoices de ladite ville et commune, du consentement de touz les astans en icelle, a esté confirmé et approuvé lesdits comptes et quiptances qui furent faits avecques ledit Mᵉ Raymond. Queu le xıxᵉ, et l'avons agréable par la manière que dessus est dit et desclaré, et que de ce en sera fait une lètre audit Mᵉ Raymond souz le scel de ladite commune ; et fu fait et donné en ladite mésée, en présence et du consentement de tel et tel.

Le xxıᵉ jour d'avrilh.

Renvoyée la ferme du droit de souchet et entrées de ville au mardi suivant, faute d'enchères suffisantes.

Le mardi et par le conseilh des assistans il a esté remis et continué jusques à dimanche prochain venant.

(Le procès verbal d'adjudication est complètement effacé).

Le xvie jour de jung, heure de relevée.

Hugues de Cumont a confessé, en la présence de monsieur le maire, sire Ambroys de Saumur, Hélies du Verger, Guillaume de Cherveaux, Jehan Piet, Jehan Le Tourneur le jeune, Regnaut Daguenaut et plusieurs autres, qu'il doit à Jehanne de Mauguyre xiii souls six deniers pour un digner que le receveur de Xaintonge et Aignellet de La Leue et li firent en son hostel, et leu promet paier dedens le jour du corps Jhesu-Crist prochain venant.

Le xixe jour de may.

Au jour duy avons fait et ordené Guillaume de Villemer estre enquanteur[1] de la ville Saint-Jehan, parmy ce qu'il a fait serment de faire et excerser ledit office bien et loialment, et l'en avons mis en possession.

Le xxe jour de jung.

De la demande que fasoit Pierre du Meslier contre Arnaud Amoroux, costurier, à cause d'une cote ordie que ledit costurier avoit fait pour la chambarière dudit Pierre, disant que ladite robe n'est pas faite profitablement selon la faculté du drap qui li avoit baillé, a esté ordené que Pierre Lucas et Guillaume Boguin seront apelez personnellement et visiteront ladite robe, et en sera ordené selon leurs disposicions.

Le xxiiie jour de décembre.

Au jour duy a donné bon affiage et loial seureté sire Bernart Tronquière à Guillaume Roilhe, bourgeois, et a promis et juré qu'il ne le meffera ni fera meffaire en corps ne en biens, fors que en droit fasant et en droit prenant, selon la costume du païs;

Et ledit Guillaume Roilhe a asseuré ledit sire Bernart Tronquière semblablement, et a promis et juré en fourme de droit.

Le jeudi xxve jour de may.

Au jour duy, Héliot du Verger, lieutenant de Pierre Lenoir,

---

1. Commissaire-priseur.

prévost fermier de la prévosté de Saint-Jehan Dangéli, a
amené pardavant monsieur le mayre, B. de Belboys, Jehan
Dorsson, de la nation du Limosin, ... Huyllecop, de la nation
d'Angleterre, malfaiteurs; lequel il avoit présenté audit monsieur le maire le ... jour du mois d'avrilh, et les quieux il a
amené pour en fère la judicacion de droit qui en appartient...
Selon l'inquisicion [qui] fut faite par ledit prévost et examinacion, laquelle il a apportée et dont la teneur est cy dessouz
incorporée; et icelle a esté leliue et publiée en jugement, en
la présence desdiz malfaiteurs; et selon icelle mondit sieur
le mayre a demandé l'avis, oppinion et consentement aux
assistans au jugement ledit jour, c'est assavoir: à Jehan Dorin,
escuyer, chastelain du chastel de Saint-Jehan Dangéli, Aubert
de Lespine, escuyer, maistre des arbalestriers de la route de
monsieur le viconte de Meaux, le bastard de Meaux, sire
Berthomé Marquis, assesseur de honouré home Pierre Coutelier, licencié en loys et lieutenant général de monsieur le séneschal de Xaintonge, Beguet du Sart, escuyer, Jehan Martellet, ... de Bailheu, escuyers, Jehan Galerant *(suivent les
noms de 76 conseillers, échevins ou pairs)*:

Aux quels monsieur le maire a demandé leur conseilh, avis
et oppinion par lesquels il a trouvé que lesdiz malfaiteurs et
selon leur consentement ils doyvent estre jugez à mort, c'est
assavoir estre penduz, ausquels malfaiteurs monsieur le maire
a esgardé et dit par jugement qu'ilz doyvent prendre la mort
ordenée dessuz et par jugement et ob le conseilh, oppinion et
consentement dudit prévost, auquel prévost ont été bailhés
et livrés pour faire exéqucion, et présents les dessuz nommez
et plusieurs autres.

S'ensuyt l'examinacion desdiz malfaiteurs et confession
bailhée audit monsieur le maire par ledit prévost :

Le xvIII^e jour d'avrilh, l'an mil ccc iiii^{xx} et doze, je, Héliot
du Verger, lieutenant de Pierre Le Noir, prévost fermier en
ceste présente année de la prévosté de Saint-Jehan, examinay
et interrogay Berne de Besboys, Jehan Dorsson, Huyllecop

et Michel de Belbost, détenuz en la prison du roy pour plusieurs roberies et larroncins qu'ils ont fait, si comme par leur confession plus à plain apparoist, lesquelles l'une emprès l'autre s'ensuyvent.

Est présenté Bertrac de Belboys, lequel de sa volonté, sans nulle contrainte, a congneu et confessé environ que le quaresme passé, à un boys appelé La Garde de Varèze, lui, Huyllecot et Michel de Bellest robèrent Guillaume Benest, galois, et quatre autres marchants de Saint-Jehan, auquel galois ils ostèrent deux chevaux, sa cote de fer, lance, espée et dague, v escus, un franc en monnoie, un sol d'argent, robe et chaperon et chausses, et ausdiz marchants leurs chevaux et marchandises;

Dit plus que, environ vendanges dernières passées, luy, Ferandillon, ledit Jehan Dorson et plusieurs autres, des quieux ne scet les noms, prindrent Hublet de La Roche, seigneur de Vervant, et Jehan Yle, auquel seigneur de Vervant ostèrent ses deux chevaux et xviii souls, et audit Jehan Yle son cheval, sa cote de fer et environ v ... d'argent; et enquis en quel lieu, ce fut dit que (ce fut) au pas de Vilaret, près d'Aunay;

Dit que, environ la feste de la chandeleur dernière passée, en compaignie d'un appellé Guilhot et d'un appellé Jehan et autres, dont ne scet les noms pour ce qu'il estoit nouvellement venu de Ventadour, ils prindrent le prieur de Mougi... et son vallet, ausquels ils ostèrent leurs chevaux et audit prieur son hopelande, son manteau, ses chausses et ses esperons;

Dit plus qu'il fut à prindre messire Maynard de Maugezir, chevalier, et Guillaume de Sauveterre, auquel chevalier fut ostée une seinture d'argent dorée, un coler d'argent doré et une espée, et audit Guillaume un escu d'or et une espée;

Dit plus que, la semayne avant l'ozane, luy et lesdiz Dorson, Huyllecot et Michel prindrent un marchant entre Pons et Barbezioul, auquel ils ostèrent son cheval et iii escuz. Le xxve jour dudit moys d'avrilh, l'an susdit, dist et confesse en oultre ledit Bertrac que, environ la my aoust dernier passé, que, entre Saint-Savinien et Tonnay-Voultonne, un appellé Phelippe en sa compaignie, prindrent et ostèrent à un appellé Jehan Lecourt, de Saintes, deux groux draps, trois piesses de toile, son cheval et environ trois ou quatre livres d'espisses;

Plus est confessa ledit xxve jour d'avrilh, que, sur le chemin de Taillebourg, luy accompaigné d'un appellé Phelippe Peroursal et un appellé Jehan, et autres dont ne scet les noms, ils pillèrent Guillaume Bernac, Hélio de La Planche, ausquels ostèrent leurs chevaux, et audit Guillon quatre escuz et audit Héliot une cote de fer.

Jehan Dorson, de la nation de Limosin, lequel, de sa volunté sans nulle contraincte, a congneu et confessé que lui, acconpaigné desditz Bertrac de Besboys, Huyllecot et Michel de Bellest *(même déclaration que plus haut pour le vol du marchand, dans le bois de La Garde, du seigneur de Vervant, etc.)*

... Plus, dist et confesse ledit Huyllecot que, environ la my caresme, entre li, Phelipot Peroursal furent au pas de Tournay au chemin de La Rochelle, auquel lieu ils prindrent Bernart Barraut et un... des Laudes; auquel Bernart ostèrent son cheval, un escu, un... et son espée... jusques à la nuyt, et audit Bourdin ostèrent son cheval qui estoit en la valeur de diz francs... et à celle fois ostèrent à un vallet de galois son cheval et son espée.

(A aussi assisté au détroussement du marchand entre Barbezieux et Pons).

Le lundi x^e jour de juing mil ccc iiii^{xx} et doze, Hélie du Verger, lieutenant de Pierre Lenoir... a amené pardevant monsieur le maire un home appellé Michot de Belboys, de la nation de Navarre, lequel avoit esté prins et amené au chastel de Saint-Jehan Dangéli, en la compaignie de trois autres qui furent excéqutez le jeudi xxve jour de may dernier passé, pour leurs meurtres; lequel Michot avoit confessé sans nulle contrainte avoir dérobé plusieurs gens marchants et autres de jour et de nuyt parmy les boys, et par espécial dit au jugement en la présence des dessuz nommez, qu'il avoit esté à rober ceulx qui s'ensuyvent (*déclaration conforme à celle faite ci-dessus*), et pour ceste confession monsieur le maire demanda aux présens sur ce et leurs bonnes opinions et qu'ille voulssent conseiller pour en faire son jugement. C'est assavoir: sire Bernart Tronquier, sire Berthomé Marquis, bourgeois, Jehan Dorin, escuyer, chasteleins de Saint-Jehan Dangéli, Guillaume Dorin, Robin Aplagin, galois, Foirest, escuyers, M... de Nauja, Michellet Colin, arbalestriers, et plusieurs autres escuyers, arbalestriers et archers de la route de monsieur de Coucy; Jehan du Four, Estène Brun, Pierre Amouroux (*suivent les noms de vingt-deux membres du corps de ville*). Par l'avis, conseilh et oppinion des dessuz nommez, aux quieux monsieur le maire en a demandé, il se trouve que ledit Michot devoit estre condampné à mort, c'est assavoir estre pendu; auquel Michot monsieur le maire dist par son jugement qu'il estoit condampné prendre la mort et estre pendu, consentant à ce ledit prévost. Et lors ledit prévost le prist et le livra aux sergens que le livrèrent au pendeur et excéquteur.

Le XIIe jour d'octobre mil CCC IIIxx et douze, en la présence de Bernart Tronquière, sire Ambroys de Saumur, etc., Jehan des Places, en nom et comme lieutenant de Pierre Cajat, dit Malicorne, prévost de la ville Saint-Jehan Dangéli, amena et présenta à sire Aimery Seignouret, mayre de la ville de Saint-Jehan, en l'eschavinage, un home appellé Bernart de Saint-Bonnet, de la ville de Saint-Romans, près de Conac; lequel avoit emblé un cheval en la ville d'Angoulins près La Rochelle, à un escuyer appellé Loys Guoyon, demourant audit lieu d'Angoulins; laquelle chose ledit Bonnet a confessé pardavant tous. Si a esté baillé ledit Bernart audit prévost, en li commandant qu'il en facet question et enqueste par la manière qu'il appartient à fère en tel cas, et que sa confession et ce qu'il aura trouvé il aporte quant il verra que à faire sera.

Le XVe jour d'octobre, honouré home maistre Pierre Coutelier, licencié en loys, lieutenant général de monsieur le sénéschal de Xaintonge luy tenant les grant assises de ladite séneschaussée de Saintonge, au siège de Saint-Jehan Dangéli, a présenté et fait amener pardavant honouré home sire Aymery Seignouret, mayre de ladite ville Saint-Jehan, un home appellé Estène Brun, lequel estoit en l'arrest du roy nostre sire on chastel de Saint-Jehan Dangéli, pour l'acuzement de ce que un jour il aloyt au païs d'Aulnys et repehut, li et son cheval à Surgères, à l'ostel de Guillaume Le Berton, et aux despens dudit hostelier. La feme dudit Guillaume Le Berton demanda audit Estène l'argent de son escot du digner, si comme l'on dit, et ledit Estène li responssit : « Dame, je n'ay pas assez argent ; mes atendez à ma venue et je vous payeray. » Adonc la dame dudit hostel responssit audit Estène que elle ne li acreret riens : car autreffoiz un avoit-elle acrehu, dont elle n'avoit onques esté paiée, et lors ledit Estène dit à ladite feme : « Vous véez cy un escu d'or, baillhez-moy le payement dudit escu d'or », et le bailha audit Estène, lequel le prist et ne bailha pas à ladite feme ledit escu, mes mist la bride à son cheval et s'en ala par tel. Et de ce ladite feme auroit fait plaincte à noble et puissant seigneur monsieur Surien de Traynes, chevalier, lieutenant de très noble et très puissant seigneur monseigneur de Coucy, lieutenant pour le roy nostre sire en païs de Guienne, lequel avoit bailhé ledit Estène pour l'acuzement d'escuz d'or audit monsieur le lieutenant de monsieur le sénéschal de Xaintonge, pour en fère mise et justice, et pour ce que l'on disoit que ledit Estène n'avoit pas bailhé ledit escu à ladite feme, quant elle li bailha le paiement, se vossit recrevre, ledit Estène, au recour et dit de Guillaume Alen, dit Contreffait, qui estoit présent audit lieu de Surgères, quant ce fut fait. A laquelle présentation furent présens sire Bernart Tronquière, sire Jehan Roilhe, etc.

Le premier jour de mars. *(Présentation au maire par Pierre Cajat, dit Malicorne, de Morisset Bastarder, arrêté comme voleur dans l'église du Pin).*

Le XIIe jour de mars.

Au jour duy Pierre Cajat, dit Malicorne, prévost de la ville de Saint-Jehan d'Angéli, a amené en la présence de monsieur le maire, pour estre jugé selon sa confession, un home appellé Morisset Bastarder, du pays de ..., lequel a esté pris et questionné pour ce que il a confessé avoir esté pris voleur en l'église du Pin, en laquelle il estoit entré selon qu'il dit pour sercher à avoir du pain s'il en eust trouvé, et ne trouva que un sac onquel n'avait que une opelande et deux pareilhs de chausses et les remit on sac, ainsi qu'il les trova, et ne prist que la solière qu'il mist derrère l'autier. Et lors prist ledit Morisset une fourche de bois qu'il trouva, o laquelle il se efforsa le plus qu'il peut de ouvrir la claveure de la fenestre de ladite église cuidans trouver en icelle du pain, et quant il vist que il ne povoit ouvrir ladite fenestre, ainssi qu'il voloit fouyr, il oyt gens venans, et lors il se ala reconder en une angle de ladite église où il fust pris. Cogneut et confessa que, a bien vii ou huit ans, il embla à Estime du Boys, son oncle, près de La Brousse, six francs... que, bien a six ans, il embla à Jehan Guorrin, son cousin, huit francs du consentement du fils dudit Guorrin, et disoit ledit Morisset que lesdiz son oncle et cousin avoient ehu la tutelle de li et aministracion de ses biens, et que d'icelle somme ledit Morisset en estoit venuz avecques euls à composicion et acort et ehu quiptance et de leur argent davantage. Item, confessa que, bien a deux ans, que ledit Morisset embla une naure où il y avoit poisson, qui bien valoit iv souls. Item, qu'il embla en revenant de Flandres, à Mantes-sur-Seyne, il embla quatre hones de drap, et estoit en sa compaignie un autre vallet qui en fut consentant, et qu'il embla l'an passé en Aunis un ... qu'il prist chez Pierre... de La Bussère quatre poulailles, qu'il embla une espée au vallet de Jehan... et ces choses a confessé en la présence de sire Bernart Tronquière. (*Suivent les noms des assistants*). Par les avis et oppinions des quieux est trouvé que ledit Morisset doyt estre banys de la sénéchaussée de Xaintonge et mené tout nuz par les quatre quarrefours... et en oultre perdu l'oreilh droite, et à ce a esté consentant ledit prévost et acordans.

LI

1392, 7 juin. — Lettres patentes du roi Charles VI autorisant les maire, échevins et pairs du corps de ville de Saint-Jean d'Angély à ouïr les comptes des receveurs et collecteurs des sommes imposées pour l'acquittement de *pâtis*. — *Original sur parchemin; sceau enlevé. CC. V, t. 3.*

Jehan Harpedenne, seigneur de Montandre, chambellain du roy nostre sire et son séneschal de Xaintonge, aus sergents généraulx de ladite séneschaussée et au premier autre sergent de nostre dit seigneur qui sur ce sera requis ou à leurs allouez aus quieux en lètres, salut. Nous avons receu les lètres du roy nostre seigneur contenant la fourme qui s'ensuit: « Charles, par la grâce de Dieu roy de France, au séneschal de Xaintonge ou à son lieutenant, salut. Oye avons la suplicacion de nos amez les maire, eschevins, conseillers, pers et commune de nostre ville Saint-Jehan d'Angéli, contenant que, comme privilèges à eulz octroiez par nos prédécesseurs roys de France, le maire de ladite ville ait le gouvernement, ordonance et garde d'icelle et povent, lesdiz supplians, ordener, lever et imposer sur eulx tieulx sommes de deniers comme ilz veoient estre nécessaires pour la garde, tuission et deffence de ladite ville et banlieue d'icelle, et aussi pour la fortificacion et réparacion nécessaire pour l'utilité de ladite ville sans nostre congié et licence, et il soit ainsi que pour ces causes et pour résister à noz ennemiz desquelz ilz sont mout opprimez et gastez et par espécial pour les pâtiz qu'ilz prenoient de présent par vertu des treuves prises entre nous et nostre adversaire d'Angleterre sur les habitans de ladite ville et banleue d'icelle chacun an à certains termes, montant en somme onze cens frans par leurs articles convenu on temps passé, et encore convient chascun pour induc tauxacion lever et impouser sur culz et sur noz autres subgiez de nostre dite ville et banleue d'icelle, desquelles sommes et impost ainsi faites, le maire de ladite ville a acoustumé oyr et recevoir les comptes des commiz et depputez de par luy à icelles lever et recevoir, et il soit ainsi que d'icelles sommes de deniers aucuns, par devoir de noz autres lètres de commission ès dite partie et ailheurs de par nous octroiez se soient efforcez et efforcent de fait de contraindre et faire contraindre lesdiz suppliäns et leurs diz commiz et depputez à rendre compte et reliqua, et souz umbre de ce s'efforcent de exigier et extorquer de leurs comptes plusieurs sommes de deniers et leur faire plusieurs autres empeschemens et extorcions tant de leurs corps comme de leurs biens, lesquelles chouses sont en très grant domage et préjudice desdiz suppliäns et de leurs diz commiz et depputez, et plus pourroit estre si par nous ne leur estoit sur ce pourvehu de remède convenable, requérans humblement icelui. Pourquoy nous, considérans les choses dessus dites et heu regart à icelles, vous mandons que, s'il vous appert desdiz privillèges, et que ledit maire l'ait ainsi acoustumé comme dit est, que adjoint et appelé avec vous ledit maire de nostre dite ville et trois ou quatre des plus notables bourgeois d'icelle, vous oïez les comptes tant généraulx comme particuliers des commiz et collecteurs ordenez et depputez par ledit maire à lever et recevoir les sommes qu'ilz ont imposé comme dessus est dit et iceulx comptes louez et affirmez ainsi comme en tel cas appartient, en donnant ou faisant donner bonnes quiptances et en faisant inhibition et deffence de par nous à ceulz qui s'efforcent de oyr lesdiz comptes qu'ilz cessent et se désistent desdites procédures tantost et sans deslaisser, en leur mestant et faisant mestre au délivre les corps et biens de ceulz qui pour ce auront esté ou seront arrestez ou empeschez par nos diz commiz, et les comptes de ceulz qui pour ceste cause auront esté mis ou bailhez pardevers lesdiz commiz leur faire rendre et restituer tantoust et sans délay, et volons que tout ce que par iceulx commiz a et aura esté fait ne leur porte ni à leurs diz privillèges aucun préjudice: car ainxi nous plaist-il estre fait, et ausdiz supplians l'avons octroié et octroions de grâce espécial, si mestier est, par ces présentes non obstant quelconques ordenances, mandemens ou deffences et lètres subrepticcs empétrées ou à empétrer à ce contraire. Donné à Paris le IIII° jour de mars, l'an mil CCC IIII^{xx} et onze et de nostre règne le douziesme. Ainxi signé: Par le roy à la relacion du conseilh, Montgon. »

Par vertu et auctorité desquelles lètres du roy nostre sire dessus transcriptes, et comme il nous soit apparu des privillèges et autres chouses contenues ès dites lètres, vous mandons et à chascun de vous que vous faites commandement de par le roy nostre dit seigneur à touz receveurs, collecteurs, commiz ordenez et depputez par lesdiz maires de ladite ville à recevoir les sommes qui ont esté imposées en ladite ville et banleue pour le fait desdiz pàtiz, que dedens un mois prochain ilz viegnent pardevers nouz ou nostre lieutenant à Saint-Jehan Dangéli pour rendre leurs comptes tant généraulx comme particuliers de deniers par eulx recehus desdiz pàtiz, adjoint et appelé avec nous ledit maire et trois ou quatre des plus notables de ladite ville que nous verrons esleuz par la manière contenue ès dites lètres, et avec ce faites inhibition et deffence, de par le roy nostre sire, à ceulx qui se efforceroient de oyr lesdiz comptes que ils cessent et dézistent de y procéder tantoust et sans deslay, mectant et faisant mectre au délivre le corps et biens de ceulx qui pour ce auront esté ou seront arrestez ou empeschez, et faites commandement, de par le roy nostre sire, de par nous ausdiz commiz qu'ilz baillent et rendent tantoust et sans deslay les comptes de ceulx qui pour ceste cause auront esté mis et bailhez devers eulx par la fourme et manière qui est contenue ès dites lètres et que le roy nostre sire le mandet. De ce faire vous donnons plein povoir et mandement espécial, mandons à touz les subgiez du roy nostre seigneur que à vous et à chascun de vous en ce faisant obéissent diligemment et entendent, en nous faisant dehuc relacion de tout ce que fait en aurez. Donné à Saint-Jehan d'Angéli, sous le scel de ladite séneschaussée, le viie jour de juingn, l'an mil ccc iiii^{xx} et douze. Collationné.

     Par messire le lieutenant. J. Galée.

LII

BB, 16.

Le vi^e jour du moys d'avrilh, l'an mil ccc quatre-vins et trèze, fut fait maire de la ville et commune de Saint-Jehan d'Angéli sire Bernart Tronquière, et mis en possession par honouré home maistre Pierre Coutelier, licencié en loys, lieutenant général de noble et puissant seigneur, monsieur Aymery de Rochechouart, sénéchal de Xaintonge pour le roy nostre sire, et c'est la quarte foyz que ledit sire Bernart Tronquière a esté maire de ladite ville et commune.

S'ensuyvent les officiers de ladite commune de ceste présente année:

ESCHEVINS

Me Pierre Coutelier, licencié en loys,	Jehan Bidau,
	Huguet de Cumont,
Sire Ambroys de Saumur,	Pierre Ridet,
Sire Berthomé Marquis,	Guillaume de Sauveterre,
Sire Aimery Seignouret,	Ambroys Fradin,
Pierre Tronquière,	Jehan Du Four,
Guillaume Mehé,	Guillaume Grant,
Pierre de La Sale,	Gieffroy Guaiart,
Robert Le Mère,	Guillaume de Bessé.
Pierre Seignouret,	

CONSEILHERS

Jehan Piet,	Pierre Amouroux,
Loys Bidau,	Pierre de La Vau,
Guillaume de Cherveaux,	Pierre Du Meslier,

Bernart Bidau,
Regnault Daguenaut,
Jehan Garin,
Jehan de La Benaste,
Jehan Boueron l'ayné,

Pierre Garner,
Guillaume Seguin,
Jehan Raoul,
Bernart de Bordes.

PERS

Thomas Boulhart,
Jehan Dorliens,
Guillaume Alen,
Jehan Roussea,
Alen Le Celer,
Jehan Popelin,
Penot de Nabineau,
Hélie Popelin,
Me Guillaume Servant, barbier,
Me Arnaut de Chemilhac, coutelier,
Guillaume Daguenaut,
Kasin de Bailheulh,
Jehan Payen,
Jehan Fradet,
Guillon Jolhet,

Jehan Audouin,
Jehan Raber,
Guillaume Moraut,
Penisson Fradet,
Phelipot Petit, mareschal,
Guillaume Grasmourcea,
Davy Le Tanneur,
Pierre Allenet,
Guillaume Boisart,
Mayet de Belestre,
Pierre Recommandeur,
Pierre Lucas, costurier,
Jehan Gastinea dit Gaignemiche,
Pierre Bernart, barbier,
Jehan Bouher.

Le vendredi vi^e jour d'avrilh mil iii^c iiii^{xx} et trèze, fut tenue la présente mésée de sire Bernart Tronquière, mayre de la ville et commune de Saint-Jehan Dangéli, et furent présens (*trente-six membres du corps de ville*).

Commune : Entra en la commune au jour duy Pierre Aymon, qui doit xv souls à paier après vendanges.

Les quieux sont d'assentement que l'on facet obéir toutes manières de gens à faire gaix, regaix, etc. ;

Que Bernart Fradin soit ceste présente année souz-maire de ladite ville et commune ;

Que Naudon du Lac, gendre Pierre Paucher, sera sergent

de ladite ville et commune, et un autre que monsieur le mayre y prendra ;

Que Hélies de La Pierre facet une des resserches par nuyt de la ville aux gages accostumés, et monsieur le mayre prendra l'autre resserche celi qu'il verra que à faire sera.

Il est ordené que sire Aymery Seignouret facet faire les molins de Taunay-Voultonne du revenu des envois du roy nostre sire.

Est ordené receveur et procureur général de toutes les revenues de la ville, Hugues de Cumont, et au cas qu'il ne s'en vodroit [charger] que Pierre de La Sale le sera et pour avoir la charge généraument des œuvres et réparacions de la ville.

Ont fait ordené et establi leurs procureurs en toutes les causes de ladite ville et commune, c'est assavoir : Me Raymont Queu, Jehan Bidau, Guillaume Mehé, Huguet de Cumont, Jehan Bidau, Regnaut Daguenaut, Pierre Tronquière et plusieurs autres.

Volent que l'on visitet les réparacions plus expédians estre faites en ladite ville, et que monsieur le maire, monsieur le lieutenant et autres en leur compaignie, et que celles qui seront ordenées par euls soient faites et ordenées ;

Establissent leur procureur en parlement, c'est assavoir : Me Thomas Laurens, Jehan Doriolle, Jehan Papinot.

Est ordené que monsieur le maire mettet visiteurs et regardeurs sur les chars, poissons, tonneaux, frette, oysilh, mayrins et cuirs et soliers, et sur toutes autres danrées ceuls qu'il verra que à faire sera.

Mésée tenue le xɪɪᵉ jour de may...

Il est ordené que l'on facet par ceste ville une resserche de savoir ceuls qui ne font aucune garde pour les y fère contribuer, et sont ordenez pour icelle fère et aporter par escripts Guillaume Bilhon et Guillaume Alen, dit Contreffait.

Est ordené que l'on fera réparacion aux murs de la ville,

c'est assavoir aux alécz des groux murs d'entre la porte de Nostre-Dame[1] et la tour ronde là où il a esté convenance, et puis en seguant aux autres alécz desdits murs.

Il est ordené que ceste présente année feront ressercher par nuyt à l'entour de la ville, Naudon du Lac et Héliot de La Pierre, un devers le soir et l'autre devers le matin, et rapporteront à monsieur le mayre les deffailhans et gaigneront chascun par an c souls tournois ;

Que il y aura ceste année guayte par jour on clochier de l'église monsieur Saint-Jehan : c'est assavoir Estène Potet aux gages de douze livres par an ;

Qu'il sera crié que passé les prochaines vendanges nulh home ne vendre vin à détailh, etc. ;

Que sire Aymery Seignouret fera fère les ouvrages nécessaires pour les molins de Taunay-Voultonne, et pour les portes de Voultonne, et qu'il aura guages pour salaire de son travailh, payne et dilligence, à l'ordenance de monsieur le mayre et de monsieur le lieutenant ;

Que ledit sire Aymery fera fère le pillori de ceste ville et en prendra le meilheur marché qu'il pourra, et sera fait de la meilheure matière et ordenance que l'on pourra ;

Que le salayre de monsieur le mayre, souz-maire, sergens et autres officiers de ladite commune seront paiez en ceste présente année par chascun moys de l'an à chascun officier ce qui li appartiendra ;

Que l'on payet dix livres tournois à monsieur le lieutenant, lesquelles li ont esté promises pour sa payne et diligence qu'il a mis pour nous, en faisant l'acord du prieur de Taunay-Voultonne et de la commune et pour autres affaires de la ville et commune.

Est ordené que tous ceulz qui ont reccu les deniers de la ville, tant en pàtis que autrement, auront à porter leurs

---

1. La porte Notre-Dame était voisine de l'église de Notre-Dame-des-Halles et fut dénommée plus tard porte de Parthenay.

comptes de leurs receptes et mises pardevers monsieur le mayre et les autres ordenés pour oyr les comptes dedens la prochaine mesée à la payne de LX sous, en maletant la somme de x marcs d'argent ;

Que les cordeliers du couvent de Cougnac auront et leur sera donné en aumosne quarante souls pour leur aider à fère leur chapitre général et pour que ils soient tenuz prier Dieu pour nous [1] ;

Que l'on facet aprocher Pierre Le Noir et autres qui font office de courratiers, sans ce qu'ilz le soient, et mènent les marchants qui volent achapter vins ailheurs que chez les bourgeois et jurez de la commune et pour ce l'amanderont [2] ;

Que sire Aymery Seignouret paendra son salayre de mayrie de l'année dernière passée sur le don et octroy que le roy nostre sire a fait à ladite ville et commune, ô le plaisir des gens du roy, et Huguet de Cumont, receveur de ladite ville et commune, recevra la compliment et de la ferme de souchet et entrées que Pierre du Meslier doit de ladite année dernière passée.

Mézée tenue le xxe jour de jung. (*12 membres du corps de ville présents*).

Sont d'assentement que la garde de la ville, etc.

Est ordené les resserches de jour et de nuyt par la manière acostumée ;

Que la vigille de la feste Saint-Jehan facent creheus les gardes-portes et que la nuyt l'on facet visitacion de gens armés en la compaignie de monsieur le mayre par la ville pour eschiver les noyses et courroux ;

Que les ouvrages des murs de la ville soient continuez le

---

1. Le couvent des cordeliers de Cognac, fondé à la fin du XIIIe siècle par Guy de Lusignan, occupait, dit Marvaud, un assez vaste emplacement contigu à la place de Beaulieu. (*Etudes hist. sur Cognac*, I, p. 116.)

2. L'office de courtier était un office municipal créé uniquement en vue de favoriser les intérêts des jurés de la commune.

plus grandement et plus proffitablement que l'on pourra, et, pour ce que la ferme du souchet n'y pourroit fournir, est ordené qu'il sera donné mandement à sire Aymeri Seignouret qu'il bailhet à Huguet de Cumont, maistre des œuvres et réparacions de ladite ville, les deniers qui seront nécessaires à mètre et convertir aus dites œuvres ;

Que le taux des pâtis de Bouteville qui comenssera à la feste saint Jehan-Baptiste prochain venant et aussi pour les paroisses de la banlieue (soit fait), et en outre que bonne garantie du pâti soit faite et envoyée aux Anglois ;

Que les lètres et obligacions faisant mencion du fait et de l'acort des molins de Taunay-Voultonne avecques le prieur dudit lieu soient faites et groussoyées et mises en parchemin, et que le clerc qui la fera soit paié par la main de Huguet de Cumont, receveur, et que l'on en pringet le meilheur marché que l'on pourra ;

Que soit paié à sire Berthomé Marquis xx souls pour son travailh de avoir minuté (?) ces lètres du fait de l'acort de la ville et du prieur de Tonnay-Voultonne ;

Que l'on fera commandement, de par monsieur le maire, à touz ceulz qui ont à rendre compte des pâtis et du revenue de ladite ville et commune de tout ce temps passé, que dedens le dimanche avant la prochaine mésée ils ayent aporté et clox leurs comptes, à ceuls qui sur ce ont autreffois esté ordenez pour les oyr, et à la paine de LX souls, en multant icelle à la pogne de x mares d'argent, à apliquer à ladite commune ;

Est ordené que Huguet de Cumont, mestre des œuvres et réparacions et receveur de ladite ville et commune, fasset fère le pilori (sic) bon et proffitable ;

Que monsieur le maire et monsieur le lieutenant de monsieur le séneschal facent aprocher et convenir pardavant eulx les gens qui ont fait despens (deffence?) aux tascheurs et aux laboureurs des vignes et qu'ils la tiennent à l'amande par la manière que par eulx sera esgardé.

MÉZÉE tenue le premier jour d'aoust. (*Présents, 14 membres du corps de ville*).

Entrèrent en commune aujourduy :

Héliot de La Peire, et doit xx soulz à la commune pour entrée ;

Mathé Fraigneau, charpentier, Jehan Roy, charpentier : doivent trente souls.

Sont d'assentement que monsieur le maire facet obéir, etc. ;

Volent que monsieur le maire et ceulz qu'il li plaira en sa compaignie mètent en ordenence à fère obéir à la garde de la ville ceulz qui aucune chose ny font.

Est ordené que, si le prévost de cette ville fait aucun grief aux jurés de la commune à l'encontre du privilège, et qu'il ne vulhet pas rendre les obéissances à monsieur le mayre de ses jurés, qu'il soit appelé dudit prévost, et les appellacions poursuyvies aus despens de ladite commune.

Ont fait leur procureur général, c'est assavoir Loys Daniel, et aura pour ses gages par an quarante soulz.

Est ordené et volent que le receveur de céans paiet à Jehan de La Benaste la somme de sèze souls, les quieux l'on li doit pour le présent de vin qui a esté fait du consentement des bourgeois à madame de Peroux (?), feme de monsieur Jehan Arpedane, nagaire séneschal de Xaintonge[1] ;

Que soit paié à monsieur le maire par la main de Huguet de Cumont, receveur de la ville, la somme de quarante et cinc soulz, lesquieulx li sont dus pour les despens que ont fait les compaignons armés qui furent en la compaignie dudit monsieur le mayre, la vigille et le jour de la feste saint Jehan-Baptiste, à aler par la ville et à la veilhée ;

Que soient paié à monsieur le mayre trèze souls quatre

---

1. Jean Harpedanne était neveu d'autre Jean Harpedanne, connétable d'Angleterre, marié à Jeanne de Clisson ; son fils épousa Marguerite de Valois, fille naturelle de Charles IV et d'Odette de Champdivers.

deniers par ledit receveur, les quieulx il a paié pour deux pareilhes de bottines données aus deux trompettes de monsieur de Coucy, et de monsieur de Meaux, pour les criées que lesdiz trompettes ont fait au proffit des gens de la ville ;

Que soient paiés à monsieur le maire cinq souls, lesquieulx il a paié du sien au petit Bouquet, messager, pour porter les lètres clouses de par monsieur de Meaux à monsieur le lieutenant de Xaintonge, pour le fait de la ville et du païs ;

Que l'on donget à Guillaume Contreffait et à Guillaume Thébaut, cinq souls pour leur travailh et diligence qu'ils ont fait pour fère la resserche de tous les habitans de la ville affin de mètre en ordenance ceulz qui ne font aucune garde en ladite ville.

Est ordené que sera fait un livre de parchemin onquel seront escripts tous les jurés de ladite commune.

Sera descompté à sire Berthomé Marquis la somme de LX souls, lesquieux il emprunta.

Est ordené que sera paié à Jehan Bidau vint soulz pour une pareilh de chausses de bon drap, qu'il bailhet à Emperville, trompette de monsieur de Coucy, lesquelles li ont esté promises pour le fait de la ville, jà piecea en temps de l'autre mayrie.

Volent que le receveur paiet à Mériot Charles dix souls, qui deus li sont, pour cause de l'empeschement que l'on li a fait de son verger, onquel a esté mise la pierre, le sable, et ycelle destrempé pour fère les alléez de guaix aux murs de la ville d'entre la tour ronde et la porte de Nostre-Dame ;

Que soit fait un mandement adroissé à sire Aymeri Seignouret, garde de l'argent que le roy a donné pour les réparacions et enforcements de ladite ville, et du cours de la Voultonne, qu'il bailhet à Hugues de Cumont, receveur et maistre desdites euvres, la somme de vint et quatre livres dix souls pour paier les gens qui ont curé et netoyé le cours de la rivière de Voultonne, et pour reporter ledit mandement et quiptance dudit receveur ladite somme li sera desduyte.

Mésée tenue le vᵉ jour de septembre. (*Présents, 43 membres du corps de ville*).

Sont d'assentement que monsieur le maire facet obéir, etc. ;

Que l'on garde le privilège, lequel le prévost a volu destacher, de rendre la obéissance, et qu'il soit poursuivi aux despens de la commune si mestier est ; et, on cas qu'il ne vodroit bailher les retournées des jurés par la manière accostumée, que l'on en appelait appertement [1] ;

Que nulh dehors de commune ne puissent vendre vin à détailh si n'est par la main de home de la commune, si non à jour de foire ou de marché [2].

Volent que monsieur le maire soit paié de la somme de quarante et cinq souls qu'il despendit pour le digner qu'il fit à monsieur le lieutenant, l'avocat du roy et autres conseilhers, qui dignèrent à son hostel le dimanche emprès les assises, pour avoir collacion ensemble du fait des privilèges de la commune ;

Que soit paié à monsieur le maire quarante souls, pour la despence que firent les compaignons qui alèrent armez en sa compaignie, la vigile de la décollacion saint Jehan-Baptiste et la feste Saint-Jehan ;

Que tout ce que monsieur le maire, monsieur le lieutenant et autres qu'il appelleront en leur compaignie des bourgeois de céans, trouveront par leur conseilh du fait de ladite ville et commune contre le prieur de Tonnay-Voultonne, qu'il en soit fait entièrement.

Il est ordené que nul des homes qui ne sont de la commune ne vendront aucune marchandise à détailh en ladite ville, si non à jour de foire et de marché ;

Que monsieur le maire fera faire serment aux couratiers

---

1. D'après l'article 1ᵉʳ des lettres patentes accordées par le roi Philippe de Valois à la ville de Saint-Jean d'Angély, au mois de juillet 1331, tout individu prévenu de crimes devait être présenté par le prévôt au maire, à qui il appartenait de le juger s'il était membre de la commune.

2. Lettres patentes du mois de juillet 1331, art. 6.

de nouvel, et qu'il ne fera vendicion de vin à home dehors commune jusques il ait fait vendre à ceuls de la commune ;

Que si aucuns marchants anglois viennent en ceste ville pour marchander, ils feront serment à monsieur le maire en la manière que l'on fait en La Rochelle ;

Que toutes manières de tonneaux et de pipes qui ne seront pas de la guauge de la ville, qu'il en sera fait justice, et l'amanderont ceulx qui les aura faiz [1].

Il est ordené que l'on fera fère de fer la gauge des tonneaux ou pipes, et est ordené à Guillaume Loubat, charpentier, pour la visiter aux charges acostumez, lequel a fait serment de le fère bien et loialment.

Commune : Entrant en commune Pierre Gombaut, boucher, et donet à la commune vingt souls ;

Et Pierre Gillebert, barilhier, et donet à la commune vint souls.

Mésée tenue le 3e octobre. (*Présents, 41 membres du corps de ville*).

Commune : Aujourduy sont entrés en la commune :

Pierre Bernart, barbier ; Pierre Bouher, boucher ; Bernart de Bredur : doit xx souls à la commune ;

Lorin de Fourner, et ne doit riens à la commune pour ce que son feu père en estoit.

Les quieux sont d'assentement que l'on facet bon guaix ;

Que l'on facet les réparacions en la ville, selon la revenue ;

Que Regnaut Daguenaut, amasseur du pâti de Mortaigne, en ceste année, ayet pour son travailh et salaire xvi livres pour tout l'an ;

Que monsieur le maire, souz-maire et sergens de la commune soient payés de leurs salaires par moys, si come autreffois a esté coustume.

Jehan Bidau a, au jour duy, en plénière mésée, renouvellé

---

1. Lettres patentes de Charles V du mois de novembre 1372, art. 6.

son serment de fère bien et loialment l'office de courratier.

Jehan Corder s'est au jour duy excusé souffisamment pardavant tous de ce que Jehan Maurser disoit contre luy qu'il avoit fait de courretage et mène marchans estrangers au dehors de la ville par les vilages.

Que monsieur le maire soit paié de la somme de XLV souls qu'il mist la vigile Saint-Jehan décolacé, pour la despence que firent les compaignons qui furent celi jour avecques li et la nuyt.

Sire Aimery Seignouret doit aporter dedens la prochaine mésée son compte pour savoir s'il auroit argent de résidu pour fère rapareiller les portes de Bernoühet.

*
* *

Mésée tenue le segond jour de janvier mil CCC IIII^{xx} et trèze. (*Présents, 41 membres du corps de ville*).

Sont d'assentement que les barbacanes dessuz les murs de la ville, qui ne sont point retenues, seront abatues et mises en gaite, et bien fremant, au proffit de la ville, et les autres seront retenues le mieuls que l'on pourra;

Que monsieur le maire facet fère le taux du pâti repris à Bouteville à ceste dernière feste de noël, et qu'il pourvoye qui le lèvera, et qu'il donet le salaire tel qu'il verra que à fère sera pour le lever;

Que dix livres dix-sept souls six deniers que sire Aymeri Seignouret a mis pour sa despence de monsieur le maire, de li et des autres et cinq chevaux en voiage, qu'il firent la semayne avant la feste de noël dernièr passée, et demourièrent VII jours audit voiage, pour aler compter au receveur des aydes que les affayres de la ville soient rebatues; audit sire Aimery, de la somme de IX^c LXX livres, desquelles nous doit rendre compte ledit sire Aymery dedens la prochaine mésée; et fut le voiage du jeudi XVIIIe jour de décembre jusques au mercredi ensuyvant vigile de noël.

Sont ordenez auditeurs des comptes dudit sire Aymeri, pour

les reporter dedens la prochaine mésée, sire Berthomé Marquis, Jehan Bidau, Gieffroy Guaiart, Ambroys Fradin, Guillaume Seguin et Gieffroy Doussin ou les troys derniers au moins;

Que l'on donnet quiptance au receveur des aides de la somme de deux cent soixante et dix livres tournois, en déduccion et rebat de ce qu'il nous devoit à cause des grâces et octroys à nous fait par le roy nostre sire.

Et ledit sire Aymeri s'est obligé, souz le scel roial, passé par Pierre Amouroux, personnellement et de corps, de nous rendre bon compte et loial dedens la prochaine mésée, d'icelles II^c LXX livres, ensemble et de c livres, que ledit receveur li a commandé à nous bailher en déduccion d'une descharge que ledit receveur a de Jacques Aymon, de la somme de II^c livres, et aussi rendre compte de la somme de VI^c livres que ledit sire Aymeri a receu dudit receveur l'an précédent, en déduccion des autres assignations à nous faites par le roy nostre sire, sur ledit receveur, et ainxi montent les sommes susdites neuf cent soixante et dix livres, lequel ledit sire Aymeri nous doit rendre compte et présentement nous satisffais la reste, si aucune en y a.

Sont d'assentement que ledit receveur des aydes aict quiptance de la somme de cinquante-six livres cinq souls tournois, que ledit receveur bailha à monsieur le mayre, le XXVIIe jour du mois de décembre dernier passé, en déduccion et rebat desdiz octroiz fais; et ledit monsieur le mayre bailha ladite some de LVI livres V souls à Hugues de Cumont, receveur et maistre des œuvres de ladite ville et commune.

Sont d'assentement que l'on donra à noble et puissant seigneur monsieur Aymeri de Rochechouart, séneschal de Xaintonge, six pipes de vin qui costeront XXI livres, et six torches de cire du poys de XXV livres, qui costeront CI souls III deniers, et montera ledit présent XXVI livres un soul trois deniers, laquelle somme ledit Hugues de Cumont paiera, et li seront alloués en ses comptes sans autres quiptances sur ce avoir, et li en sera donné mandement.

Il est ordené que ledit Hugue de Cumont paiera pour deux exéqucions de nos privilèges et une exéqution de nostre sauve garde perpétuelle, tant pour les escriptures pour les ordener que pour les scéeler, la somme de soixante souls tournois, et li sera alloué en son compte sans autre quiptance, et en aura mandement ;

Il est ordené que ledit Hugues paiera à Pierre Garner, marchant, sept livres quatre souls pour la vendicion de vi aunes de drap pour la livrée des deux sergents de la commune.

Il est ordené que sire Aymeri Seignouret ordenera de la revenue de nos molins de Taunay-Voultonne jusques à la prochaine mésée.

Il est ordené que l'on poursuyvait à l'encontre de l'oposicion que le procureur de monsieur d'Aunay a fait pour les habitans de Saint-Julien qui doyvent fère le guait en ceste ville et que l'on envoiet pourchasser devers le roy nostre sire provision sur ce.

Come le souchet et les entrées de ville faillhent au moys de mars prochain venant, est ordené que Robert Le Mère et Jehan Bidau escripvent à Me Raymont Queu à Paris, pour savoir s'il a fait nulle impétracion sur ce et les autres affayres de la commune, et à la prochaine mésée sera ordené selon la responce.

Ils sont d'assentement que Guillaume Thibaut, dit Bilhon, aiet quiptance des pâtis. Pour ce que monsieur le mayre, Robert Le Mère, Gieffroy Guaiart, Loys Daniel et moy Bernart Fradin, avons resporté que ledit Guillaume avoit rendu bon compte et loial par lequel la commune et li doivent quipter l'un vers l'autre.

Sont d'assentement que sera desduyt à sire Aymeri Seignouret de la somme de ix^c lxx l., lesquelles nous doit rendre compte la somme de (*en blanc*), laquelle il a despendu li et sa compaignie an voyage qu'il a fait de Saint-Jehan à Ponts, pour nous, pour aler parler à monsieur le séneschal de Xaintonge de ce que monsieur d'Aunay menassoit et disoit plusieurs injurieuses paroles de nous et auxi qu'il auroit détenu en prison en son chastel d'Aunay sire Ambroys de Saumur, nostre bourgeois et juré, et le fit obliger en certaine grousse somme d'argent [1].

Sachent tous les mayre, eschevins, conseilhers et pers de la ville et commune Saint-Jehan d'Angéli, confessons et congnoissons avoir heu et receu de honouré home Laurens Osset, receveur pour le roy des aides pour la guerre au païs de Saintonge, la somme de deux cent soixante et dix frans d'or, sur la somme de xii^c frans que le roy nostre sire nous a ordené estre paiée pour estre emploiée ès réparacions, fortifications et autres nécessitez et affayres de ladite ville, si come plus à plain est contenu ès lètres patantes dudit seigneur, données le viiie jour d'octobre mil ccc iii^{xx} et onze, vériffiées par nos seigneurs les généraux conseilhers sur le fait desdites aydes, le xxixe jour d'octobre l'an iii^{xx} et douze, et laquelle somme nous a esté paiée par la main de sire Aymeri Seignouret, lieutenant en la ville Saint-Jehan, chastellenie et ressort d'icelle pour ledit receveur; de laquelle somme nous tenons pour contens et bien paiez et en quiptons le roy nostre sire, les receveurs et tous autres par ces présentes sceellées du scel de nostre commune, nous estant en plénière mésée, et du consentement de tous les assistans, le vendredi segond jour de janvier, etc.

Sachent tous, etc., congnoissons et confessons avoir heu et receu de honouré home Laurent Osset... la somme de cinquante-six livres cinq souls tournois en déduccion de ce qu'il peut ou pourra devoir à ladite ville Saint-Jehan, pour cause de certains dons faiz par le roy nostre sire aux habi-

---

1. Jean de La Personne, vicomte d'Aunay. La cause de la détention arbitraire d'Ambroise de Saumur était sans doute la difficulté qui s'était élevée entre le corps de ville et les habitants de Saint-Julien, vassaux du vicomte d'Aunay, relativement au droit de guet. (Voir ci-après mésée du 30 janvier).

tans d'icelle, de laquelle somme nous nous tenons pour bien paié, etc., et parmy ce est et sera mise au néant une quiptance que nous, ledit mayre, avons donnée en La Rochelle le xxii° jour de décembre dernier passé audit receveur de la somme de cinquante-six livres cinq souls tournois, scellée de nostre propre scel et signée de nostre main. Fait et donné le vendredi, segont jour de janvier mil trois cent quatre-vingt et trèze.

Mésée tenue le pénultiesme jour de janvier. (*Présents, 28 membres du corps de ville*).

Commune : Sont entrés en commune : Arnaud Richart, et doit un franc à la commune ;

Hélyot du Puy, et doit un franc à la commune ; Jehan de La Fond, et a paié riens pour ce que son père en fut, si comme il dit, et, en cas qu'il ne pourra monstrer dedens la prochaine mésée, payera comme l'un des autres.

Sont d'assentement que monsieur le maire facet obéir toutes manières de gens, etc. ;

Il est ordené que l'on procédera pour le mosnier de Taunay-Voultonne que le seigneur dudit lieu tient en procédure à sa court, et veult que l'on pringet mesure de luy[1].

Il est ordené que l'on facet l'obligacion de xxv livres de rente au priour de Taunay-Voultonne, à cause des molins dudit lieu, et que ce soit acomplie et groussoié ;

Sont d'assentement que Huguet de Cumont, nostre receveur, paiet à mestre Therry Gernigaut, avocat du roy, lequel a playdoyé pour la ville, ès grandes assises, contre monsieur d'Aunay, à cause du guait de ceuls de Saint-Julian, xlv souls, et à mestre Jehan du Chaillou, qui fu aux assises tenues au moys d'aoust dernier passé, et à mestre Dor, qui a esté à la ville contre le substitut du procureur du roy qui

---

1. C'est-à-dire que le meunier soit tenu d'user de la mesure de la châtellenie au lieu de celle de la commune de Saint-Jean d'Angély.

contredisoit nos privilèges et de ceuls qui ne volent rendre les affiages de nos jurez, XLV souls, et à Me Pierre Valheforges pour semblable cause, XXII sous VI deniers.

La mise pour six cartes de vin, qui furent présentées à monsieur le séneschal le XXVIe jour de janvier, et aussi pour la oulhage des six pipes de vin que l'on donnet audit monsieur le séneschal, ce qu'il costera ;

A Pierre Tronquière XI souls, qui a fait assavoir à monsieur de Taunay-Voultonne une sauve garde et une lètre du roy en nos molins de Taunay et portes dessus la Voultonne, et pour sa rellacion desdiz exploiz, et pour un voiage qu'il fit au lieu de Tonnay le XVe jour de janvier dernier passé pour nous à la prévosté dudit lieu, pour requérir nostre mosnier à ladite court.

Volent que l'on envoyet quérir devers la souveraine court lètres de avoir le souchet et les entrées de ville.

Volent que pour ce que sire Aymeri Seignouret n'a pehu rendre son compte dedens ceste mésée pour l'absence de sire Berthomé Marquis, lequel estoit aux grans assises de Xaintes, qu'il soit atendu jusques à la prochaine mésée sans préjudice.

Est ordené que Hugues de Cumont rendra son compte de l'an IIII^{xx} et dix dedens la prochaine mésée, et ainssi feront Hélie Boueron, Hélie Caniot, Périn de Coignac, Arnaud Julien, amassours du pâti de la mayrie, sire Aymery Piet, et Loïs Daniel en fu receveur, et aussi fera Guillaume Contreffait du pâti de la mairie dudit sire Aymeri, que li et Guillaume Thébaut furent amassours et de ceste année jusques à noël.

Mésée tenue par monsieur le mayre le vendredi premier jour de février l'an mil CCC IIII^{xx} et trèze. (*Présents, 32 membres du corps de ville*).

Commune : Entra en commune Perrin Graix, et donet un franc à la commune.

(*Le procès-verbal de cette mésée n'a pas été rédigé*).

Le dimanche xiiie jour d'avrilh.

Furent mises en vente les fermes du souchet du vin et les entréez de ville, du xxve jour de cestuy mois d'avrilh jusques à un an ensuyvant, à l'avoir et excecrser par la manière acostumée par ainxi que, on cas que par le roy nostre sire ne nous sera octroié du xive jour de mars prochain venant en avant, il sera diminué et rebatu au fermeur pour tant de temps.

S'ensuyvent ceuls qui ont mis ausdites fermes : Malicorne, cinquante livres sur le tout ; Guillaume Grasmoussea, vii^{xx} x livres sur le tout ; Malicorne, sur le tout ix livres ; Thomas Bouchart sur le tout ii^c livres ; Jehan Galerant deux cent deux livres.

Le lundi xxviiie jour d'avrilh.

Au jour duy, en la présence de Jehan de Champdolent, Phelipes Espicié, escuyers, sire Ambroys de Saumur, Guillaume Grant, Jehan Blanc, Jehan du Sousterain, Pierre Garner, Pierre Coilhart, Bernart André, Guillaume Seguin et plusieurs autres, Pierre Cajat, dit Malicorne, prévost de Saint-Jehan d'Angéli, amena et présenta à monsieur le mayre un home appelé Jehan Bonet, dit Chaignollet, de Surgières, lequel a esté pris et amené on chastel de Saint-Jehan d'Angéli, pour la souspesson de la mort de feu Huchon Amblain, laquelle présentacion a esté receue par la manière que fère se doit, et a esté ordené et commandé audit prévost de le retourner on dit chastel et en fère examinacion par la manière que raison le donne.

Le segont jour de juing.

Ledit jour, en la présence de : honouré home maistre Pierre Coutelier, licencier en loys et lieutenant général de monsieur le séneschal de Xaintonge ; Jehan de Cherigny, Thomas,... escuyers ; Pierre de La Sale, substitut du procureur du roy nostre sire en Xaintonge ; Me Jehan du Marché, saige en droit ; sire Berthomé Marquis, bourgeois ; Jehan Gallerant, Guillaume Mehé, Brisset du Reffuge, Michea Chautier, Guil-

27

laume Grant, Guillaume Meschin, Jehan Chevalier, Michea
Montagu, Aymeri Barbon, Coutin Constans, André Bourdin,
Jehan Payen, Jehan Bouterouhe, Jehan Blanc, Jehan Chauvea et plusieurs autres, Pierre Cajat, dit Malicorne, prévost de
Saint-Jehan d'Angéli, prévost fermeur de la ville de Saint-
Jehan d'Angéli, a amené et présenté à monsieur le mayre un
home appellé Bertram Estène, de Talemond sur Gironde, lequel a esté pris par les gens du roy nostre sire [souz la sous-
pesson] d'estre murtrier et larron, et que ledit Bertram a
esté à murtrir et rober certaines gens sur la mer en venant
de Bourdeaux à Tallemont, li et autres ses compaignons, laquelle présentacion a esté receue; et a esté bailhé ledit Bertram audit prévost pour en fère l'inquisicion par la manière
que fère se pourra et qui doit estre faite en tel cas.

LIII

CC. VII, p. 3.

Le tiers jour de juing, présens : Jehan de Cherigny, Tho-
mas Filoule, le bastard de Meaux, le bastard de Bretagne,
escuiers ; Me Jehan, arbalestrier; Jehan Gallerant, Pierre
Tronquier, Hugues de Cumont, Jacques Ver, Guillaume de
Sauveterre, Pierre de La Folie, Jehan Ysle Le Guen, Yvain
Galais, Jehan Payen, Jehan Normans, Jehan Guon, Jehan
Viaulx, Michel Chauvet, Jehan du Sousterrain, Guillon Jolet,
Jehan de La Benate, Jehan Blanc, Bernart Bidaut, Estène
Chapelier, Jeh. Baguenon, Pierre Delavau, J. Pastourea, J.
des Places, J. Raber, Guillaume Daguenau, J. Chauvea, Lau-
rent Celer, Casin de Bailheul et grant quantité d'autres gens
d'armes, arbalestriers et archers. Pierre Cajat, prévost de
Saint-Jehan, a amené un homme appelé Bertram Estène, de
Talemond-sur-Gironde, pardavant moy le mayre, pour pren-
dre jugement selon sa confecion que ledit prévost a apporté
par escript en jugement, laquelle a esté leuhe devant ledit
Bertram, lequel a confessé pardavant touz. Et, après ce, on a

fait monter ledit Bertram sur le planchier, pour advoir les advis des présens et adstans. A esté trouvé que ledit Bertram pour le fait qu'il a confessé il doit prendre punition de corps, c'est assavoir qu'il sera trayné jusques au dehors de la barrière dehors la porte de la ville et puys pendu ; à ce ledit prévost est consentans, et a esté jugé.

*
* *

Le viie jour de janvier.

Au jour duy a esté aproché à la court de céans Phelipot Petit, mareschal, ce que yer, jour de l'épiphanie nostre seigneur, ledit Phelipot estoit portier de l'une des portes de ceste ville appellée la porte de Mastaz, et vint quérir les clefs d'icelle dite porte pour ouvrir icelle chez monsieur le mayre, si comme il a confessé, et devers le soir ne rendit ny ne aporta lesdites clefs... si s'en est mis ledit Phelipot à l'ordenance de monsieur le mayre et en a gagé l'amande à ladite ordenance.

Et de ladite demande que l'on fasoit à l'encontre de Hélie de La Pierre de ce que lesdites clefs estoient chez luy et ne les rendist pas ny fit assavoir que il les eust, a gagé l'amande à l'ordenance de monsieur le mayre.

Le xxive jour de may.

Condepné est par jugement et de son consentement Jehan Guilhebaut rendre et paier, dedens sept jours prochain venant, à sire Jehan Voisin, de l'ordre des frères prescheurs du couvent des frères prescheurs de Saint-Jehan d'Angéli, vint et cinq souls pour la reste de la vendicion d'un cheval de poel de brun-bay.

Le xvie jour d'aoust.

Au jour duy ont esté recreus Penmion Fradet, fil de Jehan Fradet, nostre bourgeois, et Robin Peletain, fil de Jehan Peletain, boucher, notre juré, de l'arrest en quoy il estoient en nostre eschavinage, pour la soupesson de avoir esté consents de la bateron qui a esté faite de Guillaume

Barilh, fil de Thomas Barilh, mareschal, lequel a batu Repnoul du Meslier, si come l'on dit, à la payne de L livres chascun pour XXV livres, et à ce les ont appligé, c'est assavoir Jehan Fradet son dit fils et ledit Jehan Peletain son dit fils pour autres XXV livres à les rendre au mesme arrest, toute fois que requis en seront; présents à ce: Robert Le Mère, etc.; et leur a esté doné la ville et banlieue pour arrest.

Le XVIIe dudit mois.

Au jour duy, en la présence de Pierre de La Sale, Gieffroy Guaiart, etc., ont esté recreuz (*les ci-dessus nommés*) de l'arrest en quoy ils estoient pour la souspesson, etc.; à chascun a esté bailhée la séneschaussée de Xaintonge, sauve de les représenter aux fins que mestier sera et pour les rendre et restablir à la payne de L livres, ont donné pleges, etc.

Le même jour.

Retenons à estre en amande Jehan Raber, boucher, de ce qu'il a esté reffusans de aporter son compte dedens la mésée dernière passée, si comme commandé li avoit esté, des receptes et mises qu'il a fait pour le pâti de Mortaigne; et li avons assigné jour à la prochaine mésée pour venir oyr esclersir ladite amande.

Item, à Pierre Faure, dit de Coignac, par mesme manière.

⁎
⁎ ⁎

S'ensuit le serment que doit fère le maire nouvellement esleu en la ville de Saint-Jehan d'Angéli, au maire son successeur.

Premièrement. Garder ladite ville du mieulx de tout son povoir en l'obéissance du roy nostre sire et de son aisné filz, contre toute personne qui puet vivre et mourir, et eschivera leur domage et déshonneur, et si il le scet le fera savoir aux gens le roy nostre sire;

Et promet fère et garder justice et raison à touz esgalement le mieulx que il pourra et saura.

Les affayres et ordenances de ladite ville et commune il

fera le mieulx que il pourra, et acomplira tout ce qui est commencé par ses prédécesseurs mayres et ne le délaissera sans le consentement du commung.

Les droix de ladite commune pourchassera tant comme il pourra, la franchise et liberté d'icelle gardera, nulles mauvaises costumes, ni establimens il ne commenssera, et tout le cours de sa vie fera obéissance à ses successeurs maires, comme home de commune. Ainxi le doit jurer.

LIV

BB, 16 bis.

Ceu est le papier de la seconde mairie, sire Ambroys de Saumur, lequel fu maire de la ville et commune de Saint-Jehan d'Angéli, le dezrer jour de mars l'an mil ccc IIII^{xx} et quinze[1].

ESCHEVINS

Maistre Pierre Coutelier, licencié en loys,	Ambroys Fradin,
	Guillaume de Sauveterre,
Sire Bernart Tronquière,	Robbert Le Mère,
Sire Berthomé Marquis,	Pierre de La Sale,
Sire Aymeri Seignouret,	Johan Bidau,
Sire Guillaume de Bessé,	Hugues de Cumont,
Pierre Tronquière,	Gieffroy Guaiart.

---

1. Sur la première parche de ce registre se trouve le commencement de l'évangile selon saint Jean, suivi de l'oraison ci-après : « Oremus. Protector in te sperantium, Deus, sine quo nichil est validum, nichil sanctum, multiplica super nos misericordiam tuam, ut, te rectore, te duce, sic transeamus per bona temporalia, ut non amittamus eterna. Salvator mundi, salva nos, et de omni malo, rex glorie, libera nos, qui in trinitate pacifica vivis et regnas, Deus, per omnia secula seculorum. Amen. Benedicamus domino. Deo gratias. » Cette oraison dont la première partie est empruntée à celle du troisième dimanche après la Pentecôte, et dont la seconde ne nous paraît pas figurer dans la liturgie moderne, était sans doute récitée avant la prestation de serment sur les saints évangiles ; elle est suivie de quelques versets des évangiles de saint Luc et de saint Mathieu.

CONSEILIIS

Jehan Chauveau, l'ayné,
Jehan de La Benaste,
Pierre de La Vau,
Pierre Garner,
Pierre Tailhandier, dit de La Barrière,
Guillaume de Cherveaux,
Loys Bidaut,
Loys Daniel,
Regnaut Daguenaut,
Pierre Amouroux,
Guillaume Seguin,
Johan Seignouret,
J. Boueron, l'ayné,
J. Pastoureau,
J. Chauveau, le jeune,
Jehan Garin,
Michea Chauner,
Jehan Blanc,
Héliot du Verger,
Guill. Giraut.

PERS

Johan Raoul,
Johan Fradet,
Arnaut de Chemilhac,
Johan Audoin,
Guillaume Besson,
Guillaume Boquin,
Johan Fouquaut,
Johan Gastinea,
Arn. Amouy,
Guillaume Alen,
Guillaume Daguenaut,
Richart Bonastre,
Pierre Brantosme,
Bertram Girart,
Périnet Petit,
Bernardin de Bridiers,
Guill. Morant,
Michea Caniot,
Phelipot Le Mareschal,
Jehan Jolinon, mareschal,
Jehan Bonnet, mareschal,
Me Jehan Chevalier, mareschal.
Me Guillaume Servant, barbier,
Pierre Bernart, barbier,
Jehan Payen,
Mayet de Belestre,
Jehan Menuzer,
Guillaume Repnol, dit Chasteau-Jolet,
Guillaume Fradin,
Nollot Juglar,
Mathé Fraigneau,
Tassin Roy,
Johan André,
Robin André,
Johan Popelin,
Hélie Popelin,
Joh. Roussea,
Jehan Dorlhens,
Benon Roussea.

Mésée tenue par honouré home sire Ambroys de Saumur, maire de la ville et commune de Saint-Jehan d'Angéli, le viie jour de may mil ccc iiii^{xx} et quinze. (*Présents, 25 membres du corps de ville*).

Les quieulx sont d'assentement que monsieur le maire facet obéir toutes manières de gens de ceste ville à fère le guait, regait, garde-portes et autres gardes nécessaires pour la garde de la ville, et est parlé que, si ledit monsieur le maire pouhoit trouver neuf homes pour garder chascun jour les trois portes, à chasque porte trois, aux despens de ceulx qui la gardent et que chascun qui est de garde-porte paiera pour tout l'an vint souls pour icelle garde, et iceulx homes et gardes ne partiront point de ladite garde dès la porte uvrant jusques au fremenmant; et est faite ceste ordenance pour ce que ceuls qui la gardent ne y obéissent pas.

Volent que les resserches de sur les murs par la nuyt y soient [faites] par la manière acostumée [par] ceulz qui y ont esté l'an passé et aux gages acostumés.

Il est ordené que la gaite du clochier qui est ordené par jour y soit ceste année aux gages acostumez.

Il est ordené que Bernart Fradin sera ceste année souzmaire aux gages acostumez, et pour ce que ledit Bernart a esté souvent, pour l'office de la recepte du roy nostre sire, et des resparacions du chastel de Saint-Jehan, sera Loys Daniel pour li aider audit office, quant ledit Bernart n'y pourra estre, et ce que ledit Loys escripra et fera sera valable, et sera paié de son travailh et diligence sur les gages dudit Bernart.

Sont ordenés ceste année estre sergents de ladite commune, c'est assavoir Naudon du Lac et Héliot Johan, aux gages acostumez.

Font leur receveur et maistre des euvres et réparacions de ladite ville et commune, ceste année, aux gages de quinze livres, Huguez de Cumond.

Ordenent leur procureur ceste année Loïs Daniel, aux gages de quatre livres par an, auquel ils donnent plein povoir.

Font leurs procureurs en parlement (*en blanc*);

Font autres procureurs au païs de dessa (*en blanc*).

Sont d'assentement et ordenent que Pierre de La Vau gardera ceste présente année le grant seel de ladite commune, et fait serment qu'il ne fera sceller aucune chose sans l'assentement de monsieur le mayre et commune, et ce qui sera passé en plénière mésée.

Est ordené que l'on fera fère le pilori, lequel a esté commencé.

Sont ordenez sire Berthomé Marquis, Ambrois Fradin, Jehan Bidau et Gieffroy Guaiart, ou des quatre les trois ou les deux, pour oyr les comptes de ceulz qui ont receuz les pâtis et autres revenuz de ladite ville et commune et pour raporter les faiz des comptes.

Est ordené Jehan Quarilhon garde du port et revenus de la rivière de Voultonne sur le port de Tonnay-Voultonne aux gages acostumez [1].

Volent et ordenent que monsieur le mayre ordenet ceulz que li plaira qui aient regart sur la malvaise chaire, poissons, frètes, oysilhs, tonneaux et sur toutes autres danrées et marchandises.

Ont ordené que l'on metet la meilheure réparacion que l'on pourra sur les molins de Taunay-Voultonne, affin qu'ils puissent mosdre, et qu'ils soient baillhez à bonne personne qui les fera mosdre.

Est ordené que diverses clameurs, pour ce qu'il est malades, soit mis hors la ville à la maladrerie pour le périlh qui s'en peut ensuivre.

Volent que, au cas que l'on ne pourra avoir bon acort ô le seigneur de Taunay-Voultonne, des plaiz entamez entre la

---

1. Carillon est le nom d'un hameau situé au confluent de la Boutonne et de la Charente ; il a peut-être retenu le nom de ce « garde des revenus de la rivière de Voultonne », qui devait y avoir sa résidence.

commune et luy qu'il soient poursuyvis par raison bien vigoureusement aux despens de la commune.

Mésée tenue le xviiie jour de juing. (*Présents, 17 membres du corps de ville*).

Commune : Sont aujourduy entrez en commune :

Pierre Cajat, dit Malicorne, et doit III fr. ; Jehan Dorin, charpentier, et doit 1 franc ; Jehan Bourdet, charpentier, et doit 1 fr. ; Jehan Aubespin, filz de Pierre Aubespin, ne paiet riens pour ce que son feu père en fu.

Sont d'assentement les présens et asssistans dessuz diz que monsieur le maire face obéir toutes manières de gens, etc.

Veulent que, si l'on trouvet pas conseilh, que l'on poursuyvit le fait du seigneur de Tonnay-Voultonne sur l'empeschement que il met ès molins dudit lieu, que l'on le poursuivit raisonablement et le mieulx que l'on pourra.

Sont d'assentement que certains gens de la ville, qui sont adjornés aus demandes de Léonard Daniel, pour cause de III^{xx} francs qu'il leur demandoit pour la resserche de Bourbon, que l'on en pringet le gariment et que soit poursuyvi aus despens de la ville.

Est ordené que tous ceaulx qui doivent rendre compte tant des pâtis que autrement, qu'ils comptent dedens la prochaine mésée devant les comptours autreffois ordenés.

Sont d'assentement que monsieur le maire ordenne ceulx qu'il luy plaira pour faire le taux du pâti de Bouteville qui commence à ceste feste de saint Jehan-Baptiste prochain venant, et qu'il élizast un receveur dudit pâti aus gages acoustumez.

Est ordené et sont d'assentement que monsieur le mère face crier, à la paine de xxv souls, que nul ne soit si ardi de faire despens aus faucheurs ny autres laboureurs quelconques, sauve aus faucheurs une pinte de vin par jour et aus bouchers les despens entremis (?) et que monsieur le mère qui est et qui sera ne puisse donner ni relascher l'amande, mes sera levée au long sur ceulx qui feront le contraire, ausquelles amandes a esté mis durant ceste année pour Jehan Dorliens, xx livres;

Que monsieur le mère puisse metre gens armez la vigille et le jour saint Jehan-Baptiste aus portes pour la seureté de la ville;

Que l'on face fère les pons devant les molins de Taunay-Voultonne.

Sont ordenés compteurs à Jehan Chauvea le jeune, leveur des pâtis, sire Bernart Tronquière, sire Berthomé Marquis, Hugues de Cumond, Guillaume Seguin, Héliot du Vergier, Loïs Daniel ou les trois du six.

Item. Comme Pernelle Raiolle et Hugues de Cumond, comme tuteurs des enffans feu sire Bernart de Marteaux, aient bailhé à perpétuité une place ou masureau desdiz enffans à Loïs Daniel, clerc, pour le pris et some de quarante et cinq souls de rente, si semblet à touz les seigneurs de céans que la baillette est suffisante et au proffit desdiz enffans, et sont d'assentement que ledit Loïs en aiet décret de la court de céans, lequel est enregistré au long au xxve fueil cy emprès.

Copie. A touz ceulz qui ces lettres verront et orront, Ambroys de Saumur, maire de la ville et commune Saint-Jehan d'Angéli, salut. Comme Pernelle Raleoli, déguerpie de feu sire Bernart de Marteaux le jeune, en nom et comme tutresse de Jehan de Marteaux, meneur d'eage, filz dudit feu sire Bernart et d'elle, et Hugues de Cumont, bourgeois de ladite ville, comme tuteur autressi de Jehan de Marteaux, meneur d'eage, filhe de feu sire Bernart de Marteaux et de fehue Philipe de Mastaz, jadis sa feme, aient bailhé et affermé à perpétuité par nom desdiz meneurs et qui cause avoient d'eulx par le conseilh et délibéracion de plusieurs leurs parens et amis à Loïs Daniel, clerc, demourant en la ville Saint-Jehan, une place ou masureau avecques un ayrant qui est d'un cousté par darrière ladite place ou masureau, ensemble avecques leur fons, sol et appartenances, entrées et issues assiz en ladite ville Saint-Jehan en la seigneurie du prévost-moine du moustier dudit lieu, en la rue publique par laquelle l'on vait du grant sain de ladite ville aux carrefour des Changes[1], tenant d'un cousté à la place, maison et marchaucie[2] de feu Hugues Bidaut, que à présent tient Bernart Bidaut, son fils, et de l'autre cousté à la place et airant de Jehan et Héliot Popelins, frères, et du bout levant à ladite rue publique et du bout d'autre à un masureau appelé le priouré, qui fut anciennement de feu sire Hugues d'Exideuilh, l'alée du pas entre deux, et ledit aurant qui est au cousté par darrière ladite place appartenant à icelle, se tient au verger qui fut de feu Arnaut de Mehu et à présent est à la feme d'André Eschel, doridier, le mur entre deux, et touchet à l'airant desdiz Popelins, le mur où est la vouste entre deux et de l'autre part à l'aurant desdiz meneurs, pour le prix et somme de quarante-cinq souls monnaie courante, de annuelle et perpétuelle rente à païer par ledit Loïs et les siens ausdiz meneurs et aus leurs et qui d'eulx aient cours ou au porteur de leurs lètres par les quatre quarterons de l'an et aux us et coutumes de ladite ville Saint-Jehan, et pour ce autressi que ledit Loïs a promis mètre ou faire mètre en ladite place, masuree et airant dedens huit ans la somme de cinquante livres monnaie courante, si comme ces chouses et autres apparoissent par les lètres du contract sur ce fait et passé entre eux ausquelles ces présentes font annexes. Laquelle bailhette de ladite place, masureau et airant lesdiz tutresse et tuteur ont fait audit Daniel la somme de quarante-cinq souls de rente, pour ce que autre personne ne trouvoient qui lesdiz place, masureau et airant vossist prendre pour ledit pris, ja soit ce que plusieurs fois il y eussent mis bonne diligence et autressi que ladite place et masureau ont esté inhabitables depuis les premières guerres en cza, et que dedens est grande quantité de terre et de fumier qui costera audit Loïs à vuider grants deniers, et pour ce

---

1. Rue actuelle de la Grosse-Horloge.
2. Écurie.

sont au jour duy venuz pardevers nous lesdiz tutresse et tuteur que, pour leur descharge et pour la seurté dudit Loïs, nous vaussissions enquerre si ladite baillette est prouffitable ausdiz meneurs, et y mètre et apposer nostre décret ; savoir faisons que, pour ce que ledit feu sire Bernart de Marteaux, au temps qu'il vivoit, estoit bourgeois jurez de ladite commune et que par ordenance de nostre court lesdiz meneurs ont esté pourveuz de tuteurs, à la requeste des dessuz diz tuteresse et tuteur, nous, assemblés en plénière mésée, avons enquis diligemment avecques les bourgeois et jurez estant en ladite mésée si ladite baillette estoit prouffitable pour lesdiz meneurs ; par le raport desquels bourgeois jurés présens et assistans en ladite mésée, nous avons trouvé que ladite place ou masureau a esté de longtemps inhabitable et que elle est grandement empeschée de fumer, comme dit est, et que ladite place ou masureau et airant en l'estat qu'ilz sont est et sont bien et suffisamment baillés, affermés ou arrentés, et que en ce estoit le prouffit évident desdiz meneurs, et avesque ce lesdits tutresse et tuteur nous ont juré aux sains évangiles nostre seigneur que ladite baillette ils ont fait le mieulx et le plus prouffitablement qu'ils ont peu pour lesdiz meneurs. Nous, à ladite baillette et au contract sur ce fait, comme prouffitable pour lesdiz meneurs, avons mis et appousé, mettons et apposons par ces présentes le décret et assentement de la court de céans, si et en tant qu'il est mestier. Ce fut fait et donné en ladite mésée, où estoient honourables homes sire Bernard Tronquière, etc., soubz le scel de ladite commune, le vendredi xviiie jour de juing, l'an mil trois cent quatre-vingt et quinze.

(*Il n'a pas été tenu de mésée au mois de juillet*).

Mésée tenue le xxviie jour d'aoust. (*Présents, 28 membres du corps de ville*).

Sont d'assentement que monsieur le maire facet obéir, etc.;
Que du fait de la resserche ou composicion qui fu faite du

fouage de monsieur de Bourbon, laquelle demandoit Léonart Daniel, l'on deu gouvernet par l'avis et conseilh de monsieur le lieutenant, par manière de plaidoier ou autrement, si comme son bon conseil sera ;

Que monsieur le maire ailhet pardevert monsieur de Pons pour débattre la marque que les Anglois de Mortagne prendront à bailher de la Madaleine, et que Perotin de La Barrière ailhet en la compagnie de monsieur le maire aus frais et despens de la chouse.

Veulent que soit seellé et ordené que le mandement des guages et despens des compaignons qui ont porté l'argent du pâti de Bouteville...... (*inachevé*).

Sont d'assentement que, comme Hélie du Vergier ait esté chargé par autre temps, en l'an passé, à recevoir les revenus de la Voltonne appartenant à la commune, durant lequel temps monsieur l'abbé du Moustier Saint-Jehan avait fait dessendre par ladite Voltonne, au lieu de Thonnay-Charente, certaine quantité de vins, pour lesquels vins ledit Hélie du Vergier avait fait [paier] aus gens dudit monsieur l'abbé jusques à la somme de XXIV souls six deniers, pour laquelle cause et afin d'avoir restitucion dudit argent, ledit monsieur l'abbé fit citer ledit Hélie à La Rochelle, pardavant les gens de monsieur l'évesque, laquelle chouse ledit Hélie signiffia à monsieur le maire, lequel par le conseilh de plusieurs bourgeois donna en commandement audit Hélie afin d'eschevir l'arrêt dudit monsieur l'abbé, et qu'il disoit aussi qu'il n'estoit tenu de riens paier pour ce que ce estoit de l'éritage de l'église, qu'il paiast et rendist audit monsieur l'abbé l'argent susdit ; si est ordené que audit Hélie soit donné mandement adroissant à Hugues de Cumont, receveur de la commune, que des deniers de sa recepte il paiet et délivret audit Hélie ladite somme de XXIV souls VI deniers tournois, ou les luy desduyret de ladite revenue, et en aportant ledit commandement et seing dudit Héliè, ladite somme lui sera rabatue de sa recepte et allouée en ses comptes sans contredit.

(*Pas de mésée tenue en septembre*).

Mésée tenue le xve jour d'octobre. (*Présents, 19 membres du corps de ville*).

Sont d'assentement que l'on face un présent et don à noble et puissant seigneur monsieur Aymeri de Rochechouart, séneschal de Xaintonge[1], pour cause des nopces de ses enffans qui doivent estre briefvement, afin d'estre tousiours en sa grâce et qu'il nous plaise estre aidant, en nos nécessitez et besoings, envers le roy nostre sire, nos seigneurs les réaux et très noble conseilh de France, c'est assavoir deux pipes de vin du meilheur que l'on pourra trouver jusques au priz de quinze livres [le] tonneau et six torches de cere du pois chascune de quatre livres de cere, qui monteront à IV souls (*blanc*), quatre livres sèze souls tournois ; si est ordené de faire un mandement adroissé à Hugues de Cumont, receveur de ladite commune, que des deniers de sa recepte il paiet, baillet et délivret ledit vin et torches de cire aus gens de mondit seigneur le séneschal, pour raporter ledit mandement, lesdites sommes luy seront allouées en ses comptes et rebatues de sa recepte sans contredit.

Copie. Les maire, eschevins, conseilhers et pers de la ville et commune de Saint-Jehan d'Angéli à notre ami Hugues de Cumont, receveur de ladite ville et commune Saint-Jehan, salut. Comme en plénière mésée par nous solempnellement tenue, emprès le seing de ladite commune sonné, par la manière qu'il est accostumé à faire, le vendredi xve jour d'octobre, présens en icelle honourables homes (*suivent les noms des assistants*) et tous les eschevins, conseilhers et pers de ladite commune ou qui que soit la plus grant et saine partie, de l'assentement de touz, nous, heue délibéracion, si come il appartient estre fait entre nous en tel cas, avons voulu et consenti,

---

1. Aimery de Rochechouart s'était marié deux fois : 1° à Jeanne d'Archiac ; 2° en 1381, à Jeanne d'Angles, dame de Montpipeau.

volons et consentons et sommes d'un mesme acort et consentement que sire Ambroys de Saumur, nostre maire ceste présente année, Bernart Fradin, soubz maire, Loïs Daniel, clerc des registres de ladite commune, Naudon du Lac et Hélie Jolin, nos sergens, ledit Loïs Daniel, procureur de ladite commune, lesdiz Naudon et Hélie Jolin, ressercheurs par nuyt sur les murs de la ville, et Estienne Patet, guaite par jour sur le clocher de l'églize monsieur Saint-Jehan pour ladite ville, soient assignés estre paiez de leurs guages pour tout l'an sur les revenuz, profiz et émolumens du souquet et entrées de ville, donnez et octroiez dernièrement par le roy nostre sire, et sur les autres revenuz quelxconques de ladite commune, et iceulx diz guages avoir, prendre et recevoir sur les premiers revenuz desdiz souquet et entrées et autres de ladite commune, la somme à eulx dehues, c'est assavoir audit sire Ambroys de Saumur, maire susdit, soixante-sept livres tournois pour un marc d'or à luy octroié pour lesdiz guages; audit Bernart Fradin et Loïs Daniel, dix livres tournois; ausdiz sergens, vint livres tournois, et leur robes de livrée à eulx accoustumé estre bailhées et livrées pour ladite commune; audit Daniel pour ladite procure, quatre livres tournois; aux deux resserches, dix livres tournois, et à ladite guaite du clocher, douze livres tournois, pour leurs diz guages, à eulx octroiez pour ledit an [1]. Si donnons en mandement audit Hugues de Cumond, receveur susdit, et commandons par ces présentes, que des premiers deniers que il recevra desdites fermes du souquet et entrées de ville et autres revenuz de ladite ville et commune, il paiet, bailhet et délivret audit monsieur et à nos autres officiers de ladite ville et commune, lesdites sommes contenues en ces présentes, à chascun officier sa partie et porcion et par raportant les présentes et de chascun de nos diz officiers recongnois-

---

1. Ce mandement nous fixe sur le montant des gages du maire et des divers officiers de la commune en 1396, ainsi que sur la valeur du marc d'or en 1396.

sance de la somme ou sommes qui par vous leur sera bailhée et paiée pour leurs diz guages à eulx octroiez pour les causes susdites, icélles somme ou sommes vous seront allouées en bon compte et rabat de vostre dite recepte; sans contredit de ce vous donnons plein povoir et mandement espécial par ces présentes. Donné et fait en plénier eschavinage, illecques tenue plénière mésée, du consentement des dessuz diz, soubz le scel double de nostre dite commune, ledit xve jour d'octobre, l'an mil ccc iiii^{xx} et quinze.

Item, sont d'assentement que si l'on trouvet home qui veuilhet adouber les molins de Thaunay-Voltonne et le cours de l'ayve, que iceluy aiet la revenue desdiz molins jusques à tant qu'il soit satisffait de ce que il y aura mis.

(*Pas de mésée en novembre*).

Mésée tenue le xie jour de décembre. (*Présents, 17 membres du corps de ville*).

Commune: Hélie Blanc, Jehan Recomadour, Maion, menuser, paiet chacun xx souls à la commune.

Sont d'assentement que la garde de la ville soit continuée tant de jour que de nuyt;

Que l'on donget un décret à Hugues de Cumont et Pernelle Raiolle, déguerpie de feu sire Bernart de Marteaux le jeune, comme tuteurs des enffans dudit feu sire Bernart, de la somme de lxxiv souls un denier de rente, qu'ils ont sur certaines gens, pour le pris de x livres pour amortir iiii livres de rente que lesdiz enffans doivent;

Que sire Aymeri Seignouret soit satisffait de son alée qu'il veult fère en France pour le fait de la ville, et des autres choses qui li sont deues, de quoy l'on ne set la somme, sera fait compte ô luy et en aura lètre de céans;

Que monsieur le maire ordenet gens qui facent la taux du pâti de Bouteville qui commance à noël prochain venant, et y commettra un bon leveur tel qu'il vera que sera profitable, aus gages accostumé, et luy en donnera bonnes lêtres soulz le scel de céans;

Que la Fincte soit quipte deux en avant du pâti, et par my ce elle paiera le taux à quoy elle a esté impposée pour le pâti commancé, à la feste saint Jehan dernière passée et finissant à noël prochain venant;

Que l'on donget lêtres de baillette des molins de Thonnay-Voltonne au mosnier novea qui en a pris à la IV° partie;

Que l'on empreignet jours de traicter ò le seigneur de Tonnay-Vultonne;

Que tous ceulz qui ont à compter des revenuz de la ville et des pâtis du temps passé, qu'ilz comptent à ceulz qui sont ordenés à oïr les comptes, IV, ou III, ou II d'eulz, dedens la feste de la chandelour prochaine venant, sur la paine de x livres, à paier par cellui qui en deffandra s'il n'a fait bonne diligence;

Que l'on escripvet au roy nostre sire, ès nos seigneurs de France et à monsieur de Coucy de l'estat du païs, et comme leurs loyers est ordené en plusieurs lieuz, mais qu'ils se logent tous en ceste ville et laissent les autres places où ils sont ordenés.

*
* *

Mésée tenue le XXIV° jour de janvier. (*Présents 36 membres du corps de ville*).

Lesquels sont d'assentement que l'on face faire obéissance à toute manière de gens, etc.;

Que nulz gallois, arbalestriers ne autres gens d'armes n'entrent en ceste ville, excepté ceulz de la garnisson, lesquels facent serment à monsieur le mère d'estre ò li et à la ville contre touz autres, si mestier est, et qu'ilz soient logiez en hostelleries;

Que tous ceulz qui ont à compter tant des receptes de la ville que des pâtis aient compte dedens la prochaine mésée sur la poine que autreffois [fut portée];

Que la somme de xx souls que Hugues de Cumont, receveur, a fait mise des deniers de la commune en voiages qu'il a fait à La Rochelle, en la cause que la commune y a à l'enquontre de Léonart Daniel, pour cause du fouage de monsieur de Bourbon, li soient allouez en son compte par icelluy [qu'il] appartiendra;

Que le prieur de Thonnay-Voltonne soit paiez de la rente qui li est deue des termes de la feste Saint-Pierre dernière passée, et aura mandement le receveur de faire ledit paiement;

Que monsieur le mère, sire Berthomé Marquis, Hugues de Cumont et autres notables qui en pourra finer, aillent à Thonnay-Voltonne à la journée qui se tiendra le dimanche emprès la mi-charesme, entre nous et le seigneur dudit lieu sur le débat de la complainte faite à l'enquontre dudit seigneur de Thonnay, et aura mandement, ledit receveur, de faire la despense des deniers de la commune et y doivent estre monsieur le lieutenant, maistre Jehan du Chaillou, maistre Jehan Bernoin;

Que dix livres soient bailhées et paiées à monsieur le lieutenant pour plusieurs travailhs qu'il a eu et soustenu par ladite commune en ladite cause et autrement;

Que sire Aymeri Seignouret aiet lètres de la commune de la somme de soixante-sept livres qui deues li sont de ses guages de mairie de l'an III^{xx} et douze;

Que Jehan Guarin demouret quipte luy et son plège envers la commune, et qu'il aiet lètres de quiptance de la somme de VIII livres qu'il a paiée pour cause du souchet et entrées qu'il afferma l'an passé, pour ce que aujour duy Hugues de Cumont, receveur, nous certiffie que ledit Jehan Guarin a paié entièrement ladite somme;

Que Héliot du Vergier, Guillaume Giraut adroissent au receveur de la commune qu'il leur paie XL souls qui leur sont deus pour les despens qu'ilz ont fait alant et venant à La Rochelle pour le fait de la commune envers Léonard Daniel.

Ont ordené couratier Guillaume Grasmorcel pour ce qu'il a fait serment de faire vendre les vins des gens de la ville avant touz autres.

Du XVIIIe jour de juing.

Sur ce que Périnet Thibou, cousturier, demourant à présent en la ville Saint-Jehan, disoit et propousoit, à l'encontre de Arnault Amouy, cousturier, que, le XXe jour du mois de mai dernier passé, auquel les cousturiers de ladite ville faisoient leur maz, et auquel maz ledit Perrinet avoit esté et y avoit bien fait son devoir, ledit Amouyx et autres en sa compaignie, esmeus de félon corrage et de volonté désordennée, et sans aucune cause raisonnable, se prist malicieusement audit Périnet et par sa force et outrage le mena et fit mener à une cuve que ledit Amouix avoit fait emplir d'aive, en laquelle cuve et aive ledit Amouix mist et fist mettre et plonger ledit Périnet, la teste dessoulz par cinq ou six fois ou plus, et si souventes fois et par si grant désordennance que ledit Périnet fut en aventure d'estre noié, et avecques ce, pour ce que ledit Perrinet contredisoit entrer en ladite cuve, si come leur chose li estoit, ledit Amouix et les autres de sa compagnie donnèrent de son corps contre ladite cuve moult cruement, lesquelles injures et domages ledit Périnet ne vausist à luy avoir esté faites et données pour la somme de deux cents livres monnoie courante; si requert à l'encontre dudit Amouix que, s'il confessoit ce qui dist est, que il fut condempné à li paier lesdites II^c livres pour lesdits injures et domages, sauve sur ce la modération de la court, et s'il en nioit aucune chouse, ledit Périnet en offret à prouver que luy souffira. Desquelles chouses ledit Amouix a esté en deffence. Sur ce constatacion faite, juré de vérité, pousé et respondu en preuve ad jugée audit Périnet à prouver de ses faiz qui luy souffira et est commis à Bernart Fradin et à Loïs Daniel faire l'enqueste et la raporter pour prendre droit selon celle; est jour assigné aux parties à XVe, et pour faire et procéder en oultre sur ce ainsi que raison sera, et a fait amande à la court ledit Amouix pour un deffaux qu'il avoit fait en ceste cause envers ledit Périnet, le xi⁰ jour de cestuy mois de juing, pour les despens duquel deffaux ledit Amouix est condempné envers ledit Perrinet en deux souls six deniers à les luy paier à la xv⁰ avant toute heure et entrée de plet. Ceu fut fait et donné, etc.

(Cette cause probablement terminée par un accord amiable est renvoyée sous divers prétextes après avoir été appelée les 2 juin, 9 juillet, 23 juillet, 6 et 20 août, 4 et 18 septembre, 8, 16 et 20 novembre).

Le xiii⁰ du mois de juillet.

Au jour duy Pierre Cajat, prévost de la ville Saint-Jehan d'Angéli, a amené et présenté pardavant monsieur le mère de ladite ville en l'eschavinage, un jeune home appellé Perrin de La Gourgue, de Bourdeaux, valet de M. Arnaut de Chemilhat, coutelier, détenu és prisons du roy pour certain cas dont il estoit accusé, c'est assavoir d'avoir batu du poing et du coutel un appelé Jehan, tant que l'on espéret plus la mort que la vie; présens sire Bernart Tronquière, etc.

Au jour duy ledit prévost a rendu l'obéissance à monsieur le mère de Jehan Le Brun, de Robin Chauvet et de Babault, valez de Arnaud de Chemilhac, coutellier, détenuz en prisons du roy, pour la suspecion du bâton qui a esté fait à un appelé Jehan, lesquelx en ont esté en néanc du fait, et puis en ont esté mis en l'arrest de la court, et emprès ce ont esté recreuz de l'arrest onquel estoient jusques que par monsieur le mère en soient requiz, lesquels ont promis et juré aux sains évangiles... sur paine d'estre atains du caz et de xxv livres à appliquer à la commune, eulx rendre et représenter au gré de monsieur le mère; et ad ce donneront plège M⁰ Arnaud de Chemilhac, coutellier, qui si est, et sur poine de xxv livres à appliquer à ladite commune. Présens, etc.

Le xiiii⁰ jour d'aoust.

Le samedy xiiii⁰ jour d'aoust mil ccc iiii^{xx} et xv, Pierre

Cajat, dit Malicorne, prévost de la ville Saint-Jehan d'Angéli, pour le roy nostre sire, amena pardavant monsieur le maire à ladite ville Saint-Jehan, un home appelé Jehan Le Roy, mareschal de la ville de Malines en Brebant, et aporta la confession dudit Jehan, laquelle est cy emprès escripte, pour faire audit Jehan raison selon ladite confession; laquelle a esté lehue en la présence dudit Jehan, et icelle il a confessé, dont il en a esté jugé et en la présence de sire Bernart Tronquier, sire Berthomé Marquis, Ambroys Fradin, Guillaume de Sauveterre, Hugues de Cumont, Gilet Coquelin, escuyer, Pierre Tronquier, Gieffroy Guaiart, Guilhelme, bouteiller de monsieur le mareschal Bouciquaut, Jehanin, bouteiller de monsieur..., Loïs Daniel, Besnardon de Badirs, Jehan Guillot, Pierre Allenet, Guillaume Daguenaut, Jehan de Monberon, Jehan du Souterrain, Jehan Mehé, Arnault de Chemilhac, Thomas Maugendre, sire Aymeri Seignouret, Pierre Dasnières escuier, Bernart Bidaut, Jehan André, Kasin de Baleuilh, Guillaume Boguin, Jehan Menuzer, Jehan Ridet, Pierre Petit, Robert Le Mère, Benon Roussea, Hélies du Puy dit Pati, Guaignemiche, Guillaume Dorgères, rouher, Robin André, Hélie Morin, la trompette de monsieur le vicomte de Meaux, Jehan, bouteiller dudit monsieur le vicomte, Jean de La Benaste, Jehan Chevalier, mareschal, Guillaume Seguin, Périnet, valet, Jehan Gandobert, Jean Arnouilh, Guillaume Lescot, Le Chappelier, Jehan Quifit, valet d'Aignelet, Thibaut du Pont, Jean de Coignac, Pierre Branthosme, Hélie Jolen, Petit Bouquet, Jehan, bouteiller de monsieur le séneschal de Xaintonge, Guillaume Giraut, le grainier, Guillaume Noble, Contrefait, Pierre du Meslier, Jehan de La Mondie, Michea Le Courcer, Peuminon Fradet, Jehan Popelin, Jehan Chauvea, Hélie Besson, Jehan Galleraut, Adenet Mamet, escuier, Mathelin Broussart, Guillaume de La Roche, escuier, Baudouin de Mastaz et plusieurs autres:

Ausquels monsieur le maire a demandé leurs bonnes oppinions et advis sur la confession susdite, par lesquelles oppinions et advis des dessus diz a esté trouvé que par les oppinions de la plus grant partie et par celle dudit prévost et de son consentement a esté dit par jugement qu'il perdra l'oreilhe droicte et sera baniz à touzjours du roiaume de France, batu et fruistré de verges par ladite ville Saint-Jehan, et pourra demourer en ladite ville huit jours pour soy faire guarir de ladite oreilhe.

S'ensuit la teneur de ladite confession: Jehan Le Roy, de Malines en Brebant, mareschal, valet de Périnet Couilhart, mareschal, demourant en la ville Saint-Jehan d'Angéli, dist et confessa publiquement, luy estant hors de jeine et sans aucune contrainte, que, le samedi troisième jour de juilhet mil trois cent quatre-vingt et quinze, un peu après vespres, ledit Périnet Couilhart et sa feme estant en voiage de Saint-Antoine de Bouthière, il s'en ala à une arche, qui est audit Périnet et à sa feme, et avecques un clou cornart[1] prinst et embla dix et sept escuz d'or du pris chascun de xx souls six deniers, lesquels estoient dans un drappelet envelopés, sept souls six deniers en argent blanc, trois tasses d'argent du pois chascune de demy marc, ou environ, une patrenostre d'ambre à une croix d'argent, une petite patrenostre, noires et perse avecques petiz bouilhons d'argent et un petit escu; tout vuidé, et puis ferma ladite arche comme par davant, et celle nuyt coucha chez son dit maistre, et le dimanche matin s'en parti à la porte, houvrant, avec les choses susdites, qu'il emporta avec luy, et s'en ala à Benet et d'ilec s'en vouloit aler à Poitiers, et le mardi ensuyvant environ [heure de tierce] ainsi qu'il dévaloit un tertre qui est auprès de Cersigny[2] à un trait d'ar ou environ, un escuier de monsieur le séneschal de Xaintonge appelé Mathelin, qui aloit de Saint-Jehan à mondit seigneur le séneschal, et povoit bien avoir oy la plainte dudit larresin, attainsit ledit

---

1. Clou recourbé servant à ouvrir la serrure de l'arche.
2. Sérigné ou Sérigny, commune du département de la Vendée, à 5 kilomètres de Fontenay.

Jehan, et li dist: « Mon ami, dout vien tu et ou veulx tu aler? » Et il responxit: « Sire, je viens de Pons et veulx aler à Poitiers. » Alors ledit escuier li dist: « Mon ami, le chemin n'est pas par là; mes viens t'en ô moy, et je te le monstreray. » Et s'en alarent ensemble à Cersigny. Et quant ils furent devant la porte du chastel dudit lieu, ledit escuier ala par devers mondit seigneur le séneschal et ledit Jehan se mit au chemin et alit vers Vivone. Et, come il at viré le dans audit chastel, mondit sieur le séneschal le tramist querre par ledit escuier, lequel Jehan retorna à mondit seigneur le séneschal, et, quant ils furent devant luy, il se agenoullia; lequel monsieur le séneschal le fit lever et li demanda: « Mon ami, dout vien tu? » — Monsieur, je viens de Pons et de plus avant de Bourdeaux, monsieur. — Et ou veux tu aler? — A Poitiers, monsieur. — Et as tu demouré ailleurs que à Bordeaux? — A Pons, monsieur. — N'a tu point demouré à Saint-Jehan? — Si ay, monsieur. — As tu point d'argent? — Ouy, environ six frans, monsieur. — Non plus? — Non, monsieur. — Si on t'en trouve plus, on te tiendra pour larron. — Monsieur, je n'en ay plus, fors que deux escuz. — N'en as tu plus? — Nenny, monsieur. » — Et alors mondit sieur le séneschal demanda, à un de ses gens qui ilecques estoient, un livre, et, quand il fu heu aporté, mondit sieur le séneschal dist audit Jehan : « Biaux ami, il faut que tu jures sur cest livre si tu as nul autre argent que celluy que tu dis, et si tu te parjures et si l'on t'en trouve plus, on te tindra pour larron. » Et lors, ledit Jehan, voians qu'il ne povoit nier sa faute, ne jura pas, mes dist le vray, et bailla ce qu'il avoit à des gens de monsieur le séneschal, lequel incontinent le fist meetre ès fers et en prison. Et lendemain au matin, son dit maistre, Sandrin, mareschal, et Jehan de Maison arrivèrent par devers mondit seigneur le séneschal qui poursuyvoient ledit Jehan; et le jeudi ensuyvant mondit seigneur le séneschal leur fit rendre ledit argent, tasses et autres chouses, et leur livra ledit Jehan pour amener ès prisons du roy à Saint-Jehan, pour illecques prendre punicion et justice selon le cas jouste l'ordenance du conseil. Emprès lesquelles chouses, ledit Jehan fu jeiné; et fut enquis combien il avoit demouré avec ledit Périnet Couilhart; dit que environ un mois entre deux fois. Enquis si à fer les chouses susdites il avoit nul y consentant ny personnes, dist que non. Enquis si oncques mais il avoit fait autre larresin ny esté cause ny consent, dist que non. Enquis s'il fut oncques à rober ny piller marchant ny autres, en bois, en chemin ny autre part, dist que non. Enquis s'il fut oncques à murtrir home, ny feme, ny aidant, ny consentant, dit que non. Enquis s'il ne fu oncques cause ny consentant que home fust tray, ni ville, ni chasteau, dit que non. Enquis s'il fuct à rober église ny moustier, dit que non, et dit que oncques, mais ne fut attains et convaincuz de nul cas criminel. Ceci fu fait par moy Pierre Cajat dit Malicorne, prévost de Saint-Jehan d'Angéli susdit, le xive jour du mois de juillet l'an mil ccc iiiixx et quinze. Présens ad ce, un escuier appelé Laurens, demourant avec monsieur le séneschal; Pierre Arnaut, porter du chastel; Arnaut de Chemilhac, coutelier; ledit Périnet Couilhart, Hélie de La Père, Aymeri des Barres, Perrin de La Gourgue et moy, Loïs Daniel, lieutenant dudit prévost en ladite ville Saint-Jehan. Lequel xive jour dudit mois, l'an dessus dit, ledit Jehan fut trouvé en la tour Morin tout desenferré, et vouloit monter sur la tour pour regarder par où il s'en pourroit saillir hors, et avoit rompeu la porte du dedens de ladite tour; et ce il confessa, et dict en la présence des dessuz diz et de moy ledit Loïs Daniel, lieutenant dessus dit.

Le xie jour de juing.

Au jour duy, a fait amande à la court de céans Jehanets Caffun, d'avoir achapté marchandises avant heure dehue, de laquel amande sa mère est plège.

Le xvie jour de juillet.

Guagea l'amande la feme Angibaud d'avoir mis, oultre la deffense faicte par monsieur le maire, les peaux des anguilles soubz les bans des poissonniers, tauxé à xxv soubs.

Le xiie jour d'octobre.

Au jour duy a esté fait commandement à la paine de LX sous denier, en mulctant icelle à la paine de dix marcs d'argent, à Jehan Brisson, demourant en La Rochele, que dedans la feste de toussains prochaine venant, il ait fait metre sa maison en tel estat et redresser le plastre qui chet[1], qu'elle ne porte domage à nulh. Et ad ce furent présens : Beaudouin de Mentay, Hugues de Cumont, Gieffroy Guaiart, P. Fradet, Guilhem, bouteiller de monsieur le mareschal; Naudon du Lac, Héliot Jolen et plusieurs autres.

* * *

Du XXIIIe jour de janvier.

Au jour duy a fait amande à la court Hugues Caffin, de ce que il a troublé et empesché la court par ses paroles, sur la deffense du juge de la court de céans, et en fut mis en l'arrest de la court, lequel arrest ledit Hugues brisa.

Le XXIe jour d'avrilh.

Au jour duy, Jehan de Vinguière a produit ses tesmoings à l'encontre de Jehan Chevalier, mareschal, à cause d'un cheval griffon, à longue couhe, qu'il li demandet; lequel cheval ledit escuier baila audit mareschal en garde et pour guarir de certaine maladie qu'il avoit. Lesqueulx tesmoings ont juré en jugement en présence des parties, et a somé, ledit mareschal, de dire contre lesdites personnes, c'est assavoir Mayet de Belestre, Jehan Payen, Benon Rousseau et Guillaume Daguenaut; et est commis Bernart Fradin pour yceulx oyr et examiner, et pour veoir, interroger et examiner autres tesmoings, lesqueulx ledit escuyer voudroit produyre, et s'en vont lesdites parties toutes adjornées à samedy prochain.

Du dernier jour d'avrilh.

Condempné avons, et de son consentement, Jehan Douhet,

---

[1]. Il s'agit d'une de ces maisons de bois à façade recouverte de plâtre comme on en construisait au XIVe et au XVe siècle et comme on en rencontre encore quelques unes à Saint-Jean d'Angély.

valet de Pierre de la Sale, rendre et paier dedens huit jours à Pierre Amit de Fontané, la somme de vingt-huit souls tournois qu'il luy a ce jourduy confessé devoir en jugement pour cause de ce qu'il les a paié à Bouteville pour nom de luy en certaine despense qu'ilz firent jà piecza, eulx estans pris par marque[1]; si donnons et commandons aus sergens de mectre les présentes à exéqucion sur les biens dudit Douhet jusques à ladite somme, passé ledit terme.

Le xvɪᵉ jour de juillet.

Sur ce que Jehan Bourdet disoit et prepousoit à l'encontre de Guillaume Roy, texer, demourant en la ville Saint-Jehan, que Colin Bourdet, père dudit demandeur jà piecza au temps qu'il vivoit, avoit baillié un tonnel de vin audit Guillaume Roy, et requéroit que ledit Guillaume fust condampné à luy rendre et paier pour ledit tonnel de vin la somme de dix-sept livres, monnoie courante; que tant paroit bien valoir ledit tonnel de vin au temps de la baillette, si ledit Guillaume confessoit ladite baillette, et, s'il la nioit, ledit Bordet la offroit à prouver, qui luy suffiroit. Ausquelles chouses fu respondu de la partie dudit Guillaume Roy, et premièrement que la demande prépousée par ledit Bordet à l'encontre de luy ne procédoit, par plusieurs causes et raisons qui furent dites et prépousées; et si aucunement elle procédoit, disoit ledit Guillaume Roy que ledit Bourdet l'avoit follement fait appeler à la court de céans, et devoit estre quypte et absoulz de ladite demande, et condempné à despens et domages dudit Guillaulme, jusques à dix livres ou ce que par la court seroit esgardé; et pour ce que, en certain traicté et acort fait entre ledit Guillaume Roy et ledit Bourdet sur l'amortissement de seze soulz huit deniers de rente, que ledit Bourdet et sondit père devoient audit Guillaume Roy, et aussi sur la quiptance des arrérages d'icelle rente, et autres chouses que ledit Bourdet devoit audit Guillaume Roy, il fu parlé dudit tonnel de vin

---

1. Retenus en otages.

que ledit Guillaume avoit eu du père dudit Bourdet, pour cause des arrérages qui estoient lors escheuz de ladite rente et autres chouses, en quoy il li povoit estre tenuz : paré et aussi fu accordé que ledit Guillaume Roy seroit et demoureroit quypte vers ledit Bourdet, demandeur, dudit tonnel de vin, et que d'icelui tonnel de vin ledit Bourdet quipta ledit Guillaume quique soit, ont agréable lesdites paroles et acors sans retenir à soy ou réserver question ou demande aucune pour ledit tonnel de vin. Si disoit ledit Guillaume Roy que, si ledit Bourdet confessoit ce qui dit est, que ainsi li doit estre fait et accompli, et s'il en mit aucune chouse, ledit Guillaume en offroit à prouver qui li suffira. Desquelles chouses ledit Bourdet a esté en deffense. Sur la contestacion faite, juré de vérité, prouvé et respondu est preuve adjugée audit Guillaume à prouver de ses faicz que li suffira, a produit en tesmoins, ledit Guillaume, Ambrois Fradin et Huguet de Cumond, qui ont juré en présence des parties. Protesté de dire contre lesdiz tesmoings et sauvation faite par ledit Guillaume de le soutenir. Si est commis à Loïs Daniel fère l'enqueste entre cy et huitaine; auquel jour lesdites parties sont adjornées pour veoir publier ladite enqueste si faire est, si non pour procéder et aler avant entre eulx si, comme raison, sera soubz première produccion, sont réservez les despens à l'encontre dudit Bourdet, pour ce que son libelle estoit moins suffisamment ferme (?) à les taxer audit jour. Ceu fut fait et donné, etc...

Le XXIIIe jour de juillet.

En la court pris à prouver de la partie de Guillaume Roy en exceptant à l'encontre de Jehan Bourdet, s'est présenté et a comparuz ledit Guillaume, et ledit Jehan Bourdet s'est deffailhi, sauve son exoine du voiage de Sainte-Katerine aporté par Marion Bernarde, sa feme, qui le jura, o somacion faite par ledit Guillaume Roy, de dire contre ledit exoine; et avons adjorné ledit deffaillant, en la personne de sadite feme, à duy en huit jours, puis son deffaut et pour venir vériffier sondit exoine et, si vériffier ne le puet, pour venir veoir obtenir audit obéissant le prouffit d'iceluy, procéder et aler avant par la manière que raison donnera auquel jour, etc...

Le 9 août, *renvoi à quinzaine*. — Le 22 août, *renvoi à huitaine*. — Le 27 août, *renvoi à quinzaine*. — Le 11 septembre, *renvoi à huitaine*, « pour cause des grans arnée du roy ». — Le 18, *renvoi à huitaine*. — Le 9 octobre, *renvoi à quinzaine*. — Le 23 octobre, « exoine de maladie » présenté par Bourdet, *renvoi à huit jours*. — 30 octobre, *renvoi* « au lundy qui vient en huit pour aporter paix ou plet ». — 8 novembre, « exoine d'un voiage à Nostre-Dame de Lislea ». — 22 novembre, *renvoi à quinze jours*. — 6 décembre, *renvoi à huit jours*, « sur espérance de paix ».

Le xxvie jour d'octobre.

De la demande du procureur de Saint-Jehan à l'encontre de Jehan Prader, Périchon et Jehan Mercader, bouchers, sur ce que ledit procureur disoit et prépousoit, à l'encontre des dessuz diz et de chascun d'eulx, que eulx ou l'un d'eulx ont achapté de un appellé Johanot Bouilhat, demourant au Breuil-de-Vaize[1], deux vaches malades et icelles vendues à détailh entre les bans de ladite ville Saint-Jehan, qui est contre raison et l'utilité publique et contre les ordenances de la commune, et requiert ledit procureur à l'encontre des dessuz diz que, s'ils congnoissent et confessent les chouses dessuz dites estre vraies, qu'ils soient contrains et condempnez de telle amande comme au caz appartiendra, et, s'il en nient aucunes chouses ledit procureur en offre à prouver qui luy suffira. De laquelle chouse ledit Périchon a esté en niance et deffence. Sur ce, contestacion faite est premier adjugé audit procureur sur premier produccion à duy en huit jours ; pour ce que lesdiz Prader et Mercader n'ont volu affirmer par serment de confesser ou nier les chouses susdites, en disant qu'ilz

---

1. Le Breuil de Vaize, aujourd'hui le Breuil de l'Ile, est la commune de Saint-Pierre de l'Ile, canton de Loulay.

vouloient veoir ledit Bouilhat, ont esté mis en l'arrest de la court de céans.

Du même jour : recréance « jusques à jeudi, heure de termes ».

Du xxviiie jour d'octobre.

Au jour duy, Jehan Prader et Jehanot Mercader se sont renduz et représentez en l'arrest onquel ils avoient promis obéir et au tant que touchet la demande du procureur de la commune ; ils ont confessé qu'ils eurent leur part des deux vaches qui furent achaptées de Jehan Bouilhat, en niance et deffence qu'elles fussent onques malades. Le procureur prouva qu'elles estoient malades, et sur ce contestacion faite et preuve adjugée audit procureur de ses faiz qui luy suffira sur première produccion jour à duy en huit jours.

Ledit jour, à relevée.

Au jour duy, Jehan Prader, Périchon et Johanet Mercader se sont mis à l'ordenance de la court, vehue la desposition des tesmoings que le procureur de céans entent fère à l'encontre d'eulx... et, icelle desposicion vehue et visitée, la court leur fera raison.

Du xviie jour de juing.

Au jour duy, avons fait approcher les amis, parens et voisins de Ambrois Dorin, meindre d'ans, filz de feu Jehan Dorin, charpentier, et de Marguerite Archère, pour avoir tuteur audit Ambrois ; c'est assavoir : Guillaume Babin, son oncle ; Marion Boucrelle, son aiolle ; Jehan Dorin, son frère, et plusieurs autres voisins. Par l'advis et oppinion desquielx et de plusieurs [homes] sages, estant en jugement, avons trouvé que Jehan Dorin, frère dudit pupille, est le plus prochain et profitable à estre tuteur et garde dudit pupille et de ses biens, et, pour ce, li avons bailhé et baillons les garde, administration et gouvernement dudit pupille et de ses biens, parmi ce qu'il nous a promis et juré aux sains Dieu évangiles nostre Seigneur, de garder et gouverner bien et loialment ledit pupille et ses biens et d'en rendre bon compte et loial, et fera fère inventaire dedens le temps acoustumé.

Du xiiie jour de septembre.

Condempné avons par jugement et de son consentement Maion Menuzer rendre et payer, dedan huit jours prochains venant, à Baudouin de Martay un père de soulers du pris de cinq souls qu'il li a confessé devoir pour cause de fers.

Du xviiie mars.

Au jour duy, Gilet Michea a asseuré de bonne seureté et loial Héliot Pépin, et promis et juré qu'il ne li meffera, etc.

Du dimanche xixe jour dudit fut fait éleccion.

Jehan Guarin de La Chapelle entre en commune ledit jour de l'éleccion, et paiera à ladite commune xx souls dedens la feste saint Jehan-Baptiste prochaine venant.

TABLE ONOMASTIQUE

Par M. Henri JOYER

A

Abadam (David), 380.
Abbeville (Somme), 12.
Abignen (Houhel), 380.
Abillon (D'), 13.
Abla (Ile d'Able), com. de Muron, cant. de Tonnay-Charente, arr. de Rochefort, 29.
Abourry (Cantin), 217, 231.
Achart (Pierre), 152, 214, 234, 293.
Acote (G.), charpentier, 117.
Acris (Frances de), 91.
Aden (Arnoy de), 37.
Afelix (Yvain), 380.
Agrignen (Griffin), 380.
Aigre, chef-lieu de cant., arr. de Ruffec, 245.
Ailhet (G.), 64, 81.
Aimery, 32, 71; — (Estène), 118; — (Ithier, Iterot, Itiérot), 152, 183, 233, 248, 262, 264-266; — (Heriot), 293; — (Hurot), 346; — (Jean), 118, 346; — (Perot), 203, 238; — (Pierre), 238; — seigneur de La Malvaud, 143.
Alaitedener (G. de), 75, 76; — (Arnaud), 270, 271.
Alardin (Hélie), 118; — (P.), 117.
Alars, Alart (Hugues), — (Guillaume), — (P.), 117; — (Guillaume), 118.
Albi (J.). Voir Blanc.
Aleais, femme de Moreau, 60, 78.
Aleart (Perotin), 170.
Alen (Guillaume), 422; — (Guillaume), dit Contreffait, 396, 402, 403; — (Robert), 214, 234, 250, 256, 272, 293, 300, 301, 302, 307; — (Robert), dit Contreffait, 182.
Alenet, Allenet (Aimery), 326; — (Joffre), 380; — (Pierre), 352, 402, 437; — boucher, 81, 83, 85, 88, 89.
Aliaume (Guillaume), 118.
Alouhet (Perot), 256, 272; — (Pierre), 213, 234, 354.
Aloury (Coutin), 234.
Amador (Joffre), 380.
Amblain (Huchon), 417.
Ameil, Ameilh (Jean), 304.
Amiot (Michea), 315.
Amit (Pierre), 442.
Amoin, fendeur d'osier, 174; — (Arnaud), 325; — (Jean), 214, 234, 293.
Amoroux, Amouroux (Arnaud), couturier, 391; — (Pierre), 330, 346, 354, 375-377, 395, 401, 412.
Amouy (Arnaud), couturier, 422, 435, 436.
André, religieux, 84; — (Bernard), 417; — (Jean), 331, 354, 380, 422, 437; — (Joffre), 71, 99; — (P.), 90, 93, 105; — (Pierre), 300; — (Robin), 422, 437.
Andrieux (Geoffroy), 50.
Angibaut, 440; — (Jean), 348, 354.
Angles (Guichard d'), 142, 320; — (Jeanne d'), 430.
Anglois, 195.

— 448 —

Angoulême (Charente), 3, 5.
Angoulins, com. du cant. de La Rochelle, 395.
Anjou (Le duc d'), 244.
Antezan, Antizianus, com. du cant. de Saint-Jean d'Angély, 29, 91, 345, 357.
Antier (Guillaume), notaire, 121.
Aplagin (Robin), 395.
Applersun (Robert), 380.
Apris (Madot), 380.
Archambaude (Pernelle), 170, 171.
Archambaut, comte de Périgord, 204.
Archère (Marguerite), 445.
Archiac (Bertrand d'), 87 ; — (Jeanne d'), 430.
Archiac, chef-lieu de cant., arr. de Jonzac, 245.
Ardillères, cant. d'Aigrefeuille, arr. de Rochefort-sur-mer, 122, 123.
Arenisse, 30.
Argier (Joffre), 71.
Armant de Puymoreau (Aymeri), 97.
Arnaut (Aymery), 58 ; — (Jean), 175, 179 ; — (Laïde), 19 ; — (Pierre), portier, 440.
Arnouf (Hugues), 117.
Arnoul (Jean), 234, 437 ; — seigneur d'Audenehan, maréchal de France, 138, 140.
Arsent, Arzent (Jean), 66, 83.
Arsonia, église, 30.
Arvert, cant. de La Tremblade, arr. de Marennes, 204.
Asnières, com. du cant. de Saint-Jean d'Angély, 53, 57, 59, 66, 345, 357.
Assailli, 49, 57, 60, 84, 100, 101, 103, 109, 215.
Assez (G.), 87, 89 ; — (P.), 60.
Aubépin (Jean), 425 ; — (Pierre), 152, 157, 233, 260, 425.
Aubin, 92 ; — (P.), 56, 92, 104.
Auboin (Jean), 118.
Auchier (Raymond), 121.
Audenehan, fief des Arnoul, 138.
Audoart (Estène), 200.
Audoin (Jean), texier, 152, 233, 256, 293, 307, 354, 376, 402, 422 ; — (Guillaume), 234, 307.
Audri (P.), 97.
Auffré, Offroy, Auffrédi 49 ; — (Bernard), 299 ; — (Hélie), 151, 155, 156, 159, 167, 168, 170-172, 174, 176, 194, 195, 199, 200, 213, 215, 218, 222, 239, 246, 252, 255, 285, 299.

Auffroy (Laurent), prieur de Saint-Eutrope de Laleu, 184, 199, 227.
Augot (P.), sergent, 121.
Aumagne, cant. de Saint-Hilaire, arr. de Saint-Jean d'Angély, 251.
Aumosner (Bernard), 349, 350, 351.
Aunay, chef-lieu de cant., arr. de Saint-Jean d'Angély, 172, 298, 393, 413, 414.
Aurelle (Margot), 291, 292.
Autant (Guillaume), 117 ; — (P.), 70.
Autier (Guillaume), clerc, 46.
Auzance, Alsentia, rivière, 129.
Avart (Janin), 170, 171.
Averti (Guillaume), 118.
Avril (Guillaume), 112.
Aymar, 62, 104, 106, 110, 111 ; — (Gieffroy), 236 ; — (Naudin), 174 ; — (P.), 105 ; — (Pierre), dit Moulin, 112.
Aymé (Jean), 273.
Aymicile (Jean), 118.
Aymon (Jacques), 412.
Aynaut, Aynnaut (Jean), 55, 79, 113, 114, 115.
Ayraut (Jean), 118 ; — (Gieffroy), 226, 249, 361 ; — (Jean), 204, 213, 225, 307, 325 ; — (P.), 117, 119 ; — (Perot), 73 ; — (Raymond), 86.
Ayronnet (Guill.), 152.

B

Baart (Jean), 118.
Babault, 314, 436 ; — (Pierre), le grand, 152 ; — (Pierre), le petit, 152.
Babelet (Michea), sergent, 231.
Babin (Guillaume), 445.
Bachelier (Joseph), 112.
Baguenon (André), 100 ; — (Jean), 418 ; — (Perin), 247 ; — (Pierre), 151, 204, 229, 250, 307, 339, 340.
Baile (Aymeri), 83.
Bailhé, sergent, 92.
Bailheu (de), 392 ; — (Casin de), 381, 384, 402, 418, 437.
Bains ou Rams (Jean de), 112.
Balaffier (Hélie), clerc, 53.
Ballans (Joffre), 78.
Bancs. Voir Beauvais-sur-Matha.
Barangier (Jean), 118.
Baratea (Hugues), 119.
Barbarin (Hélie), 151, 256, 270.
Barbe ou Berbe (Aymery), 15, 156, 165, 167.
Barbezieux (Charente), 393.

Barbier, 67.
Barbin (Aymery) ; — (Aymor) ; — (P.) ; — (Jean), 118.
Barbon (Aymery), 418.
Barbotin (Jourdain), 118.
Barbyneau, 59.
Bardène (Jeanne), 304.
Bardonnet (Abel), 142.
Bareteau (Jean) ; — (P.), 119.
Baril (Guillaume) ; — (Thomas), maréchal, 420 ; — (P.), 117.
Barraud (Bernard), 46, 48, 51, 84; — (P.), 98, 99.
Barré (Micheau), 71.
Barrier (Jean), 371.
Bartholi, camérier, 31.
Barthomé, 13 ; — (Pierre), 73.
Basseigne (Jeanne), 119.
Basset (Naudin de), 89.
Bassillac (Ithier), 67.
Bassot (Jean), 152, 376.
Bastarder (Maurisset), 396, 397.
Bastelot (J.), 256.
Bastier (André), 256.
Bauby (Robin), 112.
Baudet Le Flameus, 117.
Baudoin (Dominique), 86 ; — (Gautier), 118.
Baudon (Jacques de), 152.
Baudoux (Jean), 151, 153, 154, 211, 240, 241, 291.
Baudoy (Jacques de), 224.
Bavès, Barois. Voir Beauvais.
Bayonne (Basses-Pyrénées), 10.
Beaufief, fief des Abillon, 13.
Beauvais-sur-Matha, Baoiss, Barès, cant. de Matha, arr. de Saint-Jean d'Angély, 48, 213.
Bedous (Jean), 112.
Beguaud (Meriot), 234.
Beguet du Sart, 392.
Belbost, Belboys, Besboys (Bertrac de), 392-394 ; — (Michel ou Michot de), 381, 382, 393, 394.
Belestre (Mathie, Mathiet, Mahet, Mahiet, Mayet de), 214, 226, 232, 234, 253, 268, 270, 293, 299, 307, 325, 327, 376, 402, 422, 441.
Belet (Joffroy), 80 ; — (P.), 73.
Beliart (Jean), 152.
Bellest (Michel de), 393, 394.
Belleville, fief des Clisson, 259.
Belle-Ysle (Alen de), 165, 234, 235.
Benest (Arn.), 81, 87, 93 ; — (Guillaume), 380, 393 ; — (Jean), 118.
Benet, 438.
Benoist, 32.

Benoit (Raoulet), 84.
Benon (Jean), 212, 222, 240.
Benon, Benaon, cant. de Courçon, arr. de La Rochelle, 30, 121.
Berbe. Voir Barbe.
Berengier (Perotin), 66, 79.
Bernac (Guillaume), 394.
Bernard, Bernarde, mercier, 89 ; — (Arnaud), prêtre, 87 ; — (Cornille), 152 ; — (Guillaume), 82, 118, 234 ; — (Joffre), 101-103, 106 ; — (Hugues), 118 ; — (Marion), 443 ; — (Pierre), 234, 288, 293 ; — (Pierre), barbier, 402, 410, 422.
Bernay, cant. de Loulay, arr. de Saint-Jean d'Angély, 267.
Bernoin (Jean), 434.
Bernouet, écluses, com. de Saint-Jean d'Angély, 58, 411.
Berry (Le duc de), 15, 259, 320, 321, 325, 326.
Bertaud, Bertheau (Pierre), 117, 152 ; — sergent, 231.
Berthelot (Jean), 156, 167.
Berthommé, greffier, 32 ; — (Bernard), 176 ; — (Hugues), 118 ; — (Jean), 55, 65 ; — (Jeanne), 86 ; — (Pierre), 176, 225.
Bertin (Guillaume), doridier, 224 ; — (J.), 93 ; — (Jean), 80, 81 ; — de Bocourt, charpentier, 73.
Bertram, Bertrand, 117 ; — (Estène), 118 ; — (Jean), 86, 152, 185, 234 ; — (P.), 117.
Bessé, 13 ; — (Guillaume de), 13, 268, 304, 340, 352, 354, 355, 401, 421.
Bessé, fief, com. de Saint-Jean d'Angély, 13, 304, 376.
Besson (Guillaume), 422 ; — (Hélie), 437.
Betizi (Jean de), 309, 326.
Beuf (J.), 59.
Bidal (Huguet), 243.
Bidau, 331 ; — (Bernard), 12, 325, 340, 353, 376, 418, 427, 437 ; — (Gieffroy), 151 ; — (Hugues ou Huguet), 151, 154, 157, 165, 168, 169, 171, 174, 177, 185, 211, 221, 223, 233, 246, 250, 256, 260-263, 269, 275, 292, 294, 306, 427 ; — (Jean), 246, 273, 293, 294, 299, 307, 309, 317, 322, 330, 338, 346, 351, 352, 354, 355, 362, 363, 368, 376, 377, 401, 403, 408, 410, 412, 421, 424 ; — (Louis), 325, 340, 353, 362, 372, 376, 401, 422.

29

Bienourat (Jean), 118.
Bignay (Guillaume), 118.
Bignay, com. du cant. de Saint-Jean d'Angély, 344.
Bignon, 32.
Bigot (Robinet), 195, 196 ; — (Pierre), 180.
Bilhaut, 325 ; — tanneur, 269.
Bilhebault, 325.
Bilhochea (Thomas), 233.
Bilhoir (Thiebault), 89.
Bilhom, Bilhon, Billon (Guillaume), 338, 377, 403 ; — (Guillon), 364 ; — (Thebaut), 64, 89.
Bilhona (Th.), fondeur, 256.
Bilhotea (Thomas), 211.
Bilhoteau (Jean), 376.
Binet (Guillaume), 253.
Birac (Héliot de), 257.
Biraut (Jean), 152, 174, 208, 209, 210.
Bitaude (Guillemette), 228.
Bivert (Jean), 105.
Blaies (Pierre de), charpentier, 165.
Blanc (Guillaume), 117 ; — (Hélie), 432 ; — (Jean), 117, 239, 265, 272, 275, 299, 307, 309, 311, 325, 417, 418, 422 ; — (Jean), notaire, 274, 285, 311, 346, 351.
Blanch (Berthomé), 119.
Blancharde (Catherine), 352, 353.
Blanchart (Guillaume), maréchal, 180, 187, 192, 256, 297 ; — (Huguet), 99.
Blancher (Guillaume), 118.
Blanchon (Aymery) ; — (P.), 119.
Blanchot (Aimery), 117.
Bleau (P.), prévôt, 107.
Blois (P.), 104, 107 ; — (Pierre de), 165, 167.
Blouec, 143.
Bocourt (Bertin de), charpentier, 73.
Bodan (Jean de), caufournier, 112.
Bodin (Pierre), 210.
Bodine (Agnès), 93.
Boer... (Guillaume), 270, 271.
Boguin (Guillaume), 391, 437.
Boilaigue (G.), 67 ; — (Hugues), 83.
Boilève (Jean), 255.
Boilhart (Thomas), 354.
Boilleau, Boillaud (Geoffroy), 67 ; — (J.), 93 ; — (Jean), 50, 67, 82, 89, 100 ; — (Joffre), 50, 79, 100.
Boisart, Boizart, 31 ; — (Guillaume), 165, 402 ; — (Perrot), 372.
Boisseau, 13 ; — (P.), 49, 55, 63, 65, 66, 90, 94, 98, 109 ; — (Pierre), 77, 102.

Boisseuil, com. de Saint-Médard, cant. de Surgères, 118.
Bonastre (Richard), 422.
Bondilly, Burdiliacus, com. de Saint-Cyr, cant. de Saint-Georges, arr. de Poitiers, 29.
Bonguierre (Jean de), 380.
Boniface (Pierre), 50, 52, 54, 152, 165.
Bonin (Simon), 347.
Bonisset (Perotin), 77.
Bonnaul (Jean), 119.
Bonnes (P. de), 54.
Bonnet (Jean), dit Chaignollet, 417 ; — (Jean), maréchal, 422 ; — (Laurent), 70.
Bonnières (Pierre), 112.
Boquin (Guillaume), 422.
Bor (P. de), 104.
Borea (Guillaume), 56.
Bordes, 148 ; — (Bernard de), 402 ; — (Géraut), 192 ; — (Giraud), 152, 215, 231, 234 ; — (Girard), 214, 256, 307.
Bordon (Pierre), 84.
Borneuf, Bourgneuf, 87.
Borno (Adémar de), 34.
Bouchac, Boulhac (Jean), 350.
Bouchard (Jean), 275 ; — (Thomas), 417.
Bouchaut (Jean), 263.
Boucher (Guillaume), 112.
Boucicaut (Le maréchal de), 133, 208, 437.
Bouerelle (Marion), 445.
Boueron (Hélie), 339, 416 ; — (Héliotin), 376 ; — (Naudin), 252 ; — (Naudon), 340 ; — (J.), 252, 422 ; — (Jean), 151, 153, 162, 176, 192, 233, 242, 246, 247, 253, 255, 256, 268, 269, 292, 293, 305, 307, 308, 325, 327, 330, 339, 354, 355, 366, 376, 402.
Bouet (Guillaume), 118.
Bouffart (Hugues), 185.
Bouher (Guill.), 214 ; — (Jean), 402 ; — (Pierre), boucher, 410.
Bouilhat (Johannot), 444, 445.
Bouilhée (Thomas), 219.
Boulhait (Thomas), 325.
Boulhart (Thomas), 346, 402.
Bouquart (G.), boucher, 89 ; — (Michea, Michel), 152, 182, 211, 214, 234, 257, 293, 297, 298, 300-302, 305, 307, 316 ; — (Périn), 233 ; — (Pérotin), 93.
Bouquet 408 ; — religieux, 27 ; —

— 451 —

(Petit), 437; — seigneur de Maumont, 7.
Bourbon, 425.
Bourcier (Jean), 185, 346.
Bourdau (P.), 74.
Bourdeille (Hélie de), 85, 89, 90, 93.
Bourdet (Jean), 425, 442, 443, 444.
Bourdin (André), 418; — (Tuchard), 298.
Bourdon (P.), 80, 97.
Bourg (Jean de), 152, 233.
Bourgeoise, écluse, près Tonnay-Boutonne, 8.
Bourges, 56, 57; — (Jean de), 64, 72.
Boury-sur-Charente, cant. de Segonzac, arr. de Cognac, 215.
Bourier (Gieffroy), 368.
Bourit (Jeanne), 306.
Bourreaul (Lambert), prévôt, 121.
Bouru-Beaupré, avocat, 26.
Boussart (Jean), 68.
Boutaric (Edgard), 21.
Boutaut (Guillaume), 112; — (Jean), 86; — (Pierre), 275.
Bouterouhe (Jean), 418.
Boutetonneau (Alexandre), 74.
Bouteville, 325; — (Guillaume), 151, 155, 182, 192, 213, 234, 236, 256, 307, 330.
Bouteville, cant. de Châteauneuf, arr. de Cognac, 100, 217, 218, 316, 322, 347, 364-369, 406, 425, 429.
Boutin (Guillaume), doridier, orfèvre, 214, 224, 248; — (Guillaume), 231, 234, 250, 257, 293.
Bouyer (P.), 50, 87.
Boyceux (Griffin), 380.
Boyssea (Jean), 111. Voir Boisseau.
Boyssin (Jean), 112.
Branger (P.), 119.
Braidou (P.), 91.
Brantosme (Pierre), 152, 165, 214, 422, 437.
Bredur (Bernard de), 410.
Bresset (J.), 68.
Bret (Guillaume), 182.
Bretagne (Le bâtard de), 418.
Breuilh (Guillaume), 315.
Breuilhat (Guillaume), 260.
Briant (Jean), 185.
Bridiers (Bernardin de), 422.
Brief (J.), 57.
Briefler (J.), 50, 69, 85, 91, 92, 94, 97.
Brisefer (Jean), 46.
Brissea (Pierre), 112.
Brisset du Refuge, 166, 417.

Brisson (Jean), 441.
Brochet (Guill.), clerc, 118.
Bromet (W.), docteur, 130.
Broussart (Guillaume), 87; — (Mathelin), 307, 364, 437.
Brulhac, Bruylhac, Brulhat (Guillaume), 152, 153, 234, 235.
Brun (Estène), 227, 339, 346, 349, 351, 395, 396; — (Etienne), 272, 299.
Brunet (Pierre), 53.
Buffet (P.), 124.
Buffetea (Jean), 260, 273.
Burdiliacus, 29. Voir *Bondilly*.
Buren (Jean), 331.
Burie, chef-lieu de cant., arr. de Saintes, 304.
Bussac (Jean de), 112.
Byac (Estène), 106; — (Janhot), 18, 106.

C

Cadelon, 32.
Cafin (Hugues), 346, 351, 354, 441.
Cafun (Jehannet), 440.
Caillaut (Arnaud), 50, 54, 57, 74, 79, 81; — (D.), 91.
Cailleteau (Guillaume), 287.
Cajat (Pierre), dit Malicorne, prévôt, 393, 395, 396, 397, 417, 418, 425, 436, 437, 440.
Caneau (Joh.), 50.
Caniot (Hélie), 376, 416; — (Michea ou Michel), 234, 299, 300, 376, 422.
Capeeu (Jean de), 215, 325, 326, 346.
Cardel, 13.
Carillon, com. de Bords, cant. de Saint-Savinien, arr. de Saint-Jean d'Angély, 424.
Carnes (Ar. de), 50.
Carnet (Arnaud de), 67, 82, 99; — (Guillot de), 77; — (Jean de), 152.
Castelnuef (Bernard de), 134; — (Pierre de), 130, 131, 133, 134.
Catelan, 380.
Catheu (Jean de), 221.
Caufournier, 68.
Caupenne ou *Coupène*. V. *Copanne*.
Caivailhon, Cavaillon (Geoffroy), 118; — (Jean), 118.
Cavéa (J.), 56.
Caveau (Jean), 94.
Celer (Laurent), 418; — (Pierre), 112.
Cerri (Thébault de), 81.
Cersigny, 438. Voir *Serigné*.
Chabans, fief de Jourdain de Peiré, 123.

Chaboz (Hugues), 118.
Chade... (Hélier), 50.
Chaignea, coutelier, 200, 201 ; — (Jean), 201, 203.
Chaigneau (Jean), 89.
Chalassonne (Marie), 212.
Chalons, com. d'Ardillères, 122, 129.
Chamblain, 218.
Chamborel (Guillaume de), chevalier, 249.
Champagnac, 63 ; — (J. de), 50, 58, 81, 82, 94.
Champagne (Louis de), comte de Sancerre, 161.
Champain, Champan (Nolet), boucher, 165, 203, 232.
Champau, boucher, 174.
Champdivers (Odette de), 407.
Champdolent, 65 ; — (Jean de), 417.
Champdolent, cant. de Saint-Savinien, arr. de Saint-Jean d'Angély, 38, 69, 70, 87, 143, 237.
Chandenier (Jean), 74, 78, 80, 89, 94.
Chandos, 142, 192.
Chantemerle, cant. de Tonnay-Boutonne, arr. de Saint-Jean d'Angély, 345, 357.
Chantilly, fief des Clermont, 140.
Chanyon (H. de), 76.
Chapelier (Estène), 418.
Chapelle (J.), 53, 63.
Chaplayne (Jeanne), ribaude, 203.
Charcoigne, fief des La Croix, 123.
Charcoignes (P. de), 88, 108.
Charles d'Espagne, 130, 136, 192.
Charon (Arnaud), 108 ; — (Itier), 106.
Charonneau (Arnaud), 49, 70, 74.
Charpenter (Jean), 124.
Charras, com. de Saint-Laurent de La Prée, cant. de Rochefort-sur-mer, 120, 129.
Charretier (J.), 117 ; — (Jean), 62, 86, 98 ; — (P.), 50, 71.
Chartres (J. de), 97 ; — (Joh. de), doridier, 50.
Chasceutre (G. de), 50.
Chasin (Arn.), 50.
Chasteaujolet, 214.
Chasteigner (de), 298.
Chastelagne (Marion), 177.
Chastelain, 350.
Châteauneuf, chef-lieu de cant., arr. de Cognac, 245.
Châteauthierry, Chastelthierry, (G. de), 59, 61, 72, 74, 85.
Chauner (Michea), 422.

Chautier (Michea), 417.
Chauvea, Chauveau, 91 ; — (E.), couturier, 97 ; — (G.), couturier, 54, 67, 68. 90, 92, 93 ; — (Jean), 7, 78, 151, 152, 213, 233, 250, 256, 293, 307, 312, 325, 330, 334, 337, 346, 351, 352, 354, 418, 422, 426, 437 ; — (Joffre), 110 ; — (P.), 52 ; — (Robin) dit Lèvre, 165, 203.
Chauvelle (Jeanne), 334.
Chauvet, Chovet (Michel), 418 ; — (G.), barbier, 75 ; — (Robin), 436.
Chavaignes, 104.
Cheblanc (Jean), 88.
Chemillac (Arnaud de), 166, 234, 256, 307, 330, 376, 402, 422, 436, 437, 440 ; — coutelier, 251.
Chen (Hervé), 83.
Chenau (Colin), 194.
Cherbonnières, *Charbonnières*, com. du cant. de Loulay, 143.
Cherchemont (Guillaume de), 13.
Cherigny (Jean de), 417, 418.
Chermignac, com. du cant. de Saintes, 42.
Cheronneau (Pierre), 320.
Cherveaux, Cherveux (Guillaume de), 346, 351, 368, 376, 391, 401, 422.
Chesous (Ponce), 115.
Chessal (Colin), 234.
Chessoux (Guillaume de), 354.
Cheuvelle (Agnès), 80.
Cheval, 294 ; — (Colin), 229.
Chevalier (Hélie), 213 ; — (Héliot), 246 ; — (Jean), 418 ; — (Jean), maréchal, 185, 200, 214, 233, 252, 315, 354, 422, 437, 441.
Chompeaul (Hugues), 117.
Chopin (Hugues), 200, 233, 303, 306, 325 ; — (Jacquet), — (Janot), 82.
Chourel (Aimery), 123.
Chovel (G.), 92 ; — (J.), 98.
Ciré, cant. d'Aigrefeuille, arr. de Rochefort-sur-mer, 123.
Clément VII, pape, 285, 332.
Clerc (Henri), couturier, 57.
Clermont (de), 133 ; — (Jean de), maréchal de France, 140, 298.
Clisson (Jeanne de), 407 ; — (Olivier IV de), connétable de France, 259.
Cloyer (Pierre de), 309.
Cognac (Périn de), 152, 200, 201, 234, 254-256, 376 ; — (Hilaire de), 255 ; — (Jean de), 437.
Cognac (Charente), 3, 5, 100, 405.
Coilhart (Pierre), 417.
Coillon (Jean), 118.

— 453 —

Coisin (Jean), 294, 303.
Colin (Jean), 153, 203, 215, 229 ; — (Michelet), arbalétrier, 203.
Colinet, 112.
Colombe, Columbe (Bernard), 87 ; — (Guillaume), 213, 215, 233, 252, 307.
Colonghes (Henri de), 256.
Comborn (Bernard de), 87.
Conac, com. de Saint-Thomas de Conac, cant. de Mirambeau, 395.
Conctaut (Bernard), 176.
Conil (P.), 68.
Constans, 29 ; — (Jean), 115.
Constantin (Jean), 77.
Contetin, garde du scel royal, 212.
Contour (Jean), 45, 50, 51, 85.
Contrefait, 152, 437 ; — (Guillaume), 354, 408, 416. Voir Alen.
Copanne (Arnaud de), 134.
Copanne, fief de Guilhen Raymond, 130, 131, 133, 134, 192.
Coquelin (Gilet), 437.
Corder, Cordère (Jean), 226, 240, 253, 411 ; — (Jeanne), 165, 186, 197, 209, 253, 305, 315. Voir Le Corder.
Cordier (Jean), 226.
Cornillau (Estène), 109.
Cortaut (P.), 92, 116.
Costurier (P.), 243.
Cotezaude (Pernelle), 201, 202.
Coubaut (Martin), 152.
Couches, 195 ; — (Guillemin de), 249.
Coucy (de), 11, 346, 361, 362, 378-380, 382, 383, 433 ; — (Enguerrand de), maréchal de France, 11, 347, 348.
Couilhart (Perinet), 438, 440.
Couloigne (Thierry de), 152, 233, 270, 372, 373.
Coulombe (Guillaume), 292 ; — (J.), 171. Voir Colombe.
Coulombea (Guillaume), 151, 153, 154, 211.
Coulonges (Perotin de), 173.
Couplay, com. de Saint-Médard, cant. de Surgères, 118.
Courant, cant. de Loulay, arr. de Saint-Jean d'Angély, 170, 350.
Courcelles, com. du cant. de Saint-Jean d'Angély, 13, 29, 49, 57, 345.
Courgniou (Hélie), chevalier, 210.
Courpignac, cant. de Mirambeau, arr. de Jonzac, 245.

Courraut (P.), 82.
Courtaut (Bernard), 151, 153, 154, 163, 166, 170, 171, 174, 181, 196, 200, 201, 211, 221, 222, 229, 236, 239, 234-246, 250, 256, 261-363, 265, 274, 275, 306 ; — (Jean), 164; — (Pierre), 46, 47, 71, 112.
Courton (P.), 117.
Cousin (Jean), 354.
Coustin (Jean), 346.
Cousturier (Pierre-Lucas), 354.
Coutant (Jean), 67, 69.
Coutea, Couteau (Jean), 67, 263, 275 ; — (Pérot), 83.
Coutelier (André), 111, 151, 135, 167, 169, 171, 179, 180, 182, 196, 199, 203, 208, 209, 211, 213, 226, 228, 259, 285, 306 ; — (André), maire de Saint-Jean d'Angély, 232, 236, 240, 250, 260, 262, 263, 266, 271 ; — (Jean), 151, 185 ; — (Pierre), 232, 240, 251, 255, 268, 292, 297, 306, 312, 314, 319, 331, 334, 353, 358, 368, 370, 371 ; — (Pierre), licencié ès lois, 325, 329, 346, 349, 351, 376, 379, 392, 395, 401, 417, 421.
Coutentin, Coutetin (Guill.), 233 ; — (J.), 53 ; — (Jean), 153, 184, 213, 218, 222, 226, 227, 233, 240, 244, 285, 291 ; — (Johannot), 74 ; — (Jouet), boucher, 57, 62, 68 ; — (Perrot), boucher, 66.
Coutin (Constans), 418 ; — (Guill.), clerc, 256.
Coycart (Jean), prêtre, 204.
Coyquaut (Jean), 110.
Coyreau (Jean), 17, 110 ; — (Thomas), 17.
Cramard, Cracmartius, com. de Chalendray, cant. de Vouillé, arr. de Poitiers, 29.
Crasals, Crusale (Hélie de), 89, 91, 94, 97.
Cray (Clément de), 152, 214.
Creist (Arnaud) ; — (Jacques), 65.
Croix (P. de), 74.
Crolebois (Renaud), 124.
Cumont, 13 — (Hugues ou Huguet de), 338, 346, 354, 360, 361, 367, 374, 375, 376, 377, 380, 383, 391, 403, 407-408, 412, 413, 415, 416, 418, 421, 423, 426, 429, 430, 431, 432, 434, 437, 440, 443.
Cuyse (Florimond de), 334.

D

Daglenter (Raymond), 380.
Daguenaut (G.), fourbisseur, 206 ;
— (Guillaume), 199, 209, 213, 215,
232, 234, 256, 307, 346, 354, 402,
418, 422, 437, 441 ; — (Regnaut),
227, 294, 312, 316, 325, 326, 346,
354-360, 370, 376, 377, 381, 391,
402, 403-410, 422.
Danasy (Laurent), 380.
Dangers, Dangiers (Clément), 16,
108.
Daniat, Daniau, Danya (Louis), 325,
326, 332.
Daniel (Léonard), 332, 333, 343-
345, 347, 348, 425, 429, 434 ; —
(Louis), 333, 338, 340, 341, 349,
351, 354, 359, 362, 371, 376, 377,
381, 407, 413, 416, 422-437, 440,
443.
Darimon, 380.
Darras (Guillaume), 74, 81 ; — (Pe-
rotin), poissonnier, 54, 59.
Darsi, 263.
Dasnières (Pierre), écuyer, 437.
Daudoux (Bertram), 227.
Daufemont, 130.
Daunay (Guill.), prêtre, 123.
Daux (Giraud), 65, 66.
David (G.), 67 ; — (Guillaume), 117;
— (Jean), 152, 184 ; — (P.), 56.
Daviea (Loys), 294.
Davy (Giraud) ; — (Pernelle), 61 ;
— (Jean), 107.
Delabon (P.), 50.
Delavau (Pierre), 325, 418.
Denis, le prépointier, 84, 90. Voir
Le Prépointier.
Denisot, 86.
Denisot, 91.
Derby (Le comte de), 51.
Des Barres (Aymery), 172 ; — (Hélie), 440.
Des Bordes (Guillaume), 164, 337.
Des Chaignes (Roland), 293.
Des Essarts (Pierre), grand trésorier de France, 82, 89, 130.
Des Fragnes (Robert), 59.
Deshomeaux (Guillaume), 362.
Desnadet (Jean), 118.
Desnance (Florence), 119.
Desnay (Guillaume) ; — (Jean), 119 ;
— (Pierre), 118.
Des Places (Jean), 340, 376, 395, 418.
Dessars (Pierre), 230, 231.
Des Traynes (Surien), 384.
Destreiz (Michel), 118.
Deugrot (Jean), 50, 98.
Deulh, Dœuil, cant. de Loulay, arr. de Saint-Jean d'Angély, 349, 350.
Dexideuil (H.), 101 ; — (Marie), 68 ;
— (Pernelle), 311.
Dieulefit (Jean), 112.
Dirilhon. Voir Marguyre.
Dodeau (Guillaume), 57, 62, 67.
Doigne (B.), 57 ; — (Hélie), 58, 101,
104, 111 ; — (Regnaud), 240.
Dompierre, com. du cant. de La Rochelle, 31.
Donas, 31.
Dordes (Aymé), 85, 89, 90.
Doré (Jean), 152.
Dorgères (Guillaume), 437.
Dorgières (Guillaume), 368.
Dorin, 13 ; — (Ambroise), 445 ; —
(Guillaume), 395 ; — (Jean), 349,
378, 392, 395, 425, 445.
Doriole, 214 ; — (Guillaume), 210,
234, 256 ; — (Jean), 294, 326, 403.
Dorliens, Dorlhens (Jean), 330, 339,
376, 402, 422, 426.
Dorny (P.), 118.
Dors (Thomas), 92.
Dorson (Jean), 392-394.
Douhet (Jean), valet, 441.
Doussin (Gieffroy), 355, 364, 366,
412.
Doys (Thomas), 98.
Doysse (Julien), 72.
Du Bouchet (Giraut), 240, 241.
Du Bourg (Jean), 214.
Du Boys (Estime), 397 ; — (Giraut),
prieur, 234 ; — (Jacques), 121 ; —
(Thomas), clerc, 117, 118, 121.
Du Breuilh (Jean), 98.
Du Captan (Jean), 240.
Du Celer (Jamet), 275.
Du Chaillou (Jean), 415, 434.
Du Chastagnée (Pierre), 166.
Du Chesne (André), écrivain, 298.
Du Chillou (Jean), maire de La Rochelle, 288.
Du Cluseau, Du Cluseau, 256 ; — (Aymar), 234, 293, 307 ; — (Maiot), 268 ; — (Marob), 272.
Du Four (Gillet) ; — (Guillaume),
177 ; — (Jean), 46, 56, 86, 101,
184, 188, 246, 256, 259-263, 266,
285, 292, 294, 306, 346, 354, 376,
395, 401.
Du Guesclin, 218, 308, 326, 347.

Dujardin (Jeanne); — (Catherine), 72, 73.
Dujaut (Hugues), 117.
Du Lac (Naudon), 402, 404, 423, 431, 441.
Du Marché (Clérice), 57 ; — (Jean), 58, 70, 79, 88, 101, 104, 106, 111, 417 ; — (P.), 99.
Du Mesler, Du Meslier, Du Meler (C.), 49 ; — (Jean), 56 ; — (Pierre), 55-57, 61, 152, 213, 215, 218, 221, 234, 235, 250, 257, 293, 326, 339, 340, 354, 361, 376, 386, 401, 405, 437 ; — (Rempnoul), 420.
Du Mesnilh (Toussaint), 165.
Du Minage, 63.
Du Mont (Robin), 70, 72.
Du Moulin, Du Molin (Pierre), 151, 184, 213, 234, 256, 271.
Du Peyré, 62, 91.
Du Pont (J.), 81 ; — (Thibaut), 437.
Du Pré (Jean), 307.
Du Puy (Hélie), dit Pati, 437 ; — (Héliot), 415.
Durant, 291 ; — (Gaillard), 130, 131, 133, 134 ; — (Jean), 111 ; — (Joffre), 68 ; — (Raymond), 134.
Du Refuge. Voir Brisset.
Du Rivaut (J.), 273.
Du Ry Fradin, 195.
Du Sable (Jean), 56, 64, 65, 68, 70, 76, 84, 93.
Du Sabley (Jean), 62.
Du Sart. Voir Beguet.
Du Sousterain (Jean), 417, 418, 437.
Du Temple (Richard), 134.
Du Tems (Michel), 88.
Duvaux (Joh.), 50.
Du Vayer (Héliot), 359.
Du Verger (Hélie ou Héliot), 311, 324, 339, 340, 346, 354, 355, 361, 371, 379, 391, 392, 394, 422.
Du Vergier (Hélie ou Héliot), 341, 426, 429, 434.
Du Voler (Jamet), 263, 264.

E

Edouard, prince de Galles, 143.
Eléonore d'Aquitaine, 1.
Engibaut (Kasin), 303, 304 ; — (Jean), 117.
Enjambaut (Berthomé), 86.
Ennon (Jean), 65.
Eschet (André), 167, 176, 177, 213, 233, 250, 252, 253, 293, 427.
Escolier (Clément), prêtre, 352.

Espagnol (Périn), 381.
Espicié, Espissier, 417 ; — (Renoul), 166, 187, 192, 213, 216, 221, 233, 292, 307, 310, 320, 323, 327. Voir Lespicier.
Espine (Aubert), capitaine, 378.
Essouvert, forêt, com. de Saint-Denis du Pin, cant. de Saint-Jean d'Angély, 30, 143, 191.
Estachebiœuf (Pierre)1, 96.
Estène (Bertram), 418, 419 ; — (Héliot), 376.
Eurart (Jean), 50.
Euvrais (J.), 94.
Exbertus, 29.
Exideuil (Hugues d'), 427 ; — (Pierre d'), 111. Voir Dexcideuil.

F

Fages (Bertrand de), 151, 177 ; — (Giraut de), 171, 214, 217, 223, 225, 226, 227, 233, 240.
Fandon (Pierre), 208, 209.
Farsset (Symon), 64.
Faudon (Pierre), 177.
Faure (Berthomé), 351 ; — (Jean), 60, 61, 214, 304 ; — (Michea, Micheau ou Michel), 68, 74, 84, 99, 112, 151, 153, 203, 211 ; — (Pierre), dit de Cognac, 269, 313, 314, 420 ; — (Ravalin), 67.
Faussilhon (Guillaume), 350.
Feiret (Jean), 117.
Féletot (Renaud de), 156, 172.
Fenier (Jean), 87.
Fenioux, canton de Saint-Savinien, arr. de Saint-Jean d'Angély, 344.
Fereigues (Jean), 340.
Feri (Pierre de), clerc, 19.
Féron, Ferron (Arnaud), 70 ; — (Guillaume), 45 ; — (H.), 103 ; — (Hugues), 80 ; — (J.), 94 ; — (Jean), 50, 64 ; — (P.), 50 ; — (Phelippot), 111 ; — (Pierre), 111, 214.
Ferragu (Pierre), 307.
Février (Jean), 118.
Feynier (G.), 68.
Fichet (André), 200.
Fier (Aymery), 354.
Fileux (Henri de), 63.
Filoule (Thomas), 418.
Finete, 433.
Floret (Ph.), 61.
Floridi (Guillaume), clerc, 36.
Foin (Le comte de), 259.
Foirest, 395.

Folleville (Jean, seigneur de), conseiller du roi, 279.
Fontdouce, com. de Voissay, cant. de Saint-Jean d'Angély, 304.
Fontenet, com. du cant. de Saint-Jean d'Angély, 28, 67, 104, 143, 161, 225, 245, 357, 442.
Forest (G.), 94; — (Jouacein), 108, 109.
Forget, 272.
Fortet (Guillaume), 187, 192, 213, 225, 234, 256, 293, 334.
Fortunezay, Fortunato, ménil, com. de Saint-Georges du Bois, cant. de Surgères, 30.
Foucher, Fouchier (J.), 58, 67, 74, 83, 88, 89, 118.
Foulques, 29.
Fouquaut (Jean), 422.
Fourestière (Petite), 174, 181.
Fourner (Hélie de), 165; — (Louis de), 410; — (G.), 82.
Fournier (Catherine), 72, 73; — (J.), poissonnier, 71 — (Jean), 66; — (Michel), 232.
Fourré (J.), 256; — (Jean), 225.
Fradet (Jean), 234, 254, 256, 354, 402, 419, 420, 422; — (P.), 346, 376, 441; — (Penisson), 402, 419, 420; — (Périchon), 315, 402, 419, 420.
Fradin, 13, 315; — (Ambroise), 319, 340, 347, 354, 363, 366, 374, 376, 377, 401, 412, 421, 424, 437, 443; — (Bernard), 153, 165, 184, 189, 215, 221, 236, 256, 285, 294, 312, 333, 338, 352, 355, 374, 377, 382, 402, 413, 423, 431, 441; — (Bertrand), 242; — (G.), 63, 66-68, 72, 91, 242; — (Guillaume), 50, 56, 111, 354, 422; — (Héliot), 89; — (Jean), 85, 90, 111, 256; — (Pierre), 351.
Fraigneau (M.), charpentier, 407; — (Mathé), 422.
Franquet (Robert), 52.
Fremin (Guillaume), 152.
Frères (Laurent), charpentier, 180.
Freville (Baudoin de), sénéchal de Saintonge, 143.
Frontenay l'Abattu, chef-lieu de cant., arr. de Niort, 110.
Fruaut (Robin), 63.
Furet, Furtet (Arnaud de); — (Pierre de), 112.
Furgaude (Catherine), 59.

G

Gabes (Jean), 63.
Gabet (Guillaume), 109.
Gadouin, 13.
Gaiart, Gaillart (Geoffroy, Gieffroy ou Joffre), 261, 263, 269, 285, 325, 330, 338, 340, 354, 358, 361, 372, 376, 401, 412, 413, 420, 421, 424, 437, 441; — (Guillaume), 368, 373; — (J.), 91, 92, 93; — (Jean), 49, 54, 59, 61, 71, 81; — (Jean), couturier, 152.
Gaignemiche, 214, 257, 293, 325, 437.
Gairaude (Janot de).
Gajant (Joffre), 198.
Galais (Yvain), 418.
Galant, Gualant (Arnaud), 54, 66; — (Ithier), 94.
Galée (J.), 401.
Galerant (Jean), 346, 392, 417, 418, 437.
Galerne, Gualerne, 49; — (Jean de), maire de Saint-Jean d'Angély, 49; — (Thomas de), maire de Saint-Jean d'Angély, 49, 51, 53, 63, 82, 84, 92-94, 111, 114.
Gambert (Jean), 118.
Gandobert (Jean), 437.
Garciaut (P.), 117.
Garçonnaulx (P.), clerc, 117.
Garderon Vassot (Jean), 352, 353.
Gardrat (Arnaud), 82.
Garges (Lucas de), 89.
Garin, Gairin (Aymery), 118; — (Arn.), 54; — (Aymar), 59; — (Germain), 117; — (Jean), 151, 163, 189, 194, 196, 197, 199, 200, 213, 218, 219, 225, 233, 261, 272, 292, 307, 309, 311, 323, 327, 328, 330, 353, 363, 374, 376, 434, 446.
Garner, Garnier (Arn.), 56; — (Aymery), 57, 88, 93; — (Denys), 119; — (Guillaume), 326; — (Joseph), 194; — (Pierre), 273, 293, 330, 334, 339, 340, 354, 355, 366, 368, 371, 372, 402, 413, 417, 422.
Gaschet, Guachet (P.), 117; — (Pierre), prêtre, 209; — (Hugues), 117.
Gastinea (Jean), 402, 422.
Gauders (Jean de), 152.
Gautier (Mériot), 351; — (Ambroise), — (Thomas), 261.
Gauvain (Gilet), de Husseau, 79, 80.
Gauvert (Jean), 152.
Gayffet (Maynard), 52.

— 457 —

Gelibert (Aymery), 254.
Gemon (J.), 94.
Gendron (P.), 118.
Gennes (Jean de), 380.
Géraut (Cornille), 112.
Gernigaut (Thierry), avocat, 413.
Gervais, couturier, 166, 232.
Giac (Pierre de), 337.
Gibert (Hugues); — (Jouffrion), 118; — (Micheau), 117.
Gieffrionea (Jean), 293.
Gieffroy, sire de La Gueude, 184.
Gilbert, 32; — (Aymery), 198, 214, 254; — (André), 332, 333; — (Jean), 307; — (Pierre), barillier, 410.
Gilet (P.), — (Naudin), 59.
Gimel (Pierre), 162-164, 172, 176, 184, 185, 188, 189, 193.
Girard (Estène ou Etienne), 85, 89, 90; — (Bertrand ou Bertram), 218, 307, 422; — (Geoffroy), 233; — (Guillaume), 118, 170, 233, 292, 311; — (Jean), 119, 218; — (P.), 119; — (Tassin), 52, 53.
Girard du Cimetière (Jean), 118.
Giraut, abbé de Saint-Jean d'Angély, 265, 266. Voir Orfeuille; — (Bertram), 300, 312, 313; — (G.), boucher, 73; — (Guillaume), 151, 165, 176, 213, 228, 233, 235, 254, 256, 294, 295, 338, 346, 354, 422, 434; — (Guillaume), grainier, 437; — (Jean), 174, 225; — (Pierre), 112, 346.
Giry, 3.
Gisiaco, castrum, 30.
Glocestre (Henri de), 101, 102.
Godeffroy, Guaudefroy (Jean), 173, 197, 198.
Goillart (Colin), 118; — (Théphaine), 119.
Goisart (Michel), 118.
Gollart (Seguin), 118.
Gombaut (Jean), sergent, 170; — (Pierre), 133; — (Pierre), boucher, 410.
Gonter de Pouzou (G.), 83.
Gornay (Arnaud de). Voir Gournay.
Goronora (Jean), 117.
Goscelin, 32.
Goulu (H.), 305; — (Thomas), 299.
Gournay (Arnaud de), 49, 57, 58, 84, 94, 101.
Gourraut (Renoul), 121.
Gourville, cant. de Rouillac, arr. d'Angoulême, 13.
Goutière? (Jeanne), — (Perrin), —

(Genète), — (Guillemette), 271.
Grailly (Archambaud de), captal de Buch, 364, 382; — (Jean de), 364.
Grain (Jean), 325.
Graix (Perrin), 416.
Grananchon, Granausson (Colin de), 53, 54, 92, 93; — (Catherine), 66.
Graner (Pierre), 338.
Grant (Arnaud), 48; — (G.), 48, 151, 167, 172, 182, 198, 200, 221, 330, 364, 401, 417, 418; — (Jean), 48.
Grantpont (Guill. de), 240.
Granzay, cant. de Beauvoir, arr. de Niort, 351.
Grasmorcel (Guillaume), 435.
Grasmourcea, Grasmoussea (Guillaume), 402, 417.
Gratemoyne (Bernard), 152, 189, 190, 192-194, 213, 235, 243, 252, 256, 260; — (Guillaume), 65, 112, 151, 166, 176, 190, 193; — (Jean), 354.
Gratteloup, fief des Dorin, 13.
Grenère (Guillemette), 172.
Gribaut (Jean), 118.
Grignebien (Guillaume), 118.
Grolea, Groleau (Jean), 215, 221, 250; — (Renaud), 251, 252; — (Roger), 153, 189, 219.
Groussa, 381.
Guadiot (Jean), 152, 354.
Guajat (Gieffroy de), 151.
Guales (Jean), 79, 92.
Gualetas (Arnaud), 104.
Gualois (Jean), 78.
Guarait (Gieffroy), 214, 292.
Guardeles (de), 112.
Guarreau (P.), 60.
Guayffre (Maynard), 53, 58.
Guaynet (Jean), 118.
Guerches (Clément de), 234, 305.
Guéret (Guillaume de), 222.
Guérin (Laurent), 111.
Guibert (Adam), 118; — (Aimery), 32-34; — (Guillaume), 118; — (Jean), 118.
Guichart, seigneur de Montigny, 121.
Guilhelme, bouteiller, 437.
Guilhem (Jean), 214, 234, 235; — (Raymond), sire de Copène ou Copanne, 130, 192; — (J.), 214; — (Yvon), 151, 154, 200, 234, 256, 312, 313.
Guillaume, 32, 209; — le fourbisseur, 201; — valet, 85; — d'Aquitaine, 2, 14, 27, 31.
Guillebault (Jean), 152, 419.
Guillebert, 119.

Guillet, 111 ; — (Jean), 78.
Guillette, femme de Robert Alen, 300, 301, 302, 303.
Guillonnaux (P.), 117.
Guillot, Guyot, 393 ; — (Jean), 152, 376, 437 ; — (P.), 117.
Guilote (Jeanne), 24.
Guinement (P.), écuyer, 186.
Guingamp (Guill. de), 112.
Guionnet (Hélie), boucher, 298 ; — (Héliot), 112 ; — (Héliot), boucher, 305.
Guionnette (Guillète), 306.
Guirac (Geoffroy), 307.
Guis (Guillaume), 387.
Guodet (P.), 66.
Guon (Jean), 418.
Guorrin (Jean), 397.
Guoyon (Louis), 395.
Guster (Pérot), 304.
Guyart (Etienne), 90.
Guyraude (Ozane), 254.

H

Harcourt (Louis d'), 142.
Harpedane (Jean), sénéchal de Saintonge, 370, 398, 407.
Héliot, boucher, 254.
Henri II, roi d'Angleterre, 1, 31.
Hérisson, comm. de Chantemerle, cant. de Tonnay-Boutonne, arr. de Saint-Jean d'Angély, 59 357.
Holiver (Michea), 152.
Houlier (Guillaume), 214, 234.
Hubert (Joh.), 50.
Hue (Colin), 380 ; — Le Breton, 117.
Hugues, 32.
Huguet (Guillaume), 68.
Huilin (Jean), 50, 54, 72, 89, 112.
Hulequine (Jeanne), 350.
Huylle (Pénote), 180, 183, 184.
Huyllecop, Huyllecot, 392-394.

I

Ilduin, religieux, 28.
Ingellelmi, 32.
Isambert, 32.
Ithiel (J.), 108.

J

Jabilain (Amorin), 380.
Jacob (Jean), 103.
Jacques (B.), maire de Saint-Jean d'Angély, 110 ; — (P.), 99.
Jacquet, 297.
Jaguet (P.), 59.
Jaguot (P.), 78.
James, médecin, 179.
Janyn le couturier, 253.
Japrye (Tatin), sergent, 231.
Jarnac-Charente, arr. de Cognac, 317-319, 322, 323.
Jay (Hélie de), 175.
Jean, 112, 393, 394 ; — arbalétrier, 418 ; — dit Deport, 103 ; — boucher, 78 ; — (Émar), 65 ; — (Guillon), 240 ; — (Hélie), 240, 241 ; — Héliot, 423 ; — (Jean), 111 ; — (P.), 103.
Jean, duc de Berry, 146 ; — duc de Normandie, 126 ; — Sans Terre, 2, 14 ; — roi de Castille, 326.
Jeanne de Navarre, 100.
Jehannin, bouteiller, 437.
Jobert, Josbert (Repnoul), 172, 196, 199.
Jobin (Hél.), 293.
Joenne (Jean), 118.
Joffron, valet, 63.
Johenin (Gaubert de), 91.
Jolen (Hélie), 303, 304, 437 ; — (Héliot), 441 ; — (Helies), dit Penot, 240 ; — (P.), 104.
Jolet (Guillon), 307, 354, 402, 418 ; — (P.), 118.
Jolinète (Françoise), 373.
Jolinon (Jean), maréchal, 422.
Jombart (P.), seigneur d'Ardillères, 123.
Jonzac (Charente-Inférieure), 87.
Joscelin (Jean), 114, 115.
Joton (Chasteau), 256.
Jouceaume (P.), 84.
Jouot de Guairande, 54.
Jourdain, Jordain (Robert), 151, 162, 163, 169, 190, 192, 196, 197, 212, 213, 222, 227, 233, 242, 249, 256, 293, 307 ; — (P.), 118 ; — des Bigaudières (Jean), 123.
Jousserea (Geoffroy), 21.
Jousset (Guillaume), 165.
Jouvre (Jean), frère prêcheur, 352.
Jug (Jean), 79.
Juglar (Jean), dit de La Benaste, 387 ; — (Nollot), 422.
Julien (Arnaud), 416 ; — (Micheau, Michel), 193 ; — (Naudin), boucher, 85 ; — (Nodin), 214, 234, 293.
Juliote, 88.
Jumel, Gimel (Pierre), 172. Voir Gimel.

K

Kasin, sellier, 305.

L

Labaie (G.), 110 ; — (Joffre de), 107.
La Barre (de), 305. Voir Tailhandier.
La Barrière, La Barrère (Pérotin de), 152, 214, 217, 254, 292, 325, 337, 347, 355, 366, 429 ; — (Pierre de), 234, 256, 325, 330, 341, 354. Voir Tailhandier.
L'*Abbaye*, com. de Saint-Médard, cant. de Surgères, arr. de Rochefort, 118.
Labbe (Jean), 99.
La Beline, 70.
La Benaste (de), 335 ; — (Jean de), 339, 340, 353, 368, 369, 376, 402, 407, 418, 422, 437. Voir Juglar.
La *Benaste*, com. du cant. de Saint-Jean d'Angély, 210.
La *Bergère* (La *Croix de*), près de Saint-Jean d'Angély, fief des Razin, 13, 291.
La Bilhodaude, 306.
La Bourdeille, 61.
La Broie (Pierre de), 165.
La Brousse (Arnaut de), 204.
La *Brousse*, cant. de Matha, arr. de Saint-Jean d'Angély, 397.
La Bussère (Pierre de), 397.
La Casgole, 203.
La Celle (Hugues de), sénéchal de Saintonge, 36, 49, 116.
La *Celle-sur-Braye*, en Blésois, 101.
La *Chapelle-Biton*, com. du cant. de Saint-Jean d'Angély, 185, 345, 357, 446.
La Clavèle, 91.
La *Corde*, fief, près de Saint-Jean d'Angély, 291.
La Cordère, 252 ; — (Jeanne), 226-228, 297. Voir Corder.
La *Couconsate*, fief des Jay, 175.
La Cour, La Court (Fouquet de), 50, 58, 69, 89 ; — (G. de), 74, 75 ; — (Guillaume de), 105 ; — (Guillot de), 58 ; — de Ciens, 71.
La Croix (André de), prêtre, 164, 182, 184, 216 ; — (J. de), 62, 70, 76 ; — (Jean de), 78, 88, 123, 226, 293 ; — (P. de), 62.
La *Croix-Comtesse*, com. du cant. de Loulay, arr. de Saint-Jean d'Angély, 350.
La *Croix La Bergère*, près Saint-Jean d'Angély, fief des Razin, 13, 291.
Lacurie, prêtre, 130.
Ladier (Alexis), 53.
La Dune (Pierre de), 201.
La Duz (Bertrand de), 134.
La *Fayolle*, com. de Saint-Denis du Pin, cant. de Saint-Jean d'Angély, 63, 64, 143, 191, 218, 345.
La Ferrière (Aleais), 99.
Lafillemahaut (Jean), 198.
La *Folatière*, com. d'Antezan, cant. de Saint-Jean d'Angély, 91.
La Folie (Estelin de), 11, 346 ; — (Pierre de), 418.
La Fond (Hélie de,) 152 ; — (Jean de), 415.
La *Fuie de Ternant*, fief des Cordel, com. de Ternant, cant. de Saint-Jean d'Angély, 13.
La *Galernerie*, com. de Taillant, cant. de Saint-Savinien, arr. de Saint-Jean d'Angély, 13, 51.
La *Garde, La Garde de Varaize*, com. de Varaize, cant. de Saint-Jean d'Angély, 393, 394.
La Gaschete, 305.
La Gautière d'Angoulême, 85.
Lagnel (Jean), 309.
La Gourgue (Perrin de), 436, 440.
La *Grange*, fief des Mangou, com. de Saint-Julien de Lescap, cant. de Saint-Jean d'Angély, 13.
La *Guarenne*, com. de Mazeray, cant. de Saint-Jean d'Angély, 291, 297.
La *Gueude*, fief de Gieffroy, 184.
La Guolue, 272.
Lahon (P. de), 71.
Laidet (Pierre), 46.
Laignel (Jean), 326.
La Jarrie (P. de), 50, 66.
La Lande (Nolet de), 227.
La Leigne (Laurent de), 240, 241.
La *Leigne, Lepnia*, com. du cant. de Courçon, arr. de La Rochelle, 30.
Laleu (Agnelet de), 11, 346, 368, 378, 379, 391.
Laleu (Saint-Eutrope de), faubourg de Saint-Jean, 184, 199, 227.
La *Lignate*, com. de Vergné, cant. de Loulay, 349.
Lallemant (Godefroy), 52.
La Magdeleine (Jean de), 166.
La *Maydeleine*, com. du Pin, cant. de Saint-Jean d'Angély, 13.
La Malvaud, fief des Aimery, com. de Vergné, cant. de Loulay, 143.

— 460 —

Lambergen (Hugues), 117.
Lambert, 29, 63 ; — (Estène), 229 ; — (Jean), arbalétrier, 117, 171.
Lamet (Jean), 270.
La Mondie (Jean), 437.
Lamy (Laurent), 326.
Lancastre (Le duc de), 326, 328, 335. 344.
Landes (Jacques de), 227 ; — (Jean de), 168.
Landes, com. du cant. de Saint-Jean d'Angély, 345, 357.
Landray, cant. d'Aigrefeuille, arr. de Rochefort-sur-mer, 123.
Langles, 102 ; — (G.), 56, 63, 64, 72, 83, 85, 86, 89 ; — (G.), dit Riffart, 65 ; — (Gautier), 73 ; — (Guillaume), 50 ; — (Henri), 63, 94 ; — (J.), 62, 71, 91 ; — (P.), 57.
Langlois (Bernard), 169 ; — (Guillaume), 214, 234, 253 ; — (Jacques), 213, 256.
La Noet (P.), 61.
La Peire, La Père (Héliot ou Hélie de), 407, 440.
La Personne (Lancelot de), 298, 351 ; — (Jean de), 298, 414.
La Peschelochc, 306.
La Petite-Chauciée, com. de Saint-Médard, cant. de Surgères, 118.
La Pierre (Admon ou Aimon de), 317, 324 ; — (Hélie ou Héliot de), 403, 404, 419.
La Planche (Helio de), 394.
La Poilhère (H. de), 80.
La Porte (Pierre de), 263, 275 ; — (Guillaume de), 111.
La Poulpello ou Couplay, com. de Saint-Médard, cant. de Surgères, 118.
Lapsous (Lancelot), chevalier, 196.
La Raclerie, près de La Celle, 101.
Larb. (David), 103.
Laries (Jean de), 61, 74, 81, 87.
La Rivière (Pierre de), 204.
Larnier (Guyot), 50, 83, 99.
La Roche (G. de), 92, 437 ; — (Hublet de), 393.
Le Roche, com. des Eglises, cant. de Saint-Jean d'Angély, 344.
La Rochelèze, 306.
La Rochelle (Charente-Inférieure), 3, 5, 9, 12, 13, 49, 410.
La Roque (Bernard), 214, 307.
Larquier (P.), prêtre, 123.
La Rue Franche, fief dans la ville de Saint-Jean d'Angély, 376.

La Sale, La Salle (Pierre de), 112, 164, 167, 172, 197, 200-202, 213, 216, 221, 223, 233, 256, 285, 306, 312, 325, 328, 330, 338-340, 346, 347, 354, 358, 362, 374-376, 401, 403, 417, 420, 421, 442 ; — (Poyncet de), 50.
La Saulzaye, fief des Mathé, 13.
La Serve (Bertrand), 117.
La Sezine (de), 61 ; — (Macé, Maciot ou Matiot de), 63, 66-69, 74-78, 81-83, 90, 91, 93.
Latillé, Latiliacus, cant. de Vouillé, arr. de Poitiers, 29.
La Touche (Robert de), 183.
La Tour (Guillaume de), 178, 214, 234.
La Trau, La Trave, com. d'Uzeste, cant. de Villandraut, arr. de Bazas (Gironde), 356, 357, 377, 378.
Laubier (Jahnot), 372.
L'Aumousne, 143.
Launay (Estène de), 60.
Laurenssea (Pierre), 172.
Laurent, Lorens, 309, 327 ; — charpentier, 51 ; — écuyer, 440 ; — (G.), 87, 90, 97 ; — (Jean), 88, 152 ; — (P.), 119 ; — (Thomas), 287, 309, 326, 328, 359, 377, 403.
Laval, La Valle (Pierre de), 72, 307.
La Vau (Pierre de), 340, 353, 401, 422, 424.
Laventure (Geoffroy), 152.
La Vergne, com. du cant. de Saint-Jean d'Angély, 13, 165, 345.
La Ville (Pierre), 210.
La Voste (Berthomé de), 300.
Le Apre (Robert), 112.
Le Barbier (Arnaud), 81, 91 ; — (David), 99 ; — (G.), 63 ; — (Hélie ou Héliot), 67, 94, 107, 108 ; — (Symon), 81, 83, 94.
Le Bast (Arn.) ; — (Michel), 60, 61.
Le Bastard Alemant, 164.
Le Bastier (G.), 90 ; — (Jean), 50, 66, 67.
Le Beau (Guyot), 101, 102.
Le Bel (Jacques), 78.
Le Bellay, fief des Thibaut, 13.
Le Bernier (Jean), roulier, 66.
Le Berton, 172 ; — Alain, 118 ; — (Guiot), 112 ; — (Guillaume), hôtelier, 396 ; — (Pierre), 346 ; — (Pierre), maréchal, 112.
Le Blanc (Jean), 294 ; — (Nicolas), 39.
Le Boucher (Hélie), 305.

— 461 —

Le Bourellier (Guillaume), 50.
Le Boussier (Michea), 165.
Le Boutetonneau (David), 87.
Le Brebansson (Guillem), 200.
Le Breton, 172 ; — sellier, 354 ; — (Alain), 73 ; — (Guyot), 107 ; — (Perrot), 82, 83, 86.
Le Breuil de l'Ile, Le Breuil de Vaize, com. de Saint-Pierre de l'Ile, cant. de Loulay, arr. de Saint-Jean d'Angély, 444.
Le Breuil-Mayné, com. du cant. de Rochefort-sur-mer, 127.
Le Brun (Jean), 436 ; — (Perrette), 270.
Le Camus (Guill.), 152.
Lecart de La Faïole (Hugues), 77.
Le Celer, Le Celier (Alen), 402 ; — (Hainequin), 214, 234 ; — (Guyot), 63 ; — (Thierry), 210 ; — (Tiévenet), 253.
Le Chamblain de La Fayolle, 357.
Le Changeur (Robert), 301.
Le Chapellier, 437.
Le Charpentier (Al.), 59 ; — (B.), 69; — (Bernard), 63, 70 ; — (Gilet), 63; — (P.), 81 ; — (Simonnet), 105.
Le Chat (Jean), 117.
Le Clavereur (Camille), 112.
Le Claveur (Jucail), 63.
Leclerc (Jean), 88 ; — (Juliot), 63.
Le Clerc Peletan, 234, 257, 259.
Le Cluzeau, com. de Mazeray, cant. de Saint-Jean d'Angély, 320.
Le Coich ou Le Coch, sénéchal de Saintonge, 218, 226, 266, 280, 283, 285, 309, 310.
Le Comte (Jeannot), 167.
Le Cord (G.), 100.
Lecorder (G.), 65 ; — (Jean), 223, 226, 228, 241.
Le Cordier (André); — (Joffrion), cordier, 60; — (G.), 90.
Le Courcer (Michea), 437.
Lecourt (Jean), de Saintes, 394.
Le Cousturier, Le Costurier (André), 257 ; — (Henri ou Henriot), 53, 68.
Le Coutelier (Arnaud), 213.
Ledeldus, 29.
Le Fauconnier (Girard), 78, 106.
Le Floteur (Colin), 88, 89.
Le Fournier (Perret), 112.
Le Galois (Janin), 380.
Le Garçon (Jean), 91.
Leget, Legit (Guillaume), barbier, 172, 173, 186, 187, 214, 233, 249,
252, 256, 260, 292, 307, 366 ; — (Huguette, femme de), 186, 187.
Le Goulu (Arnaud), 74, 210.
Legrant (G.), 67, 68, 91; — (Guillot), 57; — (Guillaume), 59 ; — (Jean), 99, 107.
Le Grant Babaut, 256, 307.
Le Gué Charreau, com. de Saint-Germain de Marencennes, cant. de Surgères, arr. de Rochefort-sur-mer, 116-128.
Le Lombalais (Thibaut), 118.
Lemaignen (Jean), 69.
Le Maire, Le Mère (Robert), 151, 153, 163, 194, 211, 213, 233, 242, 246, 250, 252, 255, 258, 260, 263, 274, 285, 292, 299, 306, 308, 325, 328, 330, 340, 354, 358, 363, 374, 376, 401, 413, 420, 421, 437; — (Robinet), 328.
Le Maistre de Brête, 118.
Le Maistre de Parthenay, 152, 153, 257 ; — des Granges de Landray, 120, 123.
Lemalonges, 240.
Le Mareschal (Jean), 62, 72, 73, 77, 91, 112; — (Letice), 72, 73 ; — (Nicolas), 17; — (P.), 71 ; — (Ph.), 257, 316, 354; — (Phelippot), 214, 234, 422; — (Perotin), 50; — (Pierre), 210; — Le Mareschaux (Perotin), 67.
Lemasson (Meriot), 152, 234, 255.
Lemeiser (Holiver), 233.
Le Mercer, Le Mercier (Gieuffroy), 256, 301; — (Jean), 337; — (Janin), 181.
Le Miler (G.), 86.
Lemorin (J.), boucher, 94.
Le Mosner (Jean), 117.
Le Moyne (Simon), 50.
Lendormy (Guillaume), 158, 163, 190, 194, 203, 214.
Le Ner (Juliot), 56.
Le Noir (Pierre), 351, 368, 369, 370, 372, 392, 394.
Le Pasticier (Janin), 61, 63.
Le Peletier (Jean), 97.
Le Petit (Jean), couturier, 212.
Le Pin, com. de Saint-Denis du Pin, 345, 396, 397.
Le Piqueur (G.), 90.
Lepnia, La Leigne, com. de Courçon, arr. de La Rochelle, 30.
Le Polailler (Hugues), 91 ; — (Perrot), 66, 91.
Le Prepointier, 86 ; — (Denys ou Denisot), 83, 92, 99.

— 462 —

Le Rous (G.), cordonnier, 82.
Le Roussea (Guillaume), 169.
Le Rousseau, fief des Pollet, 13.
Le Roy (Jean), maréchal, 437-441.
Le Sauf (Jean); — (Lucas), 99.
Les Bégaudières, 174, 345.
Lescardeuse (Marguerite), 174.
Lescot (Guillaume), 437; — (Jean), 213, 234, 293, 354; — (Jean), dit Botellot, 293; — (Perrot), 66, 80.
Lescules (Janyn), cordonnier, 257.
Lescuolier (Janin), 214.
Les Eglises d'Argenteuil, com. du cant. de Saint-Jean d'Angély, 60, 65, 345.
Le Serb (Simon), 50.
Les Forges, carrefour, com. de Saint-Jean d'Angély, 92.
Les Franssois, 190.
Les Landes, 394.
Les Minimes, couvent, com. de Surgères, 119.
Les Moulines, fief des Boisseau, 13.
Les Nouillers, cant. de Saint-Savinien, arr. de Saint-Jean d'Angély, 32.
Le Souchet, ferme, 310.
Lespaignol (Martin), 380.
Lesparre (Florimond de), 320.
Lespicier (Jacques), 70; — (James ou Jamet), 50, 70, 78; — (Poincet), 61; — (Rempnoul), 239, 242, 250, 263. Voir Espissier.
Lespine (Aubert de), maître des arbalétriers, 391.
Lespoin (Guillaume), 117.
Lesporte (Nicolas de), 309.
Le Suyre (Geoffrion), 57.
Le Tanneur (Davy), 402.
Le Tondour (Robert), 152.
Le Tourneur (Jean), 250-252, 293, 391.
Leugit (Guill.), dit Barber, 112. Voir Legit.
Le Vergeroux, com. du cant. de Rochefort, 120, 122, 124.
Le Vernois (Joseph), scribe, 18, 108.
Le Verrier (Jean), 219, 234.
Lièvre (J.), jeune, 271.
Ligueil, com. de Courant, cant. de Loulay, arr. de Saint-Jean d'Angély, 267.
Lileau, fief de Bertrand, de Varèze, 123.
Liniers, Livaninse pour *Liranense*, com. de Saint-Julien Lars, cant. de Poitiers, 29.

L'Isle, fief des Prévost.
Lobet (Jean), 215, 221, 227.
Loffice (Johanin de), valet, 86.
Lonc-Pré (Gilet de), 71, 72.
Longeville, 345.
Lorder (Girart), 187.
Lorelle, 188.
Lorin (Guyot), 99; — (Pierre), 152, 163.
Lossaut. Voir Loupsault.
Lounstre (Richard), 371.
Loubat (Guillaume), charpentier, 271, 272, 293, 294, 410; — (Pierre), 384; — (Jean de), 56, 57.
Louer (Jean), maréchal, 307; — (P.), 118.
Loulay, chef-lieu de cant., arr. de Saint-Jean d'Angély, 349, 350, 444.
Loupsault, Loussaut, Lussaut, 13; — (Adémar de), 84, 100; — (Aymar de), 42, 55, 68, 101, 103, 107, 110, 115; — (Aymery de), 80; — (G. de), 49, 58, 61, 84, 162; — (Jean de), 109; — (P. de), 49, 101; — (Raymond de); 49; — (Simon de), 57. Voir Lusseau.
Lourdes (Laurent), 117.
Louzay, 144.
Lozay, cant. de Loulay, arr. de Saint-Jean d'Angély, 345.
Loytaigne (P.), 118.
Lozea (Joffrion), 229.
Lucas (Pierre), 325, 394, 402; — (Perrin), 270.
Lucaze (Thomas), 110.
Luchaire, écrivain, 9.
Luchas (Pierre), 185, 233.
Lumond (Jean de), 340.
Lusignan (Guy de), 405.
Lusseau, Lussaut ou *Loupsault*, com. de Landes, cant. de Saint-Jean d'Angély, 80.
Lygny (P. de), 50.

M

Mabreau (P.), 117.
Macé de Rouffis, 78. Voir Rouffis.
Machecole, 204.
Magnain, Magnien (Jean), 267, 268; — (Pierre), 291.
Mahaut, 198.
Mahiete (Meline), 224.
Maignon (Hiléret), 92.
Maillac (Guillaume de), sénéchal de Saintonge, 321.

Maingot (Guillaume), 116.
Maion, menuisier, 432.
Mairalt, forêt, com. de Latillé, cant. de Vouillers, arr. de Poitiers, 29.
Maison (Jean de), 157, 214, 234, 256, 439.
Maitenville (Janyn de), 219.
Malat, 83.
Malet (Arnaud), procureur du roi, 114, 115 ; — (Micheau), 74, 82.
Malevau, Malvaux, com. de Saint-Martin de La Coudre, cant. de Loulay, arr. de Saint-Jean d'Angély, 30, 267.
Malicorne, 417. Voir Cajat.
Malines, 437.
Malouesse (Jean), 380.
Malpertuis, portes, 323.
Mamet (Adenet), 437.
Manassé, 32.
Mangou, 13.
Manhac (P.), 337.
Manipea (Germain), 117.
Mansea, Manseau, 99 ; — (Jean), 106 ; — (Guillaume), 117.
Manuel, arbalétrier, 387.
Marcadum, 30.
Marceau (Jean), 93, 100.
Marcère (Pierre), 347.
Marchant (B.), 77, 78 ; — (Bernard), 97 ; — (Estène), 66.
Marches (Hugues), 123.
Marensenne ou Saint-Germain de Marencenne, cant. de Surgères, 117.
Mareschal (Guill.), 112 ; — (Ph.), 325.
Marestain de Santon, 134.
Marguerite (Guillaume), 111.
Marguerite de Valois, 407.
Marguerye (P.), 63.
Marguyre (Jean), dit Dirilhon, 333 ; — (Jeanne de), 391.
Marigny (Jean de), évêque de Beauvais, 126.
Marin (J.), 110.
Marinala (Juliac), 76.
Marot du Clusca, 214.
Marquis (Berthomé), 215, 216, 221, 227, 233, 236, 242, 245, 255, 259, 261-264, 266, 271, 273, 275, 279, 285, 287, 292, 294, 297, 306, 309, 310, 314, 316, 318, 319, 324-326, 328-330, 332, 342, 343, 348, 352, 353, 357, 358, 360-364, 366, 374-377, 392, 395, 401, 406, 408, 412, 416, 417, 421, 424, 426, 434, 437.
Marsay (Jacques), 224 ; — (Faure de), 214.

Marseille, com. de Rochefort-sur-mer, 127.
Marsous (P.), prêtre, 195.
Marsse (Gentiz), 116.
Martay (Baudoin de), 446.
Marteas, Marteaux (de), 363 ; — (Aymar de), 111 ; — (B. de), 50, 79, 371 ; — (Bernard de), 49, 69, 79, 111, 151, 154, 155, 157, 163, 164, 169, 171, 173, 176, 185, 187, 189, 192, 194, 199, 200, 211, 213, 215, 222, 224, 226, 233, 239, 255, 259, 260-264, 266, 268, 271, 274, 285, 292, 294, 295, 299, 306, 308, 311, 318, 320, 325, 327, 330, 334, 340, 344, 346, 349, 351, 353, 372, 374, 426, 432 ; — (Guyon de), 79 ; — (Jean de), 79, 94, 151, 158, 171, 200, 374, 375, 426 ; — (Maron de), 79, 374 ; — clerc, 121.
Martellet (Jean), 392.
Martenville (Jean de), 254, 256, 307.
Marthi, connétable, 31.
Martin (Arnaud), 119 ; — (Aymery), 119 ; — (Estène), 118 ; — (Guillaume), 118 ; — (Jean), 58, 76, 78, 119, 152 ; — (P.), 50, 51 ; — (Renaud), 117.
Martin de Bloue (Aymé), 83.
Martine (Jeanne), 42.
Martret (Guillaume de), 270.
Mascaut (Jean), 118.
Maslait (Thomas), 151.
Maslart (Thomas), 159.
Massac, cant. de Matha, arr. de Saint-Jean d'Angély, 48.
Masson (Jourdain), 214, 340 ; — (Laurent), 340.
Mastart (Thomas), 166.
Masticz, poulailler, 91.
Matha (De), 49 ; — (Ambroise de), 24, 111, 188, 190, 213, 215, 226, 232, 239, 251, 292, 295 ; — (Baudouin de), 437 ; — (F. de), 110 ; — (Foulques de), 204 ; — (Louise de), 204 ; — (J. de), 57, 70, 94, 97, 101, 109 ; — (Jean de), 40, 65, 86, 104, 111 ; — (Philippe de), 426.
Matha, chef-lieu de cant., arr. de Saint-Jean d'Angély, 69, 194, 204, 296.
Mathé, 13.
Mathieu (Bernard), 94.
Maublanc (Aymery) ; — Hélie, 117.
Maudet, pâtissier, 234.
Maugendre (Thomas), 437.
Maugezir (Maynard de), 393.

Maumont, com. de Magnac-sur-Touvre, cant. d'Angoulême, 7.
Maupertuis, écluses, com. de Saint-Jean d'Angély 58, 69.
Maurs (Arnaud de), 53 ; — (G. de), 50, 59-61, 64, 79, 85 ; — (Jean de), 70.
Maurser (Jean), 411.
Mausé (Pierre de), 269.
Mauvillain (Guillaume), 273.
Maymet (P.), 117.
Maynart, Mesnart (Bertram), 152, 180, 181 ; — (Gilet), cordonnier, 256 ; — (Guillaume), prêtre, 249 ; — (Hugues ou Huguet), 178, 214, 222, 233, 240, 373, 374 ; — (Jeannette), 373, 374.
Maynée (Jeanne), 448.
Mayner (Jean), prévôt, 227.
Mazeon (Thièphe), 116.
Mazeray, com. du cant. de Saint-Jean d'Angély, 143, 210, 256, 297, 344, 357.
Mazères, com. du cant. de Saverdun, arr. de Pamiers, 48.
Meaux (Le vicomte de), 348, 362, 378, 379, 382, 392, 418.
Megnon des Bégaudières, 174.
Méhé 13 ; — (Guillaume), 151, 155, 164, 167, 169, 171, 172, 176, 179, 180, 182, 196, 199, 208, 211-213, 215, 217, 221, 227, 229-232, 236, 238, 239, 244, 246, 248, 250, 252, 253, 256, 263, 266, 273, 275, 292, 294, 297, 299, 302, 303, 306, 309, 312, 314, 326, 354, 401, 403, 417 ; — (Jean), 13, 319, 322, 326, 340, 437 ; — (Thomas), 108.
Mehu (Arnaud de), 427.
Melet (Pierre de), receveur du roi, 36, 37, 38.
Melle (Aymeri de), 66, 67, 93.
Melle (Deux-Sèvres), 28.
Melun (Jean de), 192.
Mentay (Baudouin de), 44.
Menuzer (Jean), 293, 422, 437 ; — (Jean), cordier, 273; — (Maion), 446.
Meos (Gautier), 134.
Mercader (Jean), — (Périchon), bouchers, 444, 445.
Mercer (Guillaume), 117; — (Huguet), 273.
Merdi (André) ; — (Guillaume), 117.
Méré (Robert de), 319.
Mériot (Charles), 408.
Merpins, com. du cant. de Cognac, 100, 245, 364.

Meschin (Guillaume), 418 ; — de Gourville (J.), 84.
Mescun (Le vicomte de), 337.
Mesuer (Jean), 171.
Mesnier (Miot), 273.
Mesteu (Guillaume), 50.
Mestiver (Jouffroy), 117; — (Aimery), 118.
Mézeron, com. de Saint-Médard, cant. de Surgères, 118.
Michea, Micheau, boucher, 93 ; — poissonnier, 68 ; — (Gieffroy, Joffroy), 152, 184, 199, 208, 234, 256, 259, 338 ; — (Gilet), 76, 81, 90, 92, 200, 325, 446 ; — (P.), 118 ; — (Raymond), 123.
Michel, Michèle (Gieuffroy), 250 ; — (Guillaume), 118 ; — (Jeanne), 99.
Mignaloux, Magnalorum, com. de Saint-Julien-Lars, cant. de Poitiers, 29.
Milon (Hugues), 119 ; — (Jean), 118.
Mioussay, 345, 357. Voir La Vergne.
Mirande (Pierre de), 173.
Moine (Martin), prévôt, 114.
Moizant (Guillaume), 376.
Monmouton, fief des Rolland, près Archingeay, 32.
Montagu (Michea), 418.
Montaigu (Vendée), 259.
Montandre, chef-lieu de cant., arr. de Jonzac, 398.
Montberon, 306 ; — (Jean de), 352, 437; — (P. de), dit Cheblanc, 86.
Montcastel (Anisot), 380.
Montfort en Chartrain, 109.
Montgelain (Michelet de), 380.
Montgon, 400.
Montignac (Jean de), 130, 131, 133.
Montignac le Comte, 208.
Montigny, 121.
Montlieu, chef-lieu de cant., arr. de Jonzac, 245.
Montpipeau, fief de Jeanne d'Angles, 430.
Montpuisson, 105.
Montrolland, fief des Rolland, 13, 32.
Moquète (Vincent), 267.
Morande (P.), 73.
Morant (C.), 63 ; — (Guillaume), 422 ; — (J.), 61 ; — (Perot), 54, 59, 61 ; — (Robert), 152, 214.
Moraut, Moreau (Guillaume), 354, 402 ; — (J.), pintier, 257; — (Perot), 78 ; — (Perotin), 91.
Morel (Jean), 62.

Morin (Hélie), 437 ; — (J.), 56, 62, 70, 88, 94, 106, 107, 111 ; — (Jean), 22, 49, 82, 104, 118 ; — (P.), 119.
Morisson (P.), 117.
Mornac, cant. de Royan, arr. de Marennes, 204.
Mornay (Pierre de), 322.
Mornet, pelletier, 93.
Mortagne (Marguerite de), 298.
Mortagne, cant. de Cozes, arr. de Saintes, 335, 337, 338, 341, 347, 355, 369, 410, 420, 429.
Mosner, Mosnier, Mousnier (Myot ou Nyot), 304, 307, 354 ; — (Pierre), dit Babaut, 293 ; — (Perin), 293. Voir Legrand-Babaut.
Moter (P.), 117.
Moulins (Odart de), 337.
Mouraut (Aymar), échevin, 7.
Mousnier de Lozay (Jean), 83.
Moussart (Guillaume), 376.
Moustiers (Robert de), 322.
Mouton (J.), dit Mastaz, 98.
Muron, cant. de Tonnay-Charente, arr. de Rochefort-sur-mer, 29, 143.
Mutin (Colin), 51, 52.

N

Nabinaud (Penot de), 214, 402 ; — (Pierre de), 307.
Nangis (Guillaume de), 20.
Nantillé, cant. de Saint-Hilaire de Villefranche, arr. de Saint-Jean d'Angély, 104.
Naple (Guillaume), 134.
Narbert (Thomas), maréchal, 201, 273.
Naujat (M. de), arbalétrier, 395.
Neale (Pernelle), 53.
Neiron (André), 117.
Néré, *Niriacus*, cant. d'Aunay, 28.
Neuvic, cant. de Matha, 197.
Nicolas de Tours, 73.
Nieul, 372.
Niort (Deux-Sèvres), 1, 3, 5.
Noble (Guillaume), 437.
Nodin, valet, 82.
Noël (Denis), 72, 89.
Normans (Jean), 418.
Notre-Dame de Lislea, 185, 444.
Noveu (Denis), 88.
Nuaillé, cant. d'Aunay, 267.
Nuilhac (Philbert de), prieur d'Aquitaine, 332.

O

Obert, 379.
Odonca (Pierre), 115.
Oger (André), 299, 300, 303, 315, 338, 340, 377 ; — (André), couturier ; — (André), tondeur, 213, 294 ; — (P.), 104.
Ojard (Jean), conseiller du roi, 279.
Oleron, ile, 3, 17, 22, 24, 76, 79, 190.
Olivea (Lambert), 117.
Orfeuille (Gérard ou Gérald d'), abbé de Saint-Jean d'Angély, 265, 266, 332.
Orgueillers, port, à Saint-Jean d'Angély, 32-34.
Orinca (Jean), 118.
Orioux, fief des Ravard, 13.
Oroducio, 29.
Orric, Orry (André), 364 ; — (G.), 50 ; — (Guillaume), 86, 104 ; — (H.), 90, 92.
Ouler, Oulier (Guill.), dit Bilhaut, 256 ; — (Jean), 315, 316 ; — (Pierre), 152, 297, 315, 316.
Our (Huguet), 46.
Ousset (Laurent), receveur des aides, 355, 363, 365, 366.
Ovide (P.), 88, 89.
Oye (G. de), 78.

P

Pain (Jean), 118.
Paiseaux (Arnoul de), 332.
Pallet, 13.
Paner, Panère (Estène) ; — (Ocart), 118 ; — (Jean), 119 ; — (Jeanne), 300-303.
Panet (J.), 69 ; — (Jean), 89 ; — (Jofrey), 71.
Pannier (P.), fenestrer, 85.
Panot (Jean), 70.
Papin (J.), 53 ; — (Jacques), 79 ; — (Jean), 78.
Papinet (Jean), 309.
Papinot (Guillaume), 117 ; — (Jean), 326, 377, 403.
Paris (Guillaume de), 41-46 ; — (J. de), savetier, 106.
Paronea (Jean), 175, 211.
Paronnelles (Marion) ; — (Jeanne), 175.
Parre (Micheau), 72.
Pascaut, Pasquaut (André), 50, 56, 57, 59, 73, 103 ; — (Hélie ou Héliot), 111, 182 ; — (J.), 292 ; —

30

(Jean), 151, 153, 192, 194, 213, 229, 250, 263, 285, 307; — (Jean), drapier, 256, 274.
Pastissier (Mondot), 214; — (Thomas), 168, 178, 179.
Pastourea, Pastoureau (Jean), 176, 177, 233, 256, 298, 306, 319, 330, 354, 355, 363, 366, 371, 418, 422; —(Yvonnet), 50.
Patet (Etienne), 431.
Paucher (Pierre), 402.
Paugade (Jaymet), 112.
Payen (Janin), 226, 227, 250, 270; — (Jean), 293, 305, 307, 315, 325, 330, 340, 354, 402, 418, 422, 441.
Paymont (Jean), 204.
Paynea (Jean), clerc, 211.
Payrignac, 50.
Peadasne, Peaudasne (Marc), 60; — (Matiot), 86, 88.
Pescheloche, 211, 255; — (Pierre), 112, 151, 153, 213, 233, 307.
Peiré (Jourdain), dit de Charcoigne, 5, 120, 123; — (Guillaume de), seigneur de Landray, 123; — (P. de), dit de Charcoigne, 120.
Peletain (Jean), 353, 419, 420; — (Jean), boucher, 419, 420; — (Robin), 315, 316.
Peletan, clerc, 214, 305; — (Jean), 235.
Peletier, Pelletier, 31; — (Perot), dit Le Teignoux, 217.
Penoct, 241.
Pépin (Héliot), 446; — (P.), 119.
Péré, cant. de Surgères, 119, 120.
Perceval de Samilhun, 380.
Perer (Guillaume), 84, 99.
Périer (Jean), 270.
Pérignac (Pierre), 212.
Pérignac, Periniacus, cant. de Pons, arr. de Saintes, 28.
Perigort, Peregort, 214, 293.
Periguoit (Lucas), 183.
Périnet, valet, 437.
Pernelle, 65, 66; — (Marie), 249; — (Osane), 102.
Péronea (Jean), 151, 157, 161, 169, 171.
Perotin, 78.
Peroursal (Philippe), 394.
Peroux (Mme de), 407.
Perrochea (Arnaud), 119; — (P.), 118.
Perrocheu (Jean), 118.
Perron, boucher, 354.
Perrot le Limosin, 68, 97.

Peru (Guillaume), 354.
Pessonneau (Thomas), 93.
Petit (Hugues), 118; — (Jean), couturier, 212; — (P.), 58; — (Perinet), 422; — (Phelippot), maréchal, 402, 419; — (Pierre), 437; — (Thomas), marchand, 270.
Petitjean, 350.
Peuminon Fradet, 437.
Peuscrits (Renoul de), 112.
Peychecave (Guille), 72.
Peyrot (Bernard), religieux, 32.
Philippe de Valois, 15, 47; — d'Evreux, 100; — le Bel, 34.
Pichier (P.), 50.
Pierre (Robert), 82; — (Robin), 66, 77, 90, 98.
Pieruf (Rempnoul de), 151.
Piet (Aymeri), 190, 317, 319, 320, 325, 340, 347, 363, 376, 416; — (Jean), 376, 391, 401.
Pignac (Pierre), 227, 250, 351, 352.
Pignorea (Jean), 264.
Piguonneau (Jean), 275.
Piloys (Hugues), 118.
Pinea (Denis), 93.
Pinaut, 117.
Pinèle (Ozine), 81.
Pingaut de Salignac (P.), 64.
Piron (Thomas), 180, 184.
Plassac, Plaisac ou Plessac (Hélyot de), 217.
Pletan (Jean), 293.
Pleaus (Colin), 62.
Plumager (G.), 256; — (Jean), 152, 167, 214, 256, 307.
Poinct (Jean), 152, 188, 189.
Poinon (Bernard), clerc, 121.
Poitevin (Hugues); — (P.), 119; — (Gautier), 118.
Poitiers (Jean de), 50, 76, 81, 89, 94.
Poitiers (Vienne), 1, 3, 25.
Polain (Amelot), prévôt, 121.
Poleau (Guillaume), 118.
Polie (Jean), 62, 65, 70.
Polin (Laurent), sergent, 124.
Pons (de), 383; — (Agnès de), 92.
Pons, chef-lieu de cant., arr. de Saintes, 393, 439.
Pontcroix (J. de), 106.
Pontoise (Jean de), 80, 97.
Pontoise, cant. de Noyon, arr. de Compiègne, 80.
Popelin (Hélie ou Héliot), 402, 422, 427; — (Jean), 273, 322, 402, 422, 427, 437.

Populus, 146.
Poristerain (Jean de), 340.
Porrhoët, fief des Clisson, 259.
Portail (Arn.), 82.
Porteaux (Pierre), 112.
Potet (Estène), 404.
Potin (Jeanne), 67.
Poucz (Joachim), 380.
Poulailler (J.); — (Perrin), 97.
Poulein (Renaut), 81, 94.
Poulète, 170.
Pouls (Pierre), 165.
Poupart (Thomas), 17, 110.
Poupin, femme de Brun, 299.
Pourcher (Pierre); — (Robin); — Tiphaine), 118.
Poursay-Garnault, cant. de Saint-Jean d'Angély, 208, 345, 357.
Pourssea (Arnaud), 162.
Pourtchaut (Regnaud), 161.
Poussart (Jean), receveur de Thors, 263, 275, 298.
Pouvereau (Guillaume), 39.
Pouvielle (Agnès), 182.
Pouzauges (Aymeri de), 50, 64, 66.
Prader (Jean), 233, 444.
Prep... (Hélie), 67, 68.
Pressac (de), 356.
Prévost, 13; — procureur du roi, 32; — (Guillaume), 204, 268, 340, 351; — de La Ville, 346.
Prignac (Pierre), 66, 232, 295, 297, 299, 306, 310, 320.
Prouhet (Jean), frère prêcheur, 196.
Prousseau (André), 62.
Puisson (Jean), 214, 257.
Pureau (P.), 68.
Puyneuf (Renoul de), 215, 221, 252, 256, 309.
Puyravault, com. du cant. de Surgères, 116, 117.

Q

Quantin (Guillaume), 117, 165; — (Jean), 117; (J.), 240; — (Motin), 214, 225, 233, 248, 252, 253.
Quarilhon (Jean), garde du port, 424.
Querque (Anne), 112, 113.
Queu (Raymond), 325, 340, 345, 346, 347, 351, 354, 356, 365-367, 368, 370, 377, 381, 383, 385, 386, 387, 388, 389, 390, 403, 413.
Quifit (Jean), 437.
Quinafait (Gieffroy), 368.
Quinasquit (Guillaume), 198, 228.

R

Rabateau (Jean), 326.
Raber (André), 325; — (J.), 418; — (Jean), 293, 307, 314, 315, 325, 338, 376, 402, 420.
Raboteau (Jean), 309.
Raygner, Reigner (Guillaume), 246, 247.
Raygnère (Agnès); — (Marie), 246.
Raiolle, Raleoli (Pernelle), 426, 432.
Raou de Maugon (P.), 68.
Raoul (Guillaume), dit Chasteau-Jollet, 299; — (Jean), 176, 214, 215, 233, 235, 256, 259, 293, 307, 327, 338, 339, 346, 354, 402, 422; — (P.), 71, 72.
Raoulet, couturier, 226, 227.
Raouline (Stéphaine), 255.
Raufic (Robert), 61.
Ravard, 13.
Ravel (Naudonnet), 11, 346.
Ravet; — (Gillette), 103.
Raymond (Guilhen), 134.
Razin, 13.
Ré, île (Charente-Inférieure), 3.
Recomadeur, Recomadour, Recommandeur (Jean), 432; — (Pierre), 307, 325, 354, 376, 402.
Recoquilh (J.), 91.
Redet (Pierre), 167, 213, 239.
Redon (Guill. de), maçon, 152.
Renardèle (Hilarine), 102.
Renast (Jean), 89.
Renaut (G.), prêtre, 104; — (Guillaume), 117; — Le Platier, 167.
Rennes (Jean de), 99.
Renolle (Pernelle), 375.
Repnol, Repnoul (Guillaume), 234, 252, 422.
Repousson (J.), 240; — (Jean), 213, 233, 256; — (Martin), 57.
Reyner (Guillaume), 268.
Riboulart (Michea), 234; — (Michel), boucher, 198.
Richard (Alfred), écrivain, 25; — (Arnaud), 415.
Richemont (Geoffroy de), 197.
Riclet (Pierre), 307, 318.
Ridet (Jean), 437; — (P.), 199; — (Perrin), 246; — (Pierre), 151, 193, 194, 222, 233, 293, 401; — (Simon), 121.
Riflart, 63; — Le Pastuer, 99.
Rion, 118.
Rivalente (Typhaine), 118.
Robert, 31; — (Itier), 45, 50; —

— 468 —

(Janin), couturier, 226, 227 ; — (Simon), 349, 350 ; — le changeur, 240.
Robin, 78.
Rochechouart (Aymeri de), sénéchal de Saintonge, 401, 412, 430.
Rocher (Janin) ; — (Pierre), 350 ; — (Jean), 351.
Rogier, poissonnier, 202.
Roilhe, Roille (Arnaud), 33, 34 ; — (Estène), 46, 55, 57, 66, 75, 79, 84, 101-104, 106, 111, 115 ; — (Etienne), 100 ; — (C.), 97 ; — (G.), 97, 107, 215 ; — (Guillaume), 111, 167, 179, 185, 192, 194, 196, 198-200, 213, 215, 216, 218, 232, 235, 239, 243, 246, 250, 251, 255, 257 - 266, 271, 292, 297, 306, 335, 351, 372, 374, 391 ; — (Guyot), 112 ; — (J.), 57, 70, 74, 106, 109 ; — (Jean), 49, 55, 65, 80, 84, 91, 100-102, 111, 180, 184, 188, 192-198, 200, 213, 218, 233, 321, 396 ; — (Pierre), 46, 111, 165 ; — (V. P.), 94 (Voir Rouilhe).
Rolland, 13 ; — archer, 97 ; — tondeur, 214 ; — (Antoine), sieur de Montrolland, 32.
Rotebeuf, Routebeuf (Jean), 50, 99.
Rouen (Seine-Inférieure), 3, 39.
Rouffié (Robert), 94.
Roufis (Mathé de), 71.
Roufit (Jean de), 125.
Rouilhe (Aimery), 192 ; — (Guillaume), 151, 157, 163, 171, 173, 176, 177, 183, 187, 188, 193, 211, 275, 371 ; — (Jean), 151, 155, 164, 169, 187, 211 (Voir Roilhe).
Rousse (Jean), juge des élus, 316.
Roussea, Rousseau (Benon), 422, 437, 441 ; — (J.), 60, 72 ; — (Jean), 78, 81, 85, 88, 90, 92, 98, 152, 168, 178, 179, 183, 184, 213, 214, 225, 230, 233, 257, 307, 310, 338, 354, 361, 402, 422 ; — (Jean), dit Tabus, 372 ; — (Renaud), 78 ; — (Macé de) ; — (Marie de), 97.
Rousset (Micheau de), 93.
Roussin (Macé de), 92.
Roux (P.), 117 ; — (Thévenot), 152.
Roy (G.), 109 ; — (Guilbet), 211 ; — (Guillaume), 157, 232, 234, 256, 293, 442, 443 ; — (Jean), charpentier, 407 ; — (Mathé), 88 ; — (Ouilhot), 152 ; — (P.), 63, 64, 306 ; — (Tassin), 422 ; — Le Celier, 214.
Royan, chef-lieu de cant., arr. de Marennes, 204.

Russin (Simonnet), 252, 253.
Rustevin (Mériot), 333.

S

Saint-Ancoulin, 117.
Saint-Antoine de Bouthière, 438.
Saint-Aon (Giraud de), 130, 131, 133, 134.
Saint-Bonnet (Bernard de), 395.
Saint-Brieul des Vaus, 107.
Saint-Denis (Gautier de), 67.
Saint Denis du Pin, cant. de Saint-Jean d'Angély, 143, 191.
Sainte Croix (Jean de), 234, 257, 354.
Sainte-Même, cant. de Saint-Hilaire, arr. de Saint-Jean d'Angély, 217, 357.
Saintes (Charente Inférieure), 3.
Saint-Eutrope de Laleu, fief des Gadouin, faubourg de Saint-Jean, 13.
Saint-Félix, cant. de Loulay, arr. de Saint-Jean d'Angély, 350.
Saint-Georges, 117.
Saint-Gildas-sur-Indre, diocèse de Bourges, comm. de Châteauroux, 370.
Saint-Jean d'Angély, 1-446. — Places, carrefours, portes, ponts, rues : rue Saulnèze ou rue de Barbuya ou rue Jelhu, 58 ; — Grand'rue ; — Gambetta, 249 ; — de la Bouaterie, 201, 202 ; — des Bancs, 103, 106 ; — de la Grosse-Horloge, 427 ; — des Aubergements, 340 ; — Portes : porte d'Aunis, 194 ; — de Bor ou de Taillebourg, 194, 296 ; — de Matha, 194, 203, 296, 419 ; — de Niort, 222 ; — de Parthenay, 404 ; — faubourg de Taillebourg, 94, 248 ; — pont Saint-Jacques, 94, 248 ; — carrefour des Forges, 103 ; — des Changes, 106, 427 ; — des Bancs, 249 ; — du Minage, 249 ; — Eglises : Eglise de Notre-Dame des Halles, 404.
Saint-Julien de l'Escap, cant. de Saint-Jean d'Angély, 184, 345, 357, 413.
Saint-Just (Jean de), 112, 113.
Saint-Laurent de Cuves, com. du cant. de Saint-Pois, arr. de Mortain, 80.
Saint-Laurent de Ligueil, com. de Courant, cant. de Loulay, arr. de Saint-Jean d'Angély, 37, 170, 171.
Saint-Marc (Guillaume de), 321.

Saint-Mars, Saint-Mard. Voir Saint-Médard.
Saint-Martin (Giraud de), 159.
Saint-Martin des Champs, 49.
Saint-Méart, 62.
Saint-Médard, com. du cant. de Surgères, 118-120.
Saint-Même, 83.
Saint-Messent (J. de), clerc, 62.
Saint-Michel, aumônerie, com. de Saint-Jean d'Angély, 193.
Saint-Oroys (H. de), 112.
Saint-Pardoux, Saint-Bardoul, com. du cant. de Saint-Jean d'Angély, 345, 357.
Saint-Pierre de l'Ile, cant. de Loulay, arr. de Saint-Jean d'Angély, 444.
Saint-Pois, chef-lieu de cant., arr. de Mortain, 80.
Saint-Romans, près Cônac, 395.
Saint-Sauveur (J. de), 79, 112.
Saint-Savinien (J. de), 68, 81, 82, 84, 86, 98.
Saint-Savinien, chef-lieu de cant., arr. de Saint-Jean d'Angély, 33, 68, 77, 81, 82, 86, 345, 394.
Saint-Venant (Jean de), dit Bahoua, 250.
Saint-Venour (Jean de), 225.
Saint-Xandre, com. du cant. de La Rochelle, 80.
Saleignes, cant. d'Aunay, arr. de Saint-Jean d'Angély, 109.
Sanavici, 32.
Sancerre (Le maréchal de), 161, 169, 218, 243, 262.
Sandrin, maréchal, 439.
Sansson, boucher, 174.
Santon ou Xanton (De), 134. Voir Marestain.
Saonne (Berthomé de), 380.
Sarion (Michel), 117.
Sarmeilleure (Estène), 117.
Sarpaut (G.), 43, 44, 51, 53, 57, 60, 64, 76, 80, 82, 83, 91, 94.
Saudau, historien, 47, 48.
Saumur (Ambroise de), 163, 213, 232, 239, 256, 271, 292, 303, 306, 310-312, 324, 331, 333, 339, 351, 353, 363, 366, 374, 379, 391, 395, 401, 413, 417, 421, 423, 426, 431; — (Arnaud de), 43, 106; — (Bernard de), 151, 155, 161, 164, 169, 170, 173, 196, 213, 218, 226, 246, 250, 256, 271; — (Hélie de), seigneur de Gourville, 13; — (Hugues de), 115; — (J. de), 70, 104; — (Jean de), 55, 65, 78, 89, 93, 94, 102, 151, 152, 154, 155, 157-160, 163, 164, 166, 168, 169, 171, 173, 179, 181, 182, 185, 186, 187, 188, 191-193, 196, 200, 204, 208, 210, 212, 213, 228, 231, 232, 239, 242, 250, 261, 271, 285, 292, 306, 310, 311, 320; — (Jeanne de), 311, 312.
Sauvestre, 110; — (Guillaume de), 251, 271, 340, 393, 401, 418, 437; — (Hilaire de), 271.
Sauvin (Jean de), 76.
Savari (P.), 98.
Savater (Jean), 234, 325; — (Jean), dit Bancs, 307.
Savatier (Jean), dit Berthe, 354.
Scote (Claye de), 52.
Seguin (Guillaume), 330, 362, 376, 402, 412, 417, 422, 426, 437; — (Jean), 234; — (Nodin), 92.
Seignoret, Seignouret (Aymery), 151, 152, 154, 157, 163, 165-167, 169, 171, 176, 188, 189, 192, 200, 211, 222, 229, 233, 239, 242, 246, 250, 292, 311, 348, 354, 363, 365, 368, 372, 376, 395, 396, 401, 403-406, 408, 414-416, 421, 432, 434, 437; — (Aymon), 193; — (Jean), 422; — P.), 79, 216; — (Pierre), 154, 213, 246, 247, 374, 376, 401.
Selebrese (Martin), prêtre, 119.
Semence (Jean), 380.
Senatier (Jean), dit Banez, 257.
Sereys (Jean de), 46.
Serigné ou Serigny, cant. de L'Hermenault, arr. de Fontenay-le-Comte (Vendée), 438, 439.
Séris, 136, 137; — (Guillaume de), 155.
Servant (Guillaume), barbier, 252, 256, 293, 307, 346, 354, 402, 422; — (Jean), 311, 346; — (Jean), maréchal, 201.
Seyne (Jean de), 46.
Sezine, 77.
Siex, Sieix (Hélie de), 50, 71, 88.
Signart (Honoré), 125.
Simon (Jean), 64; — (Perrot), dit Ferrault, 270.
Sogmur (Guillaume), 354.
Somput (Louis de), 134.
Soubise, cant. de Saint-Aignan, arr. de Rochefort-sur-mer, 208.
Soulart (Pierre), 326.
Soulas (Pierre), 309.
Squipiaco, 28.
Suchet (Richart), 76.

— 470 —

Surgères, chef-lieu de cant., arr. de Rochefort-sur-mer, 116-118, 121, 123, 321, 396, 417.
Surien de Traynes, 396.
Suyreau (Symon), 62.
Symonea (André), 119 : — (Martin); — (Guillaume), 119.

T

Tabarin, 150.
Tailhandier (B.), 62 ; — Bernard, 49, 61, 63, 76 ; — (Michel), 67, 88; — (Nicolas), 86 ; — (Pierre), 307 ; — (Pierre), dit de La Barrière, 315, 422 ; — (Pierre), dit de La Barre, 305.
Taillebourg, cant. de Saint-Savinien, arr. de Saint-Jean d'Angély, 194, 245, 296, 308, 316, 318, 319, 320, 321, 323, 324, 327, 330, 394.
Taitaud (Guillaume), 225.
Talay (Hélie de), 161.
Talmont-sur-Gironde, cant. de Cozes, arr. de Saintes, 418.
Tancarville, fief de Jean de Melun, 192.
Tassin, 105.
Taunay, port, 333.
Tenos (Michel de), 67.
Ternant, com. du cant. de Saint-Jean d'Angély, 60, 254, 344.
Tesser (J.), 63 ; — (Jean), 85.
Tessier, Texier (G.), 68 ; — (Adrien), 311 ; — (Guillaume), 304.
Texière (Penote), 272.
Thaulon (H. de), 50.
Thébaut, Thibaut, 13 ; — (Guillaume), 408, 416 ; — (Guillaume), dit Bilhon, 413 ; — (Jean), dit Bilhon, 152 ; — (Joffre), 110 ; — (Marguerite), 17, 110 ; — de Cerri, 81.
Thesanne la Brète, 99.
Thévenot, 53.
Thibou (Périnet), couturier, 435, 436.
Thomas (Guillaume), 157 ; — (J.), 53.
Thomassin de Soissons, 100.
Thors, cant. de Matha, arr. de Saint-Jean d'Angély, 113, 298.
Thouars (Le sire de), 217.
Tizon d'Argence (Pierre), abbé de Saint-Jean d'Angély, 143.
Tonnay-Boutonne, chef-lieu de cant., arr. de Saint-Jean d'Angély, 8, 87, 220, 237, 238, 297, 322, 330, 343, 345, 370, 387, 394, 403, 404, 406, 409, 413, 415, 416, 424-326, 432-434.
Tonnay-Charente, chef-lieu de cant., arr. de Rochefort-sur-mer, 33, 300, 429.
Tors (P. de), 71.
Torxé, cant. de Tonnay-Boutonne, arr. de Saint-Jean d'Angély, 345.
Totesham (Richard de), sénéchal de Saintonge, 144.
Tourettes (De), 53. Voir Turet.
Tournay (Guillaume de), 56 ; — (Jean de), 225, 227 ; — (Matiot, Maciot de), 51, 56, 63, 68, 74 ; — (Michel de), 112 ; — (P. de), 63.
Tournère (Guillaume), 270.
Toussé (Huguenin de), 92.
Trahart Bourdin, 226.
Tranquart, couturier, 63, 65.
Trésor (Symon), pelletier, 57, 59, 60.
Trisue, île, 29.
Tronquère, Tronquière (De), 110 ; — (B.), 192, 353 ; — (Bernard), 6, 7, 70, 151, 158, 160, 164, 173, 176, 177, 192, 202, 210, 211, 213, 216, 217, 222, 226, 227, 233, 238, 239, 243-245, 251, 257, 258, 264-268, 274, 275, 278, 286, 287, 292, 295, 299, 300, 306, 311, 315, 325, 328, 330, 340, 343, 344, 359, 360, 362, 363, 366, 368, 370, 371, 374, 376, 381, 391, 395-397, 401, 402, 421, 426, 428, 436, 437 ; — (Giraud), 36 ; — (Guillaume), 111 ; — (P.), 49, 70, 72, 74, 78, 100, 104, 106, 110, 199, 226 ; — (Pierre), 36-38, 46, 55, 60, 151, 157, 164, 169, 171, 173, 192, 213, 218, 233, 306, 354, 374, 401, 403, 416, 418, 421, 437.
Tropestbeau (Jean), 104.
Troupain, 218.
Troupeau (P.), 50.
Troys (P. de), 50.
Truaut (Robin), 71.
Tuhaut, 152 ; — (Estène), 180, 181, 204, 213, 234.
Tuquaut (Guillaume), 21.
Turet, Tourette (Arnaud de), 53, 56, 59-62, 64, 65-67 ; — (P. de), 50, 53, 55, 57.
Tuscan (Arnaud), 333.

V

Vaillant (Robinet), 288.
Valet, 53.

Valheforges (Pierre), 416.
Varaize (Bertrand de), 123 ; — (Marie de), 298.
Varaize, cant. de Saint-Jean d'Angély, 110, 143, 345, 351.
Vat (Martin), 104.
Veilhart (Regnaud), 384.
Veluya (Jacques de), 183.
Vènes (J. de), 80.
Venise (Nicolas de), 380.
Ventadour, 393.
Ver, Vers (Jacques), 418 ; — (Jonet), 63.
Verteuil, cant. de Ruffec (Char.), 245.
Vervant, com. du cant. de Saint-Jean d'Angély, 345, 393, 394.
Vesiate (Jeanne), 165.
Vezin (Hélie), prêtre, 121.
Viau, Viaulx (Jean), 109, 418 ; — (Joh.), 57.
Vidau (Hugues ou Huguet), 188, 190, 192, 199.
Viger (Jean), dit Verrier, 224.
Vigier de La Pile, 23.
Vigner (Aymery), 73.
Vilaret, pas, près Aunay, 393.
Vilars (Guillon de), 354.
Vilate, 50 ; — (Aymar), 176, 211, 249-251 ; — (Aymery), 151, 213 ; — (B.), 63, 85 ; — (Bern.), 67 ; — (Martin), 251 ; — (Perote ou Pernelle), 249, 250.
Villemer (Guillaume de), 391.

Villeneuve, com. du cant. de Loulay, arr. de Saint-Jean d'Angély, 350.
Villeneuve (Jean de), 169.
Villers (Guill. de), 325.
Villez (Pernelle), 351.
Villier (Guillaume), 118.
Vinet (Guill.), 234 ; — (Thomas), 65.
Vinguière (Jean de), 441.
Vion (Pierre), notaire, 121.
Vivonne (Savary de), 113.
Voé, Vouhé, com. du cant. de Surgères, 117.
Voisin (Jean), frère prêcheur, 419.
Voissay, com. du cant. de Saint-Jean d'Angély, 344.
Vouet (G. de), 100.
Vouler (Guillaume de), 117.
Vroyaux (Davy), 58.
Vymon (Jean), 64.

Y

Ybelote (Jeanne), 304.
Yenville (Janin de), mercier, 178, 182, 183.
Ymbert (David), 116.
Yongrue (Jean), 253 ; — (Julien), 233, 250, 252, 256.
Yoquin, 380.
Ysle (Jean), 151, 393.
Ysle Le Guen (Jean), 418.
Yvonne (Jeanne), 73.

TABLE DES MATIÈRES

Règlement de la société des *Archives historiques de Saintonge et d'Aunis*.	v
Décret (1886) qui reconnaît la société des *Archives* comme établissement d'utilité publique.	VIII
Administration de la société	IX
Liste des membres de la société	x
Préface	1
Confirmation par Hugues Capet des dons faits à l'abbaye de Saint-Jean d'Angély par le duc d'Aquitaine (990).	27
Abandon fait par Guillaume X à l'abbaye de Saint-Jean d'Angély, du palais que son prédécesseur et lui possédaient dans la ville (1131).	31
Abandon par Aimery Guibert à la commune de Saint-Jean d'Angély de 13 sols 4 deniers de rente qui lui étaient dus (1271)	32
Lettres patentes de Philippe Le Bel exemptant le maire et les bourgeois de l'aide d'un denier établie sur toutes les marchandises vendues dans la ville moyennant un prêt de 2.000 livres tournois (1292) .	34
Transaction entre Hugues de La Celle, receveur de Saintonge, Pierre de Melet et Pierre Tronquières, anciens receveurs du roi en Poitou, relativement à leur gestion (1309).	36
Lettres patentes de Charles IV à la suite desquelles est établi le tarif des taxes à payer sur les denrées et marchandises vendues dans la châtellenie de Saint-Jean d'Angély (1324)	39
Jugement de la cour du maire qui met en liberté Guillaume de Paris, faussement accusé de viol et de rapt (1328).	41
Registres des délibérations de l'échevinage (1332-1396).	48
Table onomastique du XXIVe volume des *Archives* . .	447

La Rochelle, Imprimerie Noël Texier.

LA ROCHELLE, IMPRIMERIE NOUVELLE NOEL TEXIER

www.ingramcontent.com/pod-product-compliance
Lightning Source LLC
Chambersburg PA
CBHW072103220426
43664CB00013B/1981